云南文化史丛书

# 编辑委员会

云南文化史丛书

范建华 主编

# 古滇文化史

蒋志龙 樊海涛 著

GUANGXI NORMAL UNIVERSITY PRESS

广西师范大学出版社

·桂林·

古滇文化史
GUDIAN WENHUASHI

**图书在版编目（CIP）数据**

古滇文化史 / 蒋志龙，樊海涛著. —桂林：广西
师范大学出版社，2019.2（2021.6 重印）
（云南文化史丛书 / 范建华主编）
ISBN 978-7-5598-1617-7

Ⅰ．①古… Ⅱ．①蒋…②樊…Ⅲ.①滇（古族名）—
民族文化—文化史—云南 Ⅳ．①K289

中国版本图书馆 CIP 数据核字（2019）第 031829 号

广西师范大学出版社出版发行

（广西桂林市五里店路 9 号　邮政编码：541004 ）
网址：http://www.bbtpress.com
出版人：黄轩庄
全国新华书店经销
广西广大印务有限责任公司印刷
（桂林市临桂区秧塘工业园西城大道北侧广西师范大学出版社集团
有限公司创意产业园内　邮政编码：541199）
开本：787 mm × 1 092 mm　1/16
印张：28　　字数：420 千字
2019 年 2 月第 1 版　　2021 年 6 月第 2 次印刷
定价：128.00 元

如发现印装质量问题，影响阅读，请与出版社发行部门联系调换。

# 目 录

# 第二章　古滇时期的建筑

# 第三章　古滇时期的金属冶炼

# 第六章　古滇时期的原始崇拜

# 第九章　古滇时期的乐舞

# 绪　论

云南简称"滇"。大约从战国时期开始[①]，始有"滇"这个名称，汉代置益州郡以后，这个名称就进一步确定并被中原地区所知晓，自汉代以后，这个名称一直延续下来，成为今天云南省的代名词，云南至今仍简称"滇"或"云"。

## 一、《古滇文化史》的时空范围

《古滇文化史》中之"古滇时期"，大约上讫公元前 12 世纪前后，下至公元 3 世纪初，相当于中原的商代至三国时期的诸葛亮南征（226 年）这一时期。之所以选择这个时间段，其原因有二：第一，云南的新石器时代大致在距今 3500 年前后基本结束，个别遗址已经出现有小件青铜遗物，但到公元前 12 世纪前后，大部分地区相继进入青铜时代；第二，公元 226 年，诸葛亮南征之后设立七郡，云南完全融入中原华夏的文化并被纳入其管理体系之中。从公元前 12 世纪至公元 226 年，是云南青铜文明自产生、发展到鼎盛以及转化的时期，从人类社会发展史的角度看，大约相当于野蛮时期。从考古学文化的角度来看，相当于青铜时代和早期铁器时代。

"青铜时代，是指青铜器在考古记录中有显著的重要性的时期而言的"，"如果中国历史上青铜器有显著重要性的这个阶段与用其他标准来划定的某个阶段相合，那么青铜器便有作为文化与社会界说的标准的资格"。[②]

---

① （汉）司马迁：《史记》，北京：中华书局，1963，第 2991 页。
② 张光直：《中国青铜时代》，北京：生活·读书·新知三联书店，1999，第 1-2 页。

古滇文化所在的中国西南地区的青铜器的出现时间相对滞后，大约在距今3200年，中国西南地区的大部分地区才先后进入青铜时代。[①]中原地区在春秋战国之交，进入铁器时代，巴蜀地区在西汉时期铁器已经得到普及，并由此向广大的西南夷地区辐射。到西汉晚期，汉式铁器在西南夷地区得到普及和大力推广，极大地影响着该地区的青铜文化。铁器的出现引发了一系列的变革，包括政治、经济以及社会结构方面的巨大变化。

古滇文化所在区域的青铜时代自公元前12世纪出现以后，延续使用的时间相当长，从目前资料来看，大约到东汉初期，古滇文化所在区域的青铜器逐渐被铁器所取代。

《古滇文化史》之空间范围大体包括今云南全省以及四川西南部、西藏东南部、贵州西部和广西西北部。大体是南起云南勐腊，北到四川雅安一线，西起云南德钦，东到贵州贵阳以西的广大地区。

## 二、地形与气候对文化的影响

云南地处中国西南边陲的核心区。中国西南位于亚洲大陆的南部，是连接亚洲大陆腹地和南亚次大陆与中南半岛的枢纽，大体位于东经97°~107°，北纬21°~31°。这一地区位于世界屋脊青藏高原下降到华中、华东平原的过渡带上，也就是我国的地理阶梯的第二级阶梯——云贵高原。

中国西南在地理上属于云贵高原，包括云南高原和贵州高原。四川高原位于四川盆地的南面，东面一直延伸到鄂西山地，属于中亚热带的山地高原常绿阔叶林黄色土壤景观和岩溶山地常绿阔叶林与落叶阔叶混交林的石灰土景观。气候特点是多雨，海拔高度在1000米左右。

云南高原位于四川盆地和贵州高原的西南面，除云南的大部分地区以外，还包括黔西高原和川西南山地。这里气候干湿分明，一年之内四季的气温变化

---

[①] 现有资料表明，距今3200年左右，滇中、滇西乃至滇东北的新石器文化相继进入青铜时代。

不大，海拔在 1000~4000 米，高原面的海拔在 2000 米左右。属于中亚热带的高原干性常绿阔叶林红色土壤景观，但滇北和川西南的景观特色别具一格，属于南亚热带的干热河谷稀疏灌木丛草原红褐色土壤景观。

云南地处东经 97°~105°，北纬 20°~28°，大部分国土处在北回归线附近。受地理位置和地形的双重影响，云南属于典型的季风气候，夏秋盛行西南风，将孟加拉湾的暖湿气流带来，雨水充沛，雨季集中；由于北面的高山阻隔，冬季的冷空气难以侵入，气候不冷但空气干燥。全年降水的 80% 多集中在 5~10 月，因此，云南在气候上分为雨季（5~10 月）和干季（11 月~次年 4 月）。

云南大部分地区冬暖夏凉，阳光普照，是人类理想的生存之地。但因云南的地势和地形的不同，气候也各不相同。其中，滇中、滇东和滇北为亚热带季风气候区，滇南为热带季风气候区。由于云南地势北高南低，地形复杂，云南的气候也十分复杂，几乎北半球的大部分气候在这里都有体现。斜跨云南西北的迪庆高原至东南的红河河口一线，就依次存在寒温带、温带、暖温带、北亚热带、中亚热带、南亚热带和热带等气候带。

云南地势高低悬殊，气候垂直变化十分明显。尤其是在纵谷地区，由于河床不断被侵蚀，山高谷深，从河谷到山顶，由于海拔高度的上升，因此产生不同的气候类型。一般海拔每上升 100 米，温度就会下降 0.6℃。以昆明市东川区的新村、汤丹和落雪为例，三个地方水平距离不过 30 千米，因相对高差约 1 千米，使得年平均气温差分别为 20℃、13℃ 和 7℃，无霜期则分别为 316 天、260 天和 173 天。

云南境内大部分是高原和山地，全境地势错综复杂，变化极大。境内自西向东分布有高黎贡山、怒江、怒山、澜沧江、云岭、金沙江、玉龙雪山、白马雪山、元江、乌蒙山、乌江等高山大河并行排列。这些河流为南北流向，河流宽敞的河谷地带形成若干天然的南北文化交流走廊，自古以来就是不同族群迁徙的通道。该地区地形地貌复杂多样，分布着盆地、平原、丘陵、山地和高原五种地貌，多山是该地区十分突出的地貌特征。这一地貌特征，深刻地影响着中国西南古代的政治、经济、文化的发展和民族的分布。山地将这一地区合围成一个个相对独立的地理单元和文化单元，虽然妨碍了人们之间的交往和文化的交流，但同时也很好地保存了各自文化的完整性和相对独立性；而盆地内地势平坦、土地肥沃，水源充沛，自然条件较好，有利于发展农业生产，人口分布稠密。这些分布于广大山区的山间盆地，自古以来就成为一个个区域性的政治、经济、文化中心，深刻地影响着周边地区的人群构成和文化面貌。西南地区广大山地自然景观垂直分布所带有的这种复杂性和普遍性，常常造成区域之内经济文化类型的多样性，极易形成同一地区内部多种族群混居的现象，形成丰富多样的人文地理景观。

西南地区优越的自然环境，具备了早期人类繁衍生息的有利条件。它独特的地理位置，又使它成为亚洲大陆纵贯南北、连通东西的走廊。西南地区是人类最早的发源地之一，在早期人类进化过程中占有重要的位置。贾兰坡先生认为："我国西南广大地区，根据已有的线索看，位于人类起源地的范围之内。云南不仅发现了拉玛猿化石，而且在元谋的上那蚌地方距今大约一百七十万年的地层中还发现了元谋人牙齿和石器，就是有力的证据。"[1]

由于历史和现实的原因，西南地区的新石器时代至今仍不被人们所广泛知晓。本地区20世纪30年代的考古发现和20世纪50年代兴起的新石器时代考古研究，初步揭示了云贵高原新石器时代的基本面貌。云贵高原的新石器考古是中国新石器时代多元文化的重要组成部分。

现有资料表明，中国南方地区在中国新石器时代进程中占有极为重要的地位。在广西桂林的甑皮岩发现了距今12000年的新石器时代早期遗存。[2]此外，在广西南宁顶蛳山[3]、大岩[4]和湖南玉蟾岩[5]等地发现了距今10000年的新石器

① 参见贾兰坡：《中国大陆上的远古居民》，天津：天津人民出版社，1978。又见贾兰坡、张兴永：《我国西南地区在考古学和古人类研究中的重要地位》，载《云南社会科学》，1984（3）。
② 参见中国社会科学院考古研究所等：《桂林甑皮岩》，北京：文物出版社，2003。
③ 参见傅宪国、李新伟、李珍、张龙、陈超：《广西邕宁县顶蛳山遗址的发掘》，载《考古》，1998（1）。
④ 参见傅宪国等：《桂林地区史前文化面貌轮廓初现》，《中国文物报》，2001年4月4日第一版。
⑤ 参见袁家荣：《湖南道县玉蟾岩1万年以前的稻谷和陶器》，《稻作、陶器和都市的起源》，北京：文物出版社，2000。

时代遗存。这些都充分显示出中国南方地区在中国新石器文化发展进程中的特殊地位和重要作用。

西南地区的云贵高原和川西高原的新石器文化是中国新石器文化的重要组成部分。目前的考古资料显示，该区域的新石器时代出现得较晚，其时代大多集中在距今 7000~3500 年。李昆声等将云南新石器文化划分为八个地方类型[1]，这个划分标准充分反映了云南地理条件复杂、文化多元的特点。西南地区新石器文化主要受到西北氐羌和东南百越两大文化的强烈影响，同时也受到来自东南亚沿海地区新石器文化的影响。[2]

从目前的考古材料来看，这些新石器时代的居民大多过着定居生活，以农业生产和渔猎活动为日常生活的主要内容，聚落规模相对较大，延续使用的时间较长，遗迹、遗物种类丰富、类型多样。区域内少部分居民仍然过着渔猎和采集生活。一般而言，沿江或者高海拔地区的新石器时代的居民，渔猎和采集经济往往比较发达，建筑方式简易，人群移动性较强，人们之间的关系平等而松散；生活于盆地平坝的居民，农耕和渔猎经济繁盛，建筑形式比较复杂，礼仪性建筑已经出现，人们过着定居的生活，居民之间的关系可能已经出现初步的社会分层。[3]当然，实际情况可能更为复杂，有的介于两种经济形态之间，既有农耕生活，同时渔猎或者游牧经济也占有相当的比重，受到两种或者多种文化传统或者经济模式的影响。这些差异为后来该区域青铜时代居民多样性的文化传统和风格奠定了基础。西北地区的新石器文化和华南百越新石器文化是西南地区新石器文化和早期青铜文化发展进程中的两大重要源泉，分布广泛、文化特征突出是其显著特征，是为其后该区域的发轫。这种影响自新石器时代始，一直贯穿整个青铜时代。

---

① 参见李昆声、肖秋：《试论云南新石器时代文化》，《文物集刊》（2），北京：文物出版社，1980。
② 参见王文光、龙晓燕、陈斌：《新石器时代西南地区古人类的文化交流》，《中国西南民族关系史》，北京：中国社会科学出版社，2005。
③ 参见周志清：《中国西南地区的早期居民》，《滇东黔西青铜时代的居民》第一章，北京：科学出版社，2014。

三大文化系统在云南境内结合，因此，云南境内新石器文化格外丰富和复杂多样，居民的族群成分复杂，存在你中有我、我中有你的杂居情况，"大杂居，小聚居"成为自新石器时代以来一直延续至今的当地族群的生存状态，这种状态奠定了后来战国至汉代西南夷复杂文化面貌的一个基本格局。[①]

历新石器时代、青铜文明早期的商周时期至青铜文明晚期，逐渐形成两汉时期文献记载的"西南夷"。如同新石器时代一样，西南夷既不属于典型的西北氐羌文化系统，又不同于南方百越文化系统，而是滇、夜郎、邛都、昆明等呈现出纷繁复杂的文化面貌的族群，是新石器文化的延续和传承。

由于自身发展和生态环境的局限性，西南地区的新石器文化始终未能形成较大的聚居中心和族群共同体，人群之间的社会关系平等而松散，无法形成大一统的政治和经济中心，社会复杂化进程迟缓。在新石器文化晚期，青铜冶炼或者青铜遗物的出现，表明他们或许已经进入早期青铜时代。这些考古信息自一出现就显示出该地区不同于中原地区的青铜文明模式。

青铜工具、兵器和装饰品以及石范技术构成古滇文化的传统技术，与青铜容器、礼器和酒器构成的中原青铜文化传统显著区别开来。后者的技术系统主要来源于西北地区青铜技术系统。青铜工具、兵器和装饰品的出现，表明该地新石器晚期的遗存已经进入青铜时代。

## 三、古滇文化的分期

从整个青铜文化的发展轨迹和文化面貌来看，我们将古滇文化分为早、中、晚三个时期。

早期（或称萌芽期）：是指该地区新石器时代遗存晚期出现的青铜小件，如凿、锥、刀等青铜器和青铜铸件的出现，标志着该地区的古代文化已经由新石器时代进入青铜时代初期。从目前的材料看，在公元前15世纪前后，云南的部

① 参见周志清：《中国西南地区的早期居民》，《滇东黔西青铜时代的居民》第一章。

分新石器时代文化开始出现由新石器时代向青铜时代的转变。在公元前 12 世纪前后，相当部分的古代文化进入青铜时代。在滇西、滇中和滇东北、黔西北等地都发现了这一时期的遗存，如在滇西的剑川海门口、银梭岛，滇中的通海兴义、晋宁上西河，滇东北的鲁甸野石、威宁鸡公山和黔西北的贵州毕节瓦窑遗址等。

中期（或称鼎盛期）：这一时期最典型的代表是万家坝型铜鼓和石寨山型铜鼓，形成中国西南青铜时代以鼓为核心的文化分布区。铜鼓、贮贝器、编钟等也成为该古滇文化发展达到顶峰时期的代表。以楚雄万家坝、呈贡天子庙、晋宁石寨山、江川李家山等墓地的部分遗存为代表，其时代大约是从公元前 5 世纪到公元前 1 世纪，相当于从中原华夏地区的春秋战国之际到西汉初期。这一时期，中国西南的广大地区形成了包括滇池、川西南的安宁河流域、盐源盆地以及滇东北和滇西（楚雄—祥云）一带的区域文明中心，也就是史书所记载的"滇""昆明""邛""筰"和"夜郎"等。

晚期（或称转变期）：以汉武帝在滇池地区设置益州郡为标志。武帝元封二年（公元前 109 年），设置益州郡，在治理方式上开启了云南最早的"土司制"和郡县双轨制，至永平十二年（69 年）置永昌郡后，标志着汉代经营西南夷地区郡县化进程的最终完成。此一时期，青铜器仍然是生产工具和兵器的主流，铜铁合制器乃至纯铁器以及铜制生活用器开始成为一些贵族的新宠。至公元 1 世纪，约相当于中原华夏的东汉初期，铁制生产工具和兵器才在社会底层铺展开来，五铢钱等汉式货币成为普通大众追求的财富，开办的汉式学校则成为社会底层人士进入上层社会的途径。

## 四、为何以古滇文化来代表整个中国西南青铜时代的古代文化

古滇文化或称为"石寨山文化""滇文化"，是这一时期（古滇时期）、这一地区发展程度最高、影响范围最广、最有代表性的考古学文化。

（一）石寨山文化（滇文化）在整个中国西南地区青铜时代的诸考古学文化中，是发展程度最高的古代文化，是最接近国家形态的部落联盟或者酋邦。[1]该文化孕育出了包括铜鼓在内的一套礼制系统[2]，这套礼制系统与北方的以鼎为代表的礼制明显区分开来，被称为"北鼎南鼓"，无论北鼎还是南鼓，都是中华民族古代礼制系统的有机组成部分。"铜鼓是南方青铜文化的产物，它的产生和发展在南方民族乃至东南亚古代史上都有着特殊的地位"，"以云南地区而言，大量的铜鼓和青铜器的存在表明，当时的濮人和滇人已处于奴隶制社会"，"铜鼓是这些君长、都老等贵族号召部众从事战争和主持祭祀活动的重要礼器"。[3]另外，从一些青铜器物上，我们也可以看出铜鼓是重器。"在石寨山出土的人物屋宇镂花铜饰物（M3：64、M6：22 和 M13：259）艺术图案上，都有铜鼓图像。石寨山出土的女俑铜杖头饰（M18：6）和鼓形铜杖头饰（M13：275）的銎上也作铜鼓形。这些情况表明在当时奴隶主贵族的心目中，铜鼓已成为神物，是他们的重宝，是他们统治权力的象征。"[4]

除了石寨山文化使用铜鼓之外，在滇池周边地区楚雄万家坝墓地[5]、祥云大波那墓地[6]等都发现了铜鼓的遗存。在滇东南的文山州发现各类铜鼓 138 面[7]，包括万家坝型和石寨山型铜鼓，铜鼓数量居云南全省之首。在滇东的曲靖盆地等地，也有铜鼓的遗存。[8]

除此之外，在滇西南的保山、腾冲、昌宁等地，以及四川盐源盆地[9]，四

---

① 童恩正：《中国西南地区古代的酋邦制度——云南滇文化中所见的实例》，《中华文化论坛》，1994（1）。

② 蒋志龙：《铜鼓、贮贝器、滇国》，《中华文化论坛》，2002（4）。

③ 中国古代铜鼓研究会编：《中国古代铜鼓》，北京：文物出版社，1988，第 229–230 页。

④ 中国古代铜鼓研究会编：《中国古代铜鼓》，第 231 页。

⑤ 云南省文物工作队：《楚雄万家坝古墓群发掘报告》，《考古学报》，1983（3）。

⑥ 云南省文物工作队：《云南祥云大波那木椁铜棺墓清理报告》，《考古》，1964（2）。

⑦ 黄德荣主编、邓瑞林副主编：《文山铜鼓》，昆明：云南人民出版社，2004。

⑧ 云南省文物考古研究所：《曲靖八塔台与横大路》，北京：科学出版社，2003。

⑨ 凉山彝族自治州博物馆、成都文物考古研究所：《老龙头墓地与盐源青铜器》，北京：文物出版社，2009，第 11 页。

川会理①、贵州赫章②，东到广西西林、田东和贵县等地都发现有万家坝型和石寨山型铜鼓③。此外，在越南的河西、和平、义安、河东、海防、老街、清化、安浦等地，老挝、泰国、柬埔寨和马来西亚、印度尼西亚等地都有发现。④

可以这样说，产生于古滇文化的铜鼓，成为云南乃至中国西南和东南亚地区古代文化的代表性器物。我们不由得惊叹该器物的强大生命力和广泛影响力，在中国南方，尚没有任何一种器物能成为区域性文化的代表并具有如此广泛的影响力，在后世持续对中国西南和东南亚大陆及岛屿地区产生不间断的影响。

（二）青铜工具、兵器和装饰品成为该文化器物组合的主流，并成为整个西南地区青铜时代诸考古学文化的典型范式。该文化以工具、装饰品和兵器及石范技术广泛应用为特征，异于中原地区以青铜容器、礼器、酒器为特征的文化传统。⑤

该文化出土器物种类之丰富、数量之巨、分布范围之广，在整个西南是屈指可数的。就目前材料来看，古滇文化出土之青铜文物数量，恐怕比其他地方所有考古学文化出土器物的总和还要多。无论是西起四川西南的盐源盆地，东到贵州的贵定，南自元江—红河沿岸，北达昭通盆地及其附近地区，我们都能够见到古滇的文化遗物，无格剑、一字格剑、三角援无胡戈和装饰品等就是文化相互交流的见证。

"滇"极可能不是文献记载的"小邑"，也绝不是"暴发户"，它是经过长期的历史发展而形成的。很难想象，一个文化不发达的"滇"，能够对周边地区乃至更大范围产生如此深远的影响，成为中国西南古代文化的领头羊。

因此，我们选择古滇文化作为中国西南云贵高原青铜时代诸考古学文化的代表。

---

① 中国古代铜鼓研究会编：《中国古代铜鼓》，第124页。
② 贵州省文物考古研究所：《赫章可乐：二〇〇〇年发掘报告》，北京：文物出版社，2008，第450-452页。
③ 杨帆、万扬、胡长城编著：《云南考古（1979—2009）》，昆明：云南人民出版社，2010，第223-224页。
④ 中国古代铜鼓研究会编：《中国古代铜鼓》，第124页。
⑤ 周志清：《滇东黔西青铜时代的居民》，第53页。

　　"文化"是一个比较宽泛的概念，包括物质文化和精神文化两部分，而物质文化，通常的表现形式为人类活动遗留下来的实物遗存，是实实在在的实物，如工具、武器、日用器皿、农具，等等，而精神文化则指人类在创造物质文化的同时，所创造的精神产品，诸如理念、祭祀习俗、服饰、信仰、舞蹈和壁画等。

# 第一章

# 古滇时期的族群

　　本书所研究的古滇文化，是指以云南中部的滇池为中心、以"滇文化"为代表的所有与其同期的或相近的云贵高原的青铜时代考古学文化，概而言之，即云贵高原青铜时代的诸考古学文化。就目前的考古学材料而言，石寨山文化，俗称"滇文化"，是云贵高原青铜时代考古学文化发展程度最高、影响范围最广的文化。因此，为便于表述，本书用"古滇文化"来代表云贵高原青铜时代的诸考古学文化。云贵高原青铜时代的诸考古学文化的地理分布范围大致为四川盆地以南的云贵高原，大约为东经 97° ~107°、北纬 21° ~31°，包括现今云南省的全部、贵州省西部和四川省的西南部以及广西壮族自治区的西北部等地，地处我国自然地理第二阶梯的云贵高原和川西南高原地区。这一区域即是汉代司马迁《史记·西南夷列传》所记载的"西南夷"的范围。

　　"西南地区的范围，即在云南全省，又四川省大渡河以南，贵州省贵阳以西，这是汉代至元代我国的一个重要政治区域——两汉为西南夷，魏晋为南中，南朝为宁州，唐为云南安抚司，沿至元代为云南行省，各个时期疆界虽有出入，而大体相同。"①

　　若以现代地名来看的话，则大约是西起云南德钦、东到贵州贵阳、南经云南勐腊、北到四川雅安大渡河以南的广大区域。

　　本文所研究的古滇文化存在的时间维度，大约自公元前 12 世纪至公元 3 世纪初年，相当于中原地区的商、西周、春秋、战国、西汉和东汉时期，时间跨度达 1500 年。

---

① 方国瑜：《中国西南历史地理考释·略例》，北京：中华书局，1987，第 1 页。

# 第一节　地理环境与族群分布

## 一、地形与地貌

中国西南位于亚洲大陆的南部，是连接亚洲大陆腹地和南亚次大陆以及中南半岛的枢纽，而云南位于该区域的核心地带。该区域地理环境复杂，地形多样。云南地势西北高、东南低。以元江—红河为界，大体可以分为东、西两部分。西部为横断山区（滇西和川西纵谷区），是青藏高原的余脉，众多山脉和河流相间排列，平均海拔在 4000 米以上，河谷下切强烈，相对高差达 3000 米。元江以东为云贵高原的主体，有脉络不明显的山地分布，高原东部有发育完全的岩溶地貌。

山地是该区域地貌的典型特征，在西部地区尤为突出，呈现出"两山之间必有川、两川之间必是山"的格局，自西而东，纵列着高黎贡山、怒山、云岭三大山脉，构成横断山系，平均海拔 4000 米以上。山脉之间伴有怒江、澜沧江、金沙江三条大河，山、川相互挟持，比肩而下，绵延上千千米。横断山系的南部及其余脉，山势逐渐展开，峰峦低矮，山体渐宽，河谷开敞，出现面积较大的河谷平原和山间盆地，海拔也降为 1000 米左右，称为滇西南低地的热带和亚热带地区。

元江以东为高原地貌，高原的中心起伏和缓，平均海拔 2000 米左右，在高原和丘陵之间，存在着许多山间盆地，俗称坝子。坝子附近，由于地壳抬升，形成高差达 500 米的山地，高原大地岩溶地貌发育，呈现典型的喀斯特地貌特征。

有学者以"折扇般山脉、帚状水系与北高南低的地势"来形容云南的地形与地貌。

云南的盆地数量很多，据统计，面积在 1 平方千米的盆地数量达 1442 个。在这些盆地中，最大的为昆明盆地，面积达 1071 平方千米，其次为陆良盆地，面积 772 平方千米。昭鲁盆地面积为 524 平方千米，沾曲盆地面积为 435 平方千米，这些盆地的面积总和仅为 2.4 万平方千米，占云南总面积的 6%。这些数量众多的盆地点缀在绵延的群山之中。

川西纵谷区的盆地以四川凉山州的安宁河谷为最大，面积达 1800 平方千米。

盆地地势一般都相对比较平坦，水源充足，自然条件较好，有利于发展农业。由于农业发达，人口稠密，长期以来，这些分布于众多山区中的小盆地形成了一个个区域性的政治、经济和文化圈。这些平原和坝区是人类文化积淀最深厚、最发达的地区。

云贵高原上的地表水资源丰富，是中国水资源最为富集的地区。发源于青藏高原的南向河流分别注入太平洋和印度洋。细分下来，在大理—楚雄—昆明—沾益一线到贵州苗岭以北，属于长江水系，主要河流有金沙江、雅砻江、大渡河、安宁河、牛栏江、乌江和赤水河等；在该线以南的南盘江、北盘江和柳江及其支流属于珠江水系；发源于大理巍山的礼社江—元江—红河最后在越南北部注入南海；发源于青藏高原唐古拉山的澜沧江经青海、西藏和云南后向南流经缅甸、老挝、泰国、柬埔寨和越南，最后注入南海，流出国境后称湄公河，又称"东方多瑙河"；怒江，又称潞江，经怒江、保山和德宏后入缅甸，最后在缅甸南部注入印度洋的安达曼海。这些河流在上游地区多为高山峡谷，尤以云南的三江并流区域最为显著，高黎贡山、怒江、怒山、澜沧江、云岭、金沙江相间排列，三江并流而不交汇，大江大河在崇山峻岭中穿梭；怒江与澜沧江的最短直线距离不过 19 千米。进入中下游支流渐多，主流和支流多位于开阔的河谷地带，雨水充足、土壤肥沃，是农耕的集中分布区。

云贵高原上还有一些湖泊，这些湖泊是重要的天然蓄水库。著名的有滇池、洱海、抚仙湖、阳宗海、程海、邛海、星云湖、杞麓湖等。

河流和湖泊是云贵高原上的主要水源，对农业生产的发展有着举足轻重的作用。

横亘于横断山区东麓的南北向河流和高山，恰是古代文化交流和民族迁徙的天然走廊。后世著名的藏彝走廊就是其中之一。

## 二、气候

云贵高原的气候十分复杂。在大气环流上，云贵高原受热带季风气候和热带大陆气团控制，基本不受寒潮的影响。冬半年，热带大陆气团在滇黔边界与北方来的冷气团相遇，形成云南气候锋——昆明准静止锋，大致位于滇黔交界处的昭通—威宁—兴义一线，这也是云南高原和贵州高原的交界处，此线两边的气候截然不同。

贵州高原气候的最大特点是终年阴雨天多，有"天无三日晴"的说法，阴雨天数一般超过 150 天，高原大部分年降水量为 1000~1300 毫米，其中，北部少于南部。但由于广泛分布的岩溶地貌，雨水难以储存，因此，地面常常缺水，使得贵州高原尽管雨量充沛，但仍然显现出干旱的特性，年平均气温在 12℃ ~16℃，无霜期在 200~280 天。这种天气对农业生产是十分不利的。

云南纬度很低，北回归线从境内南部穿过，但由于地势较高，因此年平均气温并不高。整个地区属于亚热带季风气候，由于地势的原因，立体气候特征显著。尽管该地属于中国西南的内陆地区，但来自太平洋和印度洋的季风都能够到达这里，因此这里的气候干湿分明，四季气温变化不大。雨季（5 月 ~10月）受热带海洋性气候控制，雨量集中，全年 85%~95% 的雨水都集中在此季。旱季（11 月 ~ 次年 4 月）受热带大陆气团控制，境内大多数地方降水量少，全年降水量约 1000 毫米，年平均气温 13℃ ~17℃，无霜期在 220~280 天，日照充足，年日照数超过 2000 小时。干季和雨季的集中分布，造成水、旱灾害都十分严重，对农业生产的影响极为明显。

四川西南部的气候为冬暖夏凉，干湿季分明，雨量集中。年平均气温为 15℃ ~17℃，年温差小，而日温差大。这里有安宁河谷、金沙江河谷、雅砻江河谷，北面有高山屏障，而地势又向东、南倾斜，使得南下的寒冷气流难以侵入，全年无冬，夏短而不热，年日照数超过 2000 小时，降水量多在 1000 毫米左右。日照充足、冬暖夏凉、雨量充足，自然条件优越，便于人类生存和农业发展，历来是传统农耕区。

### 三、族群分布

云南位于中国西南边疆的核心分布区，云南、贵州全省及四川的西部地区在秦汉时期被称为西南夷地区，时代更晚的《华阳国志》和《三国志》则将其称为南中地区，"南中，在昔盖夷越之地"[①]。

居住在今云南、贵州和四川西部的古代民族，直到秦汉时期才有比较明确的称谓。司马迁《史记·西南夷列传》将其称为"西南夷"[②]，因为这些古代民族居住在古代蜀郡的西面和巴郡的南面，因此在西面的叫"西夷"，在南面的叫"南夷"，统称"西南夷"。《汉书》和《后汉书》均沿袭这一称谓。

司马迁《史记·西南夷列传》记载："西南夷君长以什数，夜郎最大。其西靡莫之属以什数，滇最大；自滇以北君长以什数，邛都最大；此皆魋结、耕田，有邑聚。其外，西自同师以东，北至叶榆，名为嶲、昆明，皆编发，随畜迁徙，毋常处，毋君长，地方可数千里。自嶲以东北，君长以什数，徙、笮都最大；自笮以东北，君长以什数，冉駹最大。其俗或土著，或移徙，在蜀之西。自冉駹以东北，君长以什数，白马最大，皆氐类也。此皆巴蜀西南外蛮夷也。"[③]

从上述的文献记载来看，夜郎、滇、邛都属于南夷，皆为从事农业、过着定居生活的族群。介于南夷和西夷中间的嶲、昆明等族，过着随畜迁徙的游牧生活。而徙、笮、冉駹等族群，因在蜀之西，属于西夷，过着半农半牧的生活。南夷和西夷都有"君长"，只有昆明等西南夷"无君长"。

学术界认为，西南夷地区的族群大体上由殷周以来的氐羌、百越和百濮三大族群构成。关于其具体的分布地域，大体以元江—红河为界，元江以东为百越的分布区，西北为氐羌分布区，西南为百濮分布区。

"如果把斜贯全省的元江作为边疆和腹地的大致分界线，元江东北部称为腹地，是汉、白、回、壮、纳西、蒙古等族杂居和散居地区，其中汉、白、回、

---

① （晋）常璩：《华阳国志·南中志》，成都：巴蜀书社，1984，第333页。

② （汉）司马迁：《史记·西南夷列传》，第2991页。

③ （汉）司马迁：《史记·西南夷列传》，第2991页。

壮、纳西、蒙古等族多住坝子，彝、瑶等族多住半山和高山，苗族多居高寒山区，藏、普米等族多住于西北部的高原。元江的西南部为边疆各族聚居区，其北部横断山脉纵谷高山地区居住着傈僳、怒、独龙等族；其南部地势扩展地带的河谷地区居住傣、阿昌、崩龙①等族，山区居住着景颇、布朗、拉祜、哈尼等族。"②云南省境内这种以汉族为主体的各民族大杂居、小聚居和垂直分布的格局，既反映了几千年来各族劳动人民共同开发和保卫祖国边疆的团结互助关系，又是历史上阶级斗争和民族斗争长期交织在一起的结果。

羌人是一个十分古老的族群，分布于我国云南西部、四川西部至陕西、甘肃和青海一带。"羌"，从羊从人，意为牧羊人，亦称氐羌。甲骨卜辞中常见"羌"字，先秦文献中往往是氐羌连写，至秦汉以后，则氐、羌分开，表示氐和羌可能已经分化为两个不同的族群。甘肃西南、青海、四川西北以及云南的西部、北部，澜沧江、金沙江、雅砻江等几条大江的河谷都是古代氐羌人南下的迁徙路线和活动地区。相传黄帝的长子昌意从黄河流域"降居若水"（若水即今雅砻江），娶蜀山氏的姑娘，生了颛顼，虞族、夏族和周族均是其后裔。今彝语称黑为"若"，若水就是黑水，而雅砻江、金沙江（泸水）、澜沧江（兰津）和怒江等几条大江，都有"若水"（黑水）的意思，极可能是因古代的氐羌族群在这几条江居住过而得名。

在古代文献中，我们也可以看到有关羌人的记载，其中包括商人曾多次镇压羌人的反抗。羌人也曾参加了武王伐纣之役和周成王的成周之会。

羌人的南下是分批次的，最早可以上溯到新石器时代，羌人沿横断山区的河谷南下，到战国秦献公时，由于秦国势力的强大，北方的一部分羌人南下至今大渡河、安宁河流域，与先前迁徙到这一带的氐羌族会合，经过不断的融合和分化，形成了今天藏缅语系的各族。

濮人，也是我国一个十分古老的民族，因分支众多，史称百濮。史载濮人也曾参加了武王伐纣之役和周成王的成周之会。春秋战国时期，楚国西南江汉

---

① 德昂族又称崩龙族。
② 何华新：《云南汉族源流述略》，载《云南民族学院学报》，1986（3）。

流域以西的古代族群被称为百濮（从江汉流域起直至今贵州、云南和四川的部分地区）。《尚书·牧誓》记载，武王伐纣时有"庸、蜀、羌、髳、微、卢、彭、濮"参加。从《国语》《左传》等记载来看，西周、春秋时期，濮人居住在楚人的周围，江汉地区有很多濮人居住，楚人曾去濮地避难。楚的先王若敖、蚡冒、熊通，都曾通过开发濮地而开拓楚的疆域。①《逸周书·王会解》"卜（濮）人以丹沙"下孔晁注："卜人，西南之蛮。"《左传·文公十六年》"麇人师百濮聚于选"下孔颖达疏："濮为西南夷。"《史记·楚世家》"叔堪亡，避难于濮"下《正义》引刘伯庄云："濮在楚西南。"

关于百濮分布的具体情况，除了上述江汉地区的濮人之外，见诸汉晋时期史籍者有"滇濮"（滇池地区）、云南郡之濮（洱海及其以东地区）、建宁之濮（滇东地区）、牂柯郡和兴古郡之濮（黔、滇东南、桂西南地区）、越巂之濮（川西南地区）、巴濮（重庆地区）等。②云南的濮人主要分布在滇南和滇西南地区。古代把元江称为"仆水"③，仆水，即今元江。传说仆人曾向商王朝献"短（矩）狗"④，向周王朝献丹砂⑤，直到明清时期，顺宁（今凤庆）的蒲蛮（布朗族）"专贡矮犬"⑥。仆人当是濮人的一部分。

越人是我国古代南方的一个大的族群，史称"百越"。先秦文献记载，我国南方的越人有"雕题""漆齿""贯胸""离身"等习俗以及向商王朝进贡⑦的记录。周王朝曾命楚成王"镇尔南方夷越之乱"⑧。《华阳国志·南中志》记载："南中在昔夷越之地，滇濮、勾町、夜郎、叶榆、桐师、巂唐侯王国以十数"，

①《国语·郑语》："蚡冒于是乎始启濮。"《左传·宣公十二年》："若敖、蚡冒筚路蓝缕，以启山林。"《史记·楚世家》："（楚武王）始开濮地而有之。"

② 汪宁生：《滇楚关系初探》，《汪宁生论著萃编》，昆明：云南民族出版社，2001，第711页。

③《汉书·地理志》载："贪水首受青岭，南至邪龙入仆。"仆，《华阳国志·南中志》作"濮"，濮水即今元江。

④（晋）孔晁：《逸周书·商书·伊尹朝献》，《清经解续编》本。

⑤（晋）孔晁：《逸周书·王会解》，《清经解读编》本。

⑥ 章太炎：《西南属夷小记》，见李绍明、程贤敏编：《西南民族研究论文选》，昆明：四川大学出版社，1991，第2页。

⑦（晋）孔晁：《逸周书·商书·伊尹朝献》，《清经解续编》本。

⑧（汉）司马迁：《史记》，第1697页。

"（蜀）地东接于巴，南接于越"。《三国志·蜀志·诸葛亮传》："跨有荆益，保其岩阻，西和诸戎，南和夷越。"从这些文献记载来看，我国的东南沿海到云贵高原，都有越人活动的足迹。

云贵高原上的越人和南方的其他越人一样，都是当地的土著。有学者认为，自新石器时代以来，云贵高原上就有越人居住，在云南各地所发现的有肩石斧、有段石锛就是很好的证明。[①]

汉晋时期在云贵高原居住的越人主要分布在以下三个地区：一、今云南保山、德宏、临沧地区以及西双版纳乃至部分国外地区，也就是历史上的"滇越"地区；二、今云南北部、西部，即金沙江中游及其支流地区，包括今四川西昌的部分地区，也就是历史上的越嶲郡部分地区；三、今贵州乌江以南、云南元江、文山和曲靖的部分地区以及广西左右江地区的一部分，也就是历史上的牂柯郡部分地区。[②]在上述地区，越人不是集中居住，而是和其他民族交错杂居，但越人一般居住在河谷地区或者平坝地区。云贵高原上的越人后裔今天在语言上属于汉藏语系壮侗语族的傣、壮、布衣、侗和水等族。这些民族至今仍居住在云贵高原古代越人所分布的范围。

经过长期的不断分化与融合，云南历史上的氐羌成为藏缅语族的各族，越人则成为壮族和傣族的祖先，而滇西南的濮人则被称为孟高棉语族的祖先。

民族问题，尤其是民族来源问题十分复杂，学者们仁者见仁、智者见智，很难形成统一的认识。"滇、冉駹、筰、邛、昆明、僰人皆为氐羌系统，而夜郎、勾町、漏卧、进桑等为百越系统，哀牢为百濮系统。"[③]也有学者认为："滇、靡莫、僰、叟人为氐人，昆明为羌人。概括起来，滇池的西北和东北多为氐羌聚居；滇南、滇东南和滇西南，多为百濮和百越交错杂居的'闽濮之乡'。"[④]

① 汪宁生：《古代云贵高原上的越人》，见百越民族史研究会编：《百越民族史论集》，北京：中国社会科学出版社，1982，第32页。

② 汪宁生：《古代云贵高原上的越人》，见百越民族史研究会编：《百越民族史论集》，第35页。

③ 江应樑主编：《中国民族史》，北京：民族出版社，1990，第230–246页。

④ 马曜主编：《云南简史》，昆明：云南人民出版社，1983，第8页。

### 四、中央王朝在西南夷地区设置郡县的历程

中央王朝在西南夷地区设置郡县是一个漫长的过程，最初始于秦朝，至东汉时期才最终完成，历时数百年。

公元前 311 年，在秦灭蜀以后，臣属于蜀的两个部落——丹、犁，开始向秦称臣，次年，秦又派兵丹、犁，使其接受秦的统治。据唐人的解释，丹、犁接近古代的"滇国"，相当于唐代姚州都督府管辖的范围，大体上是指今云南北部的大姚、姚安一带地区。

公元前 285 年，蜀郡太守张若"取笮及其江南地"，"笮"乃今四川的盐源、盐边以及云南的华坪、永胜、宁蒗一带，"其江南地"，大体指今云南丽江和楚雄一带。

公元前 246 年，秦始皇登基，开始了统一全中国的进程。在李冰任蜀郡太守的时候，秦开始在川滇交界的僰道地区修筑通往滇东北的道路，史称"僰道"。后来，又派常頞继续修筑这条道路，到达古代的郎州（今云南曲靖），因为道路宽仅五尺，所以又称"五尺道"。在修通五尺道的同时，秦王朝还向上述的部落地区派遣官吏，进行直接统治。"秦时尝通为郡县，至汉兴而罢"[1]，可见，秦在云南曾经设置过郡县，只是这些郡县在古代文献中不见于记载罢了。

西汉建立以后，加快了在西南夷地区设置郡县的步伐。

犍为郡：武帝建元六年（前 135 年）开，辖十二县，包括僰道、江阳、资中、朱提、堂琅等县，大体包括今云南东北部的昭通、会泽等地以及四川南部地区。

牂柯郡：武帝元鼎六年（前 111 年）开，辖十七县，包括且兰、夜郎、漏卧、句町、同并、谈指等，大体包括今贵州和云南的东部与东南部地区。

越巂郡：武帝元鼎六年（前 111 年）开，辖十五县，包括邛都、灵关、台登、定笮、会无、大笮、姑复、青岭等，大体包括今四川凉山州和云南的楚雄州一带。

益州郡：武帝元封二年（前 109 年）开，辖二十四县，包括滇池、双柏、

---

① （汉）司马迁：《史记·西南夷列传》，第 3046 页。

连然、俞元、叶榆、不韦、弄栋、毋棳、健伶、来唯等，大体包括今云南的滇中（昆明、玉溪）以及滇西（大理、保山等地），几乎是云南的绝大部分地域。

永昌郡："永平十二年（69年），哀牢王柳貌遣子率种人内属……显宗以其地置哀牢、博南二县，割益州郡西部都尉所领六县，合为永昌郡"①，大体包括今云南西部的保山、德宏乃至今缅甸伊洛瓦底江流域的相当一部分。

自公元前4世纪末至公元69年，西南夷地区纳入中央王朝统治的过程历时近400年。

## 五、古滇文化的分期

纵观古滇文化的发展历程，大致可以分为三期，即早期、中期和晚期。

早期（又称萌芽期）：公元前12世纪前后，各地的新石器文化纷纷进入青铜时代。在滇中地区的兴义遗址二期②遗存中，发现相当数量的孔雀石、炼渣、石范和青铜器，说明当时人们已经开始在开采冶炼和生产铜器，该遗存应当属于青铜时代，其F2的测年为公元前1456年至前1389年。类似的遗存还见于大理银梭岛第三期③，剑川海门口遗址第二、第三期④，晋宁上西河遗址第一期⑤，滇东北的鲁甸野石遗址⑥、马厂遗址⑦和黔西北的贵州威宁中水鸡公山遗址⑧等，上述遗址的大部分测年在公元前1300年至前1000年之间，大约相当于中原地区的商代，小件青铜器开始出现。

中期（又称鼎盛期）：以晋宁石寨山墓地的第Ⅰ、Ⅱ类型为代表⑨，类似的

---

① （宋）范晔：《后汉书》，北京：中华书局，1973，第2849页。
② 云南省文物考古研究所："通海兴义遗址""云南考古"网站，2016-11-04。
③ 云南省文物考古研究所：《云南大理市海东银梭岛遗址发掘简报》，载《考古》，2009（8）。
④ 云南省文物考古研究所：《云南剑川县海门口遗址第三次发掘》，载《考古》，2009（8）。
⑤ 资料现存于云南省文物考古研究所晋宁工作站。
⑥ 云南省文物考古研究所：《云南鲁甸县野石山遗址发掘简报》，载《考古》，2009（8）。
⑦ 丁长芬：《昭通青铜文化初论》，载《云南文物》，2002（1）（总第55期）。
⑧ 贵州省文物考古研究所等：《贵州威宁县鸡公山遗址2004年发掘简报》，载《考古》，2006（8）。
⑨ 参见云南省博物馆：《云南晋宁石寨山古墓群发掘报告》，北京：文物出版社，1959，第132-135页。

遗存在云南江川李家山、呈贡天子庙等很多遗址与墓地中存在，是古滇文化发展最为兴盛的时期，其文化影响广布云贵高原的大部分地区。年代约在公元前4世纪至公元前1世纪，相当于中原地区的春秋战国之际至西汉初期，万家坝型和石寨山型铜鼓开始出现。

　　晚期（又称转变期）：以汉武帝在滇置益州郡始，至诸葛亮南征。以晋宁石寨山墓地的第Ⅳ类型为代表[1]，类似的遗存还见于江川李家山等墓地。这一时期古滇文化因素不断萎缩，而汉文化则强势进入，对古滇文化的方方面面产生影响。其时代约在公元前1世纪至公元3世纪，相当于中原地区的西汉中期至三国时期。

# 第二节　古滇文化的族群

　　至少在公元前3世纪以前，上述氐羌、百越和百濮三大族群均活跃在云贵高原上，但他们之间没有确切的称谓和明确的居住界限。

　　自古以来，各族群大杂居、小聚居的生存格局没有改变，要想将考古学文化与古代的某个族群一一对应，是十分困难的事情。况且随着时间的流逝，历史上对各个族群的称谓也在不断变化，考古学文化也是随着时代的变迁而发生变化的，因此，要弄清楚某一地区的考古学文化与某一个民族存在特殊的对应关系，除非特别的机缘巧合，否则太难。我们唯一能做的，是通过梳理相关的历史文献，弄清某一族群于某个时期在某区域存在过，并结合相关的考古发现，推测那些考古遗物可能属于历史上某个族群。

---

① 参见云南省博物馆：《云南晋宁石寨山古墓群发掘报告》，第132–135页。

## 一、滇

滇人被外界知晓，始于司马迁的《史记·西南夷列传》："楚威王时，使将军庄蹻将兵循江上，略巴蜀、黔中以西。庄蹻者，故楚庄王苗裔也。蹻至滇池，地方三百里，旁平地，肥饶数千里，以兵威定属楚。欲归报，会秦击夺楚巴、黔中郡，道塞不通，因还，以其众王滇，变服，从其俗，以长之"，"靡莫之属以什数，滇最大"。"滇王者，其众数万人，其旁东北有劳浸、靡莫，皆同姓相扶。"①

武帝元狩元年（前122年），为探求蜀至身毒国道，汉朝派使臣王然于等来到滇池，受到滇王尝羌的大力协助，盛言"滇大国，足事亲附"。

《史记·西南夷列传》又载："元封二年（前109年），天子发巴蜀兵击劳浸、靡莫，以兵临滇，滇王始首善，以故弗诛……请置吏入朝，于是以为益州郡，赐滇王王印，复长其民。"②

"后二十三岁，孝昭始元元年（前86年），益州廉头、姑缯民反，杀长吏，牂柯、谈指、同并等二十四邑，凡三万余人皆反。遣水衡都尉发蜀郡、犍为，奔命万余人击牂柯，大破之。后三岁，姑缯、叶榆复反。遣水衡都尉吕辟胡将郡兵击之，辟胡不进，蛮夷遂杀益州太守，乘胜与辟胡战……明年，复遣军正王平与大鸿胪田广明等并进，大破益州，斩首捕掳五万余级，获畜产十余万。"③自此以后，滇王的事迹不再见于历史记载。

滇人生活的地方气候温和，土壤肥沃，在山间盆地中，分布着众多的大小湖泊，如滇池、抚仙湖、星云湖、杞麓湖、阳宗海和嘉丽泽等，南盘江、牛栏江等纵贯全境，水利灌溉便利，利于农业生产。

农业发达，畜牧业兴旺。《华阳国志·南中志》记司马相如得"牛马羊属三十万"④。

---

① （汉）司马迁：《史记》，第2993页。
② （汉）司马迁：《史记》，第2997页。
③ （汉）班固：《汉书》，北京：中华书局，1962，第3843页。
④ （晋）常璩：《华阳国志·南中志》，第393页。

《汉书·地理志》记载，"俞元，池在南……怀山出铜……律高，西石空山出锡、东南睐町山出银、铅……贲古，北采山出锡，西羊山出银、铅，南乌山出锡……来唯，从陆山出铜。"[①]。

"滇王者，庄蹻之后裔也……河土平敞，多出鹦鹉、孔雀，有盐池田渔之饶，金银畜产之富。人俗豪忕，居官者皆富及累世。"[②]

上述文献表明：滇人生活在滇池及其附近地区，远在楚国将军庄蹻到来之前，滇人就已经存在。后来庄蹻建立了"滇国"，庄蹻的后人继续统治，汉武帝时期在滇设立益州郡，赐"滇王"王印，让其"复长其民"。至孝昭始元元年（前86年）后，滇及其附近地区的部族叛乱，中央政府派兵平叛后，滇王的事迹就不再见于史籍了。

1955~1960年，云南省博物馆先后对晋宁石寨山墓地进行了四次发掘。1956年，在晋宁石寨山第二次发掘过程中，在M6中发现了一枚黄金质地的"滇王之印"，此后，石寨山被认定为滇王及其亲族的墓地。[③]这四次发掘共清理墓葬51座，出土文物数千件。

此后，在昆明、呈贡、晋宁、江川、新平、陆良、曲靖、富民、安宁、禄丰、路南等11个县市的39个地点都发现了相同的文化遗物，尤其是江川李家山墓地、呈贡天子庙墓地、呈贡石碑村墓地、楚雄万家坝墓地、曲靖八塔台墓地、官渡羊甫头墓地、澄江金莲山墓地等特别重要。到20世纪末，清理墓葬3000多座，出土文物数万件。20世纪80年代，考古学者提出了"滇池区域青铜文化"[④]（简称"滇文化"）和"石寨山文化"[⑤]的概念。相关考古学文化的分布范围为"北起金沙江南岸、南达元江北岸、西起禄丰、东达宣威"的滇东高原的广大盆地和低山丘陵地区。[⑥]这一文化的分布范围和文献记载的"滇人"

---

① （汉）班固：《汉书》，第1601页。
② （宋）范晔：《后汉书》，第2846页。
③ 云南省博物馆：《云南晋宁石寨山古墓群发掘报告》，第134页。
④ 王大道：《滇池区域青铜文化》，见《云南青铜器论丛》，北京：文物出版社，1981，第77-91页。
⑤ 汪宁生：《试论石寨山文化》，见《中国考古学会第一次年会论文集》，北京：文物出版社，1980。
⑥ 蒋志龙：《再论石寨山文化》，载《文物》，1998（6），第31-40页。

的分布区域绝大部分吻合，其核心分布区就在晋宁石寨山和江川李家山之间的狭长地带。在这些出土文物中，铜器中的铜俑（图1-1）、石寨山型铜鼓、贮贝器、蛇首短剑、一字格短剑、铜戈、铜矛，陶器中的陶釜（图1-2~3）、壶、尊、侈口旋纹罐等器物，被确定为该文化特有的、区别于其他文化的典型器

图1-1：滇人俑（上为男性，下为女性）

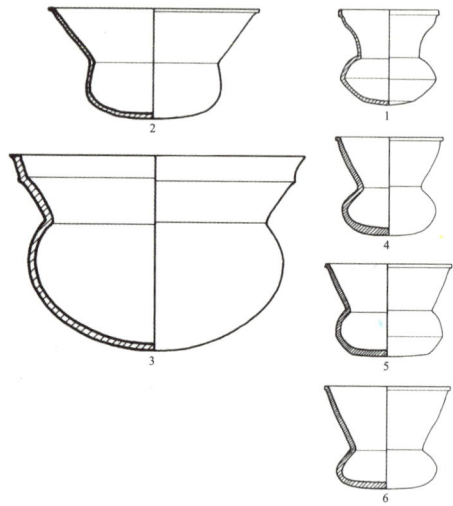

图1-2：炊器（釜）（剖面图）

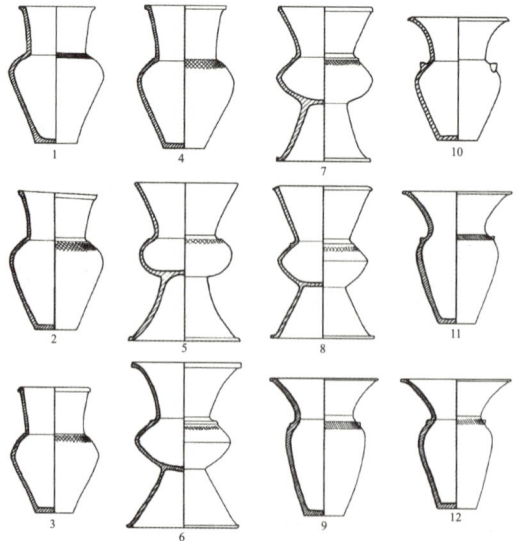

图1-3：食器（剖面图）

物[1]，具有唯一性。同时，该文化出土的大量贮贝器和青铜扣饰上所刻画的人物形象，对于我们了解该文化的人群构成十分重要，这些人物形象上的"椎髻"，可以和文献记载中的相互印证；而贮贝器上所表现的祭祀、战争、纳贡、诅盟、纺织、播种等场面（图1-4~5），对于我们认识滇人社会是不可或缺的资料，

图1-4：贮贝器上的纺织场面及展开图

---

① 蒋志龙：《再论石寨山文化》，载《文物》，1998（6），第31~40页。

图 1-5：贮贝器上的播种场面及展开图

这些圆雕或浮雕场面是了解古滇社会的无字史书。

以石寨山古墓群为代表的遗存被认为是古滇人的遗留,得到了国内外学术界的公认。以滇东地区沾曲盆地的八塔台为代表的遗存,有的学者认为是滇人的,也有的学者认为可能是夜郎的遗存①。近年在嵩明凤溪山和凤凰窝②以及在寻甸③清理发掘的青铜时代墓葬,其出土的青铜器无论组合还是形制均与滇池区域的完全相同,但陶器群则有差异,前者多由豆、盃等组成。类似的现象还见于宜良汤池纱帽山④、澄江金莲山墓地⑤等。这其中反映的历史现象需要进一步研究。

## 二、昆明

“昆明”之记载最早也见于《史记》,这是滇西地区的另一大部落。

《华阳国志·南中志》:“……(南中)在昔盖夷、越之地……”⑥“夷人大种曰昆,小种曰叟,皆曲头、木耳、还铁,裹结,无大侯王,如汶山,汉嘉夷人。”⑦

昆明的畜牧业极为兴盛,从汉军平叛所掳掠的牲口就可以看出来。“建武十八年,夷渠帅栋蚕与姑复、叶榆、弄栋、连然、滇池、建伶、昆明诸种反叛,杀长吏……二十年,进兵与栋蚕等连战数月,皆破之。明年正月,追至不韦,斩栋蚕帅,凡掳首七千余人,得生口五千七百人,马三千匹,牛羊三万余头。”⑧畜牧业和农业的分化不是太明显,农业还未完全从畜牧业中分化出来,只有部分地区有稻田种植。

---

① 参见张合荣:《夜郎文明的考古学观察——滇东黔西先秦至两汉时期遗存研究》,北京:科学出版社,2014。

② 资料现存嵩明县文物管理所。

③ 资料现存昆明市博物馆和寻甸县文物管理所。

④ 云南省文物考古研究所等:《云南宜良纱帽山滇文化墓地发掘报告》,见《南方民族考古》第八辑。

⑤ 云南省文物考古研究所等:《云南澄江县金莲山墓地2008~2009年发掘简报》,载《考古》,2011(1)。

⑥ (晋)常璩:《华阳国志》,第333页。

⑦ (晋)常璩:《华阳国志》,第364页。

⑧ (宋)范晔:《后汉书》,第2846页。

我国古代关于昆明的记载都相当简略，而且多大同小异，关于其分布区域、文化特征、族属等，有很多不解之谜。

同师被认为是今云南保山一带，叶榆为今云南大理，古昆明人的分布当在今保山至大理的澜沧江一带。昆明的典型特征为"编发，随畜迁徙，毋常处，毋君长"。

20 世纪 80 年代，张增祺先生根据洱海区域出土文物中的螺旋纹山字格青铜短剑（图 1-6）、曲刃铜矛（图 1-7）、铜戈、万家坝型铜鼓和双虎双鹤纹铜钟、窄边铜镯等器物，认定此为与滇池区域文化类型完全不同的一个新的文化类型，称其为"滇西青铜文化"[1]。"战国中期至西汉初期，生活在滇西地区的昆明族等，是以农业为主，兼营畜牧业，且有较发达的青铜冶铸业的定居民族。"[2] 尽管地望上与昆明相符，但其显现的特征和文献记载的"随畜迁徙，毋常处"显然是不相符的。

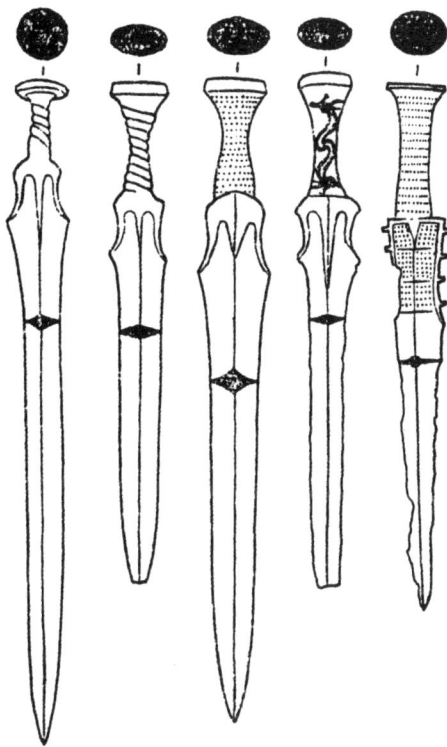

图 1-6：山字格青铜短剑

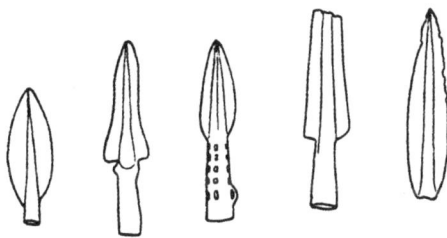

图 1-7：曲刃铜矛

---

[1] 张增祺：《滇西青铜文化初探》，第 103 页。
[2] 张增祺：《滇西青铜文化初探》，第 103 页。

　　洱海区域的昆明最早是从澜沧江上游的横断山峡谷而来，后来经漾濞江和沘江河谷进入剑川和鹤庆等地。其北部和东北部紧邻丽江和永胜、宁蒗的南迁的游牧民——古羌人，南部和东南部为斯榆和濮人等农业民族。[①]

　　属于昆明的代表性墓地有剑川鳌凤山墓地[②]、鹤庆黄坪墓地[③]、洱源北山墓地[④]，代表器物有云龙县坡头村和巍山县母古鲁村出土的青铜器[⑤]（图1-8）。

　　（一）云龙县坡头村

　　云龙县坡头村出土的青铜器可能为窖藏，一共30件，全部为双肩铜斧，有的为椭圆銎、半圆弧刃，有的刃部近圆形，有的銎上有纹饰，有的则为素面。这些铜器长10~15厘米，刃宽5~10厘米。

　　（二）剑川鳌凤山

　　1980年，云南省博物馆文物工作队对剑川鳌凤山墓地进行了发掘，共清理

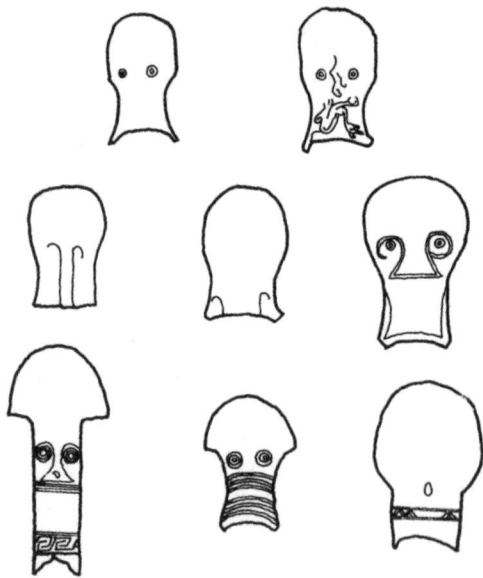

图1-8：双肩铜斧（钺）

---

① 张增祺：《洱海区域的古代文明》，昆明：云南教育出版社，2010，第143页。

② 云南省博物馆文物工作队：《云南剑川鳌凤山墓地发掘简报》，载《文物》，1986（7）。

③ 大理州文物管理所：《黄坪土坑墓调查、清理简报》，载《云南文物》，第36期，1993。

④ 国家文物局：《中国文物地图集·云南分册》，昆明：云南科技出版社，2001。

⑤ 张增祺：《洱海区域的古代文明》，第145-146页。

土坑竖穴墓 217 座、瓮棺葬和"火葬墓"125 座，出土各类随葬品 572 件[①]，其中，青铜器 227 件，主要器形有兵器、工具和装饰品。兵器有剑、矛、钺、戈、镞、臂甲和剑鞘（图 1-9），工具有削、凿等，装饰品有簪、发箍、铃、戒指、铜镯和耳坠等。剑分为双环首无格剑和山字格短剑。青铜工具中仅见铜削和铜凿，未见铜锄和铜铲等农具。青铜装饰品数量较多，器形复杂，制作较精致。此外，还有玉石、料珠、海贝、玛瑙珠、绿松石珠等饰品。

陶器共 200 件，占器物总数的 35%，器形较单一，仅有罐、瓮和纺轮等，双耳罐是代表性器物。除上述的青铜器、陶器和装饰品外，在墓葬中还随葬了猪下颌骨 16 件、麂子下颌骨 1 件、羊下颌骨 1 件、猪腿骨 1 件。经鉴定，这些均为幼畜骨骼。用动物骨骼随葬，是北方草原游牧民的习俗。鳌凤山墓地的这些发现是否表明其受北方邻居的影响，有待进一步研究。

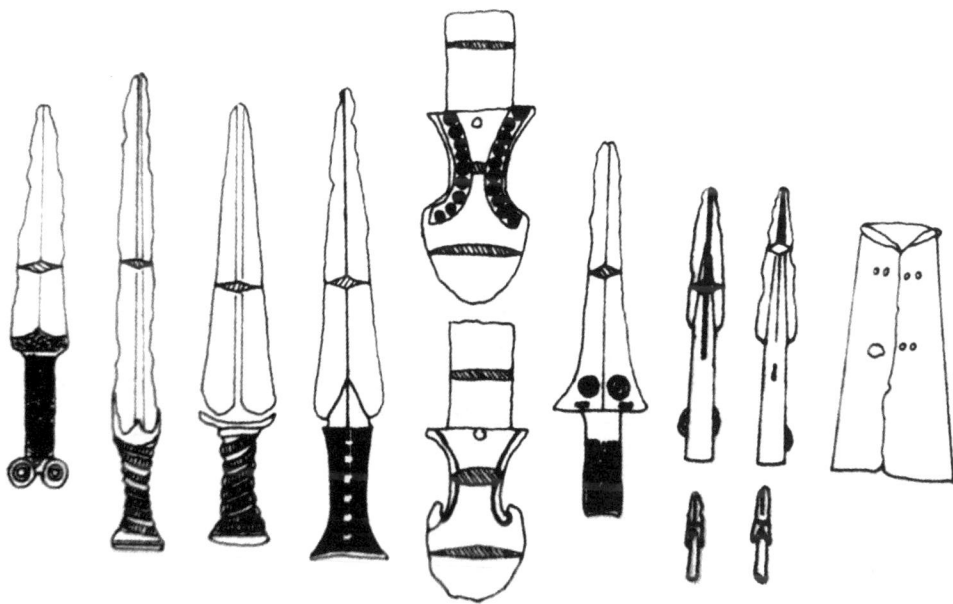

图 1-9：剑川鳌凤山墓地出土的铜兵器

① 云南省博物馆文物工作队：《云南剑川鳌凤山墓地发掘简报》，载《文物》，1986（7）。

### （三）巍山县母古鲁村

2005 年，因一场大雨，位于巍山县马鞍山乡母古鲁村南约 300 米的山上冲刷出土青铜器共 8 件，其中铜剑 1 件、编钟 2 件、曲刃矛 1 件、杯 2 件、铜牛 1 件、人物杖头铜饰 1 件。

出土铜剑为螺旋纹柄山字格短剑。铜钟为筒状扁圆体，椭圆形半环钮，正面饰二虎噬人纹，背面饰双鹤与燕雀纹。人物杖头铜饰最为引人注意：该杖头铜饰通高 8 厘米，为一整体镀锡青铜人物形象。该铜像人物头为编发，长辫垂于面部两侧直至胸前，额前似刘海，阔鼻、窄颊、鼓目，上身着紧身对襟长衫，衣襟镶有花边，方格纹披肩，下着回形纹长裙，裙侧亦镶边，颈部戴项饰，两肘戴成串的铜镯，一手护胸、一手按腹，下肢并立，衣着形态似一女性。（图 1-10）

巍山县母古鲁村青铜器尽管没有准确的出土层位，但根据器物组合和形制特点可推测该组青铜器应该跟祥云县大波那等地出土的一样，为春秋战国时期的遗物。其出土的螺旋纹柄山字格短剑、曲刃矛、双虎双鹤纹铜钟以及铜牛等器物，应该与滇西地区的古代昆明有关[1]。

图 1-10：巍山县母古鲁村出土的青铜器

---

[1] 刘喜树、范斌：《云南巍山发现一批古代青铜器》，载《中国文物报》，2005。

图1-11：纳贡场面贮贝器中的人物形象

## （四）晋宁石寨山

在晋宁石寨山 M13：2 的纳贡场面贮贝器中，其中两人发饰特别，被认为是云南西部游牧民族中的一种[①]。其发饰特点是：梳双辫于背后，额系带一周，额前带内有平突之饰。戴耳环，衣长及膝，袖长及手，腰束带，不着袴，胫上似有裹腿，刀佩于左而以带负于右（图1-11）。

晋宁石寨山出土的代表性器物主要有：双肩半圆弧刃铜斧、半圆刃铜钺、山字格剑、陶器中的双耳罐等。有青铜工具，但不见青铜农具。

---

① 参见冯汉骥：《云南晋宁石寨山出土文物的族属问题试探》，载《考古》，1961（9）。

就目前的考古材料来看，关于昆明，不仅发现的墓地少，发现的聚落遗址更少，未来若能在聚落方面有更多的发现，将有助于我们更深入地了解分布于这一地区的昆明人。

### 三、斯榆

斯榆为洱海地区的古老部族，自新石器时代晚期开始定居在洱海沿岸及其以南地区。有关斯榆的记载最早见于汉代文献，源于《史记·司马相如列传》："……邛筰之君长闻南夷与汉通，得赏赐多，多欲愿为内臣妾，请吏，比南夷。天子问相如，相如曰：'邛、筰、冉、駹者近蜀，道亦易通，秦时尝通为郡县，至汉兴而罢。今诚复通，为置郡县，愈于南夷。'天子以为然。乃拜相如为中郎将，建节往使。……司马长卿略定西夷，邛、筰、冉、駹、斯榆之君皆请内臣。"①该书又载："汉兴七十有八载，德茂存乎六世，威武纷纭，湛恩汪濊、群生澍濡，洋溢乎方外。于是乃命使西征，随流而攘，风之所被，往不披靡，因朝冉从駹，定筰存邛，略斯榆，举包蒲，结轶还辕，东乡将报。"②

元封六年（前 105 年），在平定了洱海区域的昆明和斯榆等少数民族以后，汉朝在此设置叶榆县，属益州郡辖。

斯榆又称叶榆或楪榆，因楪榆泽（洱海）而得名，楪榆泽又因当地有"楪榆蛮"而名之。汉初的斯榆蛮，西汉中期称为楪榆蛮或者叶榆蛮。斯榆、楪榆、叶榆，乃一音之转。

西汉末至东汉时期，多以"叶榆"或者"楪榆"称之。据《汉书·西南夷列传》："后三岁，姑缯、叶榆复反，遣水衡都尉吕辟胡将郡兵击之。辟胡不进，蛮夷遂杀益州太守，乘胜与辟胡战……"③《后汉书》引《古今注》云："永平

---

① （汉）司马迁：《史记》，第 3047 页。
② （汉）司马迁：《史记》，第 3049 页。
③ （汉）班固：《汉书》，第 3843 页。

十年（67 年），置益州西部都尉，治巂唐。"①

魏晋时期，仍以叶榆称洱海区域的楪榆县及楪榆泽。《华阳国志·南中志》："叶榆县，有河州。"又《水经注·叶榆水》："叶榆河，出其县北界，过不韦县，东南出益州界。"此叶榆河为西洱河，即汉代的楪榆泽。

斯榆为农业部落，大多分布在土地肥沃、地势平坦的坝子，使用锄、铲等农业工具，从事以稻谷为主要农作物的生产，除农业生产较发达外，冶金、纺织和建筑等手工业也较发达。

洱海地区发现的考古学文化的遗存，极可能是斯榆遗留下来的，在洱海及其以南的地区分布很广，数量较多，但大部分为墓葬遗存，聚落遗址较少，我们挑最有代表性的几个地点加以介绍。

（一）祥云大波那铜棺墓②

位于祥云县坝子内的云南驿。1961 年发现，1964 年再次清理，共 2 座墓葬。1961 年发现了铜牛、铜马、铜猪、铜狗等和铜斧、铜锄、铜铲等数十件文物，1964 年清理的木椁铜棺墓，出土文物 105 件。其木椁用长约 5 米的圆木铺成的内宽 1.1 米、长 3.75 米、高 1.85 米的椁室。在椁室内发现一长 2 米、宽 0.62 米、高 1.2 米、重 257 千克的铜棺（图 1–12）。出土器物绝大部分为青铜器，仅有少量陶器。其中，生产工具 4 件，双肩铜斧 3 件，铜锛 1 件，铜锄 6 件，铜铲 2 件，踞织机部件 9 件，铜杯 2 件，铜尊、勺、豆各 2 件，铜釜 1 件，匕 5 件，箸 3 件，杖 1 件，铜房屋模型 2 件，铜鼓 1 件，葫芦笙 2 件，铜钟 1 件，青铜兵器有铜剑 2 件，铜啄 4 件，铜镈 2 件。另有铜牛 4 件，铜马、铜羊、铜猪、铜狗各 2 件，铜鸡 3 件，以及铜牌饰等多件装饰品。（图 1–13）

1977 年和 2008 年又分别对该地进行了两次抢救性发掘，2014 年再次进行了正式的考古发掘，证实该处为洱海区域的一处高规格的墓地，在出土器物方面与周边的石棺墓出土的器物相同，但葬具不同。

① （宋）范晔：《后汉书》，北京：中华书局，1965，第 2849 页。
② 云南省文物工作队：《云南祥云大波那木椁铜棺墓清理报告》，载《考古》，1964（2）。

图 1-12：祥云大波那 M19 号棺椁

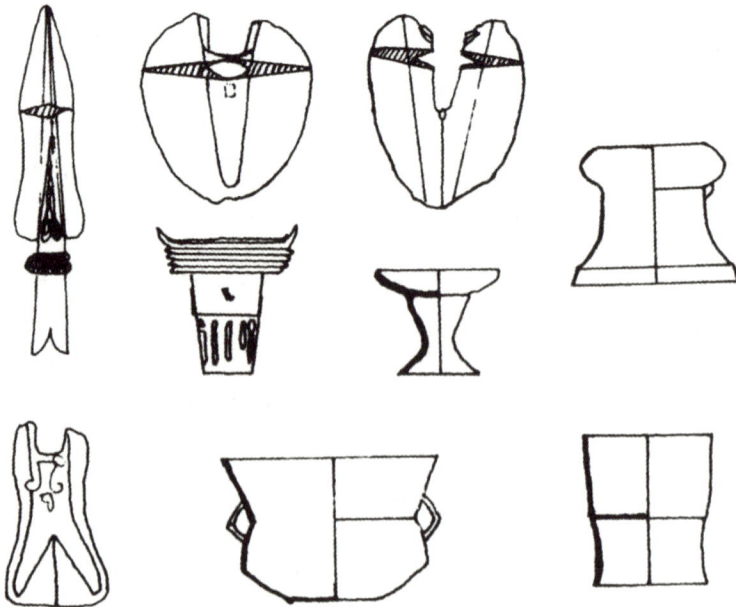

图 1-13：祥云大波那铜棺墓出土的青铜器剖面图

祥云大波那的墓葬，有以下几个特征：

1. 随葬有干栏式房屋建筑模型。

2. 家畜和家禽随葬，寓意六畜兴旺。

3. 农业生产工具中，铜斧、铜锄和铜铲较多，且均为实用器。

4. 铜釜、豆等炊器、容器和铜尊、杯等酒器以及铜箸、匕和勺等饮食器均齐备。

5. 出土铜鼓、铜葫芦笙和铜钟等大型乐器和重达 257 千克的铜棺。

上述特征显示，以大波那为代表的古代居民无疑过着定居的农业生活，处于以农业生产为主、畜牧业为辅、手工业比较发达的社会发展阶段。墓主人的饮食器具完备、齐全，拥有礼乐器，显示出墓主身份的高贵和特殊。特别是用青铜制作的 257 千克的铜棺作为葬具，在世界范围内都是极为少见的。

与周边地区相比，祥云所在的大波那无疑是同时期洱海区域经济社会最为发达的地区之一。

（二）弥渡合家山[1]

合家山位于弥渡县红岩乡东福村。1995 年，村民在挖沟时发现了 44 件青铜器和 23 件制造青铜器的陶、石范。从出土的情况看，该地极可能是一处青铜冶炼和铸造的遗址。

此处出土的青铜器大部分是农具，有少量兵器和装饰品。其中有三角形锄 1 件、心形铜锄 12 件、双肩铜斧 11 件、铜铲 9 件、铜钺 2 件，装饰品中有铜盾饰、铜铃等。从铜锄等器物形制推断，合家山青铜器的年代为战国中晚期，时代约为公元前 3 世纪。

（三）永平仁德村[2]

仁德村位于永平县杉阳乡仁德村的澜沧江东岸，当地村民犁地时发现，在一铜釜中装有铜锄等青铜器，共 24 件，推测当为一窖藏。铜釜出土时，釜底在下，口沿在上，底部有烟熏痕迹，当为实用器。在该釜内共装有 22 件农具和

---

[1] 张昭：《云南弥渡合家山出土古代石、陶范和青铜器》，载《文物》，2000（11）。

[2] 田怀清、谢道辛：《永平澜沧江东岸首次发现青铜器》，载《云南文物》，1998（2）。

1 件铜臂甲。22 件农具分别是：铜锄 16 件，依形制不同分为尖叶形、阔叶形等四种形制；铜铲 2 件，为长条形；双肩铜斧 4 件。

与周边地区出土的器物比较，推断该批窖藏青铜器的时代为战国中期。

（四）洱海沿岸的青铜遗存[①]

在洱海沿岸的鹿鹅山、大墓坪、五指山和金梭岛等地，均有青铜遗存发现。在鹿鹅山遗址，发现了陶器、石器、青铜器和铜矿石、炼渣和海绵状铜块等遗物，在遗址中采集青铜器 7 件，其中包括山字格剑 1 件、柳叶形铜矛 5 件、铜锄 1 件；陶器 42 件，包括纺轮 2 件、网坠 40 件。在大墓坪发现的陶器，无论种类还是纹饰均与鹿鹅山的相同。另外，在大墓坪还发现了铜剑 5 件、铜矛 9 件和 1 件铜锄。在金梭岛发现的陶器与前两处相同，器类有罐、碗、钵和杯等。此外，还发现了山字格的铜柄铁剑 1 件。在位于洱海西岸的五指山遗址，发现较多碎陶片，另外还发现有铜剑、双肩铜斧、铜矛等。据推测，以上均为青铜时代的遗址。

从现有考古资料来看，洱海区域凡出土青铜农具的遗址，均在洱海沿岸和洱海东南部的宾川、祥云、弥渡和永平等地，洱海以北的剑川、鹤庆和云龙等地，至今未发现铜锄和铜铲等农具。尽管其他兵器如铜剑、矛、铜镞以及双肩铜斧等在两个区域都曾被发现，但农具的有无极可能暗示了两地在生产方式上的不同。前者为以农业为主的部族，而洱海及其以北地区的剑川、鹤庆等则以游牧为主。

## 四、邛与笮

### （一）邛都

《史记·西南夷列传》："自滇以北，君长以什数，邛都最大。"其特点是"魋结，耕田，有邑聚"。《后汉书》言及该地："其土地平原，有稻田。"蜀汉时

---

① 参见张增祺：《洱海区域的古代文明》，第 127–129 页。

期，该地"特好桑蚕，宜黍、稷、麦、稻、梁"。其矿产的开发和金属的利用也较其他地方先进。《汉书·地理志》言："邛都，南山出铜。"《续汉书·郡国志》："会无，出铁"，"台登，出铁"。《华阳国志·蜀志》："台登县……山有砮石，火烧城铁，刚利，《禹贡》'厥砮石'，是也。"西汉时期这里已有铜的生产，东汉时期发现了铁，并且能冶炼成钢。

关于现今四川西南部的凉山安宁河流域发现的大石墓遗存，学术界有邛人说、僰人说、苞蒲人说等几种观点，但以邛人说最多，也最有说服力。目前在安宁河两岸发现了 45 处大石墓墓群，这些墓葬分布在北起冕宁、南达米易的安宁河河谷地带，多数分布在安宁河的一级、二级和三级台地，以二级台地最多，其次为一级台地和三级台地。

根据大石墓有无墓道、墓门所开位置的不同，考古工作者将其分为七类（图 1-14）。大石墓内的人骨数量很多，葬式为捡骨二次葬，是合葬的一种。

大石墓出土的器物主要有陶器、铜器、石器、骨器、玉器、牙器和铁器等，以陶、铜和石器最为普遍（图 1-15~17）。除米易湾丘的两座大石墓外，其余大石墓出土的器物都不多，随葬品都是墓主的随身携带之物，墓葬中的陶器大多是明器。

除了这些墓葬遗存外，还在棲木沟和咪咪啷遗址发现了房屋建筑遗迹，其建筑地面为木构建筑，与该地区新石器时代横栏山遗址的相同，证明大石墓的族群在建筑上继承和延续了安宁河流域新石器时代文化的传统，也印证了邛都是"耕田、有邑聚"的定居民族的记载①。

（二）笮

武帝元鼎六年（前 111 年），西汉王朝在今四川西南部和云南北部、西北部置越嶲郡，下辖邛都、苏示等十五县，定笮为越嶲郡十五县之一，属益州。新莽时，越嶲郡更名为集嶲，定笮仍为十五县之一。东汉、蜀汉沿西汉旧制，定笮县仍属益州。

---

① 凉山彝族自治州博物馆等：《一个考古学文化交汇区的发现——凉山考古四十年》，北京：科学出版社，2015，第 284–316 页。

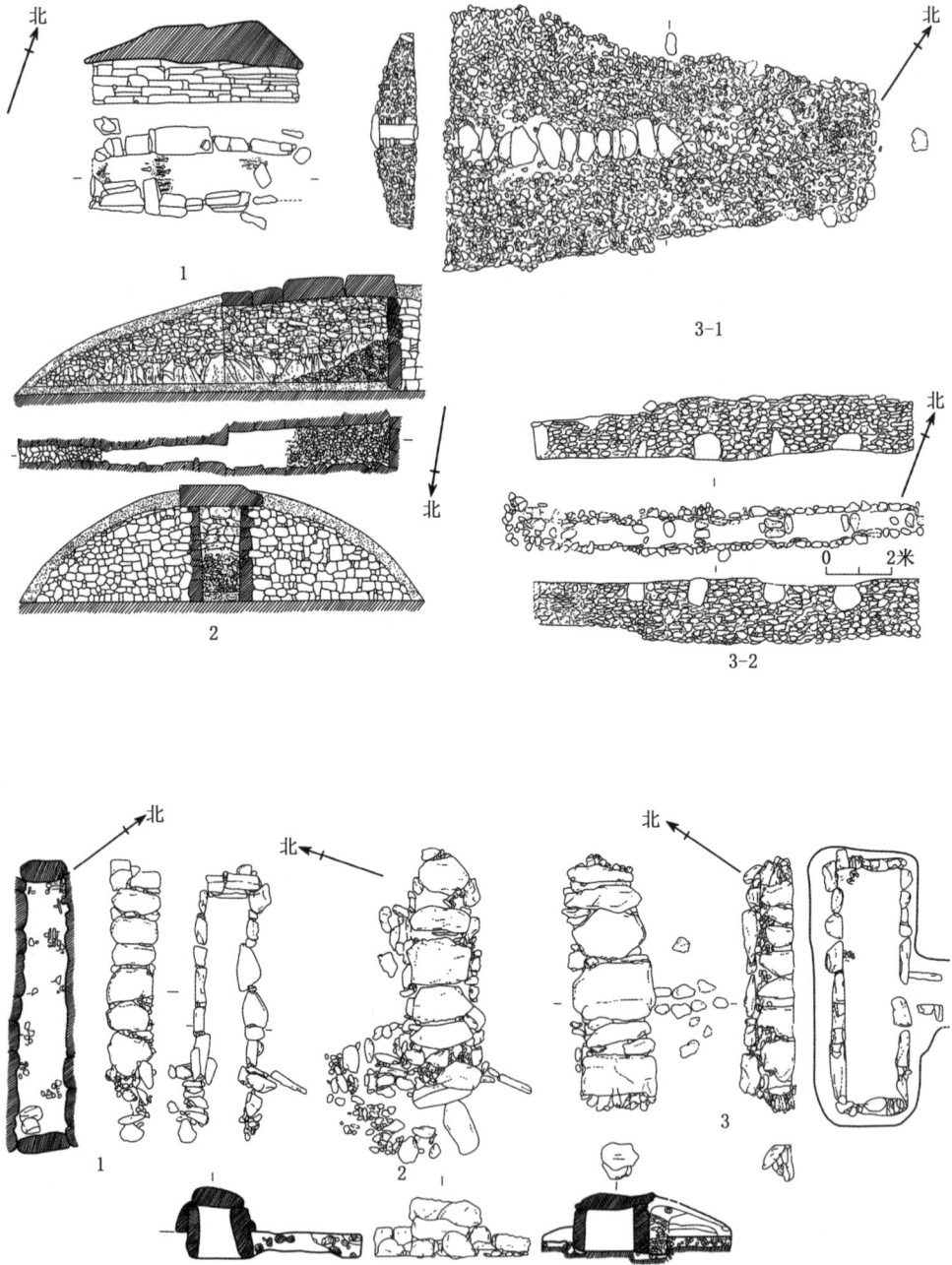

图 1-14：A 型、B 型大石墓（平、剖面图）

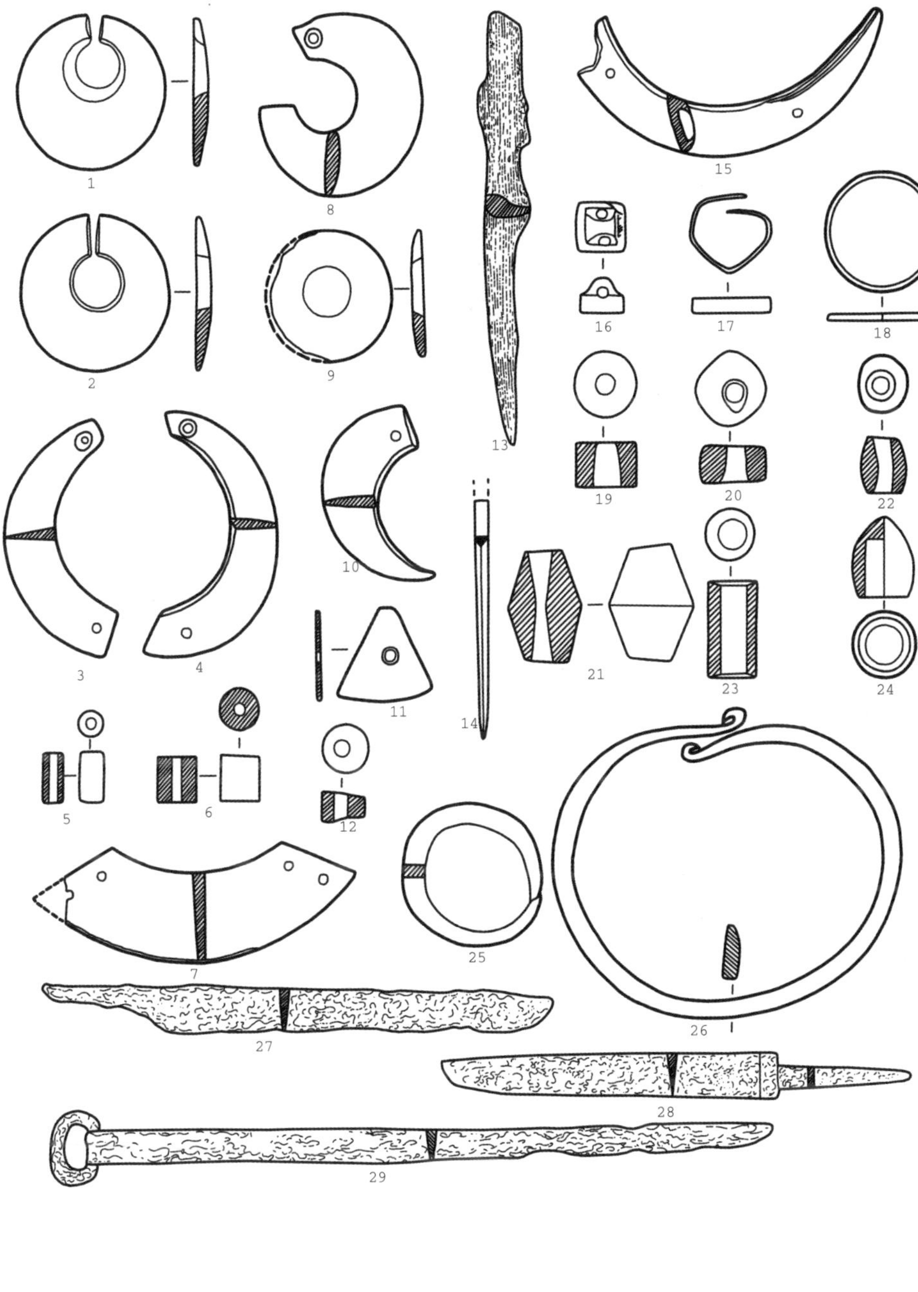

图1-15：大石墓出土器物

（1、2、8.骨玦　3、4、7.骨璜　5、6、12.珠襦　9.骨环　10.骨觿　11.三角形骨饰　13.骨锥　14.骨笄　15.牙饰　16.铜印章　17.金片　18.银环　19、20.玛瑙珠　21、22.绿松石珠　23.料珠　24.玉饰件　25、26.铁环　27~29.铁刀）

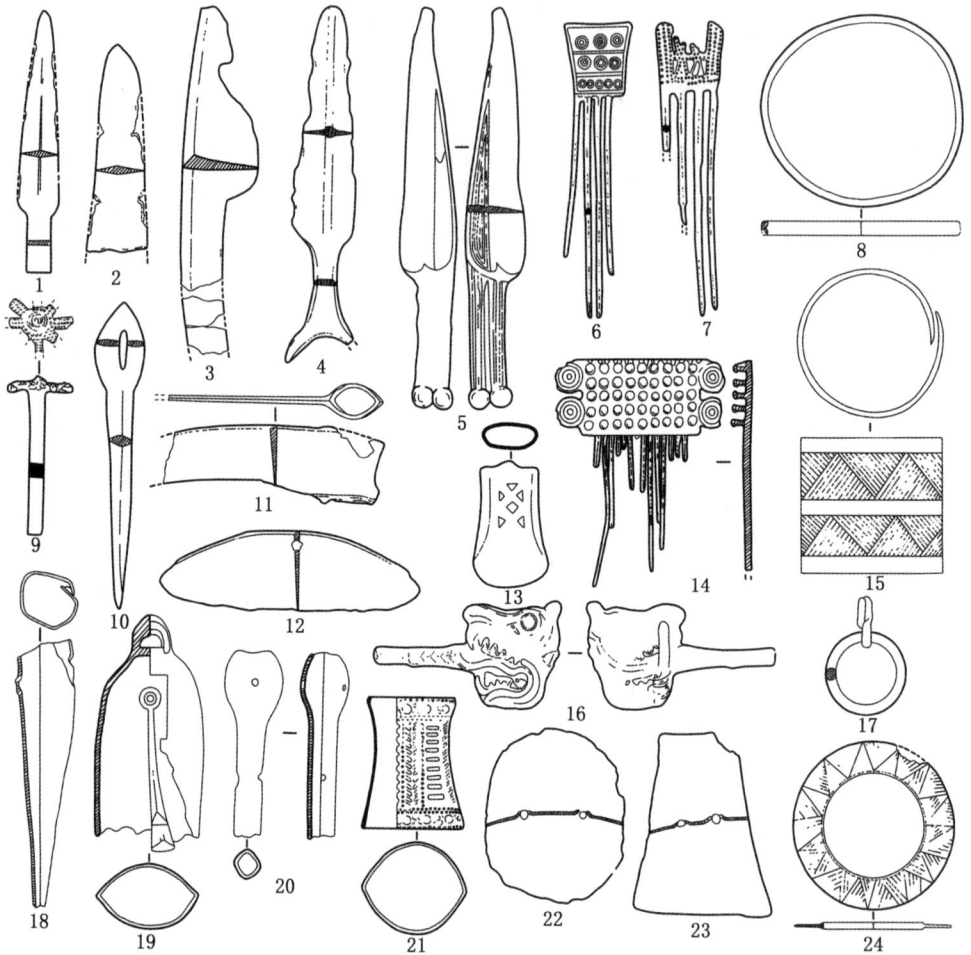

图1-16：大石墓出土铜器
（1.矛　2、4.剑　3.削　5.刀　6、7、14.发钗　8、15.手镯　9、10.发笄　11.镰　12.穿孔刀　13.斧
16.虎首带钩　17、24.圆环　18.锥形饰件　19.铃　20.圆首管状饰件　21.筒形器　22、23.甲片）

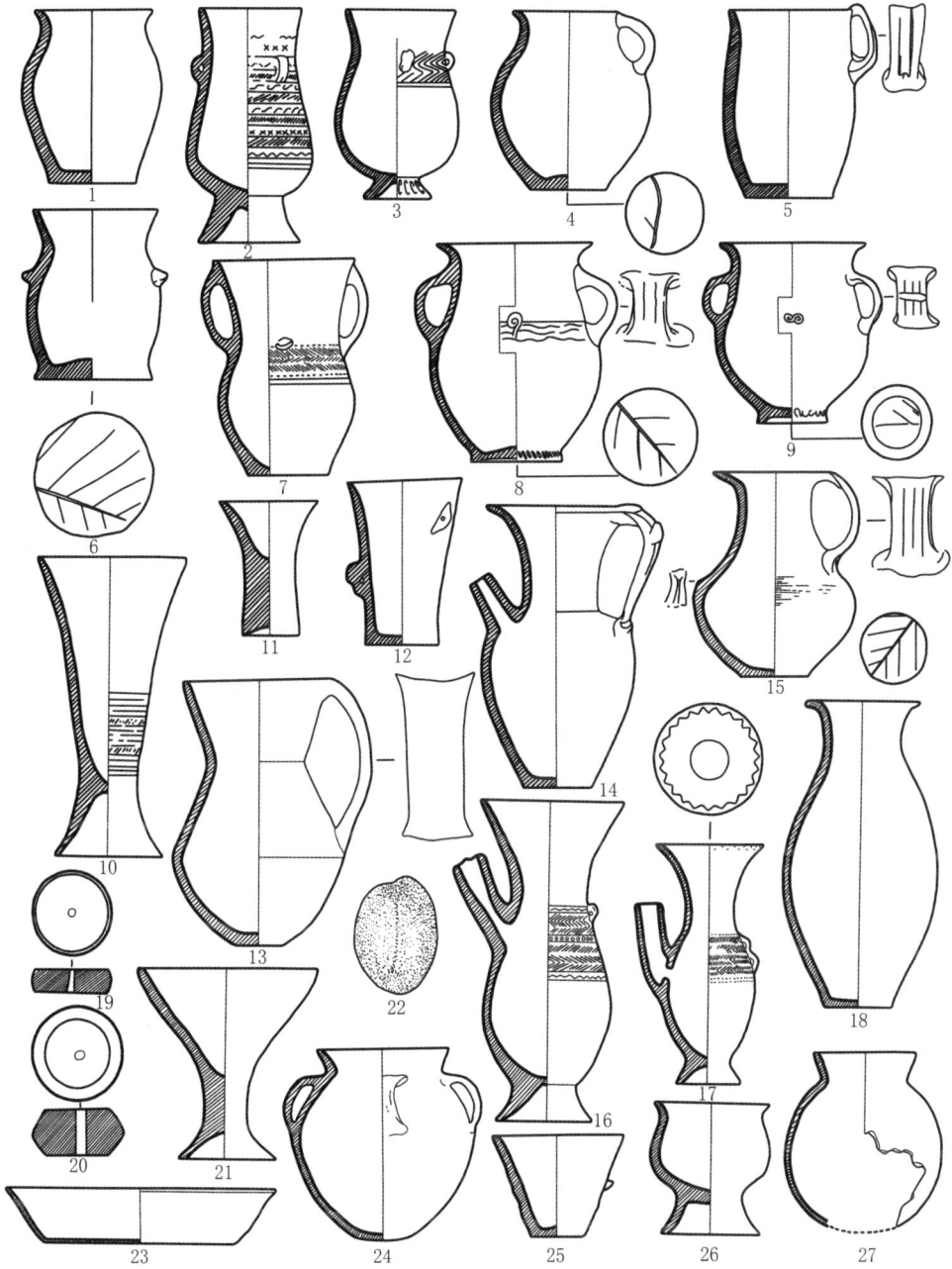

图1-17：大石墓出土陶器

（1、6.罐　2、3、11、12、25.杯　4、5、13、15.单耳罐　7~9.双耳罐　10.瓠　14、16、17.代流壶　18.瓶　19、20.纺轮　21、26.豆　22.网坠　23.盆　24.四耳罐　27.釜）

另据谭其骧先生考证，今盐源为定筰县地。

自 20 世纪 80 年代以来，在盐源的洼里乡、双河乡、干海乡、梅雨镇等地发现战国至西汉时期的墓群十余处。这些墓地大多分布在梅雨河两岸的山坡和一级台地上，由于埋藏较浅，墓葬分布密集，极易被发现并遭到盗掘。当地的文物部门在清理被盗掘区域时发现的一些文物，使我们对该地区的青铜时代遗存有所了解。

1987 年，在老龙头发现了铜鼓、铜剑和陶器等文物。1999 年，抢救性清理发掘了 M4 和 M5，在 M4 中再次发现了铜鼓和编钟等重要文物。2001 年，第三次对老龙头进行抢救性发掘，清理墓葬 6 座。[①]

老龙头墓地的墓葬分布密集，均为竖穴土坑墓，墓圹内多残留有木棺或者木椁，墓口皆用大石覆盖。根据墓葬规格，可以明显分为大、中、小三种。大型墓的墓室一般长 5~9 米，宽 1.5~3 米，墓口盖有数块巨石。小型墓葬一般长 2 米，宽 1 米。不同规格的墓向基本相同。

老龙头 M4（图 1-18）已经被破坏，其残长 4 米，残宽 1.1~1.35 米，残深 0.7~0.96 米。在墓室北面的二层台上发现一具人骨架，疑为人殉或者人牲，在棺床上发现人牙。M4 出土的器物数量较多，有陶器、石器、骨器、铜器、铁器以及玛瑙和绿松石等珠饰。陶器主要有单耳和双耳罐。铜器有铜鼓、铜釜、编钟、剑、戈、马具、鸡形饰、铜甲等。

M11，墓室长 3.78 米、宽 1.2 米、深 0.6 米，墓口中部盖有三块大石。该墓出土器物有陶器、石器、铜器、铁器，还有玛瑙、绿松石等装饰品。跟 M4 比较，M11 没有铜鼓、铜釜、铜编钟等大型青铜礼器。此外，在墓葬中也未见墓主之外的其他人骨，也不见有随葬马的现象。

M10，长方形竖穴土坑墓，因墓口被破坏，仅存墓底，未见人骨和随葬品，仅在填土中发现 1 件残铜钺和少量陶片。

M9，墓圹为长方形竖穴土坑，墓向 90°，墓口大于墓底，墓口东西长 6.55 米、

---

① 凉山彝族自治州博物馆等：《老龙头墓地与盐源青铜器》，北京：文物出版社，2009。

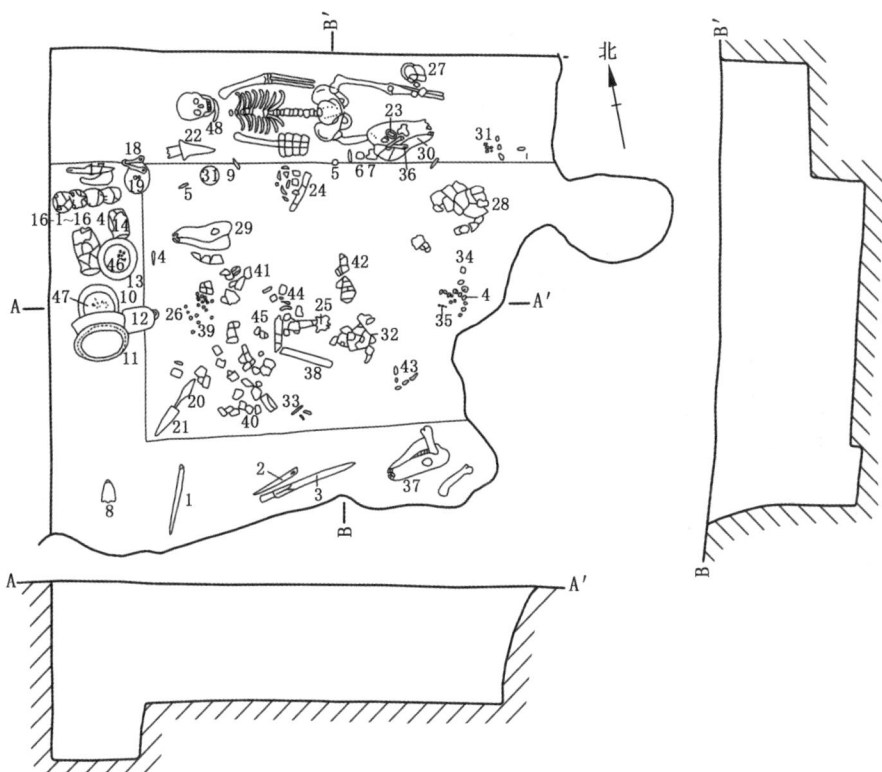

图1-18：老龙头M4（平、剖面图）
（1、2.铜条形器 3.铜剑 4、9、33、43.铜钉 5~7.铜泡钉 8.铜铃 10、13.铜釜 11.铜鼓 12.铜编钟 14.陶单耳罐 15、27、32.陶罐 16.陶双耳罐（4件）17.铜削 18.铜衔 19.铜马头饰 20.铁矛 21.铁镦 22.铜戈 23.铜节约 24.铜条形片 25.铜鸡形饰 26.铜果核形饰 28.彩绘陶双耳罐 29、30.马头 31.小铜饰 34.玛瑙珠 35.绿松石珠 36.铜衔 37.马头 38.铜条形片 39.绿松石珠 40~42.陶片 44.绿松石珠 45.石球 46、47.骨珠 48.骨块）
（采自《老龙头墓地与盐源青铜器》 2009年）

南北宽 3.8 米、墓底东西长 6.1 米、南北宽 2.8 米、墓深 1.45 米。M9 的盖顶石不是盖在墓口上，而是在墓室接近墓口处的填土面上覆盖一层不规则的板状石块，共有 5 块大石板，从西向东排列，其间的缝隙用 13 块小石板充填，将整个墓室覆盖（图 1-19）。

　　目前，该区域尚未发现聚落方面的遗址。

图 1-19：老龙头 M9（刘弘　提供）

　　除了这些正式清理发掘的青铜时代墓葬以外，文物部门还收集了大量的各类盗掘的文物，总数在千件以上。其中以青铜器最有特点，主要有兵器、乐器、生产工具、宗教用具、马具和装饰品等。

　　兵器的种类丰富，数量很多，有剑、戈、矛、钺、刀、镞、臂甲和盾等。

　　铜剑以山字格短剑和双圆柄首短剑为主，还有少量曲柄剑和蛇首剑。戈基本为三角援、无胡，援细且长。矛分为双耳和无耳的骹，矛叶分为长叶和短叶。刀为弧背刀。钺分为荷包形、梯形和靴形三大类。镞的种类丰富，数量多。

　　乐器有铜鼓、编钟和各式铜铃。老龙头先后出土过 4 面铜鼓，3 面为万家坝型，均为合范铸造。编钟 1 件，为覆钟状，合范铸造。铜铃种类有覆瓦形、筒形两大类。

　　宗教用具有铜案、杖、杖首、树枝形器和鸟形长柄器等，以枝形器最有特点。

　　综合起来看，盐源地区的青铜器既有本地自己的特色，如方銎刀、长柄鸡形饰，长条形发钗、半圆形盒形器和镂孔八角星纹带饰，又有滇文化或者受滇文化影响的器物，如铜鼓、编钟等；还有受到蜀文化影响的三角援铜戈和烟荷包式铜钺；以及受滇西北和川西北石棺墓文化系统影响的产物，如山字格铜短剑、双圆柄短剑、弧刃刀和马具；等等。

根据文献记载：笮人的活动区域，主要分布在今岷江上游、大渡河中游、青衣江中游、雅砻江中游和下游的广大地区。盐源正位于这一区域，秦汉时期，笮人在雅砻江中下游及滇西北地区的活动是十分活跃的，包括了目前以云南宁蒗和四川的盐源盆地为核心的泸沽湖地区。

上述地区尽管有自己的地方特色，但也有一些共同的特点，主要表现在：陶器中都有双耳罐和单耳罐，铜器中均有山字格铜短剑（铜柄铁剑）、曲柄铜短剑、双圆柄青铜短剑（图1-20）、各类马具和泡饰，同时还有在墓葬中用马、羊和鸡等牲畜随葬的风俗。这也为确定笮人的分布区提供了实物资料（图1-21~23）。

图1-20：盐源出土战国时期首青铜短剑

图1-21：盐源出土战国时期立人双骑士铜枝形器（刘弘　提供）

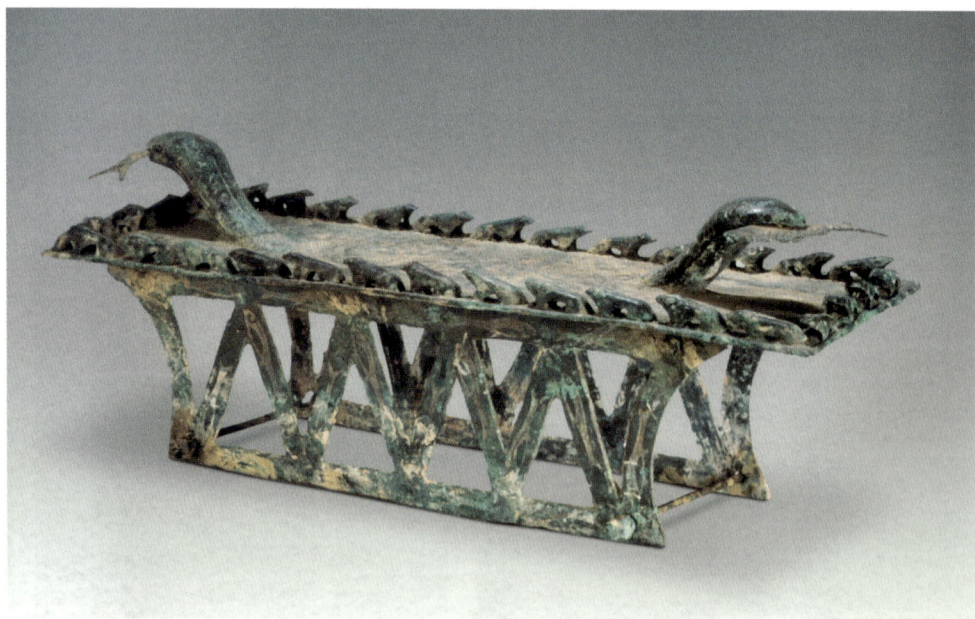

图1-22：盐源出土蛇蛙铜案（刘弘　提供）

图 1-23：盐源出土鸡形铜饰片（刘弘　提供）

## 五、夜郎

《史记·西南夷列传》载："西南夷君长以什数，夜郎最大……此皆魋结、耕田，有邑聚。"从该书的记载来看，夜郎为定居的农业民族，不仅人口众多，而且分布面积很广。据《后汉书·西南夷列传》记载："夜郎国，东（南）接交趾，西有滇国，北有邛都国，各立君长。"夜郎所居豚水，为今北盘江。北盘江在贵州册亨附近与南盘江汇合，沿黔、桂边界东流，至广西天峨县的八腊镇折向南，称红水河。红水河以西、右江上游以及南盘江中、下游，皆为夜郎之地。夜郎之地多雨，畲山为田，无蚕桑。生产方式为刀耕火种，轮歇休耕，自然条件比较差。夜郎与周边的巴蜀、南越有较多的经济交往。据《史记·西南夷列传》和《史记·货殖列传》记载：蜀地所产的蒟酱，由牂柯江经水路运至南越的番禺；临邛富商卓、程二氏，用蜀地的铁器来换取当地的竹、木制器。

据史书记载，楚顷襄王时，楚将庄蹻循江上，抵达夜郎境的且兰，在此停留一段时间以后，向西进入滇池地区。秦始皇统一中国以后，为了开拓西南边疆，派常頞开通五尺道，接着，便在沿途的夜郎等地设置郡县，进行管理。秦末天下大乱，夜郎自封为侯。立国初年，西汉国力不济，无暇顾及。汉武帝建元六年（前135年），鄱阳令唐蒙出使南越，得知西南有水道通达南越，建议经略南夷。随后，武帝派唐蒙率兵见夜郎侯多同，约置郡县。多同以"旁小邑均贪汉缯帛，以为汉道险，终不能有也"，听从了唐蒙的劝谕，以其控制之地归之，于是设置犍为郡，以其子为令。元鼎六年（前111年），南越反，汉军自夜郎发兵征讨，且兰君抗拒不行，并杀使臣及犍为太守。南越破后，汉军还破且兰，夜郎侯迎候，"遂平南夷为牂柯郡"，夜郎被封为王。牂柯郡，西汉时辖十七县，夜郎所涉为六县，分别是夜郎、平夷、鳖、谈指、且兰和毋敛。昭帝始元年间，益州郡内乱事频发。始元六年（前81年），汉朝派大鸿胪田广明、军正王平合攻益州，大获全胜，"勾町侯毋波率其君长人民击反者，斩首捕掳有功，立毋波为勾町王"。成帝河平二年（前27年），夜郎王兴与勾町王禹、漏卧侯俞多次举兵相攻，朝廷命牂柯太守陈立前往处理，陈立至郡，谕告夜郎王兴，兴不从，陈立遂"从吏数十人出行县，至兴国且同亭，召兴。兴将数千人往至亭，从邑君数十人入见立。立数责，因断头。夜郎王死，邑君请降"，当陈立回郡后，"兴妻父翁指与兴子邪务收余兵，迫胁旁二十二邑反，……蛮夷共斩翁指，持首出降"，邪务下落不明。翁指败亡，标志着夜郎国的覆灭。此距汉武帝赐夜郎王号整整84年。

关于夜郎的核心区域，历来有不同的看法，在没有考古材料之前，根据文献资料，有学者认为在贵州[①]，有学者认为在云南[②]，以贵州的为多。在20世纪70年代，随着赫章县可乐墓地的发掘，有学者提出了"贵州古夜郎地区青铜文化"[③]的说法，并在《关于"夜郎考古"的几个问题》一文中提出："夜郎国

---

① 包括清代田雯的《黔书》和蒋攸铦《夜郎考》，认为夜郎在贵州的桐梓。清代郑珍《牂柯十六县问答》认为在安顺；胡羽高《牂柯丛考》认为在黔南的三都、独山一带。
② （晋）常璩撰、任乃强校注：《华阳国志校补图注》，上海：上海古籍出版社，1987。该书将夜郎的中心定在云南曲靖。
③ 宋世坤：《贵州古夜郎地区青铜文化初论》《贵州古夜郎地区青铜文化再论》，见《贵州考古论文集》，贵阳：贵州人民出版社，2000。

都必在今北盘江一带。"①《贵州高原的古代文明》提出："夜郎侯邑的中心，在贵州西南部南、北盘江的三角地带"②，作者在随后的文章中，则新提出古夜郎的地域在今云南昭通、贵州威宁、赫章一带③。《西南考古的现状与问题》一文认为，夜郎国的中心在云南的曲靖盆地④。

关于夜郎的中心区域，20 世纪 80 年代有 6 种不同的观点，21 世纪就增加到 16 种之多，史学界关于夜郎地望认识的分歧，没有随着夜郎考古的推进而逐渐缩小，反而越来越大⑤。

夜郎的大致范围，在滇东黔西一带，具体指金沙江、大娄山以南，苗岭以西和南盘江以北的以乌蒙山为核心区域的地区。⑥

学术界一直对夜郎分布的地域有分歧，究竟什么是夜郎文化，或者说夜郎文化的特质是什么，它有什么代表性器物，学术界也都没有统一的认识。

"滇东黔西地区的青铜文化，存在着乌蒙山西缘昭鲁盆地、乌蒙山偏东黔西北山地、乌蒙山东南缘的黔西南山地和乌蒙山西南缘的曲靖盆地的一带四个区域的差异，这四个区域青铜文化进程及其文化特点，表明自青铜时代以来，该区域就存在着四个不同的传统和多种并存的文化，这正与文献中夜郎及其旁小邑的记载可以对应。"⑦ "滇东黔西四个小区域青铜文化的来源和发展过程，就是古夜郎文明的形成和发展过程。" "夜郎文明既是本地区原有地方文明不断发展壮大的结果，也是不断吸收其他外来族群文明相互之间不断整合的结果。

---

① 宋世坤：《关于"夜郎考古"的几个问题》，见《贵州省博物馆开馆三十周年纪念专集》，1988。

② 席克定：《"夜郎临牂柯江"说质疑——对贵州南、北盘江的实地考察》，载《贵州文史丛刊》，1990（4）。

③ 席克定：《"夜郎考古"与夜郎——考古学文化在"夜郎考古"中的作用与意义》，见《贵州民族考古论丛》，贵阳：贵州民族出版社，2009。

④ 孙华：《西南考古的现状与问题——代〈南方文物〉"西南考古"专栏主持辞》，载《南方文物》，2006（3）。

⑤ 孙华：《夜郎文化的新探索——张合荣〈夜郎文明的考古学观察〉出版》，载《贵州都市报》，2014-9-27。

⑥ 张合荣：《夜郎文明的考古学观察——滇东黔西先秦至两汉时期遗存研究》，北京：科学出版社，2014，第 2 页。

⑦ 孙华：《夜郎文化的新探索——张合荣〈夜郎文明的考古学观察〉出版》，载《贵州都市报》，2014-9-27。

图 1-24：镂孔牌形首铜剑

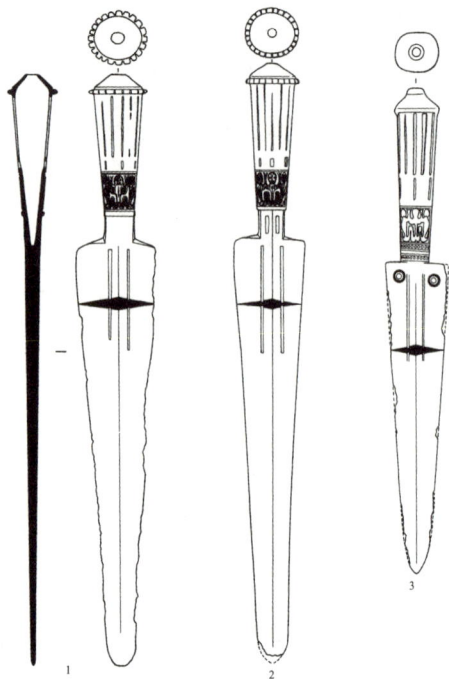

图 1-25：八塔台出土凸顶镂孔牌形首铜柄铁剑

它是一个复合式文明。在古夜郎文明体系中，除见到非常浓厚的本地原始文化因素外，还可以见到明显的外来文化因素如氐羌、巴蜀、滇和百越等不同族群文明的文化特征。"①

　　"几个地区的青铜文化各具特征，各自具有一些独特的代表性器类。可乐墓地中的镂孔牌形首铜剑（图 1-24）、镂孔牌形首铜柄铁剑（图 1-25）、饰虎铜釜、琵琶形带钩、簧形首发叉……铜鼓山类文化遗存中的凤字形带、'♥'符号铜钺、一字格曲刃剑……威宁中水以直内仿蜀三角援戈、牛头形带钩、鱼形带钩……曲靖盆地则主要是滇文化特征的青铜器。"②

　　滇东黔西地区发现的青铜时代主要遗存有：赫章可乐墓地、威宁中水墓地

① 张合荣：《夜郎文明的考古学观察》，第二章，北京：科学出版社，2014。
② 张合荣：《夜郎文明的考古学观察》，第二章。

和昭通营盘墓地、普安铜鼓山遗址和曲靖八塔台墓地、横大路墓地等。

很显然，目前滇东黔西地区四个小区的各自文化特征比较突出，尚未像其周边的滇、邛都等一样形成统一的或者比较统一的文化特征。将这些地区与文献记载的有关"夜郎及其旁小邑"相对应，不是不可以，但真正要确定夜郎及其旁小邑的具体分布地域以及相对应的文化特征，目前尚有相当的难度。我们期待更多的考古发现来解决这一问题。

## 六、句町与漏卧

### （一）句町

汉朝以前无任何史料记载与句町有关的事迹。因协助汉朝平叛有功，亡波被特授为句町王。

据《汉书·西南夷两粤朝鲜传》记载："后二十三岁，孝昭始元元年，益州廉头、姑缯民反，杀长吏。牂柯、谈指、同并等二十四邑，凡三万余人皆反。遣水衡都尉发蜀郡、犍为奔命万余人击牂柯，大破之。后三岁，姑缯、叶榆复反，遣水衡都尉吕辟胡将郡兵击之，……明年，复遣军正王平与大鸿胪田广明等并进，大破益州……上曰：'句町侯亡波率其邑君长人民击反者，斩首捕掳有功，其立亡波为句町王。'"[1]

"至成帝河平中，夜郎王兴与句町王禹、漏卧侯俞，更举兵相攻，牂柯太守请发兵诛兴等。"[2]王莽执政以后，于始建国元年（9年），贬句町王为侯，因而激起句町王邯的反抗，导致牂柯大尹周歆杀邯，邯弟起兵杀周歆。天凤元年（14年），"益州蛮夷杀大尹程隆"，牂柯、越巂诸郡起兵反叛，朝廷遣平蛮将军冯茂率兵镇压。此次平叛，持续两年多时间，汉军损失相当大。后派遣宁始将军廉丹、庸部牧史熊代之。东汉建立后，句町、漏卧均由牂柯大姓管辖。

① （汉）班固：《汉书》，第 3843 页。
② （汉）班固：《汉书》，第 3843 页。

句町地处夜郎之南，约为今云南广南、富宁和广西西林地区。在今广南牡宜发现的木椁墓考古遗存，被认为与句町文化有关。①该墓葬已被盗，墓坑口长 5.1 米，宽 4.2 米，深 2.9 米。椁室长 4.46 米，宽 2.8 米，高 2 米。椁室用 7 块长 2.8 米，宽 0.5~0.8 米，厚 0.2 米的木板为顶盖。有头箱，头箱长 2.1 米，宽 0.84 米，高 0.66 米。出土器物有金属鼎、钵以及漆木器。在漆木器上往往有朱书文字（木牍），陶器主要为印纹硬陶等。该墓无论是墓葬的规格还是木椁，以及出土的各类器物，都显示墓主地位、等级很高，可能是某代句町王或者诸侯的墓葬。②

在牡宜木椁墓附近的白崖脚，曾经出土过阿章铜鼓（石寨山型）、铜筒、铜钺等青铜器，无论是地望还是出土遗物的时代，都能够与句町对上，我们倾向于认为广南就是古句町故地。

1972 年，在广西西林县的普驮粮站曾发现一座用铜鼓做葬具的墓葬，出土铜鼓 4 面，同出土的还有铜钟、铜洗、骑马俑、马具、兽面纹饰、山羊饰牌、铁剑等共 270 件器物，时代为西汉早期③，也被认为是句町的遗存。

目前，在这一区域尚未发现比汉代更早的遗存，其发展脉络尚不清楚。期待更多考古发现，能够弥补该地古文化的发展序列，进而弄清楚他们的谱系关系。

（二）漏卧

据《汉书·西南夷两粤朝鲜传》注引孟康曰："漏卧，夷邑名，后以为县。"同书《地理志》引应劭曰："故漏卧侯国。"漏卧县本漏卧侯地置。《汉书·西南夷两粤朝鲜传》说："至成帝河平中，夜郎王兴与句町王禹、漏卧侯俞，更举兵相攻，牂柯太守请发兵诛兴。"可知漏卧与句町、夜郎乃近邻。顾祖禹在《读史方舆纪要》中说："漏卧故城在今云南罗平州。"也有的学者认为漏卧在师宗县。

关于漏卧的确切地理位置，由于可资参考的资料太少，无法确定。现今在云南泸西、师宗发现的青铜文化遗存，与滇文化既有联系，也有区别，显示出

---

① 杨帆、曾跃明：《广南县牡宜木椁墓与句町古国》，载《文山师范高等专科学校学报》，2008，21（3）。
② 杨帆、曾跃明：《广南县牡宜木椁墓与句町古国》，载《文山师范高等专科学校学报》，2008，21（3）。
③ 广西壮族自治区文物工作队：《广西西林县普驮铜鼓墓葬》，载《文物》，1978（9）。

该地自己的文化特色，这可能是漏卧的遗存。

2007 年 12 月至 2008 年 4 月，云南省文物考古研究所对泸西县石洞村和大逸圃墓地进行了抢救性发掘。[①]在石洞村清理土坑竖穴墓 93 座，出土文物 180 余件，在大逸圃清理 190 座墓葬，出土文物 600 余件（图 1-26~29）。

石洞村出土的器物包括铜器、铁器、玉石器、骨器、漆木器和陶器等。青铜兵器主要为铜戈、铜剑和弩机，戈为直内曲援，剑为空首圆茎一字格剑。装饰品比较丰富，有饰牌、腰扣和铜镯等，以铜镯最有特色，均为成组的圆环状。出土陶器很碎，无法复原。

大逸圃墓地出土的器物种类跟石洞村大同小异，也是竖穴土坑墓，但该墓地的墓葬出土遗物更丰富一些。该处出土器物分为兵器、生产工具和装饰品等。兵器中有剑、戈、矛、箭镞；生产工具有凿、锥、削等；装饰品数量多，也比较有特色，铜镯，亦是成组的圆环，还有玉石、玛瑙珠等。铁器中有铁戹、铁削、铁凿和铜骹铁矛、铜柄铁剑等。此外，还有臂甲等少量护具。

泸西县石洞村和大逸圃墓地出土的器物，无论在兵器、工具还是装饰品方面，都与晋宁石寨山墓地为代表的滇文化墓葬出土的同类器物相同，剑均为一字格剑、曲刃，戈为直内曲援戈。工具有凿、削和锥等。装饰品中，有圆形扣饰和不规则形扣饰，玉石器中的玉玦、玉镯、玛瑙珠等都相同。两处墓地中，铜矛都很少见，铜戈有故意将援弯曲的现象；铜锄少见（墓葬中未见出土，但采集的器物中发现有铜锄）。最有特点的是，铜镯均是成组出现，呈环状，剖面有的成棍状，有的成片状。陶器少也是其特点。

2015 年 9 月，中国社会科学院考古研究所等单位，对师宗大园子墓地进行发掘[②]，清理墓葬 160 座，出土文物 260 件。该墓地在堆积上与曲靖八塔台墓地有些相似，为大型土堆状墓葬，土堆内上下均埋有墓葬，以下层为多，墓葬均为小型墓，长 2 米，宽 1 米左右，出土的随葬品较少，多的十来件，少者一两

① 云南省文物考古研究所等：《泸西石洞村　大逸圃墓地》，昆明：云南科技出版社，2009，第 2 页。
② 云南省文物考古研究所：《师宗大园子墓地》，"云南考古"网站，2016-3-2。

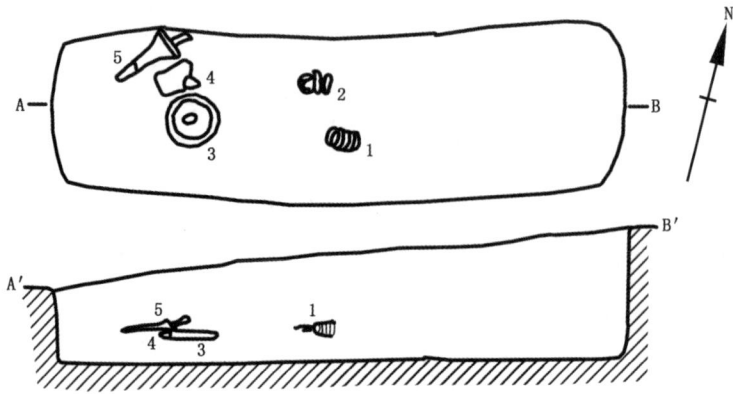

图1-26：M79（平、剖面图）
（1、2.铜镯　3.铜腰扣　4.铜饰牌　5.铜剑）

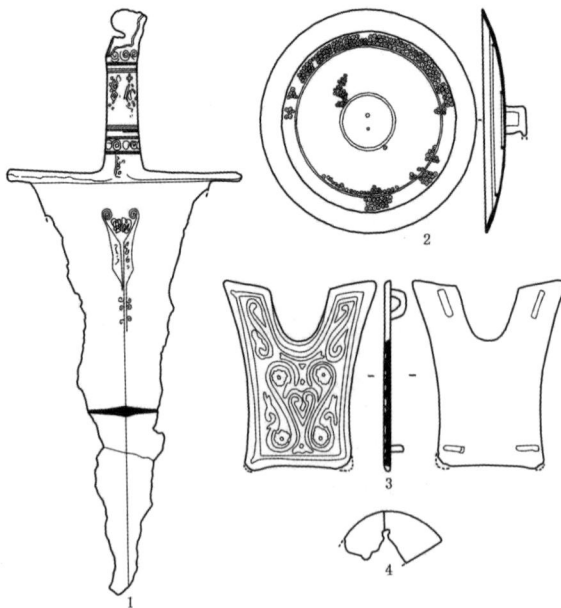

图1-27：M79随葬器物
（1.铜剑　2.铜腰扣　3.铜饰牌　4.铜饰）

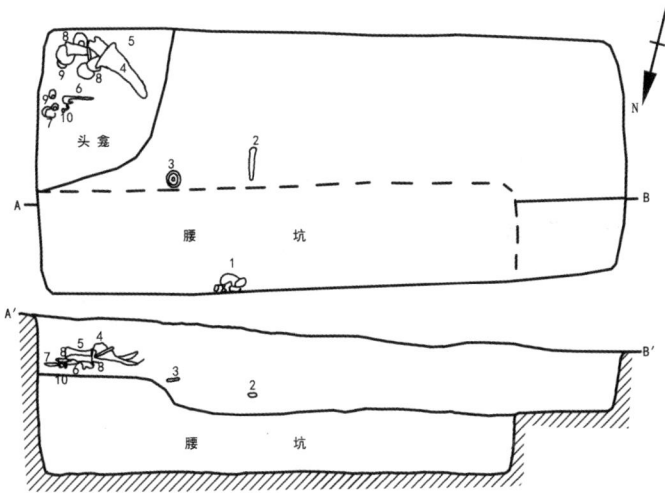

图1-28：M55（平、剖面图）
（1.陶罐　2.铜剑身　3.铜扣饰　4.铜戈　5.铜剑　6.铜削　7.铜镯
8.玛瑙扣　9.玉珏　10.绿松石珠）

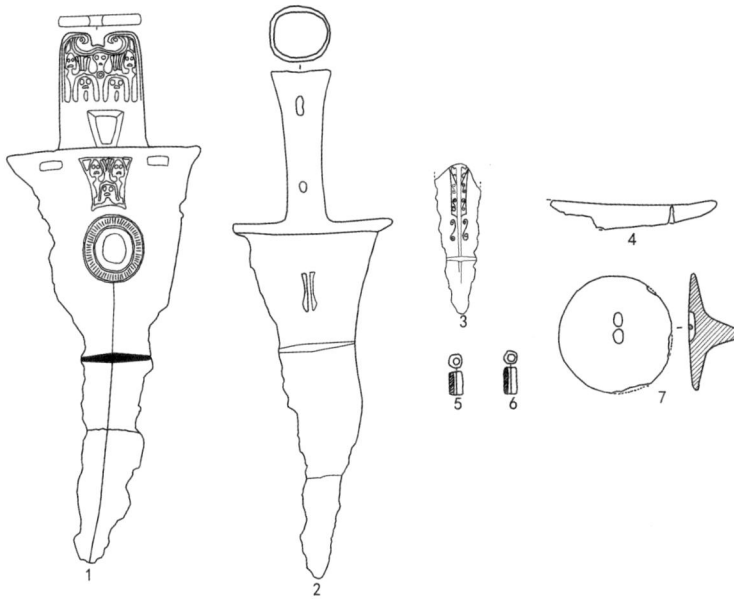

图1-29：M55随葬器物
（1.铜戈　2.铜剑　3.铜身剑　4.铜削　5、6.绿松石珠　7.玛瑙扣）

图 1-30：大园子铜剑

图 1-31：大园子铜镯

件，也有的没有任何随葬品。出土的器物以青铜器为主，有剑（图 1-30）、戈、矛、锛、锄、削、刀、镯（图 1-31）、铃、发簪等。发掘者认为该墓地为战国秦汉时期"西南夷"的遗存，可能属于漏卧。

师宗大园子墓地的墓葬建筑形式上与泸西县石洞村和大逸圃墓地不一样，尽管三处墓地均为竖穴土坑，但前者是向"空中"发展，垒土堆，然后再在土堆上建墓葬，而后者则是向平面上发展，空间不够则另择一地。但三处墓地出土的器物大体相同，均有随葬兵器、生产工具和装饰品，而且器物的形制、大小、装饰风格、图案均相同，但剑身以及部分矛叶上均有节结，铜镯也均是成组的出现。

从上述三个地点的出土器物来看，整个随葬品均是由兵器、工具和装饰品构成，而且在这些种类的器物形制乃至风格上均与滇文化的相同或相似，显示出他们与滇有很密切的关系。

七、哀牢

"哀牢夷者，其先有妇人名沙夷，居于牢山，尝捕鱼水中，触沈木若有感，因怀孕，十月，产子男十人。后沈木化为龙，出水上……诸兄以九隆能为父所舐而黠，遂共推以为王。……种人皆刻画其身，象龙纹，衣皆著尾。"①

"九隆代代相传，名号不可得而数，至于禁高，乃可记知。禁高死，子吸代；吸死，子建非代；建非死，子哀牢代；哀牢死，子桑藕代；桑藕死，子柳承代；柳承死，柳貌代；柳貌死，子贤栗代。"②

据《后汉书·南蛮西南夷列·哀牢》载："永平十二年（69 年），柳貌率种人内属，其邑称王者七十七人，户五万一千八百九十，口五十五万三千七百一十一人。""东西为三千里，南北为四千六百里。"可见，在柳貌为王时，其部落散居的范围相当广泛，大致分布在澜沧江（也有说在怒江）以西至伊洛瓦底江流域的广大区域，人口众多。

哀牢人的典型特征为"穿鼻、儋耳""着贯头衣"。所辖地区包括现云南省的保山、德宏、临沧、普洱（原思茅）、西双版纳以及伊洛瓦底江的上游地区和怒江下游两岸的近海地区。

哀牢地区土地肥沃，宜五谷。哀牢人从事农耕，聚邑而居，有桑蚕，产丝、绢、帛等丝织品、麻织品和毛织品。哀牢产帛叠、木棉布，是我国最早生产棉布的地区之一。当地矿产十分丰富，出铜、铁、铝、锡、黄金、白银等，有琥珀、琉璃、水晶、蚌珠等珍宝，珍禽异兽有孔雀、犀、象、猩猩、貘等。

武帝元封二年（前 109 年），在哀牢设置巂唐、不韦二县，管理哀牢诸部。

东汉建武二十三年（47 年），在与鹿茤部落的战斗中，哀牢大败，遂遣使越巂太守郑鸿求降，请求内属，光武帝封贤栗为君长。为加强对哀牢地区的管理和统治，永平十年（67 年），设置益州西部属国都尉，治巂唐。

永平十二年（69 年），汉以益州西部属国为基础，设立永昌郡，下辖八县，计不韦、巂唐、云南（今祥云）、叶榆（今大理）、比苏（今云龙）、邪龙（今巍山）、哀牢（今腾冲、德宏）、博南（今永平）。哀牢土长被汉廷封为哀牢王，在太守管辖下统领诸部。章帝建初元年（76 年），哀牢王类牢杀死守令，攻陷巂

---

① （宋）范晔：《后汉书》，第 2848 页。
② （宋）范晔：《后汉书》，第 2848 页。

唐、博南等地，汉朝发越嶲、益州、永昌夷汉兵马，杀类牢。

目前，这一地区发掘的墓地仅有 2 处，均位于保山市昌宁县。此外，在昌宁和腾冲等地还采集有一些青铜文物。

1994 年，对昌宁坟岭岗进行了发掘，清理墓葬 46 座[①]（前期还有 4 座，共 50 座），均为竖穴土坑墓，墓坑长 1~2.95 米，宽 0.4~0.9 米，深 0.2~2 米。部分墓葬有腰坑和二层台，绝大部分墓葬的墓主均头枕山上，少部分墓主的头向与山的走向垂直。随葬器物有铜器、铜铁合制器、铁器、陶器、石器和麻织品。其中，铜兵器和装饰品是大宗。兵器中，有山字格剑、矛、镦和臂甲，装饰品有镯、钏、指环、牌饰和铃等，花形饰、鱼形饰、蝉形饰、管形饰等最富特色。墓葬中出土的麻织品经鉴定为苎麻，为衣袖的残片。而花形饰等组合品是挂在腰间的饰品。墓葬的时代为战国初期至西汉初期。

2012 年，云南省文物考古研究所等单位对昌宁县田园镇的大甸山墓地进行了抢救性发掘，清理墓葬 198 座[②]，其中，土坑竖穴墓最多，有 174 座；土洞墓其次，为 23 座，瓮罐葬最少，仅 1 座。土洞墓分布在墓地中部和山顶位置，其余墓葬分布在周围，随葬品有石器、陶器、铜器、铜铁合制器、铁器、海贝、琥珀和麻织品以及藤篾制品等。（图 1-32~34）23 座土洞墓中，除 4 座因为被破坏未见随葬品外，其余 19 座均有随葬品，不仅数量多，而且种类丰富。

以铜器为主，包括生产工具、生活用具、兵器和礼乐器、装饰品等。兵器有弯刀、矛、剑、钺和镦、盒；生产工具有斧、凿等；生活用具有器盖、器座等；装饰品有钏、镯、扣饰、指护、带铃圆环、钟、铃、铜牛角、铜象牙、琥珀珠串、贝币等。还有炭化严重、难以提取的藤篾腿套等。铜弯刀、铜盒、铜钺等是最具特色的器物。

① 云南省文物考古研究所等：《云南昌宁坟岭岗青铜时代墓地》，载《文物》，2005（8）。
② 云南省文物考古研究所等：《云南昌宁县大甸山墓地发掘简报》，载《考古》，2016（1）。

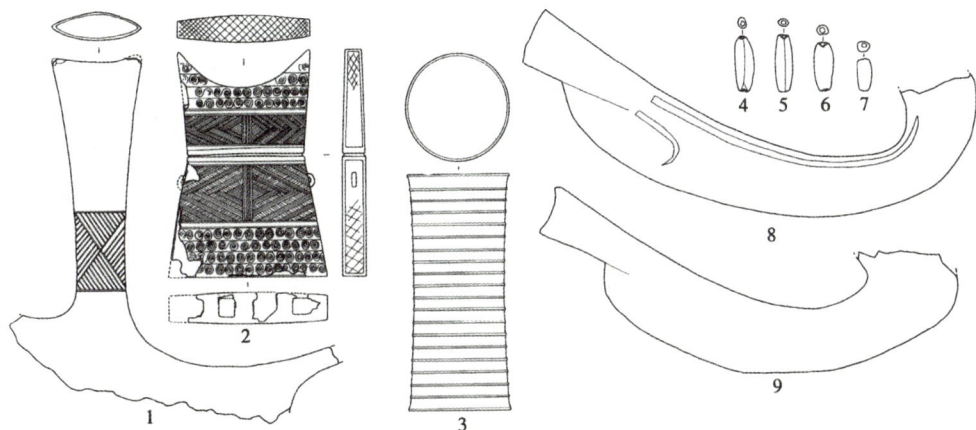

图1-32：M10出土器物
（1.铜钺　2.铜盒　3.铜钏　4~7.琥珀珠　8、9.铜弯刀）

图1-33：M10出土器物——铜盒

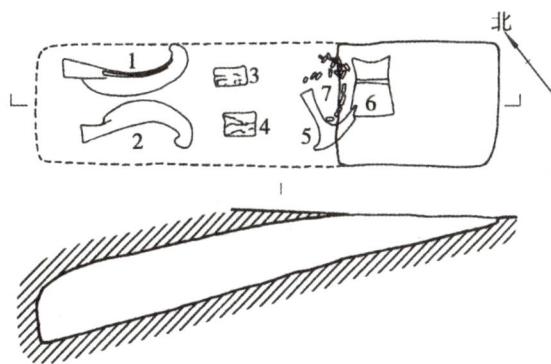

图1-34：M10（平、剖面图）
（1、2.铜弯刀　3、4.铜钏　5.铜钺　6.铜盒　7.琥珀珠）

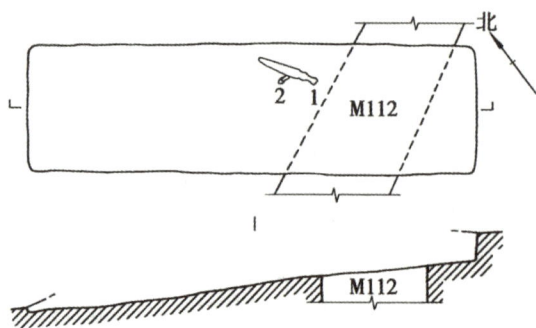

图 1-35：M107（平、剖面图）
（1. 铜剑  2. 铜矛）

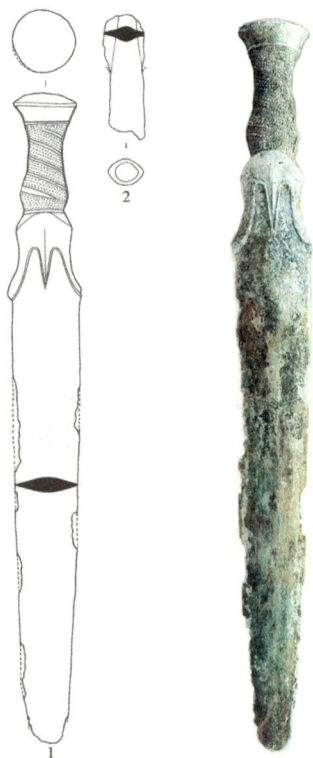

图 1-36：M107 出土铜剑

土坑墓无论墓坑形制还是出土器物都与昌宁坟岭岗的相同或者相似（图 1-35~36）。

无论土坑墓还是土洞墓的随葬品中，均不见铜戈，铜剑为山字格剑。

此外，在保山市周边，以前还出土一些有代表性的青铜器，这些青铜器包括：1981 年，在腾冲马站发现的一面万家坝型铜鼓；1985 年，在古永发现一面万家坝型铜鼓；1979 年，在古永猴桥村发现一面石寨山型铜鼓；1973 年，在昌宁达丙八甲大山发现一面倒置的万家坝型铜鼓；1988 年，在昌宁达丙石头寨发现一面倒置的石寨山型铜鼓；1976 年，在昌宁八甲大山发现 3 件铜钺；1986 年，在达丙乡右文村中三甲发现一铜器窖藏，内藏铜钺 3 件、铜盒 2 件；1987 年，在达丙乡达丙村营盘社发现并采集铜刀 2 件、铜锄 1 件；1988 年，在达丙乡右文村烂坝寨发现铜钟 1 件，椭圆口、环钮，饰双蛇、牛纹。

尽管上述地点发现的石寨山型铜鼓和万家坝型铜鼓等器物没有共存关系，但这对于认识这一地区的青铜遗存是有帮助的。

# 第三节　族群之间的相互关系

"西南地区的新石器文化主要受到西北氐羌和东南百越两大文化系统的强烈影响，同时也受到来自海洋东南亚地区新石器文化的部分影响"[1]，三大文化系统在云南境内汇合，使得云南的新石器文化格外丰富，面貌也显得复杂多样。与此同时，古代西南地区的人们通过人群迁徙、贸易甚至战争等各种形式进行着实质性的文化交流。在三大文化系统中，来自西北地区的新石器时代文化无疑占据主导和强势的地位，并成为西南地区新石器时代居民来源的主流。而来自东南海洋地区的新石器时代的居民则成为该区域新石器时代居民的另一重要组成部分。他们之间也相互交流，共同构成云贵高原新石器时代的主体族群，呈现出你中有我、我中有你的杂居状况，"大杂居、小聚居"成为当地族群自新石器时代以来一直延续至今的生存状态，这种状况奠定了战国至两汉时期西南夷复杂文化面貌的一个基本格局。

大约在距今 3200 年，部分新石器时代晚期的考古学文化已经普遍出现简单的青铜器，如锥、凿、针等工具和其他青铜铸造的遗物，其社会结构已经出现复杂化的态势，呈现明显的社会分层。这一时期，来自西北的人群迁徙和文化南下的浪潮一波又一波，西北和中原的每一次社会变革，都或多或少地对云贵高原的古代族群产生影响。这一时期，不仅外来的文化交流加强了，高原内部之间的横向交流也呈现活跃的态势，人们已经克服了金沙江等大江大河的阻隔，大江两侧的文化和族群流动起来，昭鲁盆地和安宁河流域之间的文化互动就是

---

[1] 王文光等：《中国西南民族关系史》，北京：中国社会科学出版社，2005，第 1 页。

典型的例子。①西溪河至金沙江再经牛栏江的通道可能也是该区域古代居民进行文化互动的一条重要纽带，川西南和滇东黔西地区的古代居民可能很早就已经存在着频繁的文化交流。现有资料表明，滇中地区的考古遗存中明显可见中原及两湖（湖南、湖北）地区的商代文化互动的因素。去往中原殷商和成都平原三星堆的云南金属矿产，极可能是在这种文化背景下产生的。

经历商周时期的文化交流与融合，不仅区域内的文化交流加强了，区域与区域之间的交流也空前活跃；此一时期，各区域内的文化纷纷跨入青铜时代。此后，在春秋战国之交，高原内各个族群的交往更加密切，主要表现在：一、蛇首无格短剑和山字格短剑等青铜兵器，成为高原诸考古学文化的代表性武器。二、以铜鼓（万家坝型和石寨山型）为代表的礼乐器在滇中地区产生以后，迅速向四方传播，筰、邛都、夜郎、哀牢以及勾町等均可见到，并进一步向东南亚大陆和岛屿地区传播，成为后世广布云南和东南亚地区的代表性器物。三、以青铜兵器、工具和装饰品为组合，广泛运用石范技术为特征的云贵高原青铜技术传统，与中原地区以青铜容器、礼器和酒器为特征的主要渊源于西北地区的青铜技术系统显著区别开来。

就整个西南地区青铜时代各族群的文化和社会发展而言，古滇无疑处于领头羊的地位。无论是出土青铜器物的数量、分布范围还是铸造工艺，在西南地区的云贵高原，还没有能够和古滇文化相媲美的。"滇"还真不是文献记载的"小邑"。

随着区域内文化的发展和族群之间交流的日益密切，一些通道便建立起来，这为后来秦汉时期中央王朝开通相关的道路奠定了基础。

从现有的资料来看，文化的交流、族群的交往和融合是该地区文化发展的主流，但各族群之间为了自身的发展，以掠夺财物为目的的战争则时有发生，攻城略地似乎不是他们的选项。这也可能是古滇文化没有发展成为强大国家的重要原因之一。

---

① 周志清：《滇东黔西青铜时代的居民》，北京：科学出版社，2014，第77—93页。

第二章

古滇时期的建筑

建筑是人类在战胜自然过程中取得的重大成就。从人类最初的构木为巢，即在树木上利用树枝和树叶搭建遮风避雨的场所，到移居地面以后，利用天然的洞穴，再到半地穴式、地面起建的建筑等，每一次建筑形式的改变，无不反映出人类自身的进化和人类战胜自然所取得的新进展。当然，并不是世界各地的人们在建筑上都遵循从构木为巢—洞穴—半地穴式—地面起建的发展过程。各个地方因为所处的地理环境和气候的不同，在建筑形式、建筑材料甚至建筑结构上都不相同。可以说，建筑跟地理环境和气候息息相关。

云南的地理环境十分复杂，尽管处在印度洋和太平洋的季风气候区，但局部地区气候呈现立体分布的格局。这种地理环境和气候特点对云南的影响是持续和长期的，我们可以从古滇时期出土的房屋模型或者与房屋模型有关的遗物来看古滇时期云南各地的房屋特征。同时，近年来云南在考古发掘中清理出来的房屋基址也为我们了解和研究云南青铜时代的房屋建筑提供了重要资料。

建筑可分为地面建筑和地下建筑两部分，地上建筑或者地面建筑是古滇时期的人们为适应生产和生活的需要而建设的形制与功能不同的建筑或建筑群；而地下建筑则是人们为埋葬逝者所建设的位于地下的"居所"，反映了人们对人生的一些观念。当然这是相对的。

# 第一节　古滇时期建筑的发展历程

古滇时期，包含考古学上的青铜时代和铁器时代早期（两汉时期），以青铜时代为主。

就建筑形式和建筑结构而言，古滇文化时期明显分为三个阶段。

早期：以干栏式和井干式的木构建筑为代表，以干栏式为主。

中期：以干栏式和井干式房屋为主，干栏式房屋是古滇时期云南最为普遍的建筑形制，同时也有井干式以及干栏式和井干式相结合的复杂组合形式。

晚期：以干栏式、穿斗式、台梁式的楼房建筑为代表，随着时间的推移，台梁式建筑的比例逐步增加。

就建筑材料而言，早、中、晚三期的区分也是比较明显的：早、中期主要是以木、竹和草类材料为主，以木、竹作为房屋的柱子和梁架，屋顶覆盖草类，四壁以草拌泥敷墙。晚期主要材料为砖、瓦，同样以圆木作为柱子，木材作为梁架，四壁以砖砌墙，屋顶覆盖筒瓦和板瓦以及瓦当滴水等。

早期多为一楼一底的干栏式建筑和平面起建的井干式建筑，晚期则出现了多层的楼房式建筑以及多重组合的庭院式建筑。

纵观整个古滇时期，干栏式建筑和井干式建筑一直是云南建筑的主要形式，并形成了与这种结构相适应的平面布局和外观风格。而晚期砖瓦结构的房屋，明显是受到汉文化的影响而产生的。

# 第二节　古滇时期的地面建筑

我们现在很难发现古滇时期保存完好的房屋建筑，即便发现的也是已经废弃的房屋的基址遗迹，考古上通常说所的房屋是指房屋的基址，用 F（房屋的

汉语拼音的第一个字母）表示。但是这一情况，并不是表示我们对古滇时期的
房屋建筑一无所知。个别墓葬中出土的房屋模型明器，为我们了解古滇时期的
房屋结构和房屋类型提供了十分重要的依据。从已经清理发掘的澄江学山遗址、
东川玉碑地遗址、通海兴义遗址和剑川海门口遗址来看，房屋类型分为半地穴
式、地面起建和干栏式，从形状上看，则有长方形和圆形房屋。

## 一、古滇早期的房屋建筑

古滇早期发现的房屋建筑基址主要有干栏式房屋，同时还有半地穴式、地
面式等类型。没有统一的形式，人们根据其所处的环境以及房屋的不同功用来
选择。

### （一）剑川海门口遗址[①]

剑川海门口遗址位于云南大理的剑川县，2008 年清理了大量的木桩，清理
的木桩密集区达 20000 平方米。这些密集分布的木桩被认为是我国发现的最大
的水滨木构干栏式建筑聚落群遗址（图 2-1）。

图 2-1：剑川海门口干栏式建筑

---

① 云南省文物考古研究所：《云南剑川县海门口遗址发掘简报》，载《考古》，2009（8）。

## （二）昆明西山王家墩遗址[①]

1978 年，云南省文物工作队对昆明西山王家墩遗址进行了发掘，遗址分为上下两层。上层出土大量的石器、陶片和骨角器，也有少量青铜器和铅器。建筑遗迹发现在遗址的下层，木桩下端直接插在生土层以上。柱桩直径大小相近，全部为 30~40 厘米的松木制成，高度在 1.5~2 米之间，排列整齐，柱桩的上端有凿孔，下端全部削尖插入地下，表面修理光滑。有学者根据柱桩的形状和排列规律，推测该建筑为干栏式建筑，该遗址的年代大约在公元前 12 世纪至公元前 10 世纪。[②]

## （三）通海兴义遗址[③]

2015 年 9 月至 2016 年 10 月，云南省文物考古研究所等单位对通海兴义贝丘遗址进行了考古发掘，在 153 平方米的范围内，共清理房屋 18 座。兴义遗址时代距今 4000 年左右至 2000 年左右，分别属于海东类型、兴义二期和滇文化时期。此次清理的 18 座房屋均属于该期。该处房屋种类较多，有半地穴式、地面式、干栏式和亭棚式多种，年代为公元前 1456 年～前 1389 年。半地穴式房屋以圆形居多。其中，F6（图 2-2）圆形房屋还保留有屋顶塌陷的痕迹，条状炭化木构件呈放射状分布于房屋地面，中心为一根很粗、很大的木柱。F7（图 2-3）为一半地穴的圆形房屋，在房屋的中央有四个柱洞，边缘有小的柱洞。

兴义遗址清理的面积非常有限，两个探方分别为 9 米×9 米和 9 米×8 米，从整个遗址所在的位置观察，为比较陡峻的坡地，实际上是不适合人类选为聚落的。因此，我们推测该地当为聚落遗址的边缘地带，聚落的中心区域应该在附近的某处。

## （四）晋宁上西河遗址[④]

云南省文物考古研究所 2016 年 11 月至 2017 年 6 月对上西河遗址乙区进行

---

① 李永衡、王涵：《昆明市西山区王家墩发现青铜器》，载《考古》，1983（5）。
② 张增祺：《云南建筑史》，昆明：云南美术出版社，1999，第 31 页。
③ 云南省文物考古研究所：《考古发现》，2016 年 11 月 04 日。
④ 新华网：《云南晋宁发现 2000 多年前古滇国村落遗址》，2017 年 6 月 28 日。

图 2-2：兴义 F6

图 2-3：兴义 F7

了考古发掘，在遗址的最早堆积中，发现了带沟槽的干栏式建筑遗迹（图 2-4）。沟槽分为四排，在沟槽中发现了比较规矩的柱洞。类似的房屋建筑在该遗址还发现了几座。

（五）瓦窑遗址[①]

瓦窑遗址位于贵州省毕节市青场区青场镇瓦窑村，地处乌江上游。1978 年调查发现，1984 年，贵州省博物馆考古队对该遗址进行发掘，清理早期建筑两座。一座为半地穴式建筑，编号为 F3；另一座为木构干栏式建筑，编号为 F4。（图 2-5~6）

F3 半地穴式房屋为圆角方形，3 米 × 3 米，穴深 0.9 米，门道开在东面，长 2 米，宽 0.7 米，该房屋系在土坎上挖掘地穴建成，室内地面、门道和室外地面在同一平面上，室内正中有三个相邻的柱洞，其中一个为主洞，直径 0.3 米，

图 2-4：上西河干栏式房屋基址

---

① 席克定、朱先世：《贵州毕节瓦窑遗址发掘简报》，载《考古》，1987（4）。

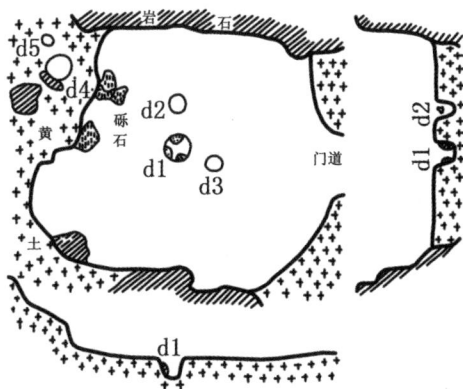

图 2-5：贵州瓦窑 F3

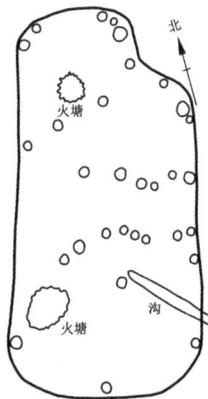

图 2-6：贵州瓦窑 F4

深 0.2 米，紧贴洞壁有三小块砾石，另外两个小柱洞较浅，其作用是支撑主柱洞的。西北角有一大一小两个椭圆形的浅坑，似柱洞。在屋内地面上有三块使用痕迹明显的石块，其中一块上有一枚纺轮。

F4 为不规则长方形，长 6.1 米，宽 3.1 米，由大小 31 个柱洞组成。柱洞最大的直径为 0.25 米，深 0.5 米，最小的直径为 0.13 米，深 0.17 米，柱洞内有填土，部分柱洞未见填土，用石块做柱础。柱洞的排列除四周的一圈之外，中部还有并列的两排，将室内划分为三部分，左右各一间，中间为过道，由中间过道确定门向。两间屋子中间各有一个火塘，直径约 0.4 米，边缘呈不规则的放射状，伴有火烧痕迹的石支座。南面一间的地面上挖有浅沟一条，沟长 1.55 米，上宽 0.25 米，深 0.08 米，室内地面有约 0.02 米厚的黑土，与室外的五花土明显区别开来，除碎陶片外，未见其他遗物。

（六）野石山遗址[①]

野石山遗址位于昭通市鲁甸县桃园乡普芝噜村上野石。在遗址中发现了一座半地穴式房屋。同时，还发现了窑址、烧火面、灰坑、灰沟及柱洞等。

---

① 云南省文物考古研究所：《云南鲁甸县野石山遗址发掘简报》，载《考古》，2009（8）；刘旭、孙华：《野石山遗存的初步分析》，载《考古》，2009（8）。

## （七）贵州威宁中水遗址[①]

中水位于贵州省威宁县中水镇，东距威宁县城 100 余千米，西北距昭通市 22 千米，地处乌蒙山西缘，为一海拔 1800~2000 米的山间盆地，属于昭鲁盆地的东缘，为昭鲁盆地的组成部分。目前，该遗址发现的建筑遗存体量较小，建筑形式为挖柱洞式的木骨泥墙，遗址最顶端的一组柱洞可能是干栏式建筑留下的遗迹。碳十四测年该遗址的数据为距今 3400~3000 年。[②]

## （八）毕节瓦窑遗址[③]

瓦窑遗址位于贵州省毕节市清场镇瓦窑村，地处乌江上游。遗址总面积为 10 万平方米。1984 年的考古发掘清理建筑遗存两座，一座为半地穴式建筑，另一座为干栏式建筑。

目前，仅在滇西的洱海地区、滇中三湖地区和黔西北发现了古滇文化早期的建筑基址，滇中、黔西地区除了干栏式建筑以外，还出现了半地穴式的房屋建筑。

## 二、古滇中期的房屋建筑

### （一）澄江学山遗址[④]

2009 年，吉林大学等单位对学山遗址进行了试掘，清理半地穴式房屋两座。[⑤] 其中，F1（图 2-7~8）为一座半地穴式房屋，房屋东西长 4.6 米，南北宽 2.6~2.9 米，深 0.3~0.6 米，面积约 12.7 平方米。该房屋的基础完全凿在石灰岩的基岩

---

① 贵州威宁中水联合考古队：《贵州威宁中水考古发掘取得重要收获》，载《中国文物报》，2005（1）。贵州省文物考古研究所等：《贵州威宁县鸡公山遗址 2004 年发掘简报》，载《考古》，2006（8）。

② 鸡公山遗址 K84 的木炭测，经树轮校正为公元前 1450 年 ~ 前 1250 年，另外，K66、K31、M2 和 M5 的测年均在距今 3400~3000 年之间。

③ 席克定、朱先世：《贵州毕节瓦窑遗址发掘简报》，载《考古》，1987（4）。何凤桐：《毕节青场新石器》，载《贵州文物》，1982（1）。

④ 云南省文物考古研究所 2009 年和 2010~2011 年分别对学山遗址进行了考古试掘和发掘。

⑤ 吉林大学边疆考古研究中心、云南省文物考古研究所、玉溪市文物管理所、澄江县文物管理所：《云南澄江县学山遗址试掘简报》，载《考古》，2010（10）。

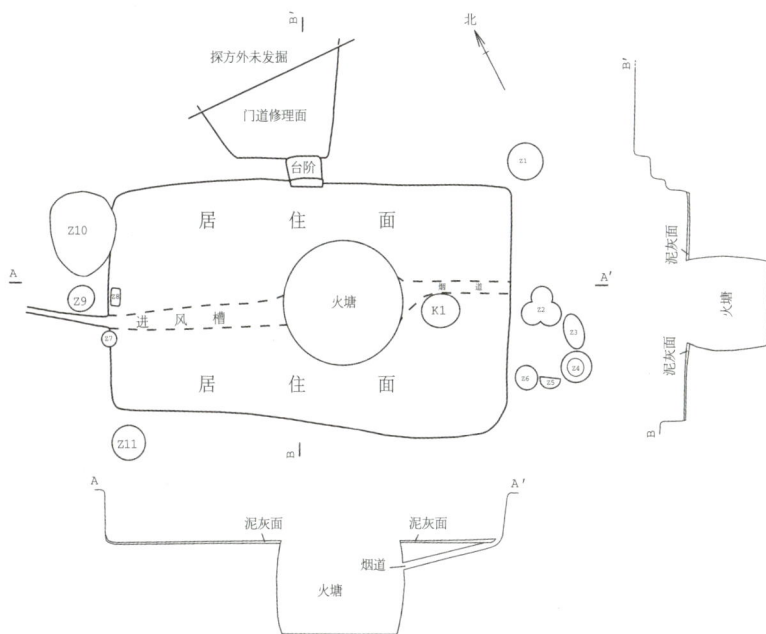

图 2-7：澄江学山 F1 基址图像及线图

图 2-8：澄江学山 F1

图 2-9：学山 F5

上，门道开在房屋的北面（背风），在房屋的东西面，发现有 11 个柱洞。在房屋的中央，发现一个直径 1 米、深约 1 米的火塘。在火塘的西、东两侧，分别有进风槽和烟道。该房屋可能是一个铸造的作坊。

2010~2011 年，云南省文物考古研究所对澄江学山遗址进行了正式的发掘，在 2300 平方米的范围内清理了房屋 29 座，均为半地穴式和浅地穴式，房基均凿在石灰岩基岩上，房屋均成排分布，相当有规律，面积大的在 30 平方米左右，小的为 10 平方米左右。同时还发现了与房屋配套的道路、灰坑以及当时的活动面等，该遗址是一处保存相当完好的古滇文化时期的村落。①

2010 年清理的 F5（图 2-9），房屋面积约 21 平方米，为浅地穴式的长方形

① 国家文物局主编：《2011 中国重要考古发现》，北京：文物出版社，2012，第 65–71 页。

图 2-10：学山 F7

房屋。在房屋的四边有柱洞，中部亦有柱洞。在房屋的东部偏北有一相当光滑的、较宽的平台，我们推测这就是房屋的门道，这个门道的方向与 F1 是相同的。

在清理的其他房屋中，F7（图 2-10）比较特殊，也为一长方形房屋，在房屋的一侧还有隔断。该房屋面积仅 9 平方米，周边发现几个柱洞。

（二）东川玉碑地遗址[①]

2013 年，云南省文物考古研究所等单位对玉碑地遗址进行了发掘，在 300 平方米的范围内，清理了房屋墓址 14 座。房屋均为半地穴式的圆形房屋和浅地穴式的长方形房屋[②]，房屋的正中有火塘，在房屋的居住面上发现有双孔石刀（或称石镰），铜针、铜鱼钩、铜锥和铜刀等小件物品以及石镯残件和铜块等。

———————————

① 玉碑地遗址位于云南省昆明市东川区铜都街道办玉碑地村南，现整个村子将该遗址包围起来。
② 云南省文物考古研究所等：《云南东川玉碑地遗址发掘简况》，待刊。

图 2-11：东川玉碑地半地穴式房屋

房屋的周边有灰坑分布，灰坑多为椭圆形或者不规则形，个别十分规整，在坑中发现有炭化稻等粮食遗存，怀疑这类灰坑可能是专门储藏粮食的地窖，个别灰坑中发现有大量的铜渣和铜矿石，很可能这些圆形坑又是堆放铜矿石的储物坑，该遗址是一处集矿石冶炼和铸造于一体的遗址（图 2-11）。

（三）晋宁上西河遗址[1]

云南省文物考古研究所 2016 年 11 月至 2017 年 6 月对上西河遗址乙区进行了考古发掘，除了古滇文化早期的干栏式建筑之外，还发现了古滇文化中期的半地穴式、浅地穴式房屋基址和干栏式房屋基址（图 2-12~13），面积大约为 20平方米。

---

① 新华网：《云南晋宁发现 2000 多年前古滇国村落遗址》，2017 年 6 月 27 日。

图 2-12：遗址凸字形半地穴房屋

图 2-13：上西河遗址房屋基址

（四）晋宁小平山遗址[①]

2005 年，云南省文物考古研究所对小平山遗址进行了试掘，清理发掘了两座房屋。其中，F1（图 2-14）为半地穴式，平面呈椭圆形，坑壁内斜，平底，中部有一火塘，火塘南北各有一圆形柱洞，房子四周分布有大小不等的 11 个柱洞。房子直

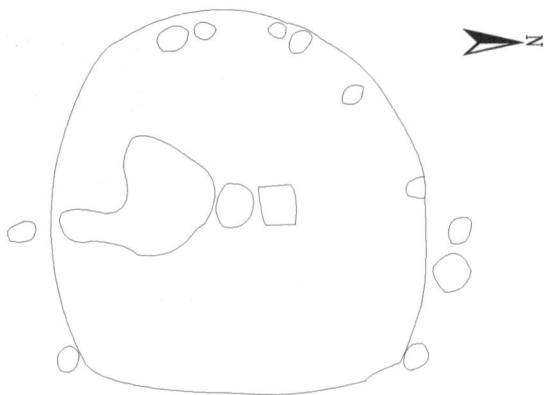

图 2-14：晋宁小平山 F1

径 2.6~2.7 米，深 0.4~0.45 米。火塘内的堆积上层为含灰烬较多的疏松黑灰土，下层为红烧土块和红烧土硬面。该房屋位于台地的边缘，极可能是窝棚一类的建筑。

### 三、古滇晚期的建筑

古滇文化晚期发现的房屋基址不多，目前仅见于晋宁上西河遗址。在一片瓦砾的下面，发现一些柱洞。该房屋的时代是西汉晚期至东汉时期的。从发掘现场看，应该为一座平面起建的房屋。

# 第三节　出土文物中所见的房屋模型

在上述的古滇时期的聚落遗址中，我们发现了已经毁弃的房屋基址。由于

---

① 徐文德、蒋志龙：《云南晋宁县小平山遗址试掘简报》，载《考古》，2009（8）。

长期的人类活动的扰动，古代的房屋在一般情况下很难完整地保留下来，就残留下来的房基而言，我们也很难判定这些房屋的建筑形制及其结构。还好考古发掘中出土的一些文物，特别是一些房屋模型，为我们认识古滇时期的房屋形制及其结构提供了参照。

## 一、古滇早期的房屋模型

目前尚未发现古滇早期的房屋模型，但从其后的房屋模型来看，我们推测古滇文化早期的房屋模型极可能有干栏式和井干式两种。因为房屋建筑跟气候息息相关，云南滇中的大部分地区是比较湿热的环境，干栏式房屋是其必然选择，而滇西北等高寒地区，用木头垒砌的井字形房屋则成为其最佳选择。

## 二、古滇中期的房屋模型

古滇文化中期的房屋模型，在出土文物中最为多见，其中晋宁石寨山、江川李家山、呈贡天子庙和官渡羊甫头等墓地以及祥云大波那墓地等，都发现了一些铜铸房屋模型明器。这些铜铸房屋模型要么是单体建筑，要么是群体建筑，有的以青铜扣饰（饰牌）的形式表现，有的则在贮贝器所定格的特定活动场景中表现出来。除了房屋建筑之外，此期还发现其他种类的建筑。

（一）干栏式建筑

在出土的铜铸房屋模型中，以干栏式房屋的数量最多。

祥云大波那铜棺墓，出土了一件铜铸房屋模型（图 2-15），顶为单檐歇山式，分上下两层，上层有壁板和窗户，下层为条状镂孔，似为干栏式房屋的底架。该铜棺长 2 米，宽 0.62 米，边高 0.45 米，顶高 0.64 米，脚高 0.11 米，由 7 块部件组成，可拆卸，重 257 千克。底板一块，通体素面，向上的一面周边有一道宽约 1 厘米的凹槽，用以固定四壁树立的铜板，两侧边各有五个长方形的穿孔，两横头边缘各有一个穿孔，孔直径 7~9 厘米，宽 1 厘米，用以容纳四壁

图 2-15：祥云大波那铜房屋模型式铜棺

铜板向下伸出的底脚，底板向下的一面中间另铸有四个平行的底脚，与壁板底脚高度一致，使铜棺底部与木椁间保持一定的距离，以减少地下水对铜棺底部的侵蚀。棺之两侧板外表布满几何形花纹，以双旋纹为主，两横板则铸具象纹，有鹰、燕、虎、豹、野猪、鹿、马及水鸟等。板与板之间均设有榫口及榫头，榫头上另开一方孔，孔内插有铜闩，以防止各壁板脱落。棺盖用两块对合成人字形的铜板组成，板上布满双线三角形图案，地纹为回形，边缘另外加一道回形纹。整个铜棺酷似一座干栏式房屋建筑。

　　在江川李家山 M21：17、M47：114、M51：55、M68X1：17-4 和呈贡天子庙 M41：49，共发现五件房屋模型扣饰，均为单体建筑，二层结构（李家山 M51：55 除外）。李家山 M21：17 的房屋底架由前面的两根立柱和井干式结构的后墙壁构成。呈贡天子庙的房屋模型前面为四根立柱，楼板横铺在后墙壁和前面两柱之间的横梁上，构成居住平台。用木枋堆砌成的后墙壁直伸至房檐，其上亦有横梁。由于后墙和前两柱上的横梁高度不一致，呈倾斜状，故形成单面坡屋顶。屋顶横梁上用条形木片纵排成斜坡状，为使屋顶更加牢固，再在其上加压四根横木条。两侧的博风板也只有一块，下端垂至檐口，上端斜出屋脊。连接地面和楼层的是一架较宽的木梯，木梯一端落地，一端直伸至檐口，梯上有脚窝，楼梯上端有精致的装饰物，前者为一只开屏的孔雀，后者为三猴戏蛇的图像。

　　至于该建筑模型本身是单面坡建筑，还是由于作者要表现的主体——扣饰形制的限制（为便于悬挂，其背面一定是平的），我们不得而知。但我们从中可以看到单体干栏式建筑的结构和布局。由于李家山 M21：17 和呈贡天子庙 M41：49 的房屋模型锈蚀严重，我们选择了与之形制和结构大体相似的李家山 M47 和 M68 两件铜房屋模型。李家山 M47：114（图 2-16），残长 11.5 厘米，地面到屋顶残高 9.5 厘米，为上下两层的干栏式房屋。地面立四个圆柱，柱中部支撑上层平台，柱顶部支梁，平台宽大，成长方形，从刻纹来看，平台前部用长条板横铺，后部则直铺。房屋在平台中部靠后，柱顶穿榫连接梁和檩，梁中部有"斗"形物，"斗"上有斜柱支撑脊檩两端，屋脊下弧，两端上翘，瓦屋面瓦下面呈尖角形，交错叠压，瓦上压圆棍，顺椽板刻连续回旋纹。墙不高，

图 2-16：江川李家山 M47：114 房屋模型

图 2-17：李家山 M68X1：17-4 房屋模型

四面仅围栏板，穿榫连接到圆柱上，正面栏板略高，中央上沿凿一半圆形门道，圆柱下连有长方形地面。推测该建筑可能为公共建筑。

李家山 M68X1：17-4（图 2-17）为上下两层的干栏式房屋。上层前为长方形平台，后为房屋。前支架在两侧立柱中部，后支在平台后部房屋的后墙下段，房屋的墙为井干式结构，后墙直落地面，上支屋脊，于房屋正中处有一长方形窗，窗中有一正面的女人头，头发向后梳，于颈背束银锭形发髻，窗内人头下置一鼓，房屋没有前面的墙，两侧的墙也仅伸出一小段。屋脊略下凹，屋面平，刻六边形蜂窝状瓦纹，屋脊刻交叉斜线纹，压扁方长条棍，顺椽板刻线纹，无后屋面，但可见脊上装饰纹样，平台前中央置一斜宽板，饰两排方格纹，两侧立柱饰三角纹。推测此为祭祀类建筑。

石寨山 M12：26 贮贝器（图 2-18）：该贮贝器的顶上有一杀人祭祀的场面（有的学者诠释为诅盟场面），该场面的中心为人们在一座房屋下面举行仪式。考古报告称："盖上有一长方形楼房，高 17.5 厘米，四面无壁，以两圆柱支撑屋顶，前端置二梯，可以上下，屋顶作细条木棍拼成之状，屋脊稍成弧形。……

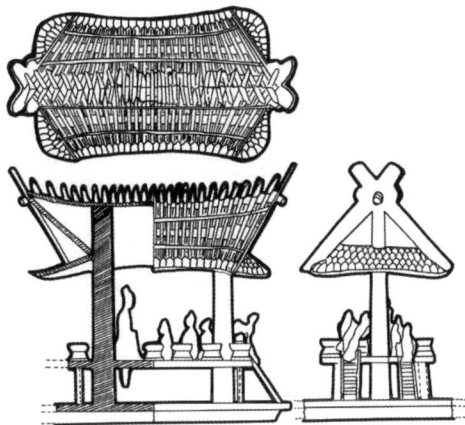

图 2-18：石寨山 M12：26 贮贝器及其上的房
屋模型

楼下左、右、前方分置釜锅各一。"

　　该类房屋形制较特别，房屋无墙壁，且在屋内也不见火塘，应该不是住房，因上下人员较多，故设置两个楼梯。支撑屋顶的是两根粗大的圆柱子。屋顶下有高出地面约一人高的平台，支撑平台的除两根大柱外，还有若干小柱。小柱的直径，从与周围人的比较来看，大约与人的腰粗相当。屋顶由两根圆柱各伸出一个扁平的斜撑承托，似中原地区的悬山顶。顶部两山面坡度相等，屋脊长于屋檐，正脊的两端稍向上翘，两山面博风板交叉成燕尾形，交叉相接处有一突出的钉状物，其内部与柱旁的斜撑物相连，屋顶内部中空，两侧山顶屋檐从柱旁伸出，与檐口相接。山面屋檐上有长方形的龟板纹，屋顶两坡的外表铺设木（竹）条，竖行密排，木条顶端皆削尖，高出屋顶正脊亦交叉成燕尾状。在竖条之上又加压两根横条，上面的一根横条上站立一只小鸟，下面有两只小鸟，皆作雀跃状，横条极可能是加固屋顶覆盖物的。就建筑物的整体结构而言，该模型属于干栏式建筑无疑。结合该场面上 127 位人物形象、16 面铜鼓和众多的祭品、祭器等来看，该建筑绝非一般的住房，而是专门的祭祀用房。

　　石寨山 M3：64（图 2-19~20）：该房屋模型与 M12：26 相比，尽管都为单体建筑，但结构相对复杂，不仅有墙壁和门窗之类的设施，而且在房前和两侧有宽敞的走廊，廊前还有栏杆，这个建筑显得紧凑和相对完善。

　　房屋分上下两层。上层正中靠后方有一长方形房子，屋子左右两端各立一圆柱，柱头斜出一支柱，承于檐下，柱上挂一牛头。屋子周围三面有栏板，正面栏板上置有牛肉和猪腿等物，栏内形成较宽的一道回廊。回廊上左右方跪坐五人，前置一案，案上放着类似食品的东西。案前四人，分为两行，作舞蹈姿势；舞者旁有三人，作敲击铜鼓之状；三人后小窗下置一铜鼓，鼓前蹲一犬，

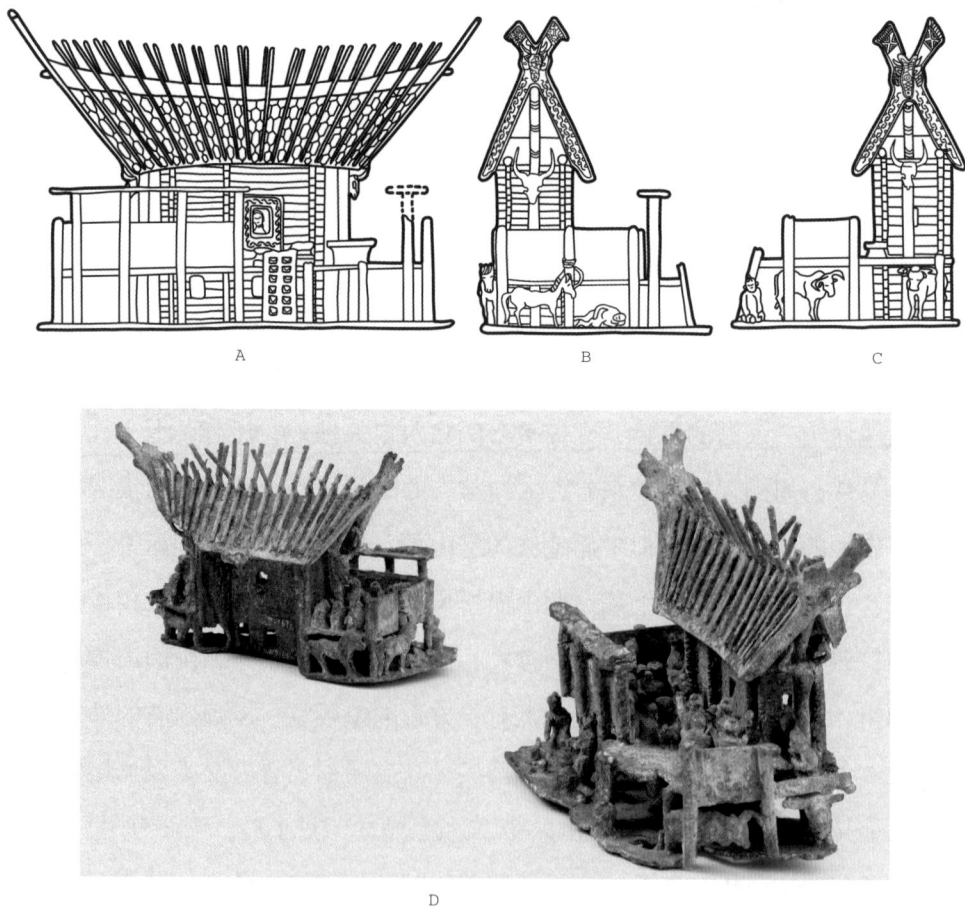

图 2-19：石寨山 M3：64　建筑展视图
（A. 正立面　B. 右立面　C. 左立面　D. 房屋模型）

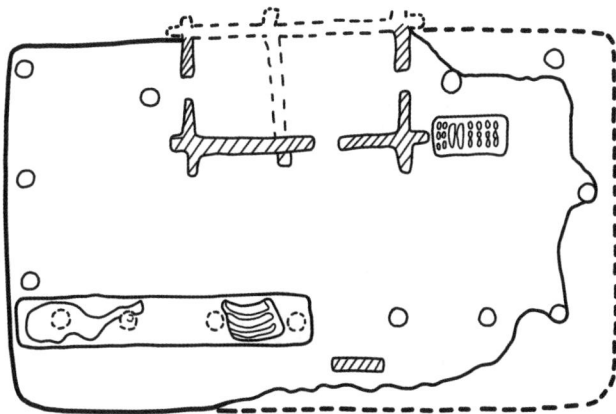

图 2-20：石寨山 M3 房屋模型横剖面和"房俎"上牲腿、牲肋俯视图

犬旁跪一人。廊右后方有八人及器物四件，其中一人作吹葫芦笙状。下层正面
有一梯，可踏此梯爬到上层。梯右一人，梯左四人，一人作燃薪之状，薪上有
炊具，一人双手捧一物，二人跪坐。右端有二牛，左端有二马一猪，一马拴于
柱上，旁有一人席地而坐，似为饲牲畜的人。该器物通高 9 厘米，宽 12 厘米，
深 7 厘米。

　　该房屋的墙壁为直落地面的井干式结构，支撑屋顶的承重部分除两根巨柱
和柱头斜出的撑竿外，檐口部分的重量多落在墙壁的上方。

　　由墙壁和立柱共同承担屋顶重量，但具体结构方面又有不同，这是干栏式
房屋的共同特点。

　　石寨山 M6：22 的一件房屋模型（图 2-21）跟石寨山 M3：64 房屋模型在
结构和布局上，均为单体结构和长檐短脊的双面坡屋顶。M6：22 的屋宇结构跟
M3：64 的相同，但栏板及柱上以及正面的梯子上铸有极细的菱形纹和三角纹，
屋子左右两方各有一小牖，正面窗内亦露出一人头，栏板上有鹦鹉一只、牛头
一个、牛或猪腿二只、肉一方。廊内右方有五人，计跪坐者三人，倚栏而立者
二人，一立、一坐，坐者双手扶于案上。窗下置一铜鼓，鼓前方靠梯子左侧伏
一犬，犬右边跪坐一小人。屋左后方有二人，俱跪坐，其一吹葫芦笙。正面左

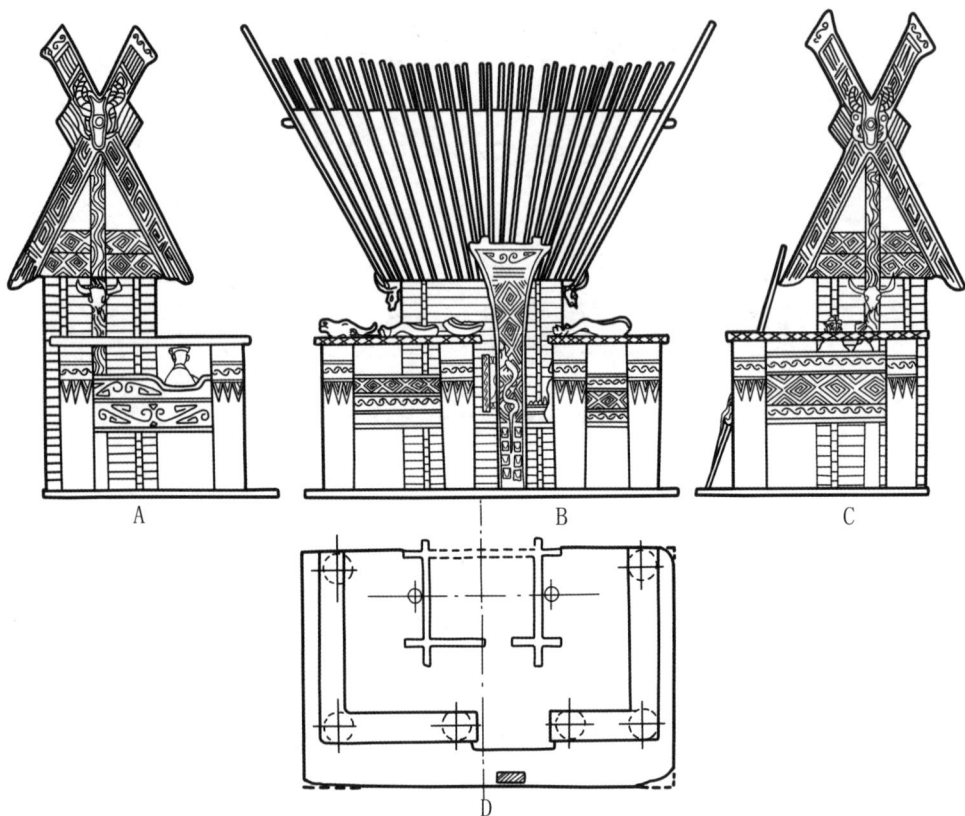

图 2-21：石寨山 M6：22　建筑展视图
（A.左立面　B.正立面　C.右立面　D.横剖面）

角上有三人及铜鼓数个。下面正面中央一长梯，梯上有一条蛇，梯右方有牛五头、小兽一，梯左三人，一跪坐，一伏在圆形炊器旁生火，一手中执一长柄物在搅拌炊器中的食物，往后有马或者犬一、羊一、猪一、鼠或者狸形小兽一。该器物通高 11.5 厘米，宽 12.5 厘米，深 7.5 厘米。

石寨山 M13：259 还发现一件房屋模型（图 2-22~26），该件房屋模型结构比较复杂，为干栏式建筑的组合式，亦为二层结构。它包括平台上之主室和两亭一榭以及地面的一亭，其布局类似三合院。该器物通高约 8 厘米，宽 15 厘米，深 10.5 厘米。

正面的主体建筑是用两根圆柱及井干式结构的墙壁支撑屋顶，顶为长脊短檐式，其上覆盖木条和博风板，柱头上亦挂有牛头。主室两山面处各接出一段较低的屋顶构成"出厦"，接出的屋顶用落地双柱支撑，无墙壁，顶上的木条和博风板结构与主室相同，左侧山面外突出一物，右侧有一突出的短横梁，屋脊上树立两个圆锥形物。主体建筑中间构成房间，墙壁为井干式结构，只有前面和左、右三壁，无后壁，前壁上有窗口。主室的底架直落地面，上铺木板，与有桩柱的整个平台齐平。主室前面平台的左右两侧，各有一个用两柱支撑的屋顶小亭，亭子的屋顶结构与主室相同，没有墙壁。

主室坐落的平台正中，置有木梯，梯上有两排脚窝，人可从地面攀此梯上至主室和两小亭中。平台周围有栏板。

主室右前方有一纵置的干栏式建筑，底架稍高于主室平台，由四根直落地面的木柱支撑屋顶，顶部结构与主室相似。但两山处无山面屋檐，周围无墙壁和栏板，当属台榭之类的建筑。从主室平台可直上台榭，无须木梯。

图 2-22：石寨山 M13：259 之房屋模型

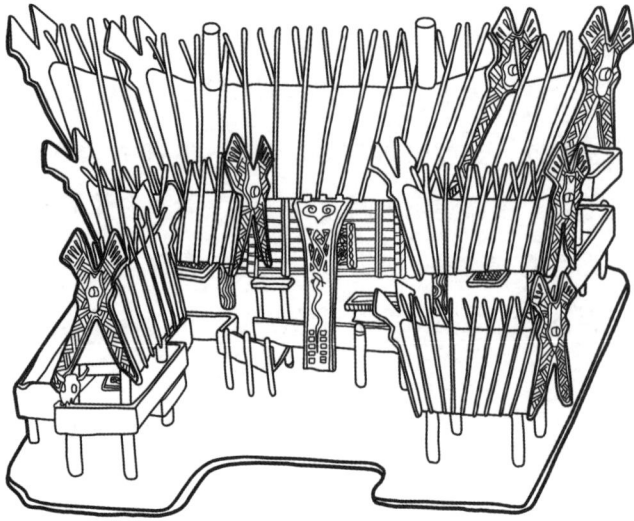

图 2-23：石寨山 M13：259    建筑之左侧俯视复原图[1]

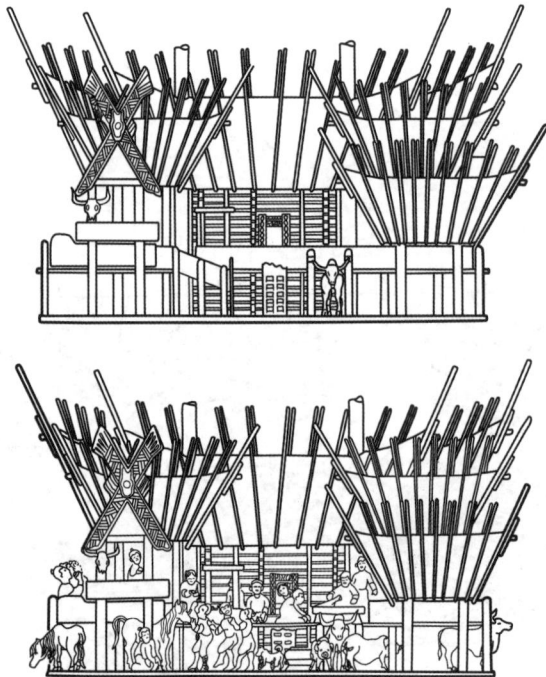

图 2-24：石寨山 M13：259    建筑展视图
（上图为正立面简图    下图为正立面详图）

[1] 引自易学钟先生《石寨山三件人物屋宇雕像阐释》一文的线图并略做加工。

图 2-25：石寨山 M13：259　建筑展视图（左右立面图）

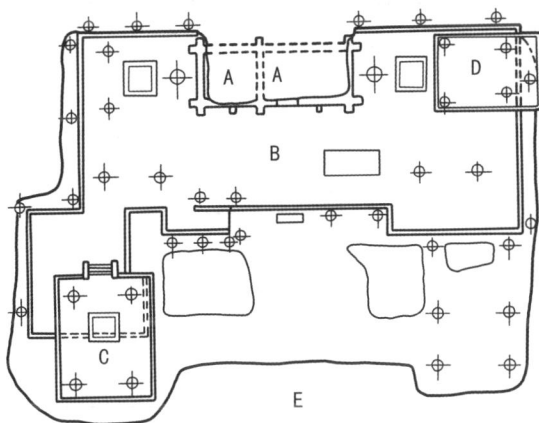

图 2-26：石寨山 M13：259　建筑层视图
（左为背立面；右为一至三层横剖面图　图中 A 为主室　B 为明堂　C 为台榭　D 为阳台）

主室平台之下的右前方，还有一横置的长脊短檐的地面建筑，仅有四柱支撑屋顶，没有墙壁和栏板，只能供临时避雨或者乘凉，类似现在少数民族地区的风雨亭。

（二）井干式建筑

井干式建筑是用圆形或者方形的木材层层交叉堆砌构成房屋底架和墙壁的一种特殊建筑形式。这种建筑有的直接建在地面上，有的则建在干栏式的底架上。就现有考古材料而言，古滇时期已经普遍采用井干式建筑，兹举三例为证。

晋宁石寨山 M12：1 出土的一件贮贝器，在贮贝器的腰部刻有一完整的井干式房屋图像（图2-27）。"腰部作领粮之图，左、右侧各作一仓房，房顶上宽下窄，略如扇形，似用木条或竹条交叉编成，脊上栖息着三只鸟，屋壁用木椽约十八至二十二层构成，云南有些地方的粮仓现在还用这种做法。"[1]张增祺先生认为，说"领粮"是不对的，其实是"上仓"，是滇国所属部落向滇王交纳粮食。这类建筑由三部分组成，下层为四边形的框架，建造方法是先在地面铺一层木板，再由每边三根圆木交叉叠砌成框架的四壁，其上用11块木板铺成平台，中层为井干式建筑的墙壁，每壁用13根圆木交叉叠砌而成，每根圆木之间设有榫口，墙壁一侧留出仅容一人弯腰进出的小门，有木梯与地面相连。屋顶为长脊短檐，其上有交叉排列的木片和博风板，为使墙壁上叠砌的圆木更加牢固，在其外表另加钉一条竖立的木板，木板上有圆形和五角形饰物，使整个建筑物显得美观。

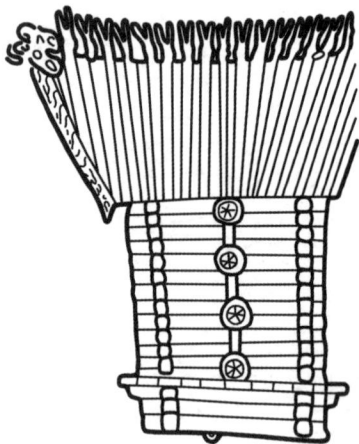

图2-27：石寨山井干式房屋模型

---

[1] 云南省博物馆编：《云南晋宁石寨山古墓群发掘报告》，北京：文物出版社，1959，第77页。

图 2-28：羊甫头 M30：31 贮贝器

图 2-29：贮贝器上之房屋模型

图 2-30：贮贝器 M30：31 之线图

官渡羊甫头 M30：31 为束腰桶形贮贝器（图 2-28~30），盖面立七牛，在盖面的中央，有一房屋模型①，房屋的形制与石寨山 M12：1 上的相同，均为长脊短檐的井干式建筑。唯一不同的是，该房屋由两根立柱支撑屋顶，在两根立柱中间，由圆木交叉叠砌形成四壁，在正面的正中加一竖行的木条。屋顶上有竖行排列的木条和博风板，但上伸的木条并未超出屋脊。

祥云大波那的木椁，为典型的井干式建筑形式。"椁室系用长条形巨木叠架，先用四根长约 5 米的圆木，略削成方形，平排于墓底，两侧用同样的巨木四根重叠于底木之上，是为东西两壁。椁木两头向

① 云南省文物考古研究所等：《昆明羊甫头墓地》，北京：科学出版社，2005，第 70—71 页。

图 2-31：羊甫头 M113 之木椁

图 2-32：宁蒗干坝子 M109 井干式木质葬具

内对称开出一道宽约 50 厘米、深约 5 厘米的榫口，重叠至东西壁一样的高度，是为南北壁，这样就成为一个内宽 1.1 米、长 3.75 米、高 1.85 米的椁室。面上用四根巨木排列，即椁盖。椁外东西壁用密集的木桩排列加固，以防椁壁向外倾圮。两壁最上层巨木两头各向外延伸出去，南为 1 米、北为 0.8 米，然后用一根横木连接起来，外边再用密集的木桩加固……"①

此外，昆明羊甫头 M113 之木椁②和宁蒗干坝子墓地③，也发现有井干式建筑模型。

羊甫头 M113 墓室遭到严重盗掘，主墓室四周的椁木均遭到破坏。墓室底有数根长 270 厘米、宽 28~38 厘米、厚 18~20 厘米的垫木板，插入南北两侧的椁木槽中，椁木层层叠筑，交叉处挖榫口结合（图 2-31）。

宁蒗干坝子 M109 的葬具保存相对较好，为双层井干式木质葬具（图 2-32），其结构和宁蒗彝族传统木结构房屋相似。

（三）其他建筑——台阶式建筑

1. 斗牛场

在云南出土的青铜扣饰中，有一类长方形扣饰（图 2-33），所描绘的当是

① 云南省文物工作队：《云南祥云大波那木椁铜棺墓清理报告》，载《考古》，1964（2）。
② 云南省文物考古研究所等：《昆明羊甫头墓地》，第 161-162 页。
③ 云南省文物考古研究所：《宁蒗干坝子墓地》，"云南考古"网站，2014 年 5 月 21 日。

斗牛场面。这种娱乐活动是在一个台阶式的建筑中进行的，其建筑类似于现今的体育场馆。在晋宁石寨山 M3、M6 和 M7 中均发现过这种长方形扣饰。[①] 其中，M3：140 和 M6：41 比较接近。M3：140 分为上、中和下三层。上层看台上踞座十人，做观望状；中层看台两侧各踞座四人，做观望状，中间站立一人，弯腰将下层大门打开，一牛欲冲入，牛健，甚凶猛，牛后一人执鞭作赶牛状；下层门两侧各五人，或立或蹲，作惊恐状，表现的是人们观看斗牛，牛刚进入斗牛场的一瞬间。该器通高 5.7 厘米、长 9 厘米。

图 2-33：石寨山斗牛扣饰

图 2-34：石寨山 M6：41 之斗牛扣饰

M6：41（图 2-34）亦分为三层，上层和中层的人数和他们的姿势、形态均相似，唯有下层有一定的差异，每边各有四人作下蹲状，下层中间为双扇门，门外牛欲入，门左右各有二圆柱，且直伸至中层檐口。该器通高 5.5 厘米，长 9.5 厘米。

2. 舞台建筑

类似的娱乐设施建筑还见于石寨山 M13 的八人乐舞铜饰（图 2-35）。[②]该扣饰作长方形，分上、下两台，该器长 13 厘米，宽 9.5 厘米。用三根立柱支撑，

① 云南省博物馆编：《云南晋宁石寨山古墓群发掘报告》，第 92 页。
② 贵州省文化厅、贵州省博物馆编：《贵州文物精华》，贵阳：贵州人民出版社，2005，第 76-77 页。

图 2-35：乐舞扣饰（临时建筑）

两侧各一根，中间一根，立柱间以横梁联系。以木板为底板，上层有四人，均戴冕形冠，脑后有长带下垂，双手上举作舞蹈状，人侧各置一酒杯；下层有四人，服饰同上，但各人手中所持乐器不同，一人吹曲管葫芦笙、一人击镦于、一人吹短柄乐器、一人吹直管葫芦笙，人侧亦各置一酒杯，另有一大缸，可能是盛酒的器皿。

这类建筑可能不是永久性固定的建筑，极可能是临时建筑，为舞台表演而搭建，也有人认为这是中国最早的乐池。

### 三、古滇晚期的房屋模型

古滇晚期的房屋模型在昭通、会泽和大理、保山等地都有发现，主要是沿交通线分布的，时代为两汉之间。

## （一）干栏式建筑

会泽水城 M1：2 出土一件房屋模型（图 2-36），通高 43 厘米，面阔 36 厘米，进深 21.2 厘米，下层高 16 厘米。时代为西汉晚期至东汉初期。房屋为干栏式，两层，下层由四根立柱、柱础和两枋构成，立柱方形，下置方形柱础，柱头有榫口，两柱间架设一枋，枋上置上层房屋。上层房屋为前廊后室，三开间。两面坡抬梁式建筑。房屋呈长方形，明间略阔，开单扇门，廊位于明间前部左右两侧，廊与室之间有壁相隔；屋顶为两面坡，由脊、筒瓦、板瓦、枋和檐构成；走廊和房屋四壁外面用阴线勾勒出柱、枋和木板结构，左右屋壁和后壁用石灰涂抹过。

贵州赫章可乐墓地中也发现一件干栏式建筑房屋模型（图 2-37）。[1]该模型通高 53 厘米、面阔 39.5 厘米、进深 31 厘米。上层为房屋，前廊后室结构，三

图 2-36：会泽水城 M1：2 房屋模型

---

① 贵州省文物考古研究所：《赫章可乐：二〇〇〇年发掘报告》，北京：文物出版社，2008。

图 2-37：赫章可乐 M24 房屋模型

图 2-38：赫章可乐 M216：12 房屋模型

开间，有斗拱。下层设置一副脚踏碓，可用于加工谷物。时代为西汉时期。

可乐 M216：12 房屋模型（图 2-38）底部为四根圆形立柱，柱顶叉形，两柱间横向架设一枋，承托上层房舍。上层房舍底平，分前廊和后室两部分，间壁偏右开单扇门，硬山式顶，屋顶为板瓦和筒瓦，脊檩两端各戳印四圆圈，后壁及侧壁均画有柱、枋线条。该建筑面阔 50.6 厘米，深 35 厘米，高 53.3 厘米。

大理制药厂东汉砖室墓中，出土一件干栏式房屋模型（图 2-39）。[1]该建筑

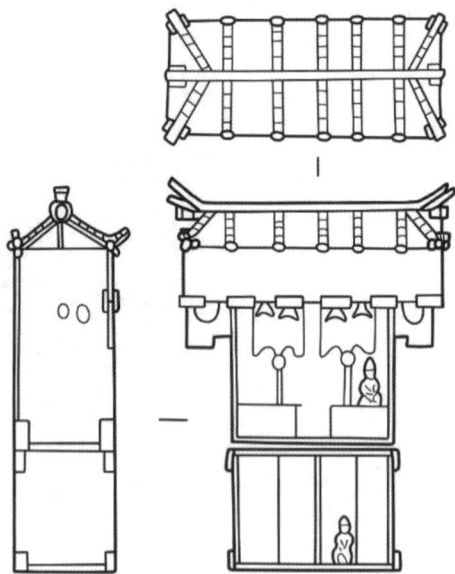

图 2-39：大理制药厂东汉干栏式房屋模型平面图

① 杨德文：《云南大理市下关城北东汉纪年墓》，载《考古》，1997（4）。

由上、下两部分构成，通高76厘米，面阔36厘米，进深23厘米，顶长56厘米。干栏式底架平面呈长方形，立面为长方体，高24.8厘米，整座底架用长方形条板制成，底部及顶部用整块陶板，两侧板中央各留一圆窗。底架部分不设门，也不隔间，仅左侧设一块通顶栏板，栏板旁有一吹箫俑。栏板附近放置一枋木，两端收分，中间凿有两个小槽，似属饲养牲畜之木槽，木槽旁有牛粪圈，说明此底架为关牲畜之所。底架上平置三开间房屋，面阔、进深与底架相同。屋顶为两面坡悬山式，每坡有五条瓦垄，两条垂脊，均覆以板瓦和筒瓦。垂脊尽端起翘，与瓦垄间构成一斜角，檐口饰圆形瓦当。正脊无瓦饰，两端用瓦当和瓦条作翘，屋顶的承重主要靠墙壁，后墙封闭，左侧墙中央有小窗，右侧墙上留双孔，正面设廊，中间空两侧有栏板，左侧栏板上坐一吹箫俑，三开间房屋，主间与右次间中有隔板，左次间无，主间设板门一道，门从左至右向内半开。正面檐柱上窄下宽有收分，柱头大斗为六边形，平置于柱头和斗拱间，大斗之上有拱及小斗，再上为拱眼板，并伸向两侧墙壁与房顶平齐，承托顶部檐椽。拱眼板下沿两端各有一条形拱伸出侧墙外，其下悬挂一块方形缺角的镂孔饰板。墙体用白粉作地，局部残留朱色条带。

昭通杨家冲墓出土一件房屋模型[1]和一些墙壁及屋顶的残件，时代为东汉。房屋为单层结构，墙壁似以土坯筑成，用梁柱支撑屋顶，顶作庑殿式，其上用瓦片覆盖，有梁柱及檐椽，但未出现斗拱。原模型的前壁已经残缺，且制作粗糙，不知其门窗及屋内结构。

（二）庭院式建筑

会泽水城M7∶39出土一套房屋模型（图2-40）[2]，由前后排屋、围墙、天井以及围墙外单体房屋构成庭院式建筑群。前排房屋为三开间，明间和右次间前中部开双扇门，后中部立一方形柱，两面坡顶，上有板瓦、筒瓦和正脊。左次间面阔20.8厘米，进深26厘米，高12厘米，明间及右次间面阔26厘米，进深26

---

① 孙太初：《两年来云南古遗址及墓葬的发现与清理》，载《文物参考资料》，1955（6）。

② 云南省文物考古研究所编著：《会泽水城古墓群发掘报告》，北京：科学出版社，2014，第44页。

图 2-40：会泽水城庭院建筑模型

厘米，高 22 厘米。左次间房顶，与左侧围墙及明间左壁构成一家畜圈，内置马、牛、猪各一。后排房屋双开间，两面坡顶，上覆瓦，左间前壁右侧开单扇门，右间无前壁，左、右间隔墙前部置一门相通。右间左后壁及右墙中段附近各置一长方形床，右墙中段近顶部开梅花形天窗。后排房屋面阔 51 厘米，进深 15 厘米，高 20 厘米。前、后排屋左右侧用围墙相连。围墙上覆两面坡瓦屋顶，中为天井，天井左后角有一高大树木，右侧围墙后部开一侧门，侧门外置一两面坡顶小屋，屋前有回廊，正中开单扇门。小屋面阔 24 厘米，进深 19.4 厘米，高 19.4 厘米。

（三）陶楼

在大理大展屯 2 号墓中出土一件陶楼模型（图 2-41）[1]。该陶楼由 11 个部件组成，为庑殿顶三重檐楼阁结构，由分离的单体构件叠放而成，通高 57 厘米。该楼阁从底至顶，由如下几部分构成。

---

[1] 大理州文物管理所：《云南大理大展屯二号汉墓》，载《考古》，1988（5）。

1. 方形底座，下底边长15 厘米，腰部向上折收，上底边长 12 厘米，厚 3.8 厘米。

2. 平座，平面呈方形，置于底座之上，下大上小，下边长 12 厘米，上边长 11厘米，厚 3.5 厘米。

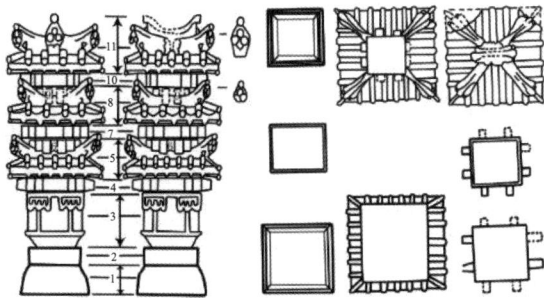

图 2-41：大理大展屯 2 号墓出土陶楼模型

3. 楼房底层，高 9.5 厘米。下底小于上底，上底长 7 厘米，四边侧立面各有两朵柱头斗拱，有弯曲的华拱和三个小斗，其上有枋。

4. 与第 10 处相同。斗拱为厚 2.8 厘米、边长 10.5 厘米的方块。方块的每一侧各有两个挑头。

5. 庇檐：图中 5 号与 8 号均为庇檐，平面呈方形，边长 20 厘米。下地面平直，四边有宽 2.5 厘米的檐椽，每边 5~6 根，四个转角处各有一根斜直挑出的檐椽，中间留有边长为 14~15 厘米的方形平台，以便下层的平拱组合。定顶为四面滴水式，每边有 5~6 条瓦垄，四角各有一高翘的戗脊，脊端有四个乳突纹。

6. 小斗拱：与第 9 处相同。上底面平直，便于承托上部斗拱，下底卡在庇檐面中央的戗脊尾端。边长 8 厘米，厚 2.5 厘米。四条侧边各有一个挑头。

7. 楼房顶部：平面呈方形，边长 20 厘米，下地面平直，与庇檐相同。顶作庑殿顶。正脊较短，两端微翘，长约 9 厘米，高 4 厘米。四角有戗脊，戗脊的尽头高翘，尾端顶与正脊相连。檐椽上有筒瓦及瓦当。图中第 11 处为楼房顶部。

大展屯 2 号墓出土的陶楼与中原地区汉墓中常见的陶质望楼相似，每层都用斗拱承托腰檐，其上置平座，将楼阁划分为数层，同时各层腰檐和平座有节奏地挑出和收进，使整座楼的外观既稳定又有变化，产生虚实、明暗的对比效果。

同样类型的陶楼还见于大理制药厂工地出土的一件（图 2-42），为上、下两层。下层平面为正方形，面阔 34 厘米，进深 23.5 厘米。背墙封闭，两侧墙中央留有小圆窝，侧墙上有两眼，为采光、通风处。正面设有内廊，内廊两端

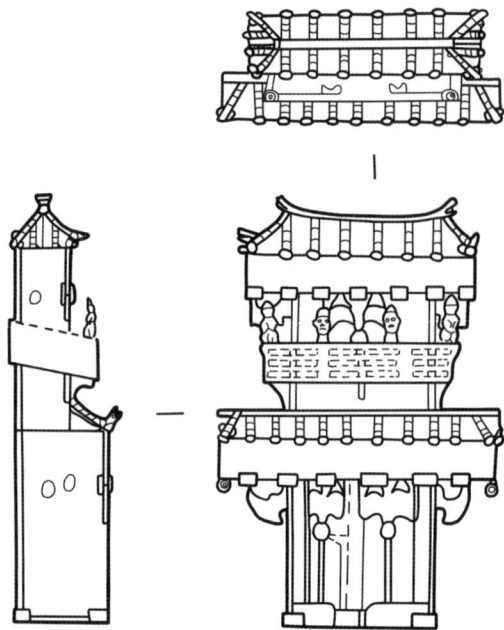

图 2-42：大理制药厂工地出土东汉陶楼模型

有栏板，中间留空供人行走。廊后为三开间，主间板壁上有一道门板，门从左至右向内半开，供人出入，主间与左、右次间中间设墙壁，左次间内靠门框处斜置一木梯，梯后坐一吹箫俑。

楼上为两开间，后墙封闭，室内无壁板，亦无隔墙。楼上设有回廊，回廊两端由月牙形雀替承托。回廊正面作四望柱及桊栏，两侧为栏板，望柱背后有两俑，男左女右，男戴冠、长方形脸，头向后仰，女裹头、长圆脸，大眼阔嘴，该男女当为房屋主人。回廊两侧各有一吹箫俑，与主人向背而坐。推测此为主人凭栏远眺、仆人吹奏侍奉的图景。

屋顶为庑殿顶，前后坡较长，每坡有六条瓦垄，左右坡较短，每坡仅有两条瓦垄。该陶楼通高 106 厘米。

（三）阙类建筑

以往只在墓葬壁画中见到阙类建筑，而且是东晋时期的，约公元 3 世纪下半叶。在昭通后海子壁画墓的墓室东壁上方一二层楼房的前面见到一阙类建筑[1]，该类建筑与昭通白泥井石棺上的石阙相似。

晋宁金砂山 M117 的墓葬中出土一组陶阙类明器（图 2-43）[2]。该阙类当是庭院建筑前面的一组建筑，由左右对称的一组阙、望楼和大门组成。从其在

---

[1] 云南省文物工作队：《云南省昭通后海子东晋壁画墓清理简报》，载《文物》，1963（12）。
[2] 资料现存云南省文物考古研究所晋宁考古工作队。

图 2-43：陶阙模型

墓葬中的摆放位置来看，应该是阙一类的建筑，这是首次在云南两汉时期的墓葬中发现阙类明器。

（四）井

在汉代考古中，我们经常能够见到汉代墓葬中出土的井和仓、灶等模型明器。这些井大多为直筒深腹状，口的上部阴刻出一些线条，用以表示井栏。（图 2-44）2017 年发掘晋宁上西河遗址[①]，在汉代的聚落遗址中发现了 13 眼井，这些井多数是挖一个桶状的圆形深坑，直径 50~60 厘米，深度不一，有的 5~6米，有的则浅一些。还有的井对井壁做了一些

图 2-44：会泽陶井模型

————————————

① 资料现存云南省文物考古研究所晋宁考古工作队。

图 2-45：上西河遗址陶井三维模型及井栏和井圈

加固，如上西河遗址 J8，在其底部有五层圆形的陶圈，陶圈的直径约 70 厘米，圈的高度约 30 厘米，厚度为 2 厘米，五层均叠砌。在井圈的上部，则用圆木砌成四边，在结合处有工具砍出凹槽，相互切合在一起，确保稳定。自陶圈顶部开始砌筑井栏，这样的井栏共砌了七层。井栏圆木长 105 厘米，直径约 18 厘米。用四根圆木榫卯搭成一个"井"字形，中间形成一个约 60 厘米的方形框，这个方框直接叠压在圆形井圈上面。（图 2-45）

此外，1959 年，在贵州清镇县芦荻哨的汉代墓葬中出土一件陶井模型[1]，该模型通高 44 厘米，井高 20.8 厘米，吊桶高 10.7 厘米，辘轳直径 7 厘米。从器物外形看，该井为圆筒形，井口有井栏。

（五）灶

在汉代墓葬中经常发现灶的模型明器，一般都是陶质模型，整体成长方形，灶台上有一到二眼圆形灶口，另一端有圆形的烟道，另一端置拱洞形灶门。如会泽 M1：7（图 2-46），长 44.8 厘米，宽 23 厘米，高 16.5 厘米。[2]

在古滇晚期，建筑的种类变得丰富多彩起来，随着本土文化与汉文化交流的加深，建筑的种类和形制都在发生深刻的变革。尽管适合本地气候与文化的

[1] 贵州省文化厅编：《贵州文物精华》，贵阳：贵州人民出版社，2006，第 81 页。

[2] 云南省文物考古研究所编著：《会泽水城古墓群发掘报告》，北京：科学出版社，2014，第 28 页。

图 2-46：会泽水城陶灶模型

干栏式和井干式建筑在建筑材料及形制方面发生了变化，但其基本实质并没有改变。

# 第四节　古滇时期的墓葬建筑

墓葬建筑是建筑的重要组成部分。不同的族群、不同的人可能采用不同的墓葬形式，反映其文化、信仰的差异。同一族群的人也可能随着时间的推移采用不同的墓葬形式。因此，墓葬建筑是一个很复杂的社会问题。它不仅反映文化、族群的差异，也反映其社会阶层、身份等级的不同。

古滇文化时期的墓葬形制既有最为原始、最为常见的土坑竖穴墓，也有土墩墓、砖石（室）墓、石棺墓、大石墓、崖墓等。

## 一、古滇早期的墓葬

目前，仅在通海的兴义二期发现古滇文化早期的墓葬，包括竖穴土坑墓和

图 2-47：通海兴义 M13 土坑墓

图 2-48：通海兴义的瓮罐葬

瓮罐葬（图 2-47~48）。这些墓葬均为幼儿的墓葬，而且是埋在聚落内，没有进入公共墓地。我们推测当时主要应该是竖穴土坑墓。

## 二、古滇中期的墓葬

古滇文化中期的墓葬形制比较丰富，既有竖穴土坑墓，又有石棺墓、大石墓等。其中竖穴土坑墓是所有墓葬形制中最为常见的，而瓮罐葬仍沿用，以处理早夭之儿童。

（一）竖穴土坑墓

　　土坑是指在土中挖的一个坑；竖穴，是指方向而言，从地面往下挖。竖穴土坑墓，是指在地表平整出一块土地，按一定方向在平面上向下掘出一长方形的墓地（图 2-49），坑的大小和深浅不一，一般的坑长 2 米，宽 0.6 米，深 1~2米，大的坑长 4~6 米，宽 2~3 米、深 4~5 米不等。较深的墓坑一般还有二层台或者脚窝，墓坑相对比较平直，也有个别墓坑由于挤压导致变形的。

　　大部分墓葬中有木棺，少部分墓葬中有木椁。木棺主要是用来包裹墓主人的尸体和部分随身的珍贵物件，其余随葬品摆放在棺外，随葬品摆放的位置和多少因人、因地而异。将棺木和随葬品葬入墓坑以后，将原挖出的土回填回坑内，将其夯实。有的在墓上放置一块大石，也有的在墓坑的边缘放置石块，墓葬上面没有垒筑圆锥状的封土。这些石头或者石块极可能是标明墓葬位置的标志。

　　在已经清理发掘的 2000 多座墓葬中，无论是滇池地区的晋宁石寨山、官渡羊甫头、呈贡天子庙、石碑村、小松山，还是玉溪三湖地区的江川李家山、华宁小直坡、澄江金莲山、木瓜山墓地，以及滇中地区楚雄的万家坝墓地、张家屯墓地，滇西北的宁蒗大兴镇、宁蒗干坝子、德钦永芝、德钦纳古墓地以及滇西南的昌宁大田坝墓地，滇东北的昭通营盘山、水富张滩，贵州威宁中

图 2-49：竖穴土坑墓形制

水墓地，元江—红河流域的元江洼垤、个旧石榴坝、个旧黑马井墓地、泸西石
洞村和大逸圃墓地的墓坑，均为竖穴土坑墓。

有两处竖穴土坑墓，与上述所有的土坑墓均不同，它就是位于滇东北曲靖
盆地的珠街八塔台和越州横大路墓地。这种墓地是从地面往上，长时期的堆积，
形成一个小山丘。这种类型的墓葬类似于江南地区的土墩墓。

八塔台墓地的墓葬主要为封土墓和非封土墓，封土墓平面形状为椭圆形，
剖面为弧形，其头端位置多有墓上标志痕迹。封土墓流行于古滇文化早中期。
古滇文化晚期均为竖穴土坑墓，墓坑平面为长方形，少数为梯形[1]。墓穴之上
再垒筑封土加固是八塔台墓地在墓葬建筑方式上的独特之处（图2-50）。

在该墓地还在发掘的八塔台2号堆的南部发现有护坡类堆积，从早至晚都
对墓地进行加固防护，这种措施对维持墓地的稳定和墓地面积的扩展，起到至
关重要的作用。这是首次在墓地的建造过程中发现护坡类建筑。

墓地的建造是群体性的行为。通常，在选定某一区域作为墓地以后，人们

图2-50：曲靖八塔台墓葬护坡地层全景

---

① 云南省文物考古研究所：《曲靖八塔台墓地》，引自"云南考古"网站，2016年8月18日。

图 2-51：澄江木官山墓葬排列图

会按照某种顺序排列墓位，在田野考古中，我们发现墓葬的排列是有规律可循的，以陕西华县元君庙墓地最具代表性[①]。在云南青铜时代的澄江金莲山[②]和澄江木官山[③]墓地（图 2-51），墓葬的排列也是有规律的。

（二）石棺墓

石棺墓是一种古老的墓葬形式，在元谋大墩子的新石器时代的墓葬中就存在这种墓葬形式。古滇时期，石棺墓无论墓葬数量还是分布面积，都是仅次于土坑墓的另一种墓葬形式。

石棺墓，顾名思义，是用一些小石块（或者卵石）建造的墓葬（图 2-52）。其建造方法是：先挖一个土坑，用一些小石块或者河卵石砌筑四壁，石块间没

---

① 北京大学历史系考古教研室编著：《元君庙仰韶墓地》，北京：文物出版社，1983，第 3 页。
② 云南省文物考古研究所等：《云南澄江县金莲山墓地 2008~2009 年发掘简报》，载《考古》，2011（1）。
③ 云南省文物考古研究所：《澄江木官山墓地》，引自"云南考古"网站，2016 年 9 月 19 日。

图 2-52：石棺墓

有黏合或勾缝材料，有的在上面用石块做盖，有的则没有石块，直接用土回填了。此类墓葬一般长 2 米左右，宽 0.6~1.0 米，深 0.5 米左右。石棺墓一般为单人葬，也有合葬的。

用这种方式建造的墓葬主要见于滇西和滇西北地区。除迪庆州以外，在丽江永胜县的涛源镇，以及大理州的宾川县、祥云县和弥渡县等地，均发现了数量较多的石棺墓。除滇西和滇西北地区以外，在横断山脉的岷江上游、大渡河流域，均发现了大量的石棺墓。石棺墓在四川的西部、西南部和西藏的东部也均有分布，是这一地区最有代表性的墓葬。

（三）大石墓

大石墓是指用大石头为材料建筑的墓葬。这种墓葬的规模比较大，所用的石料重量一般为数百千克，大的甚至上千千克。考古界通常将用这种材料构建的墓葬，称为大石墓。大石墓在现今云南分布的相对较少，在大理州的祥云县和弥渡县有发现。1977 年，考古工作人员在祥云县检村清理了三座大石墓。[1] 其中一座墓的石块长 2.3 米、宽 1.9 米、厚 0.11 米，最小的一块长 1.5 米、宽 0.9 米、厚 0.1 米。1981 年，在弥渡苴力的石洞山和清石湾清理大石墓 10 座。[2] 该种类型的墓葬，有的还有上、下两层。

这种类型的墓葬建造方法是：先在地面上挖掘一规模较大的竖穴土坑，然后，沿土坑边缘用大石块砌筑四边，有的在土坑底部也有石块砌筑。在最上面

---

[1] 参见大理州文管所：《云南祥云县检村石棺墓》，载《考古》，1984（2）。
[2] 参见云南省博物馆文物工作队：《云南弥渡苴力战国石墓》，载《文物》，1986（7）。

用几块大的石头盖上。

苴力的大石墓，墓室用大石砌造。其具体建造方法与祥云检村的略有不同，"先在地面挖一长方形的坑，坑底四周挖出深 18~25 厘米的沟槽，紧靠四壁砌有略成片状的大石块，石块下端插入沟槽内，石块相互间的空隙以大小适当的小石块填塞，形成墓圹。底部用小石块铺地，也有用碎陶片的。石室长 1.9~2.53 米，宽 0.6~1.4 米，深 0.7~2.0 米"。

这种类型的大石墓，在墓内随葬很多人骨，为典型的多人葬，随葬品也很多，主要是青铜器和少量玛瑙、玉石装饰品等。苴力的大石墓中，仅发现死者的头骨和四肢骨，且是分开成堆放置的。

从云南发现的大石墓情况来看，主要分布在大理州的祥云至弥渡一线，分布的范围不大。

四川凉山州的安宁河流域，是大石墓及其遗址和相关遗迹分布最为密集的地区。[1] 与云南所发现的大石墓不同，这里的大石墓在建造方式上是一种在地面以块石堆砌或用大石围砌成，再在墓室顶部用巨石覆盖的墓葬形制。大石墓在安宁河谷内的数量达 300 座。

大石墓分布在安宁河谷的台地、山坡地、山间谷地、低山山顶、冲积扇和邛海湖盆等，以安宁河及其支流两岸的各级台地为最多，多为二级台地，次为一级台地，最少为三级台地。大石墓一般成群分布，在墓地周边，还发现有相应的遗址。

大石墓的建造方法很特别，都是建造在地面上。根据墓室结构的不同，分为两种。第一种：用小石块直接在地表垒砌墓室，石块直径在 10~30 厘米，选择的基本上是山上自然碎裂且一面平整的沉积岩，垒砌墓室时将石块平整的一面面向墓室内，采用的是错缝垒砌的方法，墓底经过平整夯筑。墓室建好后，在墓室外面用泥土和石块堆砌封土，最后用巨石依次覆盖墓室顶部。巨石每块

---

① 参见四川省文物考古研究院、凉山彝族自治州博物馆、西昌市文物管理所：《安宁河流域大石墓》，北京：文物出版社，2006，第 4 页。

重 4~8 吨，最大的有 10 吨以上。大石墓的封土前大后小，前高后低，后面还有一条长长的斜坡（图 2-53）。

第二种：先选择若干舌形或近长方形且一面平整的自然石作为墓壁石，直接竖立在地面或者深约 20 厘米的基槽内，围成长方形或者长条形的墓室，将平整的一面均朝向墓内，其间的缝隙用小石块填充，墓底经过平整夯筑，部分大石墓的墓底还平铺了一层扁平的卵石。用作墓壁石的大石每块长约 2 米，宽 1 米，厚 1~1.5 米，重 3~6 吨。（图 2-54）大石全是花岗岩，都来源于山溪中，

图 2-53：洼脑大石墓（刘弘　提供）

图 2-54：四川德昌阿雍大石墓

为防止竖立的墓壁石在建造过程中倒塌，墓室内先用泥土填实。墓室建成后，再用 5~8 块巨石将墓室依次覆盖，每块盖顶石均在 5 吨以上。墓室建造完成后，用土在外堆砌封土，最后（或者需要时）将墓室内的填土掏空。用于建造大石墓墓室的大石块均来自数千米以外，搬运是一个大问题，考古工作者在清理四川德昌阿雍大石墓时，在墓葬四周发现一片用小卵石铺筑的地面。

大石墓的葬式均为二次捡骨葬，一般葬数十人。人骨基本分层堆积，多为头骨和肢骨，未见葬具，人骨直接堆积在墓底，堆积成倾斜状，墓尾堆积较厚，墓门一端堆积较薄，用石块封门。每次使用时，将石块搬开，放入骨架和随葬品后，再将墓门用石块封闭。故一座墓葬使用的时间很长。墓葬的时代为战国至西汉时期。

### （四）土洞墓

土洞墓，仅发现于保山市昌宁县的大甸山墓地，在清理的 198 座墓葬中发现 19 座土洞墓，占全部墓葬的 10% 左右，这些墓葬分布在整个墓地（山顶）的核心区域，位置相当重要。在整个墓地中，土坑墓占绝大多数，而土洞墓尽管数量少，但位置十分重要。

## 三、古滇晚期的墓葬

### （一）砖（石）室墓

指用砖或者石头构筑墓室的墓葬，这类墓葬一般均有高大的封土堆，主要发现在昭通、曲靖、昆明、楚雄、大理和保山等地。

砖石墓的构筑方式为：先在地面平整出一块土地，然后向下挖一约 1 米深的土坑（有的可能更深，也有的较浅），然后用砖或者石头沿土坑的四壁砌筑，砖的纹饰一侧朝里面，至顶部形成一桥洞或者覆斗形，然后在外面用土堆砌，形成土丘。土一般经过夯筑，土丘下面一般为一个墓室，也有两个或者两个以上的墓室。

根据现有考古材料，土丘下墓室的结构及形制不同，分为长方形单室墓，

长方形双室墓，前室为方形、后室为长方形的双室墓和正方形单室墓四种（图
2-55）。

　　长方形单室墓，室前有墓门和甬道。甬道和墓室的顶部均作券顶结构。甬
道和墓室多用青砖错缝平铺，顶部用楔形转砌成半圆形的券顶。墓底铺花砖，
两侧有砖砌的排水沟。花砖的纹饰一般为菱形纹，也有少量为"五铢"和"大
泉五十"钱纹和车马及人形纹等。个别砖上有纪年文字。

　　长方形双室墓，前后室相连，中间有短小的甬道，也有两室并列，其间有

图2-55：嵩明单室石室墓、上矣铎2号石室墓（万杨　摄）

甬道相连。墓门、墓道及墓室结构与单室墓相同。

砖石墓最早在云南昭通地区出现。昭通曹家老包发现一座长方形单室墓，墓内出土的"摇钱树"石座上刻有"建初九年（84年）三月戊子造"。

在富民县永定中学操场建设过程中，挖出一座长方形单室墓，砖上模印有"建光元年（121年）造"的纪年文字。

在姚安县阳派水库发现一座长方形双室墓，其砖上有"泰始二年（266年）造""咸宁元年（275年）……""咸宁四年（278年）"等纪年文字[①]。

从考古发现来看，砖室墓最早在滇东北的昭通出现，顺着交通线在曲靖、昆明、楚雄、大理和保山相继出现，越往西，时代越晚。

砖石墓都是在古滇文化发展的晚期阶段由于受到中原（特别是四川地区）文化的影响才在古滇大地上发展起来，具有浓厚的汉文化痕迹。

砖石墓和石室墓，多数情况下成群分布，也有少数独个存在的情况。

（二）崖墓

在滇东北的昭通、大关和盐津等地，发现数量不少的崖墓。崖墓，顾名思义，就是建造在岩石里的墓葬。这类岩石一般质地比较松软，易风化。崖墓一般选择在立面比较陡直的崖壁，壁下即为缓坡的地带。其建造方法是先在崖壁修整出一块剖面，然后横向向内挖掘，分别掘出墓道和墓室。墓室多长方形单室，一般长3~5米，也有长度达10米的，宽2~3米，高1.8~2.0米，个别墓还有一个小的耳室。在室外，往往还挖有排水设施（排水沟），墓口一般用砾石或者石板封门，再用砂土及碎石掩埋。（图2-56）崖墓中的棺木和随葬品与砖石墓相同，时代约为古滇的晚期，相当于中原地区的东汉中、晚期。

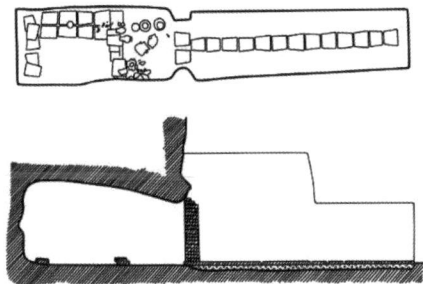

图2-56：昭通象鼻岭崖墓

---

① 孙太初：《云南姚安阳派水库晋墓清理简报》，载《考古通讯》，1956（3）。

崖墓多是群葬，一般情况下是数十座墓葬在一起。

（三）竖穴土坑墓

竖穴土坑墓仍然是这一时期的主要墓葬形制，在呈贡石碑村等墓地中能够见到。

# 第五节　古滇时期的水利工程及矿业建筑

水利工程和矿业等建筑，目前仅见于古滇晚期。

## 一、水利工程

据史书记载，文齐为益州太守时，在今滇池地区"起造陂池，开通灌溉，垦田二千余顷"[1]。大约在古滇文化的晚期（约为东汉时期），今昭通一带，"川中纵横五六十里，有大泉池水口，僰名千顷池。又有龙池以灌溉种稻"[2]。

除了文献记载以外，在考古发掘中发现一些陂池水田模型，可让我们窥见一斑。在滇池周边地区的墓葬中发现陂池水田模型11件，其中，晋宁左卫山砖室墓1件、晋宁大湾山砖室墓1件、官渡羊甫头土坑墓2件、呈贡小松山土坑墓2件、砖室墓1件、呈贡七步场砖室墓2件、呈贡小古城偏坡地砖室墓1件和嵩明梨村砖室墓1件。

其中，呈贡小松山水田模型（图2-57）整体作长方形，一端为一大方格，代表"陂池"，另一端分作三排，每排四个小方格代表水田，水田与池塘间有一沟槽相通。小松山另一件水田模型为圆形（图2-58），该模型中央有一隆起的

---

[1]（宋）范晔：《后汉书》，北京：中华书局，1965，第2846页。
[2]（宋）李昉等：《太平御览》，北京：中华书局，1960，卷七九一引《永昌郡传》。

图 2-57：呈贡小松山水田模型（杨宏伟　摄）

图 2-58：呈贡小古城偏坡地水田模型
（胡绍锦　提供）

隔梁，当为水塘的大坝，左边为"陂池"，其中有大鱼、螺蛳等，中间有一缺口，当为水闸，通过水渠向稻田排水。七步场的水田模型，池塘中有莲花、鸭子、青蛙、螺蛳和团鱼等雕像，水田和池塘之间的灌渠之上还架设一座木板桥，桥头上立一水鸟。

此外，在大理大展屯 2 号墓中也发现一件陂池水田模型。该水田模型为圆形，圆盘中间有一隆起的隔梁，将水田和池塘分开，水田为用泥条分隔成十个较规整的田块，在水田槽相通。池塘中有莲花、螺、蚌、贝、泥鳅、青蛙、水鸭等。

1976 年，在贵州兴义的万屯东汉时期墓葬中出土一件圆形的水田模型，口径 44.5~46.2 厘米，底径 39.5 厘米，高 8.4 厘米。圆盘中间以一条长堤埂将圆盘分为两块，一边为水塘，一边为稻田，塘内有鱼、荷叶、莲花、莲蓬及菱角。稻田内水稻成行，随风摇摆，长堤当中开有涵洞，可以闸控制水流，闸门顶上有一只小鸟。[1]

陂池，即水库。结合文献记载和考古发现来看，水库的出现始于西汉末期。[2]

---

[1] 参见贵州省文化厅编：《贵州文物精华》，第 114 页。
[2] 肖明华：《陂池水田模型与汉魏时期云南的农业》，载《农业考古》，1994（1）。

由于有水库蓄水，农田的灌溉有了保障，灌溉分为渠灌、溢灌、串灌等方式。[①] 由于汉代处于一个相对干旱的时期，水利工程的修建对于解决水资源的缺乏起到至关重要的作用。水的问题得到了解决，以滇池为代表的古滇文化区域的社会就得到了极大的发展。据《后汉书·南蛮西南夷列传》的记载："（益州）盐池田鱼之饶，金银畜产之富。人俗豪忲，居官者皆富及累世。"[②]

## 二、矿业建筑

云南蕴藏着丰富的矿产资源，是我国著名的有色金属生产地。距今3000年前，云南的古滇族群就已经掌握了铜、锡等矿产的开采和青铜冶铸技术，并为中原地区和四川盆地提供矿料。[③]

大约相当于战国至西汉时期，古滇的青铜采掘和冶铸已经达到了鼎盛时期。

西汉时期，云南的铁器开始大量出现，政府甚至设立了专门的机构，进行管理并征收税赋。

尽管现在还没有明确界定哪些是属于矿业建筑，但从古滇时期发现的遗址，如东川玉碑地遗址和澄江学山遗址，从某种程度上说，这些建筑应该都属于矿业建筑。

---

① 金正耀：《晚商中原青铜的矿料来源研究》，见方励之主编：《科学史论集》，合肥：中国科技大学出版社，1987。

②（宋）范晔：《后汉书》，第2846页。

③ 李晓岑：《商周中原青铜器矿料来源的再研究》，载《自然科学史研究》，1993（3）。

第三章

古滇时期的金属冶炼

云南蕴藏有丰富的矿产资源，是著名的有色金属生产地。

金属的发明和使用，是人类历史上的重大革命。有色金属主要包括铜、锡、铅、锌和金、银等，而从所有有色金属的发现和利用来看，铜无疑是人类最早开采和利用的金属之一。据称，人类是在寻找石料制作石器的过程中发现了这种有光泽的东西——自然铜，这是一种纯度很高、含铜量高达 95% 的金属铜，以晶体状态存在于自然界。自然铜不仅有漂亮的光泽，还有很好的加工性能。

铜器、文字和城市被誉为文明起源的三大要素，足见铜器在人类文明发展中的重要作用。在整个古滇时期，云南已经开采了铜、锡、铅、锌和黄金等矿产，并创造了举世闻名的青铜文化和青铜文明。

# 第一节　金属矿产的开采与冶炼

## 一、铜矿的开采与冶炼

### （一）自然铜

铜的发现，最早的当是自然铜（图 3-1），自然铜是自然界原来就存在的。

金属铜。最初的人们可能将这种自然铜当成普通石料来加工石器。与其他石料

图 3-1：自然铜

的不同之处在于，这种石料具有
意想不到的延展性，可按照不同
的需要打制成一定形状的器物。
如果将这种自然铜混入高温的木
炭中（新石器时代烧制陶器时的
温度已经达到了 1000℃），经过
烘烤，打制起来会更容易一些。

图 3-2：蓝铜矿伴生孔雀石（刘培峰　提供）

（二）孔雀石

孔雀石（图 3-2）是自然铜
的替代品。自然铜在自然界中数
量少，暴露于地表的则少之又少。
但孔雀石则不一样，其矿床形成大多在靠近地表的地层中，而且很容易在露天
里拣到。这种矿石比较好分辨，是一种表面微带绿色的矿石，因其颜色似孔雀
之羽毛而得名。

孔雀石铜矿的含铜量较高，将此类矿石与木炭一起烘烧，当温度达到
700℃左右的时候，由于木炭的还原作用，即可炼出一种似海绵状的铜块（块炼
铜）。由于海绵状铜块中还有较多杂质，需经反复锻打才能制出铜器，其打制
方法与前述的自然铜相似。如果将 700℃的海绵状铜块继续加热至 1000℃以上，
铜块就开始熔化，而熔化的铜液可以任意流动，待其凝固后又能随容器的形状
形成一定的器形。这就是铸造工艺的出现。当然，从锻打成器到高温液态铸造
工艺的出现，是一个相当漫长的历史过程。云南拥有丰富的铜矿资源，大部分
地区有铜矿分布，尤其以滇中地区最为集中。

二、锡矿的开采和冶炼

自然界中很少有游离状态的锡存在。最常见的锡矿石为氧化锡（即锡石，
$SnO_2$）。除去氧化锡外，还有的锡矿石为硫化矿，如黝锡矿（黄锡矿，$Cu_2FeSnS_4$），

是硫化矿中最常见的一种，它的成分和锡石不同，其铜、铁所占的比重比较大。锡的相对密度为 7.28g/cm³，熔点为 231.89℃。纯锡呈银白色而略带蓝色。锡的主要特点有：延展性大、抗腐蚀能力强、铸造性能好等。

我国古代的锡矿主要分布在长江以南地区，中原地区不产锡。地质学家翁文灏曾经说过："中国锡矿分布范围独隘，……重要产地不出云南、湖南、广东和广西四省，而在此省中亦复限于特别确定之区域，迥非随处可见。"其实，尽管这四省都有锡矿分布，但以云南最多，其余三省加起来还不及云南省的一半。

云南产锡的地区很多，古代文献中有关锡的记载屡见不鲜。据《汉书·地理志》记载：益州郡，"律高，石瓷山出锡"；"贲古，北采山出铜、锡，南乌山出锡"。另据《华阳国志·南中志》和《后汉书·西南夷传》等记载，哀牢地区（今滇西保山等地）的物产有铜、铁、铅、锡、金、银……当时云南已经成为全国主要的产锡之地。

锡是青铜器中的重要成分。据不完全统计，云南的含锡青铜器占全部青铜器的 95% 以上。青铜器中锡的含量为 5%~25% 不等，可见，锡的需求量是非常大的，是仅次于铜的另外一种重要矿产。

锡还有一个重要特点，就是随温度变化而发生晶形转变，常见的锡在 -13.2℃时是稳定的，当低于此温度时，金属锡就开始变成一种灰色的粉末（灰锡），而且温度愈低晶形转变愈快。这就是人们常说的"锡疫"。因此，古代的锡器很难完整保存下来，特别是在气候寒冷的地方。

古代文献如《汉书·地理志》等，都只是记载云南产锡，但并没有记载当时是如何开采锡矿的。清代吴其濬的《滇南矿厂工器略图》、王崧的《矿厂采炼篇》和《新纂云南通志·矿业考》等文献记载了云南锡矿生产基本上包含采矿、洗矿、冶炼和质量鉴定等工序，尽管时代较晚，但我们认为对认识古滇时期的锡矿开采等一系列流程是有帮助的，因为无论时代早晚，对锡矿的寻找和开采都是人们面临的共同问题。我们推测古滇时期对锡矿的开采也应该经历大致的过程。

（一）锡矿的开采

一般锡矿分为"草皮尖"和"硐尖"。前者埋藏较浅，为可以露天开采的小型矿，其开采方法为：先在地表找到含有氧化锡（锡石）的矿苗（俗称"壙眼"），然后顺苗挖掘，即可找到矿砂。一般开采的人数不多，时间也不长。此类矿距地表浅，数量较少，而且质量不好。硐尖矿的开采比较困难，这类矿大多埋在比较深的地方，但其藏量大，可供开采的时间长，而且质量有保证。硐尖开采比草皮尖开采要复杂得多。开硐前，先寻找矿苗，然后顺矿苗向下采掘，时而向左，时而向右，有时向上，有时向下，一切顺着矿苗的方向走。有的矿苗分支过多，采掘则更为困难，太长之硐尖不仅开采困难，而且将矿砂背出也不方便。运矿石出硐，谓之"背壙"。砂丁每日背壙也就两三次，一般用麻布做成前后相连的两袋，两袋共装锡砂四五十斤，砂丁肩负之，胸前、背后各一袋。如硐尖狭窄，砂丁只能匍匐前进，手脚并用，很是艰苦。砂丁除背负锡砂之重量外，还需手持或者嘴含一小油灯照明。因手上粘有泥土，只能用特制的竹片或者牛肋骨刀刮去脸上之污垢。若遇到更小的硐尖，则只能用 15 岁以下的童工搬运，在锡矿上用童工背壙是非常普遍的现象。

（二）洗矿

无论硐尖还是草皮尖所采的矿砂，都要用水冲洗多遍，才得到净矿。一般冲洗矿砂分为三道工序。第一道工序为"冲壙"，具体操作为：先将矿砂置于特制的木槽内，一人浇水，一人手持木耙将壙揉碎，去掉大块，用其细末沉重者。此时，槽内之矿砂分为三部分，最上部者为"槽尖"，含锡量高达 20%，中部者为"槽腰"，质量稍次，下部之锡砂名"出渣"，又称"尾首"，含锡量最少。从上往下，锡的含量逐渐减少，最好的为上面的锡砂。第二道工序为"洗壙"，就是将"冲壙"所得之"槽尖"再洗一次，即成净矿，可入炉冶炼。"槽腰"则需反复淘洗多次方成净矿，亦可入炉。第三道工序为"抖壙"，是专门处理冲壙时下沉之"出渣"，因"出渣"和大量的泥浆混在一起，处理时得先置"陡槽"，用水淘洗多次，方能得到少量的净矿。以上为常见的洗矿方法，采用几道工序，则根据矿砂的含锡量来决定。

（三）冶炼

净矿或称彻矿，一般含锡量在 50% 左右，可入炉冶炼。炼锡炉的建造比较复杂。在炼炉的下方，首先建好一个坑，名为"窠子"，其坑底及坑壁用食盐拌泥填实，而且要反复捶打。坑呈箕形，一端浅而另一端深，坑长约 1 米，宽 0.6 米，深 0.3 米，坑之两侧地面嵌以石条若干，亦用盐泥填塞。盐泥的作用是为防止锡液渗入土中。建在炼炉下面的窠子，其用途为容纳炉内流出的锡液和锡渣的混合物。

建好窠子后，在深的一端上方建造炼炉。炉高约 3~5 米，其结构、大小和铜炉相似。炉之后壁为风箱作业和加炭上矿处，每五人为一组，分工如下：三人拉风，一人上炭，一人上矿，每六小时轮换一次。上矿者随时守候炉前，观察炉温变化，掌握上炭、加矿时间，为作业组的核心。冶炼时，先置炭于炉膛内，鼓风使其炽热，先仅投矿渣，稍后再投矿，每上炭一次，即加矿石一次。矿石受热则不断地还原出细微之锡粒。当加温到最大限度时，锡粒即熔为液体，开始流向窠子，当炉内锡液全部流入窠子后，稍待沉淀，锡重沉于下，帚轻浮于上，未等其冷却，即先取表面所浮之帚子，投入专置之水池中，次取锡液置于铁锅内，捞取其上之浮渣，然后注入模型中，冷却后即成锡锭。模型用略带湿润的砂土制成，上长 50 厘米、宽 23 厘米，下长 46 厘米、宽 19.8 厘米，厚 13.2 厘米许，用此模型铸出的锡锭，每块重 25~27 千克。

一般土炉炼锡，每昼夜称为一"火"（即一炉）。可炼矿石三石（约 1500 千克），得锡 30 锭，约 800 千克，需木炭 1500 千克。木炭以松木居多，少用栗木。炼炉较大的，可容矿石四五石，得锡 1000 千克左右。矿砂的纯净与否与所得的锡锭关系很大，同时，冶炼对燃料和鼓风等设备要求也很高。

（四）锡产品的鉴定

锡锭质量的优劣，完全靠其上的花纹来辨认。锡锭上的花纹分别有"镜面光""乌斑花""竹叶状""芭蕉花""虾蟆背"等，其中以"镜面光"和"芭蕉花"最好，最次为"虾蟆背"，质量与价值是对等的。

之所以这么详细地介绍锡矿的开采和冶炼工序，是因为尽管后期在开采和冶炼技术上有很大的提高，但锡矿的矿脉依旧是"草皮尖"和"硐尖"，古滇时期的开采方式和冶炼方式应该大同小异。这应该对我们认识古滇时期的锡矿开采和冶炼有借鉴作用。

云南古滇青铜器，根据其用途的不同，含锡量的多少也有区别。如青铜短剑，需要有一定的硬度，其含锡一般在15%~20%之间，相反，像铜镯等装饰品则需要一定的柔软性，其含锡则为6%左右。根据青铜器含锡比例，可以肯定地说，云南古滇时期的青铜器中的锡，绝不是铜锡共生矿所带来的，而是先将铜和锡矿分别冶炼以后，在铸造时再按一定比例形成的合金。

（五）云南发现的锡器

1975年，在楚雄万家坝墓地的发掘中[1]，在M21、M23和M75中共发现纯锡器54件。其中锡片饰18件，长方形13件，圆形5件。圆形锡片饰中间有四个对称的三角形孔，直径3.6厘米，厚0.14厘米；长方形锡片饰13件，长7~17厘米，宽3.4~5.6厘米。这两种都可能是某件器物上附着的装饰。通过成分分析，其化学成分与黔锡矿接近，推测其原料很可能是从黔锡矿中提炼出来的，但也不能完全肯定，有待将来进一步的研究。

1977年，在祥云大波那木椁墓中发现4件锡镯[2]，是用锡条弯曲而成的，直径4厘米。

实际上，云南古滇青铜文化中的锡器可能远不止这些，上述两个地点的锡器因埋藏较深，温度比较稳定，未发生锡疫，所以得以保存下来了。

## 三、铅与锌的开采与冶炼

铅是有色金属中最软的一种，呈银白色。一般铅矿分为氧化矿和硫化矿，氧化矿多为白铅矿（$PbCO_3$，图3-3），硫化矿主要为方铅矿（$PbS$）。自然界中，单一的铅矿很少，大多是与锌伴生的铅锌矿。铅具有良好的耐腐蚀性。

铅、锌的冶炼比其他金属要困难得多，所以它们的出现比其他金属都要晚。

---

[1] 云南省文物工作队：《楚雄万家坝古墓群发掘报告》，载《考古学报》，1983（3）。
[2] 李朝真、何超雄：《云南祥云大波那木椁墓》，载《文物》，1986（7）。

图 3-3：氧化铅锌矿（刘培峰  提供）

又由于金属铅多和银、锌矿共生，人们多注重的是价值更高的银，作为副产品的铅，人们就不是太在意。我们现在很难知道古人是如何炼铅的，清代采用的是"沉铅结银"法（即炼银时，以铅置换银，可析出氧化铅），也许能给予我们一些启示。

锌矿石在我国古代称为"炉甘石"，云南多锌矿，故亦产炉甘石。炼锌的原料分为闪锌矿（硫化锌矿）、菱锌矿或炉甘石（碳酸锌矿），经过焙烧后，再用炭还原，即可得到金属锌。明代称锌为"倭铅"，清代称锌为"白铅"，以区别于金属铅。

锌的沸点在 907℃，氧化锌矿石要还原成金属锌，其温度必须在 1000℃ 以上，就是说锌矿石在冶炼过程中还没有还原出金属锌时，就开始沸腾变成气体，当冶炼完成时，锌早已挥发殆尽。为了解决这一问题，古代工匠们在冶炼锌矿时，必须要有特制的密封坩埚，先将矿石加热成气体状态，然后再和空气中或者加热过程中产生的二氧化碳生成氧化锌。该冶炼工艺复杂，没有一定的冶炼技术和冶炼工具是难以进行和完成的。《天工开物·五金》记载了炼锌的方法，"……每炉甘石十斤，装载一泥罐内，封裹泥固，以渐砑干（慢慢使其干燥），勿使见火拆裂，然后逐层用煤炭饼垫盛，其底铺薪，发火煅红，罐中炉甘石熔化成团，冷定后毁罐取出，每耗去其二，即倭铅（锌）也"。此炼锌法，即火法。

一般锌的冶炼除了火法之外，还有水法。水法炼锌是 20 世纪初才发明的，其冶炼方法是现将氧化锌用硫酸浸出，净化后电解得金属锌。我国是世界上火法炼锌最早的国家，后来向其他国家传播了这一技术。

古滇时期，铅和锌的单独冶炼可
能极不成熟，至于青铜器中的铅和锌，
极可能是共生矿中存在的。

## 四、铁矿的开采与冶炼

铁在自然界中分布较广，占地壳
含量的 5% 左右。纯铁是柔韧而延展性
较好的银白色金属。自然界中的铁矿

图 3-4：赤铁矿（刘培峰　提供）

石常以氧化铁矿的形式存在，依据其成分不同，分为褐铁矿（$Fe_2O_3 \cdot H_2O$，含
结晶水）、赤铁矿（$Fe_2O_3$，图 3-4）和菱铁矿（$FeCO_3$）等。

块炼铁，又称为"固体还原铁"。上述铁矿石在 650℃ ~1000℃ 之间，与木
炭燃烧产生的一氧化碳接触以后，便会还原出海绵状的金属铁。

高温液态生铁，是指在温度达到 1350℃ 时，将矿石熔化成铁水。高温液态
生铁不仅需要很高的技术，同时还需要相应的炼炉、鼓风设备等复杂的设施。

与高温液态生铁比较，块炼铁有很大的缺陷，主要表现在其质量较差，结
构疏松，孔隙中有不少杂质，渗入炭的速度很慢，含碳量低，性柔软。在制作
铁器时，只能靠工匠们一件一件地反复加热锻打，不断地去除杂质，不断地增
碳后才能成器。这类铁器的缺点是机械性能差，而且生产的数量有限，生产过
程中需要耗费大量的燃料，费工费时。

## 五、金银的开采和冶炼

在自然界中，黄金和其他金属不同，是以自然金状态存在的（图 3-5）。黄
金在地层中的含量极少，且分散分布，采炼十分困难。我国的金矿主要分布在
湖南、山东、四川、云南、黑龙江和吉林。前三省主要为脉金矿，后三省则主
要为砂金矿。砂金矿的采掘方式为人工淘取。

图 3-5：金矿石（刘培峰　提供）

云南金矿以砂金为主，经雨水冲刷以后，有大量金粒冲入河流中，沉积在河流两岸的砂层中。云南的金沙江、澜沧江和大盈江两岸就有不少砂金沉淀。采掘砂金必须用淘洗的方法。

银很少以自然形态存在，通常是以硫化银为主的辉银矿与铅锌矿共存，或作颗粒状与方铅矿共生，或为纯辉银矿生于石英矿脉中。后者仅在云南省双柏县的石羊厂存在。

银有很好的金属光泽，延展性能亦佳，古代多用之制作银器及装饰品，汉代开始用之制作货币，西汉末期的"朱提银"曾闻名全国。

自战国至唐代，我国古文献中很少有关于银矿开采和冶炼的记载，尽管当时的云南和中原地区有大量的银器出土。宋代赵彦卫在《云麓漫钞》一书中，比较详细地介绍了古代银矿的开采和冶炼过程，兹录如下："取银之法，每石壁上有黑路乃银脉，随脉凿穴而入，甫容人身，深至十数丈，烛火自照。所取银矿皆碎石，用臼捣碎，再上磨，以绢罗细，然后以水淘。黄者即石，弃去，黑者乃银，用面糊团入铅，以火煅为大片，即入官库。俟三两日再煎成碎银。"此种炼银法，直至明清时期仍在沿用。

上述几种有色金属，除铅、锌之外，其余都在古滇时期得到开采和冶炼。

# 第二节　古滇早期发现的青铜器及其制作技术

## 一、云南古滇青铜器的开端

1956 年在剑川的海门口遗址，发现一件梯形实心铜斧[1]，在外形上与遗址内的梯形石斧相似，而且大小也相同，表面的锻打痕迹十分明显。同出土的还有大量的梯形石斧、石锛、半月形石刀以及陶器、骨器和 14 件铜器。其中，铜斧 4 件，铜镰 1 件，铜锥 1 件，铜刀 1 件，铜凿 1 件，铜夹子 1 件，铜镯 1 件，铜鱼钩 1 件，另有 3 件铜制装饰品。与铜器一起发现的还有 2 件石范，是用来铸造铜斧的。

1974 年，北京钢铁学院对海门口的这批青铜器进行了化学分析。其结果是：铜夹子、鱼钩、装饰品等铜器的含锡量仅为 1% 左右，铜斧、镰、锥、凿等 9 件器物含锡量为 5%~10%，为低锡青铜。铜夹子等中的锡极可能是铜锡共生矿中带来的，非人类有意识加入的。

经中国社会科学院考古研究所实验室放射性碳素测定，海门口遗址的年代为距今 3115±90 年，约相当于公元前 12 世纪。[2]

2008 年，云南省文物考古研究所等单位对海门口遗址进行了第三次发掘，在其第二期和第三期遗存中均发现了铜器，第二期有铜刀、铜铃、铜锥，第三期有铜镞、铜锥、铜镯和铜凿，并发现了一件铸造铜斧的石范。经碳十四测年，其第二期的年代为距今 3800~3200 年，第三期的年代为距今 3100~2500 年。[3]

1969 年，在昆明西山进行"围海造田"时，发现了王家墩遗址[4]，出土两件完整的青铜器。其中一件为长条形、单面刃并且有肩有段的铜锛，通体为实

① 云南省博物馆：《剑川海门口古文化遗址清理简报》，载《考古》，1958（6）。
② 中国社会科学院考古研究所：《放射性碳素测定年代报告（二）》，载《考古》，1972（5）。
③ 云南省文物考古研究所等：《云南剑川县海门口遗址第三次发掘》，载《考古》，2009（8）。
④ 李永衡、王涵：《昆明市西山区王家墩发现青铜器》，载《考古》，1983（5）。

心，有明显的铸造痕迹，在形制上与新石器时代的石锛相同。另一件为直援，方内，援部两侧带三角形耳。

王家墩遗址未经放射性碳素年代测定，年代不详，但从其器形简单、制作古朴等特点看，有学者推测其年代应与海门口遗址大致相当或略晚。

1991 年，在云南龙陵大花石遗址中出土了一件与石斧共存的实心铜斧，是一件锻打制作的铜斧。

2002 年，云南省文物考古研究所等单位对鲁甸野石遗址进行发掘，在地层中发现了铜锥和铜锛，野石遗址的送测年代为公元前 1300 年 ~ 公元前 900 年。[①]

2004~2005 年，贵州省文物考古研究所等单位在对贵州威宁鸡公山遗址进行发掘的过程中发现陶器、石器和铜器共存的现象，在 K29 中发现一枚铜耳环，鸡公山遗址的碳十四测年代在公元前 1450 年 ~ 公元前 1050 之间。[②]

1984 年，贵州省文物考古研究所对贵州毕节的瓦窑遗址进行了发掘，发现了大量的遗迹和遗物，遗物主要为陶器、石器和铜器，铜器为铜镯、铜片和铜条，此外，还发现了石范。该遗址的年代为距今 2950 ± 125 年，经树轮校正为距今 3210 ± 175 年，相当于中原地区的商末周初。[③]

2003~2004 年、2006 年，云南省文物考古研究所对大理市海东镇银梭岛遗址进行了发掘，在其第三期遗存中，发现了铜锥、铜镯、铜条、鱼钩等青铜遗物，第三期的遗存，经碳十四测年，为公元前 1200 年至公元前 900 年[④]。

2010 年，云南省文物考古研究所等单位在澄江学山遗址的地层堆积和遗迹堆积中，发现了铜锥和铜斧等铜器，与铜器共出的陶器与通海海东的相同，该遗址尚未做碳十四测年，我们推测其年代在公元前 12 世纪前后。

---

① 云南省文物考古研究所等：《云南鲁甸县野石山遗址发掘简报》，载《考古》，2009（8）。
② 贵州省文物考古研究所等：《贵州威宁县鸡公山遗址 2004 年发掘简报》，载《考古》，2006（8）。
③ 贵州省博物馆考古队：《贵州毕节瓦窑遗址发掘简报》，载《考古》，1987（4）。
④ 云南省文物考古研究所、大理市博物馆：《云南大理市海东银梭岛遗址发掘简报》，载《考古》，2009（8）。

## 二、古滇早期青铜器的制作工艺

### （一）锻打

人类最早使用的铜器是用红铜打制的，一般红铜只能制作器形简单的工具和装饰品。红铜具有性柔、易弯曲等特点，但也有加工费时且成型困难等缺点。人们在长期的生产实践中发现，加入适当的锡和铅后可使红铜发生质的改变。铜、锡合金，或铜、锡、铅合金的产生，才使真正意义上的青铜器到来。青铜器的发明和使用，使人们的物质生活和精神生活变得更加丰富多彩，人类认识自然和改造自然的能力得到提高，标志着人类进入一个崭新的历史发展阶段。

锻打是一种古老的制作方法，其所需要的条件是一个锤子和一块砧板。将炼好的铜块（或者在野外采集的自然铜）烧红，边烧边打，如此反复，直至打制出各种不同形制的器物。铜锥、铜凿、铜片等简单器物就是通过这种方法制作出来的。用于锻打的铜块，必须是韧性较好的红铜。

### （二）合范铸造

合范铸造是古滇文化时期青铜铸造最常见的一种方法。其具体方法是：先制作出两块对合的石范或者泥范，再将泥芯（内模）夹在两范的中间，泥芯的上端必须露在外面。为了使泥芯在两范之间保持一定的距离，需使用支钉将其固定，囿于支钉的关系，在铸件的鋬部出现两个对称的小孔，浇铸时，将铜液通过浇铸孔注入范腔。待铜液冷却后，揭去两范，取出泥芯，一件青铜铸件就初步完成了。

古滇早期青铜器的制作主要有锻打和合范铸造两种方法。从目前的材料来看，我们很难将锻打法制作器物作为一个独立的阶段，但从理论上讲，锻打这种方法当是最为原始的方法。在人类将铜矿石（铜锡铅共生矿）经过高温焙烧变成铜液，冷却后成为一坨金属疙瘩时，便产生了要将这熔化的金属液体通过一定形状的模子（坑），制作出一定形制的器物的想法。于是，最初的范就产生了。后来，人们就有意识地在铜中加入一定比例的锡和铅，真正意义上的青铜器就产生了。青铜器的产生和应用是人类发展史上的一个重大进步。

## 三、青铜原料的外运与中原青铜文明的发展

云南古代铜、锡原料的外运，对中原地区商周青铜冶铸业做出过巨大贡献。

1987 年，金正耀先生通过铅同位素比值法分析，认为安阳殷墟商代妇好墓的部分青铜器，其矿料来源于云南。因其铅同位素比值与云南永善的金沙厂和洛红厂的铅同位素比值最为接近[1]，说明妇好墓的部分青铜器原料来自云南古代规模最大、开采历史悠久的东川矿区。

地质学界认为，地球上大多数元素的同位素比值在任何地方或者任何情况下都是不变的，只有硫、铅、氧三种元素的同位素比值因地而异。这就使得铅有可能成为表示其产地的特殊元素，铅也因此被称为"示踪元素"。

自然界中的铅，主要有 $Pb^{204}$、$Pb^{206}$、$Pb^{207}$ 和 $Pb^{208}$ 四种稳定同位素。其中，后三种是铀和钍的衰变物。世界各地铅矿的铅同位素组成都有区别。科学家正是利用各地铅同位素的比值差异，为其寻找矿料产地提供依据。[2]

李晓岑先生在金正耀研究的基础上有所拓展，他发现了"异常铅"。根据现有的地质资料，他发现与永善金沙厂和洛红厂的铅同位素比值接近的矿区在云南还有巧家、昭通、新平和元谋等地。其中，以永善和巧家两地的铅同位素比值最低，其铅 $Pb^{206}$ 和 $Pb^{207}$ 的比值分别为 0.745 和 0.747。这种低比值的铅同位素又称"异常铅"，仅见于巧家和永善，不见于我国其他地区。根据大量已测定的铅同位素比值数据，他认为，不仅安阳妇好墓出土的部分青铜器原料来源于云南，中原地区许多墓地出土的商周青铜器中也有这种低比值的"异常铅"，其原料也应该来源于云南。[3]类似现象还有：

1986 年，在郑州召开的"金属早期生产及其运用"国际学术会议上，美国学者沙耶里（E.Sayer）提交的论文中提到，他们将在美国各地博物馆收藏的中

---

① 金正耀：《晚商中原青铜的矿料来源研究》，见方励之主编：《科学史论集》，合肥：中国科技大学出版社，1987。
② 金正耀：《晚商中原青铜的矿料来源研究》，见方励之主编：《科学史论集》。
③ 李晓岑：《商周中原青铜器矿料来源的再研究》，载《自然科学史研究》，1993（3）。

国古代青铜器进行了铅同位素比值测定，也有铅同位素比值很低的"异常铅"。其中商代时期 10 件、西周时期 4 件、东周时期仅 1 件。由此可见，不仅商代中原地区的部分青铜器原料来自云南，西周、东周时期亦有类似情况。来自云南的青铜矿料随着时间的推移在不断减少，可能是靠近中原地区的铜矿得到开发的缘故。

日本名古屋大学山崎一雄教授等人，对日本收藏的两件商代铜戈也做了铅同位素比值的测定，其比值也很低，说明制作这两件铜戈的原料也来源于云南。

四川广汉三星堆两个器物坑中的青铜器铅同位素测定表明：存在比值很低的"异常铅"，表明三星堆的青铜器矿料也应当来源于云南。[①]

金正耀和李晓岑先生等的研究表明，中原地区商周时期的许多青铜器原料来自云南。这一结论在今天看来仍然有些不可思议。原因就在于云南发现的青铜时代早期的考古材料相对较少，发现的与矿业有关的材料就更少。之前已在昭通野石遗址、贵州威宁中水等遗址均发现了公元前 14 世纪的铜器，最近，相继在玉溪三湖地区的云南通海兴义遗址[②]和滇池东南部的晋宁上西河遗址[③]发现了公元前 14 世纪左右的遗迹和遗物，相信随着考古工作的进展，云南青铜时代早期文化必将呈现在人们面前。

张增祺先生从铜、锡两种金属材料着眼，探讨了云南古代青铜器原料运往中原地区的可能性、运输方式以及运输线路等。[④]

铜料：商代青铜器原料不产于中原地区，而是来自我国南方或者更遥远的地方。唐兰认为："商代用铜很多，殷墟附近即使有一些铜矿，也远远不够，主要是从远方运来的。"[⑤]夏湘蓉认为："中原地区是我国古代的青铜业中心，这个中心的形成，显然是和当时的政治中心有关，并不是因为当地拥有丰富的青铜

① 金正耀、马渊久夫等：《广汉三星堆遗物坑青铜器的铅同位素比值研究》，载《文物》，1995（2）。
②《云南通海兴义遗址》，中国考古网，2017 年 3 月 24 日。
③《晋宁上西河遗址》，云南考古网，2017 年 6 月 26 日。
④ 张增祺：《云南冶金史》，昆明：云南美术出版社，2000，第 11–17 页。
⑤ 唐兰：《关于"夏鼎"》，载《文史》第七辑，1979，第 5–6 页。

原料资源。……大规模锡青铜的生产，是南方的铜、锡两种金属大量地输入中原地区以后的事情……"容庚等认为："殷人的铜、锡素材，一方面可以从中国南方江淮、徐楚地域输入，另一方面他们要为原料的自给……"[①]

著名历史学家英国学者汤因比在 20 世纪 70 年代更是直接指出，商代青铜器的锡来自云南。"商代青铜器的构成元素中，锡的含量较高，距离黄河流域最近的锡、铜产地是马来西亚和云南。熔合锡铜和铸造合金制品的技术不可能由南方传入黄河流域……而此时铜锡早已输入黄河流域为中国所用了。"[②]

商周时期云南的铜锡矿料是如何运往中原地区的，这是大家十分关心的问题，在我国古代文献记载中却不多见。

在明代以前，云南古代的铜、锡产品主要是经昆明从陆路运往贵州的镇远府，然后再从水路运往全国各地，这是一条十分重要的滇铜锡运输线路。成书于明万历年间的《黔志》说："镇远，滇货所出，水陆交会也。滇产如铜锡，斤止三十文，外省乃二三倍其值者，由滇至镇远，凡二十余站，皆肩挑与马赢之负也。"[③]《明史》卷八一也曾记载，荆州、常德地区"商贩铜锡毕集"。其实，古文献上记载的荆州所产的铜锡，大部分是来自云南的，荆楚一带是云南产品的集散地。

清朝初年及以后，云南的铜锡外运路线改由陆路运至四川泸州，然后再经长江水路运往全国各地。

锡料：如前所述，云南是我国的锡矿产地，早在汉代就闻名全国。《汉书·地理志》记载，"律高，石空山出锡"，"贲古，北采山出铜锡，南乌山出锡"。律高、贲古，分别是今天云南通海、江川一带和红河州蒙自、个旧一带。明清时期，个旧锡矿已经成为我国最大的锡产地，其产品质量亦属全国上乘。谢肇淛《滇略》卷三曾记载："锡，临安府最佳，上者如芭蕉叶，其白如银，作器殊良。"

① 容庚、张维持：《殷周青铜器通论》，北京：文物出版社，1984。
② ［英］阿诺德·汤因比：《人类与大地母亲》，上海：上海人民出版社，1992。
③ 顾久主编：《黔南丛书（点校本）第九辑》，贵阳：贵州人民出版社，2010，第 11 页。

全国商贩云集于此，据康熙《蒙自县志》卷一载："个旧为蒙自一乡，户皆编甲，居皆瓦舍，商甲贸易者十有八九，土者无几，……四方来者不下数万，楚人居七，江左居其三，山陕次之，别省又次之。"

到了清代后期，个旧锡矿年产锡约 10000 吨，是我国最大的锡产地，锡产量居世界的第四位。[①]个旧锡矿储量之惊人，由此可见。据有关的地质资料，云南、湖南、广西和广东四省区的锡矿总储量占我国已知锡矿储量的 90%，仅个旧一地达 83.65%。

这样数量庞大的铜、锡原料运往全国各地，是运输矿石还是金属块？通过文献记载结合考古发现资料可知，云南运往全国各地的当是金属块。如 1958~1959 年，河南安阳小屯东南的苗圃发掘一处大型的铸造青铜的作坊遗址，据发掘报告称："这里虽有丰富的炼渣、坩埚片和各种陶范，但绝不见铜矿石的存在，说明这是铸造铜器的作坊，而不是冶炼的场所。"[②]同样的现象还见于湖北江陵纪南城，在纪南城西郊发掘的一处冶炼作坊遗址，除出土炼渣、红烧土块及草木灰等，还有部分锡饼和锡块，显然是用来铸造青铜器和锡器的原料。[③]

至于云南输往中原等地区的铜、锡等青铜原料，到底是云南本地的工匠采掘、冶炼，还是外地的工匠来云南采掘、冶炼，然后再输往全国各地的，目前尚不清楚。

---

① 黄著勋：《中国矿产》，北京：商务印书馆，1930，第 53-55 页。
② 安志敏、江秉信、陈志达：《1958—1959 年殷墟发掘简报》，载《考古》，1961（2）。
③ 湖北省博物馆：《楚都纪南城的勘查与发掘》（上、下），载《考古学报》，1982（3）-（4）。

# 第三节　古滇中期发现的青铜器及其制作工艺

## 一、高度发达的青铜文化和门类齐全的青铜器

古滇中期，大约相当于中原地区的战国至西汉时期，青铜文化已经高度发达，青铜器门类齐全、丰富多彩，表现形式生动活泼，其精湛的铸造工艺和独特的民族风格为世人所称道。

古滇青铜文化的发现和发掘是 1949 年以后的事情。从以下几个重要的古滇青铜遗址发掘的时间节点，我们就可以看到其被发现的过程。1955~1960 年，对晋宁石寨山古墓群进行了第一至第四次发掘。[①]1996 年，对石寨山进行了抢救性发掘，又清理了 36 座墓葬[②]，前后五次共清理墓葬 87 座。其中，1956 年对该墓地进行第二次发掘，在 M6 中发现一枚黄金质地的"滇王之印"。1972 年，对江川李家山古墓群进行了第一次发掘[③]；1992 年，对江川李家山古墓群进行了第二次发掘[④]，先后两次共清理 87 座墓葬。1979 年，对呈贡天子庙进行了发掘，清理墓葬 44 座[⑤]，在此时间前后，又多次对该墓地进行了抢救性清理发掘。

1975 年，对楚雄万家坝古墓群进行了发掘，清理墓葬 79 座。[⑥]

1977~1982 年，对曲靖八塔台墓地进行了五次发掘，清理墓葬 353 座。[⑦]

在云南东南部和南部地区，先后发掘了个旧石榴坝、蒙自鸣鹫、元江洼垤打篙陡[⑧]等墓地。

---

① 孙太初：《云南晋宁石寨山古遗址及古墓葬》，载《考古学报》，1956（1）；云南省博物馆：《云南晋宁石寨山古墓群发掘报告》，北京：文物出版社，1959，第 9 页。

② 云南省文物考古研究所等：《晋宁石寨山：第五次发掘报告》，北京：文物出版社，2009，第 12 页。

③ 张增祺、王大道：《云南江川李家山古墓群发掘报告》，载《考古学报》，1975（2）。

④ 云南省文物考古研究所等：《江川李家山第二次发掘报告》，北京：文物出版社，2007，第 1 页。

⑤ 胡绍锦：《呈贡天子庙滇墓》，载《考古学报》，1985（4）。

⑥ 邱宣克、王大道、黄德荣等：《楚雄万家坝古墓群发掘报告》，载《考古学报》，1983（3）。

⑦ 云南省文物考古研究所编：《曲靖八塔台与横大路》，北京：科学出版社，2003。

⑧ 王大道、杨帆、马勇昌等：《云南元江县洼垤打篙陡青铜时代墓地》，载《文物》，1992（7）。

　　1974 年，在滇西地区发掘祥云大波那木椁铜棺墓 1 座①，还清理了祥云检村②、弥渡苴力③、剑川鳌凤山④等墓地，出土了一批特征鲜明的青铜器。

　　在滇西南地区，发现了昌宁坟岭岗墓地⑤、昌宁大甸山墓地⑥。

　　在滇西北地区，也清理发掘了一批墓葬，主要有德钦纳古⑦、德钦永芝⑧、永胜金官龙潭、宁蒗大兴镇⑨以及宁蒗干坝子墓地⑩。

　　在四川凉山州的安宁河流域，自 1975 年开始，组织队伍对大石墓进行了详细的调查，截至 2005 年，共发现大石墓 258 座⑪，摸清了安宁河流域大石墓的分布规律，清理得到了一批文物。

　　在四川凉山州盐源县，自 20 世纪 80 年代以来，发现了 10 多处战国至西汉时期的墓地，其中，以盐源老龙头墓地⑫最为著名，采集到大批的青铜器。

　　在滇东北和黔西北地区，清理了昭通营盘⑬、水富张滩墓地⑭、昭通白沙墓地、昭通水井湾文家墵包墓地、巧家魁阁梁子墓地、绥江回头湾墓地⑮、贵州

① 熊瑛、孙太初：《云南祥云大波那木椁铜棺墓清理报告》，载《考古》，1964（2）。
② 李朝真：《云南祥云检村石椁墓》，载《文物》，1983（5）。
③ 张新宁：《云南弥渡苴力战国石墓》，载《文物》，1986（7）。
④ 阚勇：《云南剑川鳌凤山墓地发掘简报》，载《文物》，1986（7）。
⑤ 王大道：《云南昌宁坟岭岗青铜时代墓地》，载《文物》，2005（8）。
⑥ 云南省文物考古研究所等：《云南昌宁县大甸山墓地发掘简报》，载《考古》，2016（1）。
⑦ 张新宁：《云南德钦县纳古石棺墓》，载《考古》，1983（3）。
⑧ 云南省博物馆文物工作队：《云南德钦永芝发现的古墓葬》，载《考古》，1975（4）。
⑨ 张新宁：《云南宁蒗县大兴镇古墓葬》，载《考古》，1983（3）。
⑩ 万杨：《云南宁蒗干坝子发现大型青铜时代墓地》，载《中国文物报》，2014-8-22。
⑪ 刘弘：《丛山峻岭中的"绿洲"——安宁河谷文化遗存调查研究》，成都：巴蜀书社，2009。
⑫ 凉山彝族自治州博物馆、成都文物考古研究所：《老龙头墓地与盐源青铜器》，北京：文物出版社，2009，第 6-7 页。
⑬ 王涵：《云南昭通营盘古墓群发掘简报》，载《云南文物》，1995（41）。
⑭ 云南省昭通市文物管理所、云南省水富县文化馆：《云南省昭通市水富县张滩土坑墓地试掘简报》，载《四川文物》，2010（3）。
⑮ 昭通市文物管理所：《昭通田野考古之一》，昆明：云南人民出版社，2012，第 98-114 页。

赫章可乐墓地[①]、贵州威宁中水墓葬与遗址[②]、普安铜鼓山遗址[③]等。

到目前为止，单在云南境内清理的青铜时代的墓葬就有上千座，出土的青铜文物数万件。与古滇青铜文化早期相比，这一时期的青铜器不仅数量众多，而且门类齐全，种类丰富：从最基本的生产工具，如铜锄、斧、锛、镰、爪镰、刀、削、锯、针、锥、凿、鱼钩，到纺织工具，如幅撑、打纬刀、布轴，到生活用具，如铜壶、碗、盘、杯、钵、尊、釜、案、伞、枕、箸、匕、勺、豆、盒、罐、甑、奁、熏炉、带钩、镳斗、铜镜、印章、钱币、铜贝，再到兵器，如铜矛、剑、戈、战斧、啄、钺、戚、叉、狼牙棒、箭镞、墩、镈、箭箙、铜锤、铠甲（颈甲、胸甲、背甲、臂甲、腿甲等）、弩机、铜柄铁剑等，另外还有礼乐器如铜鼓、编钟、羊角钮钟、葫芦笙、錞于、锣、钵、铃等，以及装饰品，如各种形状的扣饰、仗头饰、马饰、头饰、首饰，各种圆雕、浅浮雕的艺术品（各种人物、动物）。这一时期的青铜器覆盖了从生产工具、生活用具到宗教礼器、装饰品等方方面面，呈现出纷繁复杂的局面。

## 二、精湛的铸造工艺

尽管目前无论在现今云南还是四川西南、贵州西北地区，还没有发现完整的冶炼和铸造遗址，但有几个地点发现了与冶炼或者铸造有关的遗迹。在大理鹿鹅山遗址中，发现了大量的木炭灰、红烧土、木炭和铜矿石（孔雀石），还有一些已经冶炼并呈海绵状的铜块。[④]在澄江学山遗址，发现一半地穴式房屋基址，房屋的火塘带烟道，推测是与冶炼有关的遗迹[⑤]。在东川玉碑地遗址，在

---

[①] 贵州省博物馆考古组等：《贵州赫章可乐发掘报告》，载《考古学报》，1986（2）

[②] 贵州省文物考古研究所等：《贵州威宁县鸡公山遗址 2004 年发掘简报》，载《考古》，2006（8）。

[③] 刘恩元、熊水富：《普安铜鼓山遗址发掘报告》，见贵州省博物馆考古研究所编：《贵州田野考古四十年 1953—1993》，贵阳：贵州民族出版社，1993，第 65–87 页。

[④]《云南青铜器论丛》编辑组编：《云南青铜器论丛》，北京：文物出版社，1981，第 95 页。

[⑤] 吴敬、蒋志龙、冯恩学：《云南澄江县学山遗址试掘简报》，载《考古》，2010（10）。

图 3-6：东川玉碑地的铜矿石及铜矿渣

地层和遗迹中发现大量的灰烬、炼渣和矿石（图 3-6），还发现铸造的成捆箭镞（尚未打磨），以及分布密集的半地穴式圆形房屋基址，这些房屋极可能是冶炼和铸造的作坊。[1]在位于矿山山顶的红河州金平县卡房村龙脖河遗址，地表可见炼渣、铜屑、红烧土和陶片等。[2]在个旧卡房冲子皮坡遗址，发现有炼炉 1座、烧炭炉 1 座，此外还有大量的炼渣、青铜器、陶器和瓷器等，矿山和冶炼遗址不在一处。[3]在华宁二龙山也发现了冶炼遗址，在遗址中采集到陶片、炼渣，还有房屋基址等。

　　除了上述发现的冶炼和铸造遗址外，在剑川鳌凤山、云县忙蛾、双江县胖品、剑川海门口等遗址中，发现过铸造的石范（铜斧）；在安宁太极山和嵩明凤凰窝墓地，除了发现铸造铜斧的石范之外，还发现铸造铜锄的石范；在澄江金莲山墓地的一座墓葬中，也发现铸造铜锄（模型明器）的石范（图 3-7）[4]。几乎可以肯定，该石范随葬的墓主人为一名工匠。

　　到目前为止，云南还没有清理出一处完整的青铜冶铸遗址，仅发现了冶铸遗址局部，同时还发现了铸造铜斧、铜锄的石范。无疑，这些都会影响我们对

① 云南省文物考古研究所等：《云南昆明东川区玉碑地遗址发掘简报》，待刊。
② 杨帆、万扬、胡长城：《云南考古 1979—2009》，昆明：云南人民出版社，2010，第 250 页。
③ 戴宗品、张宗凯：《个旧冲子皮坡冶炼遗址发掘简报》，载《云南文物》，1988（1）。
④ 云南省文物考古研究所等：《澄江金莲山》，待刊。

图 3-7：金莲山 M30 发现的锄范

青铜时代冶铸工艺的认识。

　　张增祺先生通过分析云南出土青铜器上的铸造痕迹，同时结合云南民间青铜器铸造的传统工艺，总结出云南古代青铜铸造的八大工艺[1]：

　　1. 范模铸造法：为古滇铸造工艺中最常见的一种。分为制模、翻范、浇铸和修饰等几个步骤。除了一般的兵器外，像江川李家山的牛虎铜案、铜鼓（图3-8）等都采用这种方法。

图 3-8：铜鼓

[1] 张增祺：《云南冶金史》，昆明：云南美术出版社，2000。

2. 地坑范铸法[1]：适用于铸造大型平板壁薄的铸件，祥云大波那出土的铜棺就是典型代表。它的特别之处在于，不仅要求铸范有很强的高温承受能力，而且要求透气性能也要好。

3. 夯筑范铸造法：大型实心铸件采用这种方法。如石寨山和李家山出土的铜贮贝器，贮贝器上有带铜柱的祭祀场所（图 3-9）。这类铜柱用一般的范模铸造法很难铸成。用夯筑法铸造铜柱时，先制成一个与铜柱完全相同的泥模（包括柱上的花纹和雕塑），然后将泥模竖立，在其四周加上木板边框，边框与泥模之间的缝隙处用干湿适度的泥土夯实。最后将泥模粉碎取出，这样在边框夯土中就会形成一个与铜柱泥模完全相同的空腔。浇铸时，铜液可直接注入范腔，直到注满为止。待冷却后，剥去边框和夯土，大型的实心铜柱即算完工。

4. 悬模铸造法。内模完全包入外范之中，而且要求内模悬空，只能靠支钉与外范相接。悬空内模和外范之间的距离，就是封闭式空腔铸件的壁厚。铜曲柄葫芦笙（图 3-10）和空心柄铜剑就只

图 3-9：杀人祭铜柱贮贝器

图 3-10：铜曲柄葫芦笙

---

① 也有学者对单面范铸造存有疑问，认为扣饰大多数是失蜡法铸造的，也有的是合范铸造。

图 3-11：铜提梁壶

图 3-12：马衔

图 3-13：执伞铜俑

能采用这种铸造法铸造。

　　5. 套接铸造法。套接铸造法用于铸造那些环环相扣的链条，如铜提梁壶的提梁（图 3-11）和马衔（图 3-12）。其具体的方法是：用范模铸出第一个圆环，然后将此环嵌入另一铸范的适当位置，铸出第二个圆环，如此循环，铸出环环相接的链状物。

　　6. 分铸套接和分铸焊接用于结构复杂、体量大的器物。如执伞铜俑（图 3-13），俑高 26~57 厘米，由俑身和俑所持的圆形伞盖组成。铜俑多作跪坐和踞坐姿势，无论男女，双手均前伸合拢持伞。铜俑身上穿着华丽的服饰，发型和发饰均很复杂。在铸造时，为解决脱模问题，将铜俑的双手自肘关节处剖开，

图 3-14：虎耳细腰桶形贮贝器

单独铸造，然后再以特制的榫口，将两者套在一起。

又如虎耳细腰桶形贮贝器（图 3-14）上的圆雕场面、立牛铜壶、桶形贮贝器腰上的虎耳等，也都是在分别铸好后再焊接上去的。

7. 失（蚀）蜡法，又称熔模铸造法。失蜡法铸造和一般的以模翻范的最大区别在于：其内模是蜡制的，除用一般的蜂蜡外，还要加入适量的动、植物油，使其在常温下不熔不脆。制作青铜器时，先制成蜡模，然后在蜡模上直接糊泥成范，并留出浇铸孔。外范形成后连同蜡模一起经高温烘烤，使泥范内的蜡模熔化，蜡液即从浇铸孔中流出，这样在范内就会存在一个与蜡模完全相同的空间。浇铸时，铜液经过浇铸孔注入范腔，直至注满为止。待冷却后，剥去外范，青铜铸件就完成了。相对于其他铸件，用失蜡法铸造的青铜器表面非常光滑、美观，没有范线。失蜡法铸造，在世界铸造史上是一项了不起的创新。云南青铜器中的铜房屋模型（参见第二章）就是用这种方法铸造的。

8. 单面范铸造动物型青铜扣饰。在古滇的青铜器中，有大量造型各异的青铜扣饰，既有表现人与动物的，又有表现动物与动物的，以后者为多。在这类青铜器的背后，均有一个曲尺形的齿扣，用以悬挂。我们通常将这类青铜器称为扣饰。这类青铜器几乎没有一件是重复的。其制作方法是：先塑造一件泥型的铜扣饰，其表面有各式精美的花纹，然后用此泥模翻出单面铸范，泥模上的

图 3-15：动物型青铜扣饰

花纹必须全部反印在铸范的内侧，花纹必须清醒、饱满。浇铸时，铜液直接注入范内，直到注满。器物背后的曲尺形扣需单独打制，然后趁范内铜液尚处于高温状态时，将其插入范内的适当位置即可。待其冷却，剥去外范，扣饰的铸造即完成。其特点是：一范只能铸造一件青铜扣饰（图 3-15~16）。

这些装饰品体量不大，一般仅长 10~15 厘米，宽（高）5~10 厘米，极少有长度超过 20 厘米的，圆形的装饰品直径多在 10 厘米左右。尽管

图 3-16：圆形扣饰

这些装饰品体量很小，但花纹很多、很细，铸造如此精美、小巧别致的青铜器，没有一定的功力是很难达到的。

## 三、加工技术

青铜器铸造完成以后，为使其美观，还需对其进行进一步的加工。也有的青铜器是未经铸造，直接由铜板材加工而成。从古滇文化青铜器上的特征中，张增祺先生在《云南冶金史》一书中总结出以下加工技术：

图 3-17：金剑鞘

1. 锻打。这类器物多为一些器壁相当薄的制品。常见的如臂甲、锯片和背甲，以及纺织用的布撑和打纬刀等，有的器壁仅厚 1 毫米左右。制作如此薄的器物，在当时的设备和技术条件下，难度是相当高的。制作这类器物，通常可能是先铸成一定形状的铜板材，然后再经加热锻打而成。一般锻打的铜器比铸造的铜器更加结实和富有弹性，缺点是花费的时间多。这类制品绝大部分为素面，没有纹饰。

云南有着悠久的金属锻打传统和很高的技术水平，直至近现代云南的锻打技艺仍很发达。

2. 模压。将锻打成型的整块铜片置于范模间，然后在模具上施压，使铜片下陷成型（也可用锤子直接在范内打制）。古滇文化青铜器中的铜甲片和金剑鞘（图 3-17）就是采用这种方法制作的。

3. 鎏金。又称镀金，是古滇文化青铜器上常见的加工工艺。这类工艺多用于贮

贝器器盖场面上的中心人物（图
3-18），如主祭人、指挥官、贵
妇人等，以及掳掠、狩猎、舞乐、
缚牛等场面扣饰。此外，还用于
对铜鼓、带钩、铜盔和马具等进
行修饰。

近代冶金工艺研究表明：古
代铜器上的鎏金原料主要为金粉
和水银的混合物，将这种混合物
涂抹在青铜器表面，经过烘烤，
水银挥发，金粉就留在器物的外
表，且不容易脱落。

4.镀锡。又称鎏锡，也是古
滇青铜器上的一种常见工艺。镀
锡使得青铜器不仅有很好的光泽，
而且有很强的防腐蚀性能。通常
采用"罐浇法"和"沉浸法"，在
青铜器的表面敷上一层锡。关于
这种镀锡的方法，目前学术界还
有分歧，认识不统一。常用这类
工艺的器物有铜壶、铜戈（图
3-19）、铜矛和铜俑等。

图3-18：贮贝器上的鎏金人物（局部）

图3-19：铜戈

5.错金银。就是在青铜器表面按照预先绘制的图案线条划出沟槽，然后在
沟槽内嵌入金银丝或者金银片，然后再将表面打磨光滑、平整。

6.镶嵌。镶嵌技术在古滇时期得到了广泛的运用，无论在圆形扣饰还是长
方形扣饰、铜镯以及兵器剑鞘上都可以见到。镶嵌物通常是一些圆形的孔雀石
珠，还有玛瑙、玉石珠管等（图3-20）。镶嵌的目的是使青铜器更加美观、层

图 3-20：圆形扣饰

图 3-21：刻纹铜臂甲

次分明。为了使色彩搭配得体，通常是用一种生漆将镶嵌物和青铜器粘在一起，很牢固。

7. 线刻。在青铜器的表面，用很细的线条刻画人物与动物、花草、昆虫等图案。最有代表性的是石寨山的刻纹铜片和李家山的一件铜臂甲（图 3-21），其线条之流畅、工艺之精美，令人叹为观止。

## 四、合金成分

从云南晋宁石寨山、江川李家山等墓地出土的青铜器的合金成分分析表明，古滇时期的云南工匠们对青铜合金成分已经有比较充分的认识，并且能够灵活熟练地运用。如铜剑、铜斧和铜锄等兵器和生产工具，其含锡量平均值在 20% 左右，而铜鼓的含锡（铅）比例则在 15%~20%，而铜镯的含锡量一般不到 10%。之所以这样，是因为铜剑等兵器的含锡量高，符合这类器物对硬度的要求；而铜鼓既要有一定的硬度，同时还要有相当的韧性，使其声音洪亮、音域宽广，不至于一敲就碎；铜镯等装饰品对其韧性的要求则更高，所以其含锡量就更低。可见，古滇时期的工匠们已经根据青铜器功用的不同，调节青铜器中的铜、锡、铅的不同成分和比例。这与古代中原地区青铜合金的"六齐"之说相吻合。

除了青铜器中的铜、锡和铅的合金比例外，古滇时期的人们还使用了其他合金，如铜银合金和含铬化物。前者能够增加器物的光洁度，后者则能防止器物生锈。李家山墓葬出土了一件表面灰黑色、极易弯曲的铜镯，经分析，证实其为铜银合金，银的含量在 10% 以上。对曲靖八塔台墓葬出土的一件表面呈亮黑色的三棱形铜镞的分析表明，该器物表面有一层致密的、能起防护作用的氧化层，其中铬含量为 2% 左右，但里面的青铜则不含铬。尽管该器物在地下埋藏了两千多年，但不锈蚀，至今仍有光泽。铜镞表面的防腐层是一种人为的含铬化物，与近代用铬酸盐处理金属器物表面使其不生锈的原理相同。类似的器物在江川李家山墓地还有，如铜背甲、臂甲和部分兵器等。

对晋宁石寨山、江川李家山和楚雄万家坝以及祥云大波那等地出土的部分青铜器合金成分的分析表明，以石寨山和李家山为代表的滇中地区的合金工艺与以祥云大波那和楚雄万家坝为代表的滇西和滇中西部地区是有区别的，而且区别还相当明显。滇中地区在合金工艺的掌握上比其他地区都要成熟，他们的冶铸水平最高，这和考古发掘出土文物的情况是相吻合的。"古滇人逐渐掌握铜、锡、铅、铁、金、银、汞金属的运用，能够根据器物性能要求对合金成分进行调整，使用铸造、铸后冷加工和锻打等工艺技术，掌握镀锡技术、汞鎏金技术等表面装饰工艺，可熟练使用失蜡法，利用器物分铸、榫接、销连接等手段，进行各种青铜器的制造。"[1]滇中楚雄地区和滇西地区也发现了大量的青铜器，不过，其含锡量普遍偏低，可见工匠对青铜合金比例的把握不是十分成熟。

对四川盐源 8 件铜钺的金相观察、成分分析表明：铜钺的含锡量都在 4%

① 李晓岑、韩汝玢：《古滇国金属技术研究》，北京：科学出版社，2011，第 2 页。

以内，整体含锡量偏低。①一般当含锡量在 15% 左右时，青铜的硬度、抗拉强度和延伸率相对最佳，盐源青铜钺明显达不到该标准，说明合金配比不理想，铜钺的强度不高，制作技术原始。盐源地区的青铜剑有红铜、锡青铜和铅锡青铜三种类型，以锡青铜为主，合金元素含量较低，合金配比不理想，制作工艺有铸造及热锻，以铸造为主，热锻技术不成熟。

对盐源出土的一件鸡首杖的镀锡所做的分析表明：盐源青铜文化的热镀锡技术更接近滇文化对一些青铜器表面的热镀锡处理技术，而和巴蜀文化的镀锡技术相去甚远。盐源和古滇文化的镀锡工艺有共同的源头。②

对贵州赫章可乐墓地的青铜器进行金相、成分等分析，结果表明："所有器物的含锡量都比中原地区常用的合金要低，制作技术相对原始，铜器材料和成形方法都具有鲜明的地方特色。""工匠已经掌握了铸造和锻打技术，能根据不同用途来选择成型工艺。"③

# 第四节　古滇晚期的金属器及其制作技术

古滇晚期，铁器出现并广泛地运用于制作生产工具、生活用具和兵器等，对整个社会产生深远的影响。但由于云南拥有丰富的铜、锡和铅等矿产资源，铁器出现以后并没有完全取代铜器，铜器依然得以继续发展，并扩展了一些新的应用领域，如铜钱币半两、五铢等，一些铜产品如"朱提堂琅洗"也曾畅销全国，即是一个典型代表。

---

① 王文君、李晓岑、覃椿筱、刘弘：《四川盐源地区出土青铜钺的科学分析》，载《广西民族大学学报》（自然科学版），2013（2）。

② 崔剑锋、吴小红、刘弘、唐亮：《四川盐源出土的一件镀锡九节鱼纹鸡首杖金相分析》，《文物科技研究》第 5 辑，北京：科学出版社，2007。

③ 刘煜、贾莹：《赫章可乐墓地出土青铜器检测分析》，见贵州省文物考古研究所编：《赫章可乐：二〇〇〇年发掘报告》第四编，北京：文物出版社，2008，第 182-194 页。

## 一、云南铁器的发现

云南发现的铁器有铜柄铁剑、铜銎铁矛、铜銎铁斧、铜柄铁镰、铜柄铁锥、铜銎铁凿、铜柄铁刀，这些均为铜铁合制器。此外，还有铁剑、铁斧、铁戟、铁矛、铁臿、环首铁刀、铁削、铁镯和铁釜、铁三脚架等纯铁器。现发现的云南铁器包括了兵器、生产工具、生活用具乃至装饰品等。

这些铁器主要发现于晋宁石寨山[①]、江川李家山、呈贡石碑村[②]、会泽水城墓地[③]。此外，在东川普车河、祥云检村、大理金梭岛、宁蒗大兴镇、永胜金官龙潭等地均有零星发现。

早在这些铁器发现以前，古代文献就曾记载蜀卓氏和程郑因为冶铁成为富甲滇蜀的大户人家。据《史记·货殖列传》："蜀卓氏之先，赵人也，用铁冶富，……致之临邛，大喜，即铁山鼓铸，运筹策，倾滇蜀之民，富至僮千人。"又载："程郑，山东迁虏也，亦冶铸，贾椎髻之民，富埒卓氏，俱居临邛。"[④]

## 二、关于云南最早出现铁器的时代的争论

关于云南制铁技术出现的时间，20 世纪曾引起学术界的广泛讨论。

李家瑞先生认为：云南早期的铁器是从四川输入的。[⑤]

林声先生认为：云南最早使用的铁器由四川输入，汉武帝以后才由本地制作。[⑥]

① 云南省博物馆编：《云南晋宁石寨山古墓群发掘报告》，北京：文物出版社，1959；云南省文物考古研究所等编：《晋宁石寨山：第五次发掘报告》，北京：文物出版社，2009。
② 云南省博物馆文物工作队：《云南呈贡龙街石碑村古墓群发掘简报》，见文物编辑委员会《文物资料丛刊》（三），北京：文物出版社，1980。
③ 云南省文物考古研究所编著：《会泽水城古墓群发掘报告》，北京：科学出版社，2014。
④ （汉）司马迁：《史记》，北京：中华书局，1963，第 3277 页。
⑤ 李家瑞：《两汉时代云南的铁器》，载《文物》，1962（3）。
⑥ 林声：《谈云南开始制造铁器的年代问题》，载《考古》，1963（4）。

童恩正先生认为：西汉时滇人已能制铁，但到东汉时才能冶铁。[①]

张增祺先生认为：云南在春秋战国时期就出现了铁器，而且是本地制造的。[②]

李晓岑认为：云南在战国中晚期出现铁器。古滇地区的铁器有锻铁器和铸铁器，锻铁器最迟出现于战国中晚期，当时已经有亚共析钢制品，炒钢、贴钢、经过淬火处理的钢制品以及铸铁器则见于西汉中晚期。[③]

宫本一夫认为，云南的铁器有两个来源：一个是北方系统的块炼铁（锻打），另一个是中原系统的铸铁。[④]这个认识还有待进一步的考古工作以及科学检测来证实。

从目前的材料看，云南出现铁器的时代比 20 世纪 60 年代的认识提早了数百年，这得益于新的考古发现。相信随着考古学的不断发展和科学检测手段的不断提升，云南出现铁器的时代将进一步得到确认。

## 三、公元 2 世纪，铁器的进一步发展

到公元 2 世纪，云南许多地方有产铁的记载。据《后汉书·郡国志》的记载，"益州郡，滇池县出铁"，永昌郡"不韦出铁"。《华阳国志·南中志》也记载："贲古，山出铜铅铁。"到公元 4 世纪，还设置专门的"铁官令"，管理铁器的生产和税收。可见，铁器的生产和销售已经成为社会的一个重要的组成部分。

---

① 童恩正：《对云南冶铁业产生时代的几点意见》，载《考古》，1964（4）。
② 张增祺：《云南开始用铁器的时代及其来源问题》，载《云南社会科学》，1982（6）。
③ 李晓岑、韩汝玢：《古滇国金属技术研究》，第 90~99 页。
④ 该结论为宫本先生在吉林大学的一个学术演讲中提到的一个学术观点。

# 第四章

# 古滇时期的交通

　　云南位于中国西南，居北纬 21° 8' ~29° 15'，东经 97° 31' ~106° 11' 之间，省内东西最大横距 864.9 千米，南北最大纵距 900 千米，总面积为 39.4 万平方千米，在全省土地面积中，山地约占 84%，高原、丘陵约占 10%，盆地、河谷约占 6%。所有盆地中，昆明盆地面积最大，有 1071 平方千米，海拔 1900 米左右，它还包括云南最大的湖泊——水域面积多达 298 平方千米的滇池。云南全省面积在 1 平方千米以上的盆地多达 1442 个。与之毗邻的省区有四川、贵州、广西、西藏，与缅甸、老挝和越南相邻。清康熙《云南府志·序》中称："滇省极天下之西南，控交、缅，错黔、蜀，幅员辽阔，皇皇数千里，诚荒服一严疆也。"①

　　虽为内陆省份，但云南地处东亚大陆与中南半岛的接合部，是中国内地与东南亚地区、南亚次大陆之间最近交通线所必经之地。我们将目光从中原转移到西南更南方，就会发现，云南板块天然就是连接东南亚半岛、南亚次大陆的一块巨大三角地，它身处中华与古印度两大世界文明之间，是多种文化的重要交会地。古滇文化的发展不仅具有自身独特的魅力，也深受多方的影响。古滇时期的交通繁盛，远在我们的预料之外。在漫长的历史过程中，云南形成的主要交通线有：从北盘江顺流而下可抵番禺；北方民族可由甘、青经横断山脉南下；沿大盈江、澜沧江、红河出境，可达中南半岛诸国；由四川、云南再到缅甸、印度，甚至能到达西亚、中亚地区乃至欧洲。

----

① （清）范承勋、张毓碧修，谢俨纂：《云南府志》，台湾：成文出版社，1967，第 1 页。

# 第一节　远古时期的对外交流

## 一、石器时代

### （一）旧石器时代

云南是早期人类重要起源地之一，在云南发现的古猿与古人类化石，基本完整的演化序列在中国乃至世界上都极为罕见。自上新世后期到更新世，从我国西南起源的这支向现代人转化的原始人类，就不断地向世界各地扩散与转移。[1]

170万年前的元谋猿人是云南最著名的"古人"，它证明了云南在研究人类起源中的重要地位。元谋人的门齿舌面具有凹陷的铲形窝，这是现代蒙古人种的特征，而北京人的门齿也有类似的性质（图4-1）。[2]这表示西南远古人群与中华其他各地的远古人群在种源上是一致的，所以一些人类学家推测，人类起源于我国西南地区，然后再向四周扩散和转移。根据我国猿人化石的地理分布情况，有的学者甚至还可以概略地勾勒出早期人类大致的扩散分布路线，即元谋人向东西南北不同方向的分布与迁徙。[3]此外，云南旧石器时代一些石器的器形、加工工艺特征，也在很大程度上与中原内地接近，如以刮削器和尖状器为主，多采用锤击法制造，也用砸击法等，这除了"纯属巧合"的解释外，也只能用文化交流的结果来解释了。

曾入选2006年全国十大考古新发现的云南富源大河旧石器洞穴遗址，其中发现的人工垫石地面为西南地区首见。遗址出土的大量石制品既有本地区文化的传统特点，又有典型的欧洲莫斯特文化和勒瓦娄哇技术特点，是莫斯特文化

---

[1] 童恩正：《人类可能的发源地——中国的西南地区》，见童正恩：《中国西南民族考古论文集》，北京：文物出版社，1990，第6页。

[2] 童恩正：《人类可能的发源地——中国的西南地区》，见童正恩：《中国西南民族考古论文集》，第9页。

[3] 张兴永：《"元谋人"是我国现知最早的人类》，见云南省博物馆编：《云南人类起源与史前文化》，昆明：云南人民出版社，1991，第129页。

在我国南方首次集中出现。

富源大河旧石器洞穴遗址是我国旧石器时代中期遗物、遗迹现象最丰富的地点之一，是我国莫斯特文化分布最多、时代最早的遗址之一，它具有区域文化的特点，又有西方技术的因数。遗址文化层年代为 4.4 万年至 3.6 万年，它的发现表明，旧石器时代中晚期的东西方文化交流就已经产生

图 4-1：元谋人牙齿化石（邢毅  摄影）

了，对于传统把中国北方作为东西方文化交流的早期地区的研究，大河遗址的发掘提供了不同的新材料。[1]

近年来一些新的研究成果表明，云南早在数万年之前就已经汇聚了多种未知的外来人群。这些外来人群甚至与遥远的非洲、西亚都存在一定的联系。2008 年起，澳大利亚新南威尔士大学与云南省文物考古研究所联合研究 1989 年发现的蒙自"马鹿洞人"，该研究成果部分已发表在 2012 年 3 月美国《公共科学图书馆（综合）》杂志上。中澳研究者认为："马鹿洞人"生存在距今 14500 年至 11500 年间。他们兼具远古人类和现代人类的某些特征，即早期智人和晚期智人的镶嵌特征。"马鹿洞人"可能代表一种新的、过去未知的人群，他们可能是因欧亚大范围迁移的融合而产生的，因此具有非洲、欧洲等人群的杂交特征。吉学平先生认为，云南有着地处青藏高原隆起并被三江长期切割形成的地理屏障，因而成为古人类南北迁移相对集中的主要通道，加之地理环境的多样性，在古人类受全球地理气候变迁影响而迁徙的过程中，云南自然地成为更能抵御恶劣自然环境、适宜生存的"避难所"。远古人群的交通，在古滇文化发展史上留下了深刻的烙印。

---

[1] 吉学平、刘成武、谭惠忠、张晓凌、敖秀娟、游萍萍：《大河洞穴之魅——富源大河旧石器遗址揭秘》，《中国文化遗产》，2008（6），第 78-83 页。

考古发掘研究的成果证明，早在石器时代，古滇文化与周边甚至外域文化已经有了或多或少的沟通往来。距今 1 万多年前的旧石器时代晚期，黄河流域的北方人群已经南下，并且将源自华北地区的小石器和细石器传统带入了川西高原，其中最南者抵达了今攀枝花金沙江流域，在此和从华南地区沿长江向西迁徙并有着大中型石器和砾石传统的人群发生了交流与联系。这种局面开启了后来北方的藏缅语族群（或称氐羌族群）同南方的濮越族群两大族群之间交汇、联系、融合的先河。[1]

丽江木家桥旧石器时代遗址中出土了 5 件石球，这种石球在我国华北许家窑人遗址、丁村遗址均有发现，其中许家窑一处竟然出土 1000 多件。这些石球制作技术惊人的相似，大小形态也都非常一致。所以滇西地区旧石器文化的发展在很早的时候就已经和黄河流域旧石器文化有了密切的联系。[2]类似的石球在滇西剑川海门口也出土过，时代在新石器时代。

据《春城晚报》2014 年 12 月 10 日报道，昆明市博物馆的胡绍锦先生在整理库房藏品时，发现了两件旧石器时代的"阿舍利手斧"（图 4-2），一件来自丽江玉龙雪山，另一件来自昆明嵩明县黄龙山。此类手斧因最早发现于法国亚眠市郊的圣阿舍利而得名，两面打制，一端较尖较薄，另一端略宽略厚，呈泪滴等形状，左右两边和正反两面基本对称，流行于距今大约 170 多万年至 20 万年前后。由于阿舍利类型的石器集中在非洲、西欧、西亚等地，之前在东亚的韩国以及中国广西百色、陕西东南部都有发现。[3]胡绍锦先生认为，西起丽江的玉龙雪山，东至嵩明的黄龙山出土的阿舍利类型手斧，已在地球上画出了一条明晰的路线，这条线连接非洲，通过印度和我国云南到达内陆，是早期不同

---

[1] 石硕：《从旧石器晚期文化遗存看黄河流域人群向川西高原的迁徙》，《西藏研究》，2004（2），第 32-39 页。

[2] 卫奇、黄慰文、张兴永：《丽江木家桥新发现的旧石器》，《人类学学报》，1984（3），第 225-233 页。

[3] 美国旧石器考古专家莫维斯曾提出了一条所谓的"莫维斯线"，将西方旧石器时代时期划入先进的"手斧文化圈"，把包括我国在内的东方划为落后的"砍砸器文化圈"。现学术界已充分肯定了中国手斧的存在，但也有一些学者仍支持莫维斯的观点，认为"手斧文化圈""砍砸器文化圈"这两个文化圈是客观存在的。

传统原始文化交叉、交流、相嵌的路线。

　　童恩正先生认为，考古学的研究证明，早在石器时代，滇、印等地的古代族群就已经有了沟通交流。"在考古学上，莫维士（Movius）最早发现了印度北部、中国、东南亚的旧石器具有某些共同的特征，即所谓砍砸器（chopper-chopping tool Complex）之盛行。我们无意在此讨论莫维士有关手斧和砍砸器传统的理论问题，但是近半个世纪以来的考古发现和研究已经证明上述地区确实多见砍砸器而少见手斧。此种文化上的类似当然意味着当时人群集团之间的交往。"[1]

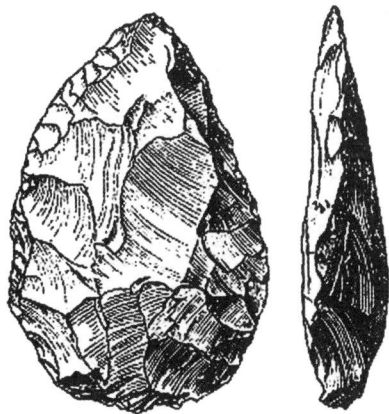

图 4-2：阿舍利手斧

　　"考古资料说明，早在旧石器时代，印度北部、中国、东南亚的旧石器就具有某种共同特征，即所谓砍砸器之盛行。而后来在中、印、缅广泛分布的细石器说明，在新石器时代，中国西南与缅、印就有文化传播和互动关系。"[2]

　　有的学者则将旧石器时代晚期的云南与东南亚地区划归于同一文化体系，"从已发现的中国云南旧石器时代晚期文化和东南亚旧石器时代晚期文化来看，在时间上大体相当。云南地区和东南亚地区旧石器时代晚期的石器具有共同特点：……这些共同特点并非偶然巧合，反映了云南高原和东南亚晚期智人之间的密切联系，属同一文化体系。"[3]童恩正先生则认为旧石器时代早期云贵高原大型石器较少，而中小型石片、石器居多，东南亚大陆则基本属于砾石石器工业，两地属于不同的石器工业系统，彼此的交流很少。直到新石器时代以后，

---

① 童恩正：《古代中国南方与印度交通的考古学研究》，载《考古》，1999（4），第 79-87 页。

② 段渝：《中国西南早期对外交通——先秦两汉的南方丝绸之路》，载《历史研究》，2009（1），第 4-23 页。

③ 李昆声：《中国云南与东南亚南亚的经济文化交流——自远古至战国秦汉时期》，载《广西民族大学学报》（自然科学版），2011（1），第 37-41 页。

两地的交流才开始增多，两地不少文化或多或少存在类似对方文化的因素，梯形石斧、石锛在这些地区的广泛存在，就属于文化交流的结果。[①]

总之，旧石器时代以来，云南对外交通就已经开始了。它不仅和中原地区有所往来，而且和非洲、西亚、南亚、东南亚地区都已经存在着或多或少的文化交流。

### （二）新石器时代

云南与周边地区的交流互动在新石器时代表现得很明显，一些重要的考古学证据已经为学术界所熟知，如粟米、石刀、彩陶等，还有半地穴式的建筑、石棺墓、二次葬、瓮棺葬等习俗都是与其他文化交流的结果。作为文化的主体，族群迁徙促进了云南对外交通与交流，这一时期陆路交通主要是沿横断山脉的高山峡谷为主，水路则是沿长江、南盘江各大小干流、支流沟通中原与东南沿海地区，沿红河与越北以及中南半岛地区也有所联系。

首先是自北而南的黄河流域文化在云南新石器时代的体现。我国地形西高东低，山脉、河流多呈东西走向，但在青藏高原东南的西藏东部、四川、云南西部一带的横断山脉地区，高山峡谷呈南北走向，怒江、澜沧江、金沙江、雅砻江、大渡河、岷江等六条江河从北自南流过，一条条河谷就是天然的交通道路，是古代民族往来迁徙交流的天然渠道。新石器晚期，滇西的元谋大墩子、宾川白羊村以及滇东北的昭通闸心场等类型的新石器文化就明显体现出黄河流域的仰韶文化、龙山文化的影响。"大墩子、白羊村遗址的房屋遗址建造技术与仰韶文化基本一致……马龙遗址清理的半地穴式圆形住屋，屋基系凹入地下的浅穴，坑壁即作为墙壁而与西安半坡仰韶文化相同。""大墩子、白羊村遗址的幼童葬式与仰韶文化相同。"[②]

其他如陶器、石器的造型，均能在元谋大墩子、宾川白羊村、昭通闸心场等类型的新石器时代遗址出土器物上找到与黄河流域新石器时代文化或多或少

---

① 童恩正、卡尔·L.赫特勒：《论南中国与东南亚的中石器时代》，载《南方民族考古》，1990（1）。

② 阚勇：《试论云南新石器文化》，见云南省文物考古研究所：《云南考古文集》，昆明：云南民族出版社，1998，第17–40页。

图 4-3：龙山文化石刀（樊海涛  提供）

图 4-4：元谋大墩子出土的石刀（樊海涛  提供）

的联系。值得注意的是，元谋大墩子、宾川白羊村、祥云清华洞、大理马龙与鲁甸马厂都出土了新月形的穿孔石刀，这种石刀以龙山文化为典型代表，可见相互间的传承联系，差别在于中原地区的石刀，刃开于"弓弦"部位（图 4-3），云南所出土的则多开刃于"弓背"上（图 4-4）。[1]在滇西的点苍山马龙峰遗址中还曾发现过鼎的残足，这证明了中原文化对云南影响之早。

我们认为，滇西北、滇西的新石器时代与黄河流域新石器时代的文化交流是古代西北地区的民族自北向南通过澜沧江、金沙江、怒江等水系，沿横断山脉纵向的古道迁徙实现的。而滇东北之所以也能够促成两者的文化交通，可能是采用了间接的途径，早期蜀文化对滇东北新石器时代的文化具有重要的影响。

其次是长江流域、东南沿海地区文化在云南新石器时代的体现。除黄河流域外，长江流域和东南沿海地区的新石器时代与云南新石器时代也存在很多的共性。四川巫山大溪，西昌礼州，雅安沙溪村、斗胆村、沙湾村和西藏昌都卡若等都是长江上游新石器文化的重要遗址，而云南的元谋大墩子、宾川白羊村以及忙怀类型的新石器文化与前几者之间都存在不少共同之处，如屈肢葬的墓葬方式，陶器、石器的器形、制作方法等。[2]

有肩石斧、有段石锛是东南沿海地区百越文化的典型器物，但云南很多新石器文化遗址中也有发现，如昭通鲁甸马厂、晋宁石寨山发现了有段石锛；云县忙怀、景东上排沙、麻栗坡小河洞、金平油炸房等地发现了有肩石斧。

① 阚勇：《试论云南新石器文化》，见云南省文物考古研究所：《云南考古文集》，第 17-40 页。
② 阚勇：《试论云南新石器文化》，见云南省文物考古研究所：《云南考古文集》，第 17-40 页。

图 4-5：元谋大墩子出土的鸡形陶壶（邢毅　提供）

　　有趣的是，我们在元谋大墩子还发现了东南沿海百越文化的典型器物——鸡形陶壶（图 4-5）。葛季芳等通过对云南元谋大墩子、广东龙川坑仔里、河南偃师二里头、福建南安民安村、上海马桥、浙江嘉兴新篁、福建闽侯黄土仑等地出土的一系列印纹禽尊的比较研究，认为各地禽尊的出现是以印纹陶工艺的传播为背景的，它们最早应诞生在东南沿海，特别是在闽、粤一带。"云南的先民远在学会烧制印纹硬陶之前，在公元前二千年的中、晚期，甚至前期，就可能已经通过广西疏通了一条渠道而与岭南地区印纹软陶的生产者发生了联系。"[1]

　　此外，还有越南、缅甸、印度以及更广大地区文化在云南新石器时代的体现。越南新石器时代很多器形受到了中国文化的影响，"越南的有肩石斧、有段石锛和有肩有段石锛是受中国东南沿海、华南和云贵高原新石器文化影响而产生的，是居住在今天分属两国的古代百越先民文化交流的结果。尤其是下龙文

[1] 葛季芳、苏迎堂：《印纹禽尊的踪迹》，载《文物》，1981（11），第 83–86 页。

化中的典型器物——有肩有段石锛，乃是把有肩石斧和有段石锛合二为一的新器型，很可能是在中国云南新石器时代文化影响下产生的。"①

石云涛先生也认为，新石器时代中印文化交流的信息更加丰富，"印度东北地区如阿萨姆、梅加拉亚、那加兰、曼尼普尔、孟加拉、比哈尔、奥里萨和乔达·那格浦尔等地，出土有肩石斧、石锛、长方形石斧、八字形石斧、长方形有孔石刀等，都是中国云南常见的器形"②。这些云南常见的器形，在印度东北部出现而其他地区少见，说明这是从云贵高原向西传播的结果。

"根据陈炎先生在《中缅文化交流两千年》中所引证的中外学术观点，印度以东缅甸的现住民，不是当地的原住土著民族。他们当中的大多数是在史前时期从中国云贵高原和青藏高原迁入，其中的孟高棉语族是最先从云贵高原移居到缅甸的，这显然同有肩石器从中国西南云贵高原向缅印地区的次第分布所显示的族群移动有关。"③

美国新墨西哥大学的邱兹惠女士从东南亚地区发现的万家坝型铜鼓的研究中也推测了印支半岛和毗邻地区早期文化的一些交通情形——"早在新石器时代，这一片广大的区域内便显现了一个四通八达的文化交流网络，将澜沧江、湄公河、沅江及红河及其支流连接起来。沿着这些河谷地带，各地的陶器器形、纹饰以及石制工具、饰品，得以相互观摩、影响。"这种交通网络的存在对以后该区域青铜文化的传播也起到了重要作用。④

---

① 李昆声：《中国云南与东南亚南亚的经济文化交流——自远古至战国秦汉时期》，载《广西民族大学学报》（自然科学版），2011（1），第37—41页。

② 石云涛：《早期中西交通与交流史稿》，北京：学苑出版社，2003，第35页。

③ 参见陈炎：《中缅文化交流两千年》，载周一良主编：《中外文化交流史》，郑州：河南人民出版社，1987，第3页。关于缅甸古代民族的来源问题，参见李绍明：《西南丝绸之路与民族走廊》，见四川大学历史系编：《中国西南的古代交通与文化》，成都：四川大学出版社，1994，第35—48页。贺圣达：《缅甸藏缅语各民族的由来和发展——兼论其与中国藏缅语民族的关系》，载方铁主编：《西南边疆民族研究3》，昆明：云南大学出版社，2003，第1—17页。转引自段渝：《中国西南早期对外交通——先秦两汉的南方丝绸之路》，载《历史研究》，2009（1），第4—23页。

④ 邱兹惠：《试论东南亚所见之万家坝式鼓》，载《铜鼓和青铜文化的再探索——中国南方及东南亚地区古代铜鼓和青铜文化第三次国际学术讨论会论文集》（《民族艺术》1997年增刊），第30—33页。

总之，"从区域性来看，中原地区新石器文化、西北地区新石器文化、岭南地区新石器文化以及江汉平原新石器文化都对该区域的新石器时代文化产生了各种不同的影响，特别深受西北地区或黄河流域和东南沿海地区同期文化的强烈影响……澜沧江、金沙江、怒江等水系，沿横断山脉的峡谷自北向南，成为沟通西南与我国西北地区的文化走廊。红河、南盘江等水系，又成为我国东南沿海地区文化向西南传播的重要渠道。而人群的迁移、流动以及早期贸易的发展等，正是造成这些影响的原因"[①]。此外，新石器时代云南与今越南、缅甸、印度地区以及中南半岛的文化交流也在不断加深，在彼此的文化发展中均可看到不少相同的文化因素。

## 二、青铜时代

青铜时代（Bronze Age），这一概念最初由丹麦考古学家 G.J. 汤姆生（Thomesen，1788~1865）提出。他在 1816 年将藏品按制作材料做了分类，分为石器、青铜器、铁器三部分，分别对应石器时代、青铜时代、铁器时代。他所指的青铜时代是"以红铜或青铜制成武器和切割工具的时代"。我国考古学所使用的青铜时代的概念，主要强调青铜器在社会物质文化中的重要作用。《中国大百科全书·考古学卷》定义青铜时代为"以青铜作为制造工具、用具和武器的重要原料的人类物质文化发展阶段"。

云南早在商代就已经出现了成熟的青铜器，但当青铜器在社会物质生产中占据主要地位，并且社会发展到具有一定的组织结构之际，时间已经到了春秋时期。云南青铜时代的高潮期是在战国末至东汉初，以滇池盆地的"滇国"青铜文化为代表，滇西、滇南、滇东北等地百花齐放，异彩纷呈，青铜器在社会生活中占据了最重要的地位。西汉王朝在云南设置郡县后，铁器、牛耕等先进生产工具和技术逐渐在云南普及开来。东汉初年，云南青铜时代逐渐结束。云

---

[①] 翟国强：《先秦西南民族史论》，哈尔滨：黑龙江教育出版社，2012，第 144 页。

南青铜时代是云南历史的一个文化高峰期，古滇文化的对外交通经历了石器时代蒙昧、被动的发展后，进入了主动、自觉的扩张期。由于云南特殊的地理位置，它与周邻的诸多文化都产生了或多或少的联系，例如北方草原文化、巴蜀文化、中原文化、岭南文化、红河三角洲以及中南半岛乃至于遥远的南亚、中亚、西亚甚至欧洲地区。自古以来云南就不是封闭的，它与周边地区一直保持着交流，形成了实际的交通网。

云南青铜时代的早期交通路线延续自新石器时代，可以将秦开"五尺道"视为云南青铜时代交通发展史上的一个划分节点，之前的民间交流渠道逐渐被中央王朝修筑的"官道"所取代。汉武帝开滇继承发展了秦王朝对云南的统治，也极大地促进了古滇文化的对外交通发展。

在介绍有史可考的云南青铜时代的交通前，我们先从考古发现来了解一些以前不为人所知的云南古代交通情况。据金正耀先生的研究，在商代青铜器中发现一种铅同位素组成十分罕见的高放射成因铅，他将实验数据与云南永善金沙等矿山数据进行了对比，认为这种高放射成因铅可能来自西南地区滇东北一带。[1]继后李晓岑先生的研究也扩展证实了这一论断。李晓岑先生指出，商周时期滇东北地区的铜矿已被开采且远运至中原地区，这些云南特有的铅同位素比值极低的铜矿成为商周青铜矿料的重要来源之一。[2]滇东北的铜矿料具体是通过哪条古道进入中原，目前尚不可考，但"以今拟古"，其或许就是秦汉时期中央王朝开通西南夷地区道路的先驱。换言之，商周时期云南的铜矿料很可能就是经后之"××道"的前身运输到中原地区的。

滇东北与中原的联系已被科技考古的成果所证明，而滇西北与我国西北地区自新石器时代晚期就已经存在的联系在青铜时代愈加明显。谢崇安先生曾以双耳陶罐（图4-6）为研究对象，向我们揭示了云南乃至西南地区与西北远古文化惊人的相似之处。他指出："西南早期双耳罐的许多特征一直是受到来自西

---

① 金正耀：《晚商中原青铜的矿料来源研究》，见方励之主编：《科学史论集》，合肥：中国科技大学出版社，1987。

② 李晓岑等著：《中国铅同位素考古》，昆明：云南科学技术出版社，2000，第54-70页。

图 4-6：德钦石底采集的双耳陶罐（邢毅　提供）

北从青铜时代到铁器时代初期的古文化的影响，其旋涡纹饰甚至可追溯到 5000
多年前的马家窑文化……""这意味着从中国青铜时代的早期开始，西北的氐羌
系先民就向南迁徙，以致远徙到西南的滇西南华一带，并很快融合到当地的土
著民之中。但这种氐羌系的移民浪潮并不由此中断，而是此起彼伏、多路线的
推进，到战国晚期至西汉早期达到了高潮。西南边区的大石墓、石棺墓及少量
土坑墓中常见的各种各样的平底双耳罐，就是这些氐羌系诸部民族迁徙的历史
事件在考古学文化遗存中的反映。"①

　　《后汉书·西羌传》曾记载了战国时期西北民族向西南地区迁徙发展的历
史，羌人"至爰剑曾孙忍时，秦献公初立（前 384 年），欲复穆公之迹，兵临渭
首，灭狄（貘）戎。忍季父卬畏秦之威，将其种人附落而南。出赐支河曲西数

---

① 谢崇安：《略论西南地区早期平底双耳罐的源流及其族属问题》，载《考古学报》，2005（2），第
　127–160 页。

千里，与众羌绝远，不复交通。其后子孙分别，各自为种，任随所之。或为牦牛种，越嶲羌是也；或为白马种，广汉羌是也；或为参狼种，武都羌是也"。秦国的压迫使氐羌等西北游牧民族大规模南迁，沿甘青川藏等"边地半月形文化传播带"进入西南地区[①]，对西南地区历史文化发展进程产生了一系列影响。由于地理环境的差异，氐羌民族在漫长的迁徙中也不断地分化，不断地与西南民族融合，形成了一系列新民族，如昆明、叟、僰人、摩沙、白马羌、牦牛羌、参狼羌等。司马迁将西南夷地区众多民族情况总结为"皆氐类也"，说明进入云南的西北游牧民族以氐人为主。

1956 年 5 月，丽江永胜县金官（区）龙潭（乡）修筑水库，发现了一批青铜器（现藏云南省博物馆），出土器物中包括了上百件的青铜短剑，其中还包括 40 余件双环首铜剑（图 4-7）及 5 件触角式曲柄铜剑（图 4-8），这两种剑的产生明显是北方草原游牧文化南传的结果。

值得注意的是，西北氐羌等游牧文化与西南地区的文化交流方式自北而南者多，由南至北者极其罕见。这与我国云南和今越南、缅甸、印度以及中南半岛地区等自石器时代以来一直存在的文化交流的双向流动方式有所区别，也体现了云南古代交通的一个特征。

图 4-7：永胜金官龙潭
出土的双环首铜剑
（樊海涛　提供）

图 4-8：永胜金官龙潭
出土的曲柄铜剑
（樊海涛　提供）

---

① 童恩正：《试论我国从东北至西南的边地半月形文化传播带》，见《童恩正文集·南方文明》，重庆：重庆出版社，1998，第 558-603 页。

　　双耳陶罐进入云南后，自西向东发展，从滇西北向滇西逐渐推移，但进入滇中地区者甚少。从此也可窥见云南对外交通的滇西、滇西北之路是因氐羌系民族的迁徙而被动接受的，氐羌系民族与本地土著的逐渐融合，使双耳陶罐在滇中地区止步，这也暗示着骑马民族与农耕民族在云南的空间划分。战国秦汉之际的滇人与昆明人的战争也是两个民族对生存空间的一种争夺。

　　我国云南地区和印度两地的古代族群早在石器时代就已经有了沟通交流，进入青铜时代以后，滇、印两大文明之间的交通更加频繁，而且两者的交流是双向性的，不仅滇接受了印度文化的影响，而一些印度古籍中记载的史实，也昭示出印度受古滇文化的深刻影响。据童恩正先生研究，"大流士一世时（前558~前486），印度地方总督曾进贡了大量的砂金。但实际上印度本身并不产金，砂金是像其他货物一样需要从境外购买，而最近的来源就是云南产金丰富的河流。公元前3世纪《韩非子·内储说》曾提及'荆南之地，丽水（今大盈江）之中生金'。另一条著名的产金河流则是因其盛产砂金而闻名之金沙江"[①]。

　　印度古代梵文经典《摩诃婆罗多》的《大会篇》（宫廷章）中，当印度第三子阿周那去征服东辉国（今印度阿萨姆一带）时，阿萨姆国王福授带领一支由基拉塔人和中原王朝士兵组成的军队同他战斗。在印度的其他古代资料如《摩奴法论》《政事论》中也普遍提及中国人，同时还提及与中国有联系。而这里的中国"即使不是中国的全体，至少也是与印度相邻的那部分中国，即四川、云南和南方地区，就如东辉国（阿萨姆）和中国（China）之间在纪元前的时候就存在的密切关系所证实的那样"[②]。

　　近年来，关于云南青铜文化与泰国青铜文化之间的交流也得到了新的重视。李晓岑先生从比较研究的角度结合科技考古的成果指出，泰国班清文化中的铜矛、铜鼓型杖头饰、铜柄铁剑、铜斧、斧范甚至冶铜的坩埚在云南滇西、滇中

---

[①] 童恩正：《古代中国南方与印度交通的考古学研究》，载《考古》，1999（4），第79–87页。另注，根据新的科技考古研究结果来看，云南出土金器、鎏金器晚至西汉，童先生认为滇文化金饰首先出现在公元前5世纪，目前并未得到考古确认。

[②] 周智生：《滇缅印古道上的古代民族迁徙与流动》，《南亚研究》，2006（1），第69–73页。

青铜文化中都可以找到类似的器物。他认为"泰国青铜文化的时代早于云南滇西青铜文化，云南滇西地区与班清等地相似的青铜器物受泰国的影响是很明显的。进一步可以推断，云南青铜文化的源头，除濮人的文化因素外，还应加入了来自中南半岛的文化因素"。当然，他也承认这种文化交流是双向的，我国云南的铜鼓也对泰国产生了明显的影响。[1]

王大道先生也认为，云南澜沧江中下游的青铜文化与泰国班清文化有密切的联系，两者的椭圆銎束腰铜斧、靴形铜钺等都很接近。同时他也指出，"东山文化与滇、夜郎、句町等文化的相似，这是世界各国的学者所公认的，东山文化所出的剑、戈、矛、靴形钺、玦形耳环等，基本上都是石寨山类型……至于二者之间在铜鼓的器形、纹饰表现出的惊人的一致，更证明其椎髻、干栏、竞渡、羽人的舞蹈等习俗完全相同"。[2]

客观地说，东山文化与滇文化应该是同一文化圈内的不同青铜文化类型，两者之间铜鼓、铜剑、铜戈、铜斧、靴形铜钺、铜锄、铜壶、铜提筒以及玛瑙、玉石器的造型都存在许多共同之处，证明两者的文化交流在青铜时代相对比较频繁。李晓岑在检测了江川李家山出土的三骑士铜鼓后，认为该铜鼓很可能是从越南传来的，因为该鼓直腹、含铅较高，这在滇青铜器中较为罕见，多见于东山青铜器；鼓面上的三骑士则含锡高而含铅低，所以他结合鼓面的破坏性插孔推测这件铜鼓是越南传来的，滇人在上面铸造了三骑士以示权威。

滇青铜器中的一种锥形铜器盖，仅出土于晋宁石寨山，笔者所见一件藏于云南省博物馆，另一件藏于中国国家博物馆。这种锥形铜器盖是东山青铜文化中铜提筒的盖子，石寨山出土的这两件很可能是滇人模仿铸造的，甚至有可能是直接通过贸易或战争等方式得来。[3]

战国秦汉时期是云南青铜时代发展的高峰期。战国开始，云南对外交流就

---

[1] 李晓岑、韩汝玢：《古滇国金属技术研究》，第157–161页。

[2] 王大道：《云南青铜文化及其与越南东山文化、泰国班清文化的关系》，见云南省文物考古研究所：《云南考古集》，昆明：云南民族出版社，1998，第143–159页。

[3] 参见本书第九章"古滇文化的乐舞"第四节之"铜锣"。

图 4-9：楚文化漆木虎座鸟架鼓上的鸟衔蛇图案（局部）战国（樊海涛 提供）

图 4-10:滇青铜器上的鸟衔蛇图案（局部）西汉（樊海涛 提供）

逐渐频繁。除了氐羌等西北民族的南迁，这一时期还有"庄蹻王滇"之事，应予关注一二。《史记·西南夷列传》记载："楚威王时，使将军庄蹻将兵循江上，略巴、蜀、黔中郡以西。庄蹻者，故楚庄王苗裔也。蹻至滇池，地方三百里，旁平地肥饶数千里，以兵威定属楚，欲归报，会秦击夺楚、巴，黔中郡道塞不通。因还，以其众王滇，变服从其俗以长之。"对于司马迁记载的"庄蹻王滇"的真伪，研究者一直存在分歧。虽然我们在滇池区域出土的上万件文物中迄未发现"庄蹻王滇"的确证，但一些文物仍然隐晦地向我们透露出滇、楚文化交流的信息。童恩正先生也曾撰《从出土文物看楚文化与南方诸民族的关系》一文予以阐释。[1]此外，我们也发现，楚文化中的"鸟—蛇"组合（图 4-9），在滇青铜器中屡见不鲜（图 4-10）。云南最著名的青铜器——牛虎铜案（实为牛

---

[1] 童恩正：《童恩正文集·南方文明》，重庆：重庆出版社，1998，第 525-557 页。

虎铜俎）以动物躯干为主体的结构形式与楚青铜器也有类似之处。滇、楚之间确曾有着千丝万缕的联系，"庄蹻王滇"之事的由来，也当诞生在滇、楚文化自古就密切交流的历史大背景中。

对云南战国及秦汉时期交通路线的记载，主要集中在《史记》《汉书》和《后汉书》中。由于云南地处西南边陲，因此古人的记载都是以巴蜀为中心来描述的，云南只是"西南夷"中的一部分。段渝先生研究认为："先秦秦汉时期的西南夷道分为东、中、西三条线路：西线是'灵关道'，或称为'青衣道''牦牛道'（一作'旄牛道'），由蜀之成都通往云南；中线为'五尺道'，由蜀之成都通往贵州西北部和云南东北部；东线是'牂柯道'，或称为'夜郎道''南夷道'，由蜀之成都经贵州通往两广以至南海。"[1]这三条线路以四川成都为出发点，西线与中线最终都可以汇集到云南中西部，继续往西，就进入缅、印，便成为一条国际性的线路。东线从两广出海，连接海上丝绸之路。滇青铜器上的一些纹饰证明，当时的滇人已经对海洋文化有所了解了（图4-11）。

石云涛先生编著的《早期中西交通与交流史稿》对西南夷对外交通道路进行了细致的考证梳理，他认为："秦汉间西南交通以四川成都为中心，西南行有三条路线，皆从益州出发，一为五尺道，其具体走向是：从成都出发至武阳

图4-11：石寨山铜鼓上的船纹与大海龟（樊海涛　提供）

---

[1] 段渝：《五尺道的开通及其相关问题》，载《四川师范大学学报》（社会科学版），2013，40（4），第156-162页。

（今彭山），沿岷江南下，经南安（今乐山）至僰道，南行经朱提（今昭通）至味县（今曲靖），向西经昆明至不韦（今保山东北），向西至腾冲，循大盈江南行至缅甸境内八莫，从八莫至印度有水陆两道。陆路从八莫之密支那，向西国亲敦江和那加山脉，抵达印度的阿萨姆地区，再沿布拉马普特河谷到印度平原。水陆则从八莫顺伊洛瓦底江南下入海，然后航海至印度。二为青衣道，或曰灵关道，其具体走向是：从成都出发，经青衣（今名山北）南下，过筰都（今汉源北）、阑县（今越西）、邛都（今西昌）、会无（今会理），渡金沙江至青蛉（今大姚），西行至不韦。然后由不韦接前述经缅甸至印度的水陆两路。三为夜郎道，自僰为（今四川宜宾）直至夜郎（今贵州盘县及云南平夷）。夜郎道始于汉武帝元光五年（前130年），自今宜宾东南行，经赤水、毕节，至云南之宣威、曲靖，由曲靖向西则接前述行往缅甸的路线。另外由味县（今曲靖）南下，可取道麋水（红河）进入交趾郡，从而与海上丝路相通。"[①]

概言之，中原人从蜀地通过不同的线路可到达云南、贵州、广东、广西。这些线路的继续延伸，就形成进入缅、印以及南海等方向的国际性大通道。在中国对外交通路线上，云南是其中极其重要的一段。战国之后，古滇文化的对外交通达到了前所未有的规模，下面我们就以"南夷道""西夷道"以及通往今越南北部的"进桑麋泠道"分而述之。

# 第二节　南夷道

司马迁著《史记·西南夷列传》，所以很多时候我们将"西南夷"视为一体，但实际上西南夷包括两大部分，即"西夷"与"南夷"。西夷是指居于蜀西及西南的僰、邛、筰、冉駹、白马、斯榆等民族。南夷是指居于巴蜀南方的夜

---

① 石云涛：《早期中西交通与交流史稿》，北京：学苑出版社，2003，第293页。

郎、且兰、头兰等民族。滇、嶲、昆明等几大民族则语焉不详，一般学者认为应该划归西夷。西夷和南夷即巴蜀以西、以南的各个古代民族。西南夷地区包括了今四川西南部、贵州西部和云南。[①]

滇国从地理位置上看，居于南夷与西夷的中间，与两者联系都很密切。但研究者一般将滇及其"同姓相扶"的劳浸、靡莫认作"西夷"，所以《汉书》中有记载"滇王离西夷"的字样。[②]司马迁以生产生活情况和习俗为标准，把西南夷划为三大类：第一类是位于今黔西、滇东、川西南地区的夜郎，滇中地区的滇以及四川西昌为中心的邛都，"皆椎结，耕田，有邑聚"；第二类为活动在同师（今云南保山）以东，北至楪榆（今云南大理）一带的嶲、昆明，"皆编发，随畜迁徙，毋常处，毋君长，地方可数千里"；第三类是分布在川西广大地区乃至甘肃南部的徙、筰都、冉駹、白马等部，"其俗或土著，或迁徙"。在以上诸部中，夜郎、滇（靡莫之属）、邛都等为定居民族，从事农耕；嶲、昆明等以游牧为主；其余徙、筰都、冉駹、白马等兼营农牧，因地理位置毗邻，与巴蜀商贾贸易往来颇多。

南夷道大规模开凿于汉朝，但其肇始之初，还需远溯到更早的年代。

## 一、五尺道

据司马迁《史记·西南夷列传》记载，早在战国中晚期，就有楚人庄蹻入滇。虽然历代研究者都对其入滇时间、路线甚至入滇真伪等问题都存在很多争议，但滇楚之间历来确实存在着文化交通的现象已经逐渐形成共识。[③]

---

① 关于西夷与南夷的划分，可参见童恩正：《古代的巴蜀》，成都：四川人民出版社，1979，第86–105页。

② 有研究者认为，《汉书》所记"滇王离西夷"，应是滇借汉军之威脱离昆明族等西夷反汉势力。参见彭邦本：《滇王离西夷辨——古代昆明族的几个问题》，载《西南民族大学学报》（人文社科版），2000（4），第7–11页。

③ 邹芙都、江娟丽：《滇楚青铜兵器比较研究》，载《南方文物》，2002（3），第45–47页。

　　方国瑜先生认为庄蹻入滇的路线是循楚滇商人频繁往来的通道而来，具体路线是沿长江而上，至巴蜀入黔中以西到达滇池。此道也是我国与西方各国往来的"蜀身毒国道"的一部分。[①]"这条通道（注：指蜀身毒古道）以滇池地区为枢纽，其西经叶榆（大理）、嶲唐（保山）、滇越（腾冲）、敦忍乙（缅境太公城）而至曼尼坡入印度；其东出邛（西昌）、僰（宜宾）至蜀地，又出夜郎（安顺）、巴（重庆）而至楚地。"[②]此路并不始于庄蹻入滇，也不终于战国之后。庄蹻入滇，促进了滇、楚以及夜郎文化的相互交通，也为秦汉置驿奠定了基础。[③]

　　战国时期，秦人就已经修筑栈道以通汉中，《战国策·秦策》中记载："栈道千里，通于蜀汉，使天下皆畏秦。"秦孝文王元年（前250年），蜀郡太守李冰招募劳力开山采石，修筑巴蜀通滇的道路，《华阳国志·蜀志》记载："僰道有故蜀王兵阑，亦有神，作大滩江中。其崖崭峻，不可凿；乃积薪烧之。故其处悬崖有赤白五色。冰又作笮通汶井江，径临邛。与蒙溪水、白木江会，至武阳天社山下合江。"僰道由于工程艰巨，仅修通从成都到宜宾的道路。公元前221年，秦始皇统一中国，试图经营西南夷，于是派遣官吏，开通道路，设置郡县，并让常頞续修通西南夷之路，史称"五尺道"（图4-12）。

　　据段渝考证，蜀、滇"五尺道"，《史记》记为秦时官道，但早在殷末，杜宇即由此从昭通北上至蜀；春秋时代，蜀王开明氏"雄张僚、僰"，进一步开通了成都平原与川南、滇东北的交通，所以五尺道并不始凿于秦，秦仅是对五尺道加以重修和整建。[④]此论甚佳。故《史记·西南夷列传》："秦时常頞略通五尺道，诸此国颇置吏焉。"司马迁用"略通"而非"开通"或其他词语来描述。秦二世而亡，而两千余里的道路从勘测、选定路线到施工开通，显然不是十来年的时间可一蹴而就的。

---

① 方国瑜：《从秦楚争霸看庄蹻开滇》，载《思想战线》，1975（5），第64-66页。
② 方国瑜：《从秦楚争霸看庄蹻开滇》，载《思想战线》，第64-66页。
③ 吴晓秋：《滇黔古代交通要道考》，载《贵州大学学报》（社会科学版），2011（5），第60-64页。
④ 段渝：《五尺道的开通及其相关问题》，《四川师范大学学报》（社会科学版），2013，40（4），第156-162页。

图 4-12：五尺道遗址①（邢毅　摄）

---

① 采自云南省博物馆常设展览《文明之光——青铜时代的云南》。

　　五尺道北起四川宜宾，南至云南曲靖附近，途经四川之高县、珙县、筠连，云南之盐津、大关、彝良、昭通，贵州之赫章、威宁，再入云南宣威到达曲靖。它位于李冰在僰道县修的道路的西南方向，全长约两千里。从曲靖往南可通达昆明，又经楚雄到云南驿与建昌路交会，进而经大理、保山而通缅、印。五尺道大多建在崇山峻岭之中、悬崖峭壁之上，因路宽仅五尺，故名。"五尺"相当于现在的 1.2 米。五尺道的开辟沟通了秦国首都咸阳经四川与云南东部的联系，中央政府委派官吏入滇治理，使其成为秦帝国的组成部分。这是云南正式纳入中国历史版图的最早的记载。

　　1941 年，在云南昭通县东石门坎（今属贵州威宁界）发现"蜀郡""千万"铁锄。1954 年，在鲁甸汉墓封土中发现"蜀郡""成都"铁锄，两器形制大小相似，以地名及书体推考，实属秦器，这是从五尺道由成都输入到滇东北和黔西北地区的。[①]云南省博物馆收藏有一件铸有"蜀郡成都"的铁锸，是昭通市出土的，以往认为是东汉时期的器物，从余宏模先生的研究成果看，这件铁锸也可能是秦代器物，是五尺道上贩运过来的商品之一。

　　五尺道的开辟，不仅加强了中央王朝对云南的管辖，也密切了两者的关系，成为滇、蜀商贸往来的重要通道。邛、筰（今西昌、盐源和滇西北地区）的牛马沿此输入巴蜀，四川的铁器等先进生产工具也输入云南，客观上促进了云南社会生产力的发展。今云南省昭通市盐津县西南石门关就是五尺道之一段，高踞关河北岸之悬崖峭壁上，至今还保存 300 多米的古道遗迹，窄窄的青石路面上，千古人物往来交通留下的马蹄印记犹在，最深者达 10 厘米，让我们不禁感慨古人"积薪焚石，浇水爆裂"的智慧与筚路蓝缕"凿空"西南的伟大。

　　秦开五尺道后，"十余岁，秦灭。及汉兴，皆弃此（诸）国而开蜀故徼"[②]。汉初年推行休养生息政策，中央停止了巴蜀与西南夷的往来，五尺道逐渐衰落。《华阳国志·蜀志》记载道："（汉高祖）虽王有巴蜀，南中（指今滇、黔和川西

---

① 余宏模：《秦汉僰道与开发夜郎》，《乌蒙论坛》，2008（2），第 74–80 页。

② 司马迁：《史记·西南夷列传》，第 2993 页。

南地区）不宾也。"汉初中央政府停止了经略西南，但民间交往仍很频繁。"巴蜀民或窃出商贾，取其笮马、僰僮、髦牛①，以此巴蜀殷富。"②

高后六年（前182年），政府才在僰道县建城，设置关市，作为重新经略西南的重要根据地。

汉王朝"文景之治"数十年的休养生息，国家得到长足发展。汉武帝刘彻即位后，"威加海内""广地万里"的政治需求与攫取更大经济利益的欲望与日俱增，并逐渐演变成一种国家层面的决断——绕过强大的匈奴而转道身毒国以至大夏、大月氏、大宛、康居等国，不仅可以沟通各国之间的商品贸易，也能建立军事同盟，断匈奴右臂，遏制匈奴势力的南侵——汉帝国膨胀的势力与君王建功立业、名垂青史的野心迫使帝国版图的迅速扩张。

## 二、南夷道

汉武帝开发西南夷，采取的是"先南夷后西夷"的政策。因为南夷道有常颇开五尺道的基础，比西夷道要容易些。南夷道的开通还要归功于唐蒙的一次上书。建元六年（前135年），唐蒙出使南越，在南越品尝到了蜀地的枸酱，于是打听从何方来，最后了解到是巴蜀商人贩卖到夜郎，经牂柯江（今北盘江上游）运送到南越的。唐蒙由此知道了蜀地与夜郎、南越有道路可以交通，遂上书汉武帝，请通夜郎道以制南越，出奇制胜。

> ……南越食蒙蜀枸酱，蒙问所从来，曰"道西北牂柯，牂柯江广数里，出番禺城下"。……蒙乃上书说上曰："南越王黄屋左纛，地东西万余里，名为外臣，实一州主也。今以长沙、豫章往，水道多绝，难行。窃闻夜郎所有精兵，可得十余万，浮船牂柯江，出其不意，此

---

① 牦牛，又作髦牛、旄牛。
② 司马迁：《史记·西南夷列传》，第2993页。

制越一奇也。诚以汉之彊，巴蜀之饶，通夜郎道，为置吏，易甚。"①

　　唐蒙上书，得到了汉武帝的赏识，于是唐蒙从僰道出发，率领千余人前往夜郎，翻山越岭，会见了夜郎侯多同，恩威并用，使夜郎及其旁小邑归顺了汉朝。他通过亲身体验，获得道路通南夷道最可靠的资料。

　　根据唐蒙的建议，元光五年（前130年）"发巴蜀卒，治南夷道"，从僰道直通夜郎，基本打通了汉与南夷的交通。②南夷道的修建，唐蒙功不可没，他不仅上书汉武帝请开南夷道，而且还亲自参与了道路的建设施工。北魏郦道元《水经注》记载："汉武帝感相如之言，使县（指僰道县）令南通僰道，费功无成，唐蒙南入，斩之，乃凿石开阁，以通南中。迄于建宁（今曲靖），二千余里。山道广丈余，深三四丈，其錾凿之迹犹存。"③

　　据《史记·南越列传》记载，元鼎五年（前112年）秋，汉武帝"使驰义侯因巴蜀罪人，发夜郎兵，下牂柯江"，汉朝四路大军进攻番禺，兵临南越，可见当时从巴蜀直至夜郎的南夷道已经通了。汉平南越、诛头兰（且兰），夜郎遂入朝，置牂柯郡（今贵州大部及云南东部）。此时南夷地终于完全归属汉朝管辖。滇池区域常常发现的月形玉玦、方形玉玦、突沿玉镯、蘑菇形的玉剑首等，与两广越人文化颇有渊源。④南夷道的开通，进一步密切了滇文化与越文化的联系。

　　南夷道并不是唐蒙设计的，他只是在原有的五尺道基础上进行了改建，两者的路线是一致的。南夷道从僰道（宜宾）修至夜郎牂柯江（北盘江）流域，通往两广以至南海。间道建宁（今曲靖）向西可直抵滇中地区。所谓的僰道，是从成都沿岷江一直到宜宾，此道为秦蜀守李冰所建。宜宾为汉僰道县，这一段路被称为"僰道"。僰道也是南夷道的一部分，可谓开南夷道之先声，李冰采

① 司马迁：《史记·西南夷列传》，第 2994 页。
② 颜建华：《汉武帝对贵州的管理经营》，载《吉首大学学报》（社会科学版），2012（2），第 53–56 页。
③ 郦道元：《水经注》，长沙：岳麓书社，1995，第 490 页。
④ 杨建芳：《云贵高原古代玉饰的越文化因素》，载《考古》，2004（8）。

取的"烧崖浇水，爆裂岩石"的开路方法，被后来的唐蒙等广泛采用。

汉朝开通南夷道的直接目的在于征伐南越，但更大程度上是汉武帝开发西南夷所采取的一个重要的国家战略，具有重要的政治深意。因路通南夷，故名之为"南夷道"，因主持修筑者为汉都尉唐蒙，又被称为"唐蒙道"，还因经夜郎牂柯江（北盘江）流域，也被称为"牂柯道"。

南夷道是在秦五尺道基础上的延伸扩展，它不仅扩大了巴蜀与西南夷地区的交通，而且还打通了巴蜀直到南越甚至可出南海的道路。南越归附，夜郎、滇受印，皆赖此路。据郦道元在《水经注》中说："（唐蒙）乃凿石开阁，以通南中。迄于建宁，二千余里。山道广丈余，深三四丈，其錾凿之迹犹存。"可见南夷道比秦五尺道宽了一倍以上，凿山为路，难度更大。从西汉武帝元光六年（前129年）直到汉武帝元鼎五年（前112年）才基本完工，前后历时十余载。南夷道的开通，使夜郎、滇及整个西南民族地区同巴蜀、中原的联系更为密切，促进了云贵高原同外界的交通。

值得注意的是，滇国在地理位置上处于"西夷"与"南夷"中间，划归"西夷"可能还更准确些，但汉武帝征伐滇国，走的却是公元前112年开通的南夷道。这是因为西夷道尚未开通——元封二年（前109年），天子发巴蜀兵击灭劳浸、靡莫，兵临滇国，迫使滇王"举国降，请置吏入朝"，汉武帝赐滇王王印，令其"复长其民"，汉以其地为益州郡（治今云南昆明晋宁）。1956年，石寨山6号墓出土篆书印刻"滇王之印"的蛇钮金印一枚，证明司马迁史笔不虚。

汉开西南夷，首先设立了犍为郡，郡治就在今贵州遵义，后迁到南广、僰道。通南夷后，在南夷地区设立的是牂柯郡，而征服滇国设立的是益州郡，从地理位置的重要性来看，当时汉把南夷、滇是同样对待的。再后来汉通西夷后，在西夷地区设立的是越巂郡、沈黎郡、汶山郡、武都郡四郡。司马迁在《史记·西南夷列传》中最后总结道"及置郡县，万代推功"，西汉王朝基本上完成了对西南夷的统一。

修筑南夷道还是汉族移民大规模进入云南并定居下来的重要契机，为云南文化的发展转型提供了巨大的动力。为修筑南夷道，汉武帝调动了数万人"千里负担馈粮"，"悉巴蜀租赋不足以更之，乃募豪民田南夷，入粟县官，而内受钱于都内"。为解决筑路民夫的粮食供应，招募内地商人出钱雇用农民到西南边区屯垦。这些内地汉族农民组成的"筑路工人"中的部分就在南夷道沿线定居下来①，成了云南人。

西晋太康七年（286年），朱提发生大地震，南夷道许多地段被震塌，道路随之荒废。

# 第三节　西夷道

西夷的对外交通主要有两条：灵关道与永昌道。灵关道是从四川成都通云南大理；而永昌道则是从大理经保山出缅甸达印度。

南夷道的开通与唐蒙有关，而西夷道的开通则与司马相如密不可分。在唐蒙开南夷道时，因为大量征调巴蜀民众，军法严峻，从而引起了百姓的恐慌，为此，汉武帝派遣司马相如出使巴蜀地区，作《喻巴蜀檄》晓谕、开导巴蜀百姓，安抚人心，平息了巴蜀骚乱。

元光六年（前129年），汉武帝命司马相如招抚邛、笮，置一都尉、十余县，属蜀郡。但是因为地理条件的限制，"道不通"，西南夷地区又"数反"，经营西南夷耗资甚重，元朔三年（前126年），以公孙弘为代表的当权者公开反对经略西南夷，此时北方的匈奴正虎视大汉边疆，迫不得已的汉武帝遂"罢西夷，专力事匈奴，独置南夷夜郎两县一都尉"。第一次开发西南夷基本实现了对南夷的统治，而暂时放弃了经略西夷。

《史记·大宛列传》记载，元狩元年（前122年），张骞出使西域归来，向汉武帝汇报，在大夏（今阿富汗）时看见市场上有蜀布和邛竹杖（夜郎产物）

---

① 林超民：《汉族移民与云南统一》，载《云南民族大学学报》（哲学社会科学版），2005，22（3）。

出售，当地人称来自身毒（今印度），所以从四川经云南西部应可通往印度，进一步到达阿富汗地区，如果打通此路，就可以防止匈奴隔断通往西域的路线。汉武帝为了解除日益强盛的匈奴人的威胁，一直想联合被匈奴人赶走的大月氏人共同夹击匈奴，而且也想将势力范围扩张到西南夷地区。听到张骞的报告，汉武帝又重新将交通西南夷、打通印度和中亚之路的举措提到了议事日程上来。

就在元狩元年，汉武帝派遣王然于、柏始昌、吕越人等人出使西南夷地区，希望可以像张骞所说的那样到达身毒国。王然于等人来到滇池地区时，得到了滇王尝羌的友好接待，尝羌还派手下人为王然于寻找通往身毒国的道路，但由于当时滇西地区的昆明人势力浩大，探路工作过了一年多都无功而返。王然于等人返回京师后，向汉武帝禀报了滇国的情况，说滇国是西南夷中的大国，"足事亲附"，这引起了汉武帝对滇国的重视。

元狩四年（前119年），汉武帝在对匈奴的作战中取得了决定性的胜利，致使"漠南无王庭"，于是可以腾出手来，经营西南地区。元鼎五年（前112年）秋汉朝四路大军进攻番禺，平南越、诛头兰（且兰），夜郎遂入朝，置牂柯郡，此时南夷地真正归属了汉朝管辖。西夷各族在汉朝军威之下也纷纷要求归附，所谓"冉駹皆振恐，请臣置吏。乃以邛都为越巂郡（今四川西昌地区，云南丽江、楚雄北部），笮都为沈黎郡（今四川汉源一带），冉駹为汶山郡（今四川茂汶羌族自治县一带），广汉西白马为武都郡（今甘肃武都一带）"。西夷道的开通也就顺理成章了。

西夷道可分为灵关道与永昌道（或称博南道）两段。灵关道从成都经青衣江到达邛都（今四川西昌），再到青岭（今云南大姚）至祥云、叶榆（今大理）；永昌道从叶榆西行，翻越博南山，经博南（今永平）渡澜沧江，抵永昌郡治不韦（今保山），再经由滇越（或认为就是今腾冲）出缅甸。

## 一、灵关道

从历史来看，西夷道同样早在战国时期就已经开通，秦汉之际，蜀地商人卓氏、程郑在临邛（今四川邛崃）"即铁山鼓铸，运筹策，倾滇、蜀之民"（《史记·货殖列传》），富甲一方。卓氏、程郑贩运铁器的商道，就是蜀、滇之间的交通线，从蜀地经邛都等西夷地区，南下渡金沙江，可达洱海地区。[①]通过此道进行商贸活动，巴蜀的铁和布、朱提的银、邛都的铜，被贩运到南中，而南中的笮马、棘僮则贩到巴蜀、内地。这也是后之灵关道的雏形。

汉武帝通灵关道，也是在滇蜀商贸古道的基础上修整扩张的。唐蒙开通南夷道后，西夷道的开通就提上了日程，于是汉王朝征发巴、蜀、广汉的士卒，参加筑路的有数万人。修路两年，但没有修成，士卒多死亡，耗费的钱财要用亿来计算，民间与当朝官吏因此反对者极多。但由于南夷道的开通给南夷地区带来了很多便利，西夷的君长如邛、笮、冉駹等都希望得到中央的承认。于是元光六年（前129年），汉武帝派司马相如为中郎将，出使西南夷地区。但是汉武帝通西南夷的政策受到了蜀中父老的责难，蜀人认为"今疲三郡之士，通夜郎之途，三年于兹，而功不竟，士卒劳倦，万民不赡，今又接以西夷，百姓力屈，恐不能卒业，此亦使者之累也，窃为左右患之"。司马相如对此专门做《难蜀父老》，文中解释了开通西南夷的重大价值，虽然劳动百姓，但亦为德化四方，功在安定天下。司马相如以其卓越的文学才能，解决了当时一个重大的政治问题，功不可没。

司马相如拆除了旧有的关隘，使边关扩大，西边到达沫水（大渡河）和若水（雅砻江），南边到达牂柯，设置一个都尉，十多个县，属蜀郡管辖，以此为边界，开通了灵关道，在孙水（今安宁河）上建桥，直通邛都（今西昌东南）。（《史记·司马相如列传》）

灵关道是沟通四川与云南洱海地区的重要交通线路，或称牦牛道，由成都经邛崃（古临邛）、雅安（古青衣、古严关）、芦山（古称零关）、汉源（古窄都）、甘洛、越西、西昌（古邛都）、大姚（古青岭）至祥云、大理（古叶榆）。

元狩元年（前122年），汉武帝派使者求通蜀身毒道，其一就是从川西沿灵

---

① 陆韧：《云南对外交通史》，昆明：云南人民出版社，2011，第31页。

关道抵达洱海地区，因受到嶲、昆明等古代民族的阻隔，这次探索蜀身毒道并未成功，但也由此可见，灵关道是蜀身毒古道的一个重要组成部分。

灵关道在以后历代均加以整治，唐代称清溪道，元、明、清则发展为通往成都的驿道。公元 1253 年，忽必烈铁骑南下革囊渡江奇袭大理，千里奔袭走的就是著名的西夷道。今在元谋、祥云尚存有部分古道遗迹。今成昆铁路就沿袭了灵关道北段的路线。

## 二、永昌道

汉武帝一直想打通的经蜀、滇出缅、印直到中亚、欧洲的国际性通道在中国西南境内的最西段就是永昌道。其道自叶榆（今大理）西行，翻越博南山，经博南（今永平）渡澜沧江，抵永昌郡治（今保山），再经由滇越（或认为就是今腾冲）出缅甸。永昌路东段因途经永平博南山，又称博南山道；其西段路经滇越（今腾冲），故又称滇越道。这条道路最终畅通，已经到了东汉明帝时期。

元封二年（前 109 年），汉武帝征服滇国后，曾开通至今保山一带的道路，《华阳国志·南中志》记载："孝武帝时通博南山，渡澜沧水、渚溪，置嶲唐、不韦二县。"汉武帝此举是为了攻取哀劳。可见永昌道之一段博南山道在汉武帝时已经基本开通了。

东汉永平十二年（69 年），哀牢王柳貌遣"子率种人内属"，汉明帝以其地新置哀牢、博南二县，并割云南、叶榆等益州西部都尉属国六县合建永昌郡，同时还赐柳貌"哀牢王章"。永昌郡的设立是东汉的一件大事。统治者视之为盛事，班固《东都赋》描述接受哀牢朝贡而举行盛大宴会的情景："孝武之所不征，孝宣之所未臣，莫不陆詟水栗，奔走而来宾。遂绥哀牢，开永昌，春王三朝，会同汉京。"除新开永昌郡外，加上原益州、牂柯、越嶲共四郡，以及犍为属国都尉，东汉王朝更有效地统治着西南夷。永昌郡辖境广阔，据《华阳国志·南中志》载："其地东西三千里，南北四千六百里。"《后汉书·西南夷列传》载："建初元年，哀牢王类牢与守令忿争，遂杀守令反叛，攻嶲唐城，太守王寻奔叶榆，哀牢人三千余众攻博南，燔烧民舍。"文中"守令"即哀牢县令，自哀牢至雟唐，再至博南，其路线自西而东，故哀牢地应在今保山市隆阳区潞江以西一带。哀牢县联系和管辖着西南部边地的"闽濮""鸠僚""倮濮"等古代民族，其地域极其广远，清乾隆《腾越州志》卷一《建置沿革考》说："汉时（哀牢、博南）二县，幅员极广，今腾越（腾冲）及诸土司之境，大金沙江（今伊洛瓦底江）内外至于南海，皆哀牢、博南地。"由此说明，东汉时期云南的西部疆域，已经从澜沧江、怒江之间延伸到了今天缅甸北部的伊洛瓦底江内外。

永昌郡的建立，标志着两汉王朝"西南开发战略"的基本实现。当时的永昌郡所辖地域比益州、越巂两郡之和还广大，为东汉第二大郡。汉代永昌是交通华夏、外联"诸夷"的国际大通道上的枢纽重镇，是汉王朝与天竺、大秦等国通商的国际性大都市，大批外国人定居永昌，成为汉王朝"化内之民"。至此，我国传统的西南疆界也基本确定，历两千年沧桑，迄今未曾有太大变化。

《后汉书·南蛮西南夷列传》："永平十二年（69年），……始通博南山，度兰仓水。""由祥云经永平至保山的博南道，显然是在永昌郡设置前后才辟为官道的。"[1]博南道山高箐深、路窄弯急，通行困难，所以北魏时期著名的地理学家郦道元在其所著的《水经注》里记载道："汉明帝时，通博南山道，行者苦之，歌曰：'汉德广，开不宾；度博南，越兰津；渡澜沧，为他人。'"博南县后于元代至元十二年（1274年）改名永平县，县名就是纪念汉明帝永平年间初置此县，沿用至今。

从保山再往西走，经腾冲就可到达缅甸，滇越道后，永昌道遂告一段落。永昌道从大理直到腾冲，穿越博南山、澜沧江、怒山、怒江、高黎贡山等大江大山，一路险阻之外，还有凶险的瘴气、蛇虫、虎豹危害，行路其中，死生各半。徐嘉瑞先生在《大理古代文化史稿》一书中感慨道："在汉代探险家眼中，云南与印度最为接近，但至东汉和帝永元元年（89年），中国梦想之计划始告完成。由叶榆、永昌通掸国。"[2]

① 段立生：《博南古道考》，载《南亚东南亚研究》，1985（2），第29-35页。
② 徐嘉瑞：《大理古代文化史稿》，北京：中华书局，1978。

直到抗战时期滇缅公路的修建，才使历史以来的马帮托运方式有所改变，但滇缅公路的走向仍然在很大程度上与古道相重合，让我们不得不佩服古人的智慧。

## 第四节　进桑麋泠道

南夷道、西夷道多以陆路为主，偶有水道。云南作为内陆省份，寻找出海口，也是历史的必然。汉晋时期，进桑麋泠道的开辟，是云南寻找对外出海口的重大成果。

进桑、麋泠皆为县名，进桑为西汉武帝平南夷时设立的牂柯郡下辖一县，位于牂柯郡与交趾交界处，即唐代之古涌步，今之河口地区。[1]而麋泠为交趾郡下辖县，在今越南北部，是永福省的一个下辖县。进桑麋泠道就是从今我国云南河口地区通往越南北部的一条古道。进桑麋泠道的核心与枢纽，就是贯通今我国云南、越南北部的红河。红河起源于云南西部，有干流红河（我国境内称元江）及其最大支流李仙江，上游李仙江、元江、盘龙江三大水系自西北东南流经越北，又穿过河内注入北部湾，全长 1280 千米，全年径流不稳定，雨季极大，因流经云南红土地携带大量泥沙使水呈现为红色，故名。红河沿岸土地肥沃，自古以来为人类重要栖居之地。古人或顺流而下，或溯源而上，时间推移，交通渐多。

与五尺道不始于秦代一样，古滇文化与交趾北部的交通，也不始于进桑麋泠道的开通。《尚书大传》记载周成王时，有越裳国朝贡并献白雉。《云南备征志》《滇云历年传》等记载，"越裳贡周，贡道由滇中"。越裳在何处，目前还未有公论，但研究者认为在交趾及其以南更有可能。[2]所以早在周成王时，从今

---

① 方国瑜：《中国西南历史地理考释》（上册），北京：中华书局，1987，第 11 页。
② 陆韧：《云南对外交通史》，昆明：云南人民出版社，2011，第 42–43 页。

我国云南通往越南北部的道路就可能已经存在了。

　　据方国瑜先生的考证，战国晚期，就有蜀王子由蜀经过滇中地区至交趾一事。[①]蜀王子入交趾，在北魏郦道元《水经注·叶榆河》引《交州外域记》中有记载，《交州外域记》成书时间大约在三国时吴蜀争夺交趾时。后晋人《广州记》、刘宋《南越志》都有类似记载。"交趾（今越南北部）昔未有郡县之时，土地有雒田。其田随水上下。民垦食其田，因谓之雒民。设雒王、雒侯，主诸郡县。县多为雒将，铜印青绶。后蜀王子将兵三万，来讨雒王、雒侯，服诸雒将。蜀王子因称为安阳王。"[②]

　　公元前 316 年，秦灭蜀，但蜀王室还是保存了一些后裔做傀儡政权维持稳定。公元前 285 年，秦废蜀侯，改设蜀守，又移民入蜀，所以蜀人逐渐开始南迁，其中一支系可能就沿成都、雅安、汉源过金沙江进入云南，又沿红河南下进入交趾，征服了交趾北、中部的土著，建立国家，称"安阳王"。蜀王子是否为越南的安阳王，学术界一直都有争论，但越南学者陶维英所著《越南古代史》一书中，也认为蜀国王室后裔蜀泮在抗击秦军胜利后，建立了瓯雒国。[③]从考古学来看，早在越南冯原文化中，就已经出现了一些四川三星堆文化因素，如玉石璋、戈、援、璧、环、铜援、陶豆等。蜀、越两地的文化交流，至迟在商周之际已经开始。[④]蜀人与交趾的沟通很大程度上是通过进桑麋泠道来实现的。

　　2009 年开始，四川省文物考古研究院等多家单位联合对四川向家坝水电站淹没区进行考古勘探、发掘，获得了很大成果，该考古项目曾四次入选"年度中国考古重要发现"，其中一项重要成果就是提供了川南地区为蜀人南迁重要据点的考古学物证。公元前 316 年，秦灭蜀后，蜀人去了何处一直是学术上的谜团，这次在屏山沙坝墓地、石柱地墓地等文物点发现的战国晚期至秦时期的墓葬，是典型的巴蜀文化墓葬。这些都为研究蜀人南迁的路线提供了重

① 陆韧：《云南对外交通史》，第 42–43 页。

② （北魏）郦道元：《水经注》，长沙：岳麓书社，1995，第 537 页。

③ ［越南］陶维英：《越南古代史》，北京：科学出版社，1959，第 116–119 页。

④ 雷雨：《从考古发现看四川与越南古代文化交流》，载《四川文物》，2006（6），第 17–23 页。

要的实物证据。

秦时蜀人之南迁，与后来汉武帝设立益州郡后滇人之南迁颇有共通之处。蜀人、滇人都是在中央王朝势力不断膨胀之下的一种被迫迁徙，他们迁徙的方向都远离了中央王朝的统治范围，而且迁徙的路线都是沿远古以来就有的南方陆上丝绸之路进行。这种大范围的族群移动在今天的考古发掘上虽有所反映，但还缺乏更多、更具体的材料支撑。

汉元鼎五年（前112年），汉王朝置牂柯郡，下辖十七县，多在今我国昆明经蒙自达越南河内一线，可见由滇中到越南的道路当时应已初通。从地理条件上看，云南与交趾一水相连，红河作为天然的交通线，是两地交通最便利的通道。因为高山峡谷纵横，所以云南在相邻的地域间会存在不同的文化，独特的地理条件导致民族分布密集、文化多样，但河流作为天生的通道，是沿岸各族交往的连接线，所以沿河区域的文化虽有区别，但又具有很多共性。例如在红河沿岸直到滇中地区发现的一种不对称铜钺（图4-13），就是文化传播的结果。不对称铜钺又被称为"足形斧"（Pediform hatchet）、"靴形斧"（Boot-shape hatchet），在东南亚和我国南方广大地区都一度盛行，国内主要集中出土在云南、广东、广西、湖南等地，国外越南、缅甸、印尼等地也有发现，时代主要集中在战国至西汉时期。不对称铜钺常常用来作为"干戚舞"之"戚"——青铜器上头戴羽毛的人物手持盾牌、铜钺而舞，它从实用性的斧钺分化而来，是古人用来举行宗教仪式的一种道具。晋宁石寨山出土过两件不对称铜

图4-13：石寨山出土的不对称铜钺（樊海涛 提供）

图4-14：越南出土的羊角钮铜钟（樊海涛　提供）

钺：一件钺在銎部有圆雕式的戴冠裸体人物装饰；另一件则在钺一侧直至銎口部位装饰有浮雕式的细致勾连几何纹饰，二者都很典型。立体人物以及勾连几何纹饰都是滇国青铜兵器中常用的装饰手法，但不对称铜钺显然是接受了外来文化的影响。其他还有羊角钮铜钟（图4-14）、铜鼓、铜桶[1]等，都属于进桑麋泠道周边青铜文化的共同特征。

黄展岳先生曾对我国云南、广东、广西，以及越南出土的铜提筒进行过专题研究，他认为"越南的铜提筒，在整个东山文化时期，一直得到较大的发展，它和铜鼓一样，都集中分布在红河沿岸地区，两者同属东山文化的重要青铜器，纹饰风格一致，重要性亦相当，可以作为越南东山文化的青铜器代表"[2]。

虽然黄展岳先生认为云南发现的铜提筒与两广地区及越南之间没有源流关系，但它们类似的艺术风格、相近的纹饰内容表现出几者之间早在战国末、西汉初就已经出现了交流，古人沿河上下，凭借红河这一天然的联系纽带，为后之进桑麋泠道之先河。

据史书记载，东汉时，进桑麋泠道已经很畅通了。《水经注》卷三十七，"叶榆水"条记载，建武十九年，伏波将军马援上言："从麋泠出贲古，击益州，臣所将骆越万余人，便习战斗者二千兵以上，弦毒矢利，以数发，矢注如雨，所中辄死。愚以行兵此道最便，盖承借水利，用为神捷也。"

────────────

① 铜桶即后文黄展岳先生所指的"铜提筒"。
② 黄展岳：《铜提筒考略》，载《考古》，1989（9）。

"进桑县，牂柯之南部都尉治也。水上有关，故曰进桑关也。故马援言，从麊泠水道出进桑王国，至益州贲古县，转输通利，盖兵车资运所由矣。自西随至交趾，崇山接险，水路三千里。叶榆水又东南，绝温水，而东南注于交趾。"这是《水经注》卷三十七中对进汉代桑麊泠道很清晰的记载，马援久战南方，对云南与交趾之间的水陆通道描述得非常清楚。从麊泠县（今越南永福省境内）启程，溯流而上，沿红河一直到进桑关（今云南河口地区）登陆，再从进桑关经贲古（今云南个旧市）向北，可以到达益州郡郡治——汉代的滇池县（今昆明晋宁）。从《水经注》的记载看，马援上书前，进桑麊泠道应该早已存在多年了。此道一直延续了下来。

三国魏晋时期，中原纷争不断，地处西南一隅的云南以及交趾地区反而成为乱世中的一块净地。大批中原人士进入云南、交趾，并往来不断，他们所走之路仍是进桑麊泠道。《晋书·陶璜传》记载，晋灭蜀汉后，南中监军霍弋遣将"自蜀出交趾，破吴军于古城，斩大都督修则、交州刺史刘俊"。同传并载晋灭吴后，吴交州刺史陶璜留任，其上朝廷的奏文中称："宁州、兴古接据上流，去交趾郡千六百里，水陆并通，互相维卫。"晋之宁州治在今晋宁，领有除今天滇东北以外的云南地区。兴古郡治在今云南砚山北（今云南红河州、文山州一带）。晋朝大军经云南"出交趾，破吴军"及陶璜的奏文反映当时云南和交趾之间的交通是较为畅通的。[①]

在唐代史书中还有对进桑麊泠道的记载。唐宪宗永贞元年（805年），剑南西川节度使韦皋卒，度支副使刘辟自为留后，元和元年（806年）刘辟反。《新唐书·徐申传》记载当时徐申为岭南节度使，于是上表"请发卒五千，循马援故道，由爨蛮抵蜀，梼蜀不备"。可见当时身为岭南节度使的徐申对从安南与云南间的马援故道是很清楚的，从安南经进桑麊泠道进入云南，再从云南东部爨部居住地沿旧南夷道可进入四川。[②]

① 徐兴祥：《马援与滇越古代交通》，载《云南民族学院学报》，1984（4），第10-16页。
② 颜星、黄梅：《历史上的滇越交通概述》，载《文山学院学报》，2003，16（4），第274-286页。

樊绰在《云南志》卷一《云南界内途程》详细地记载了从安南一直到南诏阳苴咩城的水陆通行路程及所花费的时间，共需 52 天。据方国瑜先生的考证，这条道路的一部分，从今越南河内一直到我国昆明、安宁的道路被称为通海城路。通海城路的路线为，从今越南河内经越池、三歧、甘棠驿至云南河口、屏边城、蒙自城、蒙自北部、建水城、建水曲江、通海城、江川城、晋宁城、昆明市至安宁市。这条路也就是汉晋时期云南、交趾之间的进桑麊泠道。该道延续发展到唐代，成为南诏与安南间的交通干线，并已成为唐朝沟通太平洋沿岸地区与南亚国家及地区的重要国际交通线。[①]

进桑麊泠道再向两端延伸就是一条跨越多国的国际性大通道，"由四川南行下滇池，经红河古道到越南河内，再向西可去东南亚和南岛诸国，并可继续向西延伸至罗马"[②]。

# 第五节　传、驿、置

我国最早的驿站类设置形成于商代，称为"堞"，50 里设置一处，是军事据点也可提供住宿；随后发展为"次"，是可以暂居的旅舍；再后来正式建立"羁"，是商王朝专为商王、贵族建筑的道边旅舍，食宿均供。[③]驿站不仅是传递信息的通信主体，也担负着物流运输的重要转运作用，是政治、军事、经济的集合体。秦一统之后，出于中央集权的需要，驿传制度已经发展得相当完备，汉承秦制，在秦的基础上更加完备而略有改变。

出于对西南夷的经略目的，秦汉以来，古滇文化的对外交通发展，一直都在中央王朝的经营、管理之下。史书记载，早在秦修五尺道时，就已经委派官

---

① 周智生：《中国云南与印度古代交流史述略（上）》，载《南亚研究》，2002（2），第 53-55 页。
② 董艳：《汉唐丝路驿站小考》，载《丝绸之路》，2009（12），第 41-45 页。
③ 董艳：《汉唐丝路驿站小考》，载《丝绸之路》，第 41-45 页。

吏进行管理了，但具体情况则语焉不详。张骞通西域后，滇的重要战略意义被汉武帝重新认识，他和其后的继任者都对南夷道、西夷道以及进桑麇泠道进行了不遗余力的开发，并设置了传、驿、置等机构。这些邮传机构在云南的设立，不仅保证了中央王朝的政令在边疆地区传达通畅，它们本身也是国防、交通、经贸、通信等多功能的集合体，加强了内地与边疆的联系，巩固了中央集权的大一统局面。

当时，用车传送称"传"，用马匹传送称"驿"，步递称"邮"。

南夷道开通后，有些路段已经可通行车马。1975 年，贵州兴义顶效万屯枧槽沟 8 号东汉墓出土了铜车马一套。车、马高度均近 1 米，共长近 2 米，是时人出行的一种重要交通工具。云南昭通出土的一些汉代画像砖上有人物车马出行图样，昆明市官渡羊甫头也出土过东汉铜马，这说明汉代的云南在一些交通干道上，马车已经开始逐渐普及了。云南省博物馆收藏有昭通采集的东汉"车骑人物出行纹画像砖"（图 4-15），砖长 16.5 厘米，宽 30 厘米，厚 6.8 厘米，该砖图案表现的是乘骑、车马、武士的行进队列。最左侧二人为前导，手持长戈，背上似负重物。第一人作"金鸡独立"远眺状，第二人躬身而行。其后一健马拉车，车上有伞盖。车后一人骑马，一人持矛（或为棍）跟随。此画面表现了当时贵族出行的隆重场面。

因马车传送费用过高，特别是高山峡谷众多、交通困难的西南夷地区，所以汉代用车传送已逐渐被马匹传送所代替。"传"逐渐变成了一种国家经办的招待所，是迎送过往官吏、提供饮食休憩的地方，也称"传舍"。1958 年，贵州

图 4-15：昭通采集的东汉"车骑人物出行纹画像砖"（樊海涛　提供）

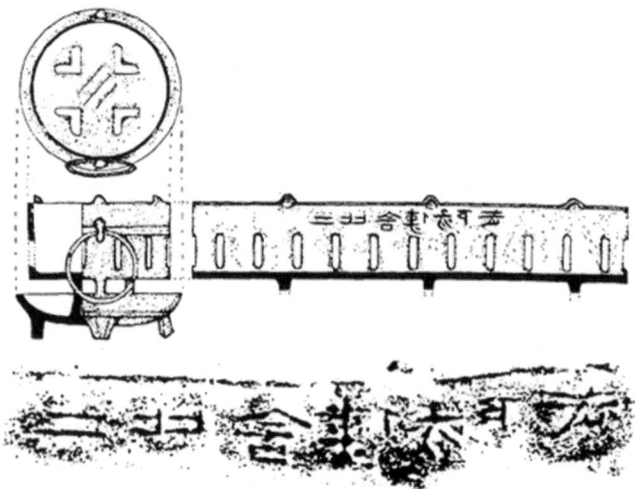

图 4-16：贵州赫章县可乐镇出土的武阳传舍铁炉①

赫章县可乐镇出土了一件刻有"武阳传舍比二"字样的铁炉（图 4-16）。据研究，这是一件汉代传舍使用的炊具。武阳是汉朝犍为郡首府，在今四川省成都以南。"比二"是炉子的周长，汉代的一尺大约相当于七寸，"比二"即一尺五寸左右。铭文显示这件铁炉原为四川武阳所造或原属于武阳的驿站传舍所用。成都生产的铁炉在贵州出土，说明了两者间交流互通程度之密切。

驿，从字体上分析，其意为以马为交通工具的一个四通八达的交通网。《说文解字》释为，"驿，置骑也"，意思就是将需要传送的公文放在马上，引申为传递公文的人中途休息、换马的地方。汉代驿与传舍经常合称为"驿传"。

所谓的"置"，是汉代驿和邮逐渐分流而形成的。东汉人应劭《风俗通》载："改邮为置。置者，度其远近置之也。"意即把原来称为"邮"的邮传设施，改称为"置"。"置"就是根据测量出来的距离远近来设置办公机构，实际上是邮传信使的中途休息站。

---

① 采自李衍垣：《汉代武阳传舍铁炉》，载《文物》，1979（4），第 77 页。

骑马称为驿，可传长途，而短途步行传书在汉代称为"邮"，管理机构称"邮亭"。秦汉的亭是地方基层行政单位，《汉旧仪》记载"十里一亭，五里一邮，邮人居间，相去二里半"，意即两邮间距是五里，两亭间距为十里。邮亭信差在两邮中间两里半处接力传递，故今天在一些古道遗址上，还多有"两里半"的地名。亭有亭长，掌治安警卫，兼管停留旅客，治理民事，职权较多。交通沿线的亭则兼有运寄政府公文、军事书信的任务。[①]汉高祖刘邦就曾任泗水亭长。

宁可先生在《中国大百科全书·中国历史》"驿传"条目中对汉代驿传制度有过精辟的论述。[②]

西南夷地区驿传制度的建立有史可证，但因为地处偏僻，所以汉代细致周详的传、驿、邮、置等在云南未免也有所折扣，因地广人稀，传、驿、置等设置也相对稀疏。元光六年（前129年），汉王朝开始在南夷道沿线设邮亭，据司马迁《史记·汉兴以来将相名臣年表》载：元光六年"南夷始置邮亭"，《华阳国志·南中志》（卷十）朱提郡南秦县条载"自僰道、南广有八亭，道通平夷"，从僰道到南广沿线设有八处邮亭。僰道即今四川宜宾。南广即今四川高县、珙县、筠连一带。平夷在今贵州普安、郎岱一带，地处群柯江中游。赫章可乐出土铸有"武阳传舍比二"铭文的铁炉，说明赫章可乐也可能设有传舍或亭、邮之类。《汉书·西南夷列传》记载，汉成帝河平元年至河平四年（前28年～前25年），汉群柯太守陈立曾"从吏数卜人出行县。至兴国且同亭"，召见夜郎王兴。"且同亭"，是汉代所设的邮亭，是南夷道上八亭的延伸。[③]

虽然秦汉史书谓"十里一亭，五里一邮"，实际上亭的设立并不完全根据距离来设置，而是与其司奸盗、供止宿和便邮驿的职能紧密相关。是否"临镜"和处在交通线上，以及是否为朝廷重点防范和加强控制区，是决定亭的多少、疏密的关键因素。云南地区传、驿、邮、置等的设立也同样基于此。

---

① 颜建华：《汉武帝对贵州的管理经营》，载《吉首大学学报》（社会科学版），2012，33（2），第53-56页。
②《中国大百科全书·中国历史》，北京：中国大百科全书出版社，1986，第1401-1402页。
③ 高荣：《"十里一亭"说考辨——秦汉亭制研究之一》，载《南都学坛：南阳师范学院人文社会科学学报》，2008，28（3），第1-5页。

　　秦汉是中原、巴蜀、西南夷各族文化交流的一个重要时期，秦汉在西南夷地区修筑南夷道、西夷道、进桑麋泠道等，不仅加深了中央与边疆的联系，也促进了古滇文化的发展、转型、兴盛。汉代军屯、民屯以及大量的高门豪民进入云南，客观上也带来了中原先进的生产工具、发达的劳动技术、科学的生产方式，使古滇文化的社会生产力发生了脱胎换骨般的巨大改变。青铜时代在西汉末、东汉初逐渐结束，云南进入了新的历史时期。

第五章

古滇时期的贸易

西汉早期，为了恢复经济，国家对商业实行宽松的政策，弛商贾之律，解山泽之禁，开放关市，商业于是逐渐发展兴盛，《盐铁论·力耕篇》云："宛、周、齐、鲁，商遍天下，富冠海内。"以地区为代表的大商人，已经将商贸活动推向了全国各地，而社会风气也不以从事"末业"为耻，反愿逐利而不为仕。《汉书·地理志》记载洛阳地区"巧伪趋利，贵财贱义，高富下贫，喜为商贾，不好仕宦"。许多商贾经营多年，"富至巨万"，积累了雄厚的经济实力，政治地位也有所提高。《史记·平准书》说："富商大贾或贮财役贫，转谷百数，废居居邑，封君皆低首仰给焉。冶铸煮盐，财或累万金，而不佐国家之急，黎民重困。"

汉武帝即位后，采取了盐铁官营、算缗①、告缗②、均衡平准、谪发商贾等一系列措施，打击私商的工商政策，但在边郡地区，官商勾结，囤积贩卖，而牟取暴利者仍屡禁不绝。西南地区因走私盐铁、僰僮而发家致富的商贾也大有人在。云南偏居西南，但商贸往来在秦汉时期反有所发展壮大。

古滇时期的贸易，包括滇国内部区域内互通有无的简单商品交换，也有滇地不同区域各族自发地进行贸易，还包括同滇文化之外的各大文化区域如巴蜀、夜郎、南越等之间的贸易，甚至还有同境外各国的贸易往来。由于古滇地理不便，所以就产生了专门的贩运贸易。所谓的贩运贸易，也就是转运贸易，即商人将生产物从有余的地方运到缺乏的地方，利用物品的地区差价，通过长途贩运、贱买贵卖牟取利润的一种商业活动。这种贸易方式并不从生产过程开始，而直接从事买卖，而且贩运的过程是双向的、重复性的，例如蜀商将成都生产

---

① 算缗，国家向商人征收的一种财产税，把大工商业主和高利贷者从农民身上剥削来的财物收归国有，是历史上大规模的抑商运动。
② 告缗，对那些抗拒不交或隐匿财产、偷漏税款的商贾，罚以戍边一岁，没收全部资产；并且奖励百姓告发违法商贾，"有能告者，以其半畀之"。

的铁器运送到滇池地区卖给滇人，又在滇池地区购买奴隶人口，运送回成都贩卖。一来一往之间，蜀商实际上完成了两次贸易活动。贩运贸易在西南地区都以蜀人为主体，形成了西南夷历史上著名的"蜀商"集团。此外，也存在其他地区从事贩运贸易的商贩，甚至还有部分的外国人参与进来。客观地看，蜀商的贩运贸易对西南夷的经济文化发展做出了一定贡献。

## 一、区域内贸易

滇国内部区域内的贸易虽无文字记载，但一些出土的青铜器上，却生动地展现了滇国贸易的鲜活场景。1955 年，晋宁石寨山 1 号墓出土了一件"杀人祭柱铜贮贝器"（图 5-1）。该贮贝器器盖上有群雕人像装饰，其表现内容，易学钟先生有长文考证[①]，但我们也注意到，该贮贝器盖也用很大的"笔墨"描述

图 5-1：" 杀人祭柱铜贮贝器 " 盖上的交易场面（局部）

---

① 易学钟：《晋宁石寨山 1 号墓贮贝器上人物雕像考释》，载《考古学报》，1988（1），第 37-49 页。

了滇国区域内的贸易情况。

该贮贝器盖上共有 52 人，包括男子 22 人，妇女 29 人，孩童 1 人，20 多位妇女以鼓面正中间的立柱为中心，3 人或 4 人一排，呈四排而坐。左方还有一列，一名妇女还背着一个小孩。这些妇女膝前、手中多数有鸡、鱼、柴火，以及其他食物等，还有一位妇女站立，手持一块布匹做展示状。这种情况与今天昆明一些地区的赶集相似，来自不同地区的人在固定的时间、地点进行物资交流、贸易。有的有固定摊位，也有的是流动摊贩。这种集市贸易客观上在一定范围内互通有无，促进了滇国商品经济的发展。

## 二、跨区域贸易

滇国与周边地区巴蜀、南越、夜郎等都存在贸易往来，其中最多的贸易是通过蜀商来实现的。滇、巴蜀的贸易由来已久，西汉时期由于政府禁止境外贸易，所以巴蜀商人的活动带有走私的性质。司马迁《史记·西南夷列传》记载："巴蜀民或窃出商贾，取其筰马、僰僮、髦牛，以此巴蜀殷富。"能够使巴蜀殷富，可见这种区域间的走私贸易规模不小。巴蜀与滇的贸易是双向性的，蜀商在滇地获取"僰僮"，贩运到巴蜀乃至中原地区，而滇国最稀缺的铁器，也是由蜀商带来的。《史记·货殖列传》中记载的临邛卓氏、程氏，就是以冶铁致富，生活奢靡，"富之僮千人。田池射猎之乐，拟于人君"。他们生产的部分铁器，通过蜀商运送到滇国贩卖，以谋取高额的利润。

古滇通过与周边地区的贸易，客观上也实现了与中央王朝的间接贸易。例如在晋宁石寨山、江川李家山出土的铜镜，就是在中原生产后通过各种贸易渠道进入滇国的，最早的铜镜甚至可以上溯到战国时代。

## 三、对外贸易

对外贸易的实现，一部分是本地人的功劳，更多的则要归功于蜀商。从另一个角度看，秦汉时，巴蜀是西南最发达的地区，与中原交往也最频繁，所谓的西南夷、南丝路，都是以巴蜀为中心来展开的。巴蜀商人对于古滇来讲，与波斯、阿拉伯商人在丝绸之路上扮演的角色相似。只不过因为南方陆上丝绸之路的艰辛险阻，巴蜀商贸无法与长安等万国商贾云集的景象相比，所以古滇时期的对外贸易规模、流通量、流通速度都相对小得多。但不可忽视的是，东汉时期，滇西北永昌郡的商贸勃兴，后来居上，堪为一时之盛。

常璩在《华阳国志》记载："身毒国，蜀之西国，今永昌徼外是也。"永昌"土地沃腴，有黄金、光珠、琥珀、翡翠、孔雀、犀、象、蚕桑、锦绢、采帛、文绣……又有罽旄帛叠、水精、琉璃、轲虫、蚌珠。宜五谷，出铜锡"，值得注意的是，水精、琉璃、轲虫、蚌珠等物品，应属外来，不是永昌所产，这些国内外奇珍异宝荟萃一时，与永昌作为汉晋时期连接太平洋和印度洋的大陆交通线上的重镇是密不可分的。当时，永昌郡民族众多，《华阳国志·南中志》记："永昌郡，属县八，户六万，去洛阳六千九百里，宁州之极西也，有闽、濮、鸠、獠、骠、越、裸濮、身毒之民。"其中骠即今缅甸，身毒即今印度，可见当时从国外来永昌经商的部分侨民已经在永昌定居了。《续汉书·郡国志》记载，永昌郡共有 20 万户、189 万多人，户口数在东汉 105 个郡国中位居第二。东汉时期的永昌郡，是当时西南地区重要的国际贸易通商口岸与物资集散地。

"李学勤先生曾在英国剑桥大学见到该校收藏的一片武丁卜甲，经不列颠博物院研究，龟的产地是在缅甸以南；YH127 坑武丁卜甲碎片黏附的一些织物痕迹，经台湾学者检验是木棉。木棉即《华阳国志·南中志》《蛮书》《新唐书·骠国传》等所说的'帛叠'，也就是所谓橦（桐）华布，主要产于缅甸。这些文化因素的直接来源，颇与印度洋沿岸地区、东印度阿萨姆和上缅甸有关，它们之间的接触、交流和交通，应是通过这些地区进行的。这表明，中、印、缅之间的交通、交流和互动，不但在商代确已存在，而且缅、印地区的一些文化因素还通过古蜀地区输往中原商王朝。"①

---

① 段渝：《中国西南早期对外交通——先秦两汉的南方丝绸之路》，载《历史研究》，2009（1），第4—23 页。

# 第一节　蜀布、邛竹杖、奴隶贸易

## 一、蜀布

《史记·西南夷列传》载："元狩元年，博望侯张骞使大夏来，言居大夏时，见蜀布、邛竹杖，使问所从来？曰：从东南身毒国，可数千里，得蜀贾人市。"这段著名的史料记载了两千多年前蜀商将蜀布、邛竹杖通过南方陆上丝绸之路贩卖到中亚阿富汗地区的事实。

一些研究者认为，蜀布就是苎麻布，苎麻较北方所种大麻多有优点，耐湿强韧而易漂白，用为夏衣，美观舒适。秦汉间，临邛大奴隶主之纺织作坊，大量收购此麻，绩为细布，漂使洁白，以为商品，流行四方。印、缅等热带富豪尤重之。以其生产于蜀地，称为"蜀布"。[1]

另外的一些研究者则认为，蜀布实际上应该是一种棉布，是产自滇西少数民族之濮、僚中。也就是《蜀都赋》所说的"布有橦华"。《华阳国志·南中志》永昌郡记载："有梧桐木，其花柔如丝，民绩以为布，幅广五尺，洁白不受污，俗名曰桐华布。"《史记·货殖列传》记载这种布在汉初大量运送到关中一带出售，以致公开规定了它的交换价格。这种保山地区生产的棉布，在市场上贩卖，一直卖到了南亚、东南亚地区，只是因为经由蜀商贩运而被称为"蜀布"。秦汉之际，云南生产的布匹就已远销到南亚、东南亚直到中亚、中东，这真是令人难以置信。[2]

---

[1] 任乃强：《蜀布、邛竹杖入大夏考》，见《川大史学·任乃强卷》，成都：四川大学出版社，2006，第 138 页。

[2] 参见陈婧：《云南傣族织锦图案艺术研究》，昆明理工大学 2009 年硕士论文；2010 年 3 月 20 日云南省社科联"云岭大讲堂"第 8 讲：何耀华《云南历史上的科学发展》。

## 二、邛竹杖

　　"邛竹"一词最早见于郭璞注《山海经·中山经》："(龟山)多扶竹。"郭璞注云："扶竹,邛竹也。高节实中,中杖也,名之扶老竹。"唐张守节《史记正义》注："邛都邛山出此竹,因名'邛竹'。节高实中,或寄生,可为杖。"唐代颜师古注释《汉书》引臣瓒曰："邛,山名。生此竹,高节实中,可做杖。"可见邛竹杖是邛都邛山上所生长,因为竹节较长且中心坚实耐磨,所以可用来做手杖。至于邛竹杖到底产于何处,历来研究者意见并不统一,有的甚至认为是兴古盘江以南,邛竹杖实为一种藤杖。[①]有的认为"邛人"所居地方出之坚实竹杖,皆可谓之"邛竹杖",而不必泥于邛崃山(大相岭)所产之竹杖。[②]目前新的意见是邛山即古邛崃山,在今四川洪雅西南部山区[③],属于古之严道县。严道县是邛竹杖最主要的产地。汉代的严道县即今四川省西南地区雅安市荥经县,秦时所置,从严道县翻越邛崃山沿牦牛道入滇,向西经腾冲可入今缅甸、印度。[④]严道县是牦牛道的起点,本身作为交通要冲,所以该地出产的邛竹杖得地利之便,很早以前就远销异国他方。

　　据郭璞的记载,"邛竹"即"扶竹",也就是"扶老竹",其功能显然是"扶老",但实际上,邛竹杖之所以远销到中亚地区,其"高节实中"的特性使它成为当时人们生活中普遍使用的一种手杖。西南地区山多箐深,河流纵横,地形复杂多样,猛兽、毒蛇众多,行人往来其间,手持一杖,不仅可以扶持休息,还可以驱赶蛇虫,作为防身武器,堪为远行必备,极其实用,所以邛竹杖才伴随着蜀商的活动,从四川一直转口贸易到今印度、阿富汗地区。宋代诗人黄庭坚有"稍喜过从近,扶筇不架车"的诗句,可见对邛竹杖的喜爱。1958年,邛竹杖曾被作为礼品送给党和国家领导人毛泽东、朱德、贺龙,得到了中央领导

---

① 任乃强:《蜀枸酱入番禺考》,《川大史学·任乃强卷》,成都:四川大学出版社,2006。

② 李绍明、黄剑华:《说"邛"与"邛竹杖"》,载《四川文物》,2002(1),第24—24页。

③ 康斌:《邛竹杖考》,载《成都大学学报》(社会科学版),2010(2),第81—83页。

④ 何达:《邛竹杖之产地新说》,载《文史杂志》,2012(4),第29—32页。

人很高的评价。

邛竹杖能够扬名国外，不仅因为其实用，更大程度上也在于其简单易制作，生产成本较低，而且容易贮存、运输。据考察，"当地人制作邛竹杖的工艺也极简单，即用微火将采来的成年邛竹烤出水分时，用手工方法将之弯成钩状，再用水冷却以定型，遂成邛竹杖。其颜色，分为竹子本色或漆成他色。现在，许多老年人仍在使用邛竹杖。此外，一些海外的游客来四川旅游时，也会买邛竹杖用于登山助力"①。

今云南昆明有筇竹寺，其得名也与汉代著名的邛竹杖有关。据传，宋大理国时期，善阐侯高光、高智兄弟二人到西山打猎，追逐一头犀牛直到昆明玉案山下，突然犀牛不见了，却隐约看到几个鹤发童颜的僧人，手拄邛竹杖。第二天他们又去，未见僧人，只见僧人手拄的邛竹杖已落地生根，长成了茂密的竹林。他们认为这是一块佛国宝地，于是在此造佛建庙，名为"筇竹寺"。现筇竹寺天王殿门口的对联还写道："地座灵山，白象呈祥，青狮献瑞；天开胜境，犀牛表异，筇竹传奇。"讲述的就是这个故事。可见邛竹杖在西南地区的深远影响。在传说故事里，邛竹杖与外国僧侣联系在一起，说明在古代蜀商的对外贸易中，邛竹杖是作为一件大宗商品而存在的，它从蜀地经滇，至缅甸到达印度、阿富汗等地后，深受当地百姓的喜爱，僧侣们手持一根，甚至成为身份的象征。

### 三、奴隶贸易

《史记·货殖列传》记载："巴蜀亦沃野，地饶卮姜、丹沙石、铜、铁、竹、木之器。南御滇僰，僰僮。西近邛笮，笮马、旄牛。然四塞，栈道千里，无所不通，唯褒斜绾毂其口，以所多易所鲜。""南御滇僰，僰僮；西近邛笮，笮马、旄牛……"两句为对偶句式，"滇僰""邛笮"是地名和族名，"僰僮"和"笮

---

① 何达：《邛竹杖之产地新说》，载《文史杂志》，2012（4），第29–32页。

马"则是"僰人"之僮和"笮人"之马，所谓"滇僰"即滇池地区之僰人。[①]《汉书·地理志》记载："南贾滇僰僮，西进邓笮马牦牛。"颜师古注曰："言滇、僰之地多出僮隶也。滇音颠。僰音蒲北反。"无论"滇僰"指的是滇地的僰人，还是滇地、僰地出僮隶，从史书记载来看，汉代滇池区域的一些少数民族被作为"僮隶"贩卖到巴蜀乃至于中原地区是毫无疑问的。

《史记·西南夷列传》中记载："巴蜀民窃出商贾，取其笮马、僰僮、牦牛，以此巴蜀殷富。"可见西汉时期，有巴蜀商人违反国家法律规定去西南夷地区掠夺贩卖笮马、僰僮、牦牛等，因此而发家致富。《史记·货殖列传》："程郑，山东迁虏也，亦冶铸，贾椎髻之民，富埒卓氏，俱居临邛。"程郑通过冶铸铁器、贩卖"椎髻之民"，身家可与卓氏相提并论。《华阳国志·蜀志·总叙》同样记载："蜀之为国，肇于人皇……其宝则有璧玉、金、银……之饶，滇、僚、宗、僰僮八百之富。"将滇、僚、宗、僰僮等仆役也当作蜀国的财富，显然其中"滇、僚、宗、僰僮"等的一部分就是从云南掠夺、贩卖到四川的。

秦汉之际，西南地区民族众多，其中以蜀文化最为发达，"根据文献和考古资料，证明蜀的文化张力主要是向南延伸，蜀文化向南传播并影响西南地区诸文化是整个西南地区文化变化交流的主流。所谓蜀'以南中为园囿'，其实是对蜀文化对其以南地区产生过强烈的影响的另一种描述"[②]。蜀人以南中之主的身份与西南夷各族进行交往与商贸往来，实际上也是对西南夷资源的一种变相掠夺。

汉代巴蜀之殷富，与云南古代少数民族付出的廉价劳动力是分不开的。

---

① 《云南各族古代史略》编写组：《云南各族古代史略》，昆明：云南人民出版社，1977，第275页。
② 刘弘：《论蜀式戈的南传——西南地区青铜戈的再研究》，载《四川文物》，2007（5），第66-74页。

# 第二节　金属

## 一、金属矿产

### （一）铜

1984 年 8 月，"第三届中国科学史国际讨论会"在北京召开，在中国科学史国际会议上，金正耀发表了《晚商中原青铜的矿料来源》，该文章不仅是中国学者将铅同位素示踪方法应用于考古学领域的第一篇论文，而且也揭开了古滇与中原之间铜矿料贸易的神秘面纱。

铅同位素示踪法的原理如下：矿石铅的铅同位素比值由原始铅同位素比值和放射性铅同位素比值所组成。不同区域的矿床其成矿时间不同，因而不同矿床的铅同位素比值通常也不相同，即不同矿床具有各自不同的铅同位素比值特征。而学术界一般认为铅同位素在矿石冶炼和金属熔铸过程中不发生分馏，青铜器等金属器物在铸成之后仍能保留所用原料的铅同位素比值信息，所以，古代青铜器物中所含的铅同位素保留了当时开采利用金属原料的产地的铅同位素组成特征的信息。我们通过研究古代青铜器物，包括各种青铜制品、矿冶遗存中的含铅的同位素组成，就可以追踪原料产地，了解其原料或器物的流通情况。这便是利用铅同位素比值探索其矿料来源的理论依据。

金正耀先生将商代青铜器中发现的一种铅同位素实验数据与云南永善金沙等矿山数据进行了对比，发现了两者的近似之处，提出这种高放射成因铅可能来自西南地区滇东北一带。[1]也就是说，商代青铜器很可能采用了云南永善的铜矿料。

从 20 世纪 80 年代迄今，金正耀先生一直延续了他对商代青铜器中高放射成因铅的持续关注，他的一个基本观点是：根据现有的地质资料和金属矿山的铅同位素数据资料，该产地位于西南地区的滇东、川南一带的可能性很大。[2]

---

[1] 金正耀：《晚商中原青铜的矿料来源研究》，见方励之主编：《科学史论集》，合肥：中国科技大学出版社，1987。

[2] 金正耀：《中国铅同位素考古》，合肥：中国科技大学出版社，2008，第 49-50 页。

目前的数据表明，最与之接近的仍然是滇东、黔西、川南这一地区的矿产，商代早中期青铜矿料的来源仍然最可能来自中国西南地区。云南是我国古代铜矿料的重要产地。科技考古的新研究成果向我们昭示了古滇最早的大宗贸易商品很可能就是铜矿料的输出。

从科技考古的研究成果来看，古滇早在商代就开始了铜矿料的输出。该地的铜矿料并没有在当地使用，而是进行了一种远域输出，这种输出路径很可能是经滇东沿五尺道的前身运输到巴蜀再转运到中原地区的。缘于云南古代生产力的相对落后，古滇铜矿料的开采、运输也可能是在"蜀"这一"文化高地"的管理下进行的，滇东接近川南，两者联系较多，所以我们在四川三星堆青铜器中同样发现高放射性成因铅也就不足为奇了。

滇东北地区开采铜矿料极早，但进入青铜时代则相对较晚，估计当时滇人采矿而不炼铜，属于生产环节中最基层的单位。云南被称为"有色金属王国"，矿产资源丰富，但云南大规模地利用矿产却很晚，这与古滇社会形态的演进程度密切相关。

（二）金、银

云南古代的金矿开采也与铜矿类似。云南金矿资源丰富，《韩非子·内储说上》记载："荆南之地，丽水之中生金。"丽水，即金沙江，因沿河盛产天然砂金而得名。

"金沙江是云南六大水系中最大的，自西藏进入我省德钦县，流经中甸、大理、丽江、楚雄、昆明、东川、昭通等 8 个地州（市），涉及 47 个县（市），其中全部面积在流域内的有 33 个县，部分面积在流域内的有 14 个县，积水面积 109026 平方千米。金沙江云南段砂金成矿环境复杂多样，砂金来源丰富、广杂，是一条名副其实的黄金水道。""金沙江在云南境内有大小支流 70 余条，重要的有 14 条……据统计有砂金矿床（点）71 个，分布于区内 8 个地州（市）13 个县。"[1]

---

[1] 黄仲权、史清琴：《金沙江流域（云南段）砂金成因类型及其找矿前景》，载《云南地质》，2001（3），第 270-278 页。

除金沙江流域外，现代地质矿床研究者也认为，"金沙江—澜沧江—怒江地区系指青藏高原东部、四川甘孜—理塘以西、云南点苍山—哀牢山以西广大地区，是我国重要的贵金属和有色金属成矿远景区之一。该区近年来探明了一大批金矿床，很有希望成为我国一个重要的黄金生产基地"[①]。

徐中舒先生研究认为，早在公元前 5 世纪初，"楚王在楚雄和荥经两地先后设立两个移民总管作为他的代理人，管理黄金的开采和东运。同时，楚国就有金饼和金钣两种金币在全国市场上流通。楚国黄金之多，在世界史上，可以说是空前的"[②]。云南一度作为楚国黄金的重要来源地，此论可备一说。

但从考古发现来看，云南能够冶炼铸造黄金制品却已经是西汉中后期的事情了。这并不是说云南在西汉中期以前并未接触金矿的开采，而是云南开采金矿以后，矿料被运送到其他地区消费了。这种资源所在地不是资源消费地的情况在历史上并不鲜见。铅同位素考古发现云南铜矿早在商代就已经成为中央王朝青铜器的铸造原料。东汉王充《论衡·验符篇》曾记载滇西永昌郡采金之事："永昌郡中亦有金焉，纤靡大如黍粟，在水涯沙中，民采得日重五铢之金，一色正黄。土生金，土色黄。汉，土德也，故金化出。"滇池地区也产金，《后汉书·西南夷列传》记载西汉时期滇池附近有"金银畜产之富"。

1974 年，在德钦永芝春秋时代墓葬遗存中曾发现 3 件长方形的银饰片，研究者认为这说明当地人在春秋时期已经掌握了银的冶炼与银器的制作技术。但我们考虑到该地出土银器数量较少、年代较早，而且银的冶炼极具难度，所以我们估计这几件银器应该是远域贸易的结果。[③]

2005 年，巍山马鞍山乡母古鲁村出土了一批青铜器，其中编钟 2 件、矛 1 件、

---

[①] 杨岳清、田农：《金沙江—澜沧江—怒江地区金矿类型及成矿条件》，载《地质学报》，1993（1），第 63–75 页。

[②] 徐中舒：《试论岷山庄王与滇王庄蹻的关系》，载《思想战线》，1977（4），第 75–82 页。

[③] 炼银工艺需要采用灰吹法，很难掌握，古代炼银多采用伴生辉银矿达到一定数量的方铅矿，所谓灰吹法指利用铅容易被氧化成氧化铅（PbO）及氧化铅可被排出或被炉灰吸收的性质而把金银从铅中提取出来的技术。参见孙淑云主编：《中国古代冶金技术专论》，北京：中国科学文化出版社，2003，第 51–54 页。

图5-2：巍山发现的银质人物形杖头

剑1件、杯2件、牛1件，还有1件人物形银杖头（图5-2）。杖头通高8厘米，银质一女子呈站立状，上身着方格纹薄衬，下着菱形回纹饰裙，颈挂饰物，两臂饰钏，手腕饰弦纹串饰，左手略抬紧贴胸，右手略抬至腹部，左腰际有两根编结形带饰，头部额前有刘海。从像的背面看，头发编成盘状，形象与云南古代民族反差较大，带有明显的外域色彩。这件银质人物形杖头很可能是外来之物，不仅该女子形象特殊，而且战国时期云南地区银器也很罕见。杖头作为一种西亚文化的典型代表，也非云南本土产物。报道者认为："这批青铜器中……说明巍山是滇池青铜文化与滇西青铜文化相互交融的重要地区。而这批青铜器物民族特色十分明显，这种文化面貌上的变化，应与氐羌系统的昆明族有着直接的关系。"[1]这种分析是正确的，昆明人、氐羌等游牧民族在不断的迁徙过程中，也充当了远域贸易的商人，无形中成了古代云南与外域文化交流的使者。

西汉中期以后，滇国金器增多，从材料成分来看，有金银合金、金铜银合金，甚至金铁合金等，说明当时不仅采用了共生矿来冶炼，也具备了主动添加其他元素铸造金银合金的科学认识。晋宁石寨山曾出土过一件错金银饰片，上

---

[1] 刘喜树、范斌：《云南巍山发现一批古代青铜器》，载《中国文物报》，2005-10-28（2）。

嵌八个金圈，极其华贵。

汉代云南银矿开采极多，是国内主要的产银点，据《汉书·地理志》《续汉书·郡国志》等记载，当时律高（今弥勒）、贲古（今蒙自、个旧）、双柏（今双柏）、朱提（今昭通）等地都产银。朱提之银，天下闻名，比其他地区的银价值要高出 80%。《汉书·食货志》记载"银货二品，朱提银，重八两为一流，直一千五百八十，它银，一流直千"。一直到三国时期，云南银都还入贡蜀汉政权。

### （三）锡、铅

锡是冶铸青铜器时一种重要的原料，添加锡能改变铜的性能，《吕氏春秋·别类篇》记载"金柔锡柔，合两柔则刚"。在冶铸时加入 5% 的锡，铸造出来的青铜硬度就提高到 68 度，经过锤锻二次冷加工后，它的硬度甚至能达到 176~186 度。而加锡 10%，铸造出来的青铜的硬度能达到 88 度，经过锤锻二次冷加工后，更能达到 228 度的硬度。此外，在冶铸青铜器时加入锡，可以增加青铜熔冶的流动性，铸造出来的青铜器的性能稳定，耐腐蚀。[1]锡对于青铜器的重要性由此可见一斑。

中国古代文明史上一直存在一个疑问，中原地区是我国古代青铜器的冶炼中心，但迄今我们未在中原发现重大的锡矿产地，所以古人冶铸青铜器所用的锡矿料从何处来，至今仍是一个谜。从 20 世纪 80 年代起，闻广先生提出"中原找锡"的号召，但仍无太多进展。研究者对中原地区锡矿料的来源分析主要有两种：一是就近取材，在黄河流域的中原地区及附近地区开采过，只是目前还没有被我们发现；二是从中原之外的地方通过贸易、进贡、战争掠夺等方式而来，南方的长江中下游和西南地区是中原青铜冶铸锡矿料的重要来源地，其中又以云南、广东、广西、湖南等地区为主。[2]部分学者认为除中原地区之外，

---

① 李先登：《中国古代青铜器学研究的对象与任务》，载《天津师范大学学报》（社科版），1993（4），第 46-49 页。

② 童恩正、魏启鹏、范勇：《中国古代青铜器中锡原料的来源——评〈中原找锡论〉》，载《四川大学学报》（哲学社会科学版），1984（4）。

南方江淮、徐楚的地域也是商代锡矿料的来源地。

翻阅史籍，我们就会发现，锡的产地，古今都以南方为主。《周礼·职方》："东南曰扬州……其利金、锡、竹、箭。"《尚书·禹贡》："扬州……锡贡。"郑玄注："此州有锡则贡之，或时乏则不贡。锡，所以柔金也。"《周礼·考工记》："吴、粤之金锡，此材之美者也。"

童恩正先生认为："《汉书·地理志》所载产铜、铁之地甚多，而产锡之地仅有三处，即益州郡律高县（云南陆良）石室山，贲古县（蒙自）的采山、乌山，这想必不是偶然的。既然西汉时期这些矿区已成为全国锡料的重要生产地，那么其开采至少在战国或甚至战国以前，我们不能排除在铜器时代这里已有向中原供应锡的可能性。"[①]《续汉书·郡国志》也记载了云南锡矿产地有益州郡"律高，石室山，出锡"，贲古"采山，出锡"。从云南考古发现的大量青铜器来看，最迟在战国末期，云南锡矿资源已经被充分开发了。如果我们联系"中原找锡"无果以及滇东北地区青铜器铅同位素考古的一些资料，大胆一点判断，可以说在商代，云南锡矿可能已经得到了开发，并且伴随铜矿料一起，通过朝贡、贸易等方式进入了中原地区。

青铜器不仅有锡青铜，也有铅青铜，还有以铜、锡、铅为主的三元青铜。当锡、铅等元素超过 2%，其他元素微量小于 2% 时，学术界一般称之为"××青铜"。广义的青铜器还包括铅青铜、磷青铜、砷青铜等。铅矿料对于青铜器的冶铸也是不可或缺的，古人因知识贫瘠，所以常常认铅为锡，或认锡为铅。在冶铸青铜器时，古人认为锡是主要的合金元素，而铅是次要的合金元素，所以《考工记·六齐》里也仅仅客观地记载了铜和锡的比例，而没有提到铅。实际上，铅在青铜器冶铸中也非常重要，它的加入，可以降低熔点，提高流通性，加强成型能力，改善切削加工性能，还能够降低冶铸成本。

根据科技考古的研究发现，古人对青铜器中加入铅有着明确的认识，铅的

---

[①] 童恩正、魏启鹏、范勇：《中国古代青铜器中原锡原料的来源——评〈中原找锡论〉》，载《四川大学学报》（哲学社会科学版），1984（4）。

密度远大于铜、铅，在消耗性的箭镞、大型的铜鼎等器物中加入大量的铅，可以增加青铜器的重量，降低铜的使用量，降低成本。而剑、戈等兵器和需要击打发音的编钟等器物中则不加铅。[1]由此可见，古人不仅熟练掌握了青铜熔冶配比的比例，对青铜器的性能也可以通过调整配比来实现目的了。青铜熔冶中细小的"铅颗粒"是以一种"空心泡状"的结构存在的，它减小了铅的密度，在熔液中分布均匀而不下沉。[2]

## 二、白铜

古代的白铜是一种以镍为主要添加元素的铜合金，银白色，有金属光泽，所以称为"白铜"。

"白铜"一词最早出现在三国张揖所著的《广雅》中："白铜谓之鋈"，不过它指的是否是镍白铜，学术界尚有不同意见。较可靠的记载，东晋时期蜀郡人常璩在《华阳国志·南中志》卷四中写道："堂螂县，因山名也。出银、铅、白铜、杂药。"堂螂县，即堂狼县，西汉时设，在今云南会泽、东川、巧家一带，此地富产铜矿，而相邻的四川会理出镍矿，两地交通方便，先天上就满足了生产白铜的条件。常璩写"白铜"一词时，对其认识很清晰，与银、铅等区分开来，所以当时（4世纪中叶）的云南白铜，应已享有了很高的知名度，被称为"云白铜"。会泽、东川、巧家一带盛产铜矿，自古有名，常璩所记的"堂螂县出白铜"应该就是天然的镍铜共生矿，古人以之为原料，铸造各种器物。至今离会泽、东川、巧家一带较近的四川会理，还一直盛产铜镍共生矿。云南牟定、大姚、元谋、武定等县也是镍白铜的重要产地。

但令人惊奇的是，云南产白铜，并不始于常璩所生活的公元4世纪，而要

---

[1] 潘春旭、廖灵敏、傅强等：《古代青铜器中铅的作用及其显微组织特征》，见西北大学文博学院、中国化学会应化委员会考古与文物保护化学委员会、中国科技考古学会（筹）编：《文物保护与科技考古》，西安：三秦出版社，2006，第46—48页。

[2] 潘春旭、廖灵敏、傅强等：《古代青铜器中铅的作用及其显微组织特征》，第46—48页。

早得多。早在公元前 2 世纪，希腊—巴克特里亚王国①便铸造了所谓的"镍币"，即铜镍合金币，由于这种钱币呈银白色，主要成分为铜，故也称其为"白铜币"。但希腊—大夏王国所在地区直到今天也没有发现铜镍矿，所以铸造白铜币的原料来源地始终成谜。

瑞典人 VonEngeslmm 在 18 世纪末撰写论中国白铜的文章，他称由化验古物考证，西汉（公元前 2 世纪）已有含镍 20% 的白铜运至大夏国（即今阿富汗地区）。②现代科技考古与历史学家、考古学家经过长期的研究后也得出了类似的结论：希腊—大夏王国铸造白铜币的原料应该是外来的，而它的产地就是中国的云南。

云南白铜与大夏镍币的成分对比表③

| 发表人 | 发表时间 | 分析对象 | 铜（%） | 镍（%） | 铁（%） |
|---|---|---|---|---|---|
| F. 费赖特 | 1868 年 | 云南白铜 | 79 | 16 | 4 |
| F. 费赖特 | 1868 年 | 大夏镍币 | 77 | 20 | 1 |
| F. 费赖特 | 1870 年 | 欧西德莫斯二世镍币 | 77.58 | 20.04 | 0.04 |
| F.R. 伯吞 | 1927 年 | 中国汉代白铜 | 80 | 16 | |

西汉时国内是否有白铜，史书上并无记载，只有依靠更多的考古材料或文献来补证了。

云南白铜矿早在公元前 2 世纪就已经开采并运输出国，最终到达中亚阿富汗地区的希腊—大夏王国，并在很长时间内成为该国的国家货币铸造原料。这

---

① 巴克特里亚王国是公元前 3 世纪中叶希腊殖民者在中亚建立的奴隶制国家。首都巴克特拉（今阿富汗巴尔赫）。"巴克特里亚"是古希腊人对今兴都库什山以北的阿富汗东北部地区的称呼。以下简称"希腊—大夏王国"。

② 徐其亨、李淑贤、聂焱：《云南古代白铜考——兼谈〈本草纲目〉〈天工开物〉中关于白铜的误释》，载《思想战线》，1998（11）。

③ 本表采自林钧永：《我国云南白铜与世界最早镍币杂谈》，载《新疆钱币》，2009（2），第 24–26 页。

真是让我们难以置信。武汉大学张资珙先生在研究中也不禁感叹："谁忆及前此二千多年在张骞奉汉武帝命通使西域之前，希腊大夏帝国的统治者——欧西德莫斯和他的继承人曾有赖于我国云南所出的白铜来继持他们的币制者？"[1]

白铜在中国一直都是珍稀之物，《旧唐书·衣服志》提到"一品乘白铜饰犊车"，只有一品或一品以上的官员才能乘坐有白铜饰品装饰的牛车，可见当时白铜之珍贵。唐宋时期，云白铜已远销到阿拉伯地区，当时波斯人称之为"中国石"。明清时云白铜远销世界各地，博得广泛的赞誉。它经广州出口，由英国东印度公司贩往欧洲销售，所以英文"Paktong"或"Petong"一词就是粤语"白铜"的音译，其含义是来自中国的白铜，也就是指产自云南的铜镍合金。

最早的镍白铜应该是由镍矿石与铜矿石搭配炼成的，其冶炼过程很复杂，须经多次煅烧、冶炼，具体的技术还待深入研究。明清之后，云白铜天下闻名，其合金配比、冶铸工艺也有了改变和提高。据北京科技大学的梅建军等人研究，明清时期著名的"云南白铜"，实际上是会理先炼出铜、镍二元合金，然后由云南会泽、昆明等地加入锌而熔炼出铜、镍、锌三元合金，再从本地出口，故有"云南白铜"之称。[2]

1890 年左右成书的《中国矿产志略》详细记述了云白铜的生产工艺——"白铜以云南为最佳。熔化制器时，须预派紫铜、黄铜及青铅若干，搭配和熔以定黄白。若搭冲三色三成，只用真云铜三成，已称上高白铜矣。至真云铜熔化时，亦须帮搭紫铜与青铅，使能色亮而韧。"其工艺是用所谓"真云铜"（疑即铜镍合金）配若干紫铜（即红铜）、黄铜及青铅（即锌）共熔，就可得到"上高白铜"（即铜、镍、锌三元合金）。这种白铜"色亮而韧"，说明配入铜、锌后，色泽和性能均有改善。[3]

"清代以来，云南已有专门采炼白铜的厂矿和生产白铜器的作坊。师荔扉

---

[1] 张资珙：《略论中国的镍质白铜和它在历史上与欧亚各国的关系》，载《科学》，1957，33（2），第91–99 页。
[2] 梅建军、柯俊：《中国古代镍白铜冶炼技术的研究》，载《自然科学史研究》，1989（1），第 67–77 页。
[3] 梅建军、柯俊：《中国古代镍白铜冶炼技术的研究》，载《自然科学史研究》，第 67–77 页。

《滇系》和光绪《续云南通志稿》都说，当时定远县（今牟定县）有大茂岭白铜厂、妈泰白铜厂；大姚县有茂密白铜子厂等……由税课银和当时税率推算，仅定远大茂岭白铜厂一年大概生产白铜两万到三四万斤不等。"①

云白铜传到欧洲后，引起了众多研究者的关注。1776年，瑞典的化学家恩吉司特朗姆经过样品分析指出中国白铜是铜、镍、锌三元合金。1882年，英国爱丁堡大学的化学家菲孚研究云白铜的分析报告公布，云白铜的合金比例为：铜占40.4%，镍占31.6%，锌占25.4%，铁占2.6%。1883年，英国的汤姆逊首先制出和云白铜相似的合金。同年，德国的海宁格尔兄弟仿制云白铜也取得成功。随之，西方开始大规模地用工业化生产云白铜，并将之改称为"德国银"或"镍银"。19世纪后期，德国银取代云白铜占据了国际市场。②

## 三、铁器

云南目前出土战国秦汉时代的铁器已经超过1000件，主要集中在昆明附近的官渡、安宁、晋宁、呈贡、江川、嵩明和洱海附近的大理、祥云、弥渡、宾川，还有金沙江沿岸的丽江、宁蒗、永胜，以及保山、昌宁、个旧、广南、曲靖、泸西、昭通、永善等地。③

从器形上看，云南出土的战国秦汉时期的铁器主要有：武器类（剑、环首刀、矛、戈）、工具类（斧、锛、削、凿、锥、臿、锄、爪镰等）、生活用品类（釜、勺、三角架等）。与其他地方不同，西南地区出土了大量的铜铁合制品，其数量之多，远在纯铁器之上，例如铜柄铁剑、铜銎铁戈、铜骹铁矛等。这也是云南铁器的一大特点。

从时间上看，云南出现铁器的时间最早约在战国中晚期，以呈贡天子庙、

①　张增祺：《云南古代的黄铜与白铜》，载《云南民族学院学报》（哲学社会科学版），1999（1），第74–77页。

②　2010年3月20日云南省社科联"云岭大讲堂"第8讲：何耀华《云南历史上的科学发展》。

③　李映福、周磊：《云贵高原出土战国秦汉时期铁器研究》，载《江汉考古》，2014（6），第69–83页。

江川李家山两地出土铁器比较有代表性。江川李家山 M21 出土的一件铜柄铁剑，据测定年代为距今 2500±105 年，约公元前 5 世纪初，相当于春秋末或战国初。从该墓地出土器物考古类型学上看，这一测定年代略显偏早，但最迟在战国中期，铁器就已经在云南出现了，滇西地区的祥云检村出土过两件铁镯，滇西北宁蒗大兴镇出土过一件铜柄铁刀，时代都在战国晚期。总之，战国中晚期云南出土铁器数量不多，天子庙墓地 M41 仅仅出土一件铁削，可见当时铁器之珍贵，滇人当时还未掌握冶铁技巧，铁器应属外来之物。

西汉以后，铁器数量、种类、分布地区都开始增多。比较明显的是，西汉中晚期，铁器数量增加的同时，铜铁合制的器物，如铜柄铁剑、铜銎铁矛、铜銎铁戈等也逐渐增多，而且铜铁合制的器物以兵器为主。这表明，当时铁器的数量在云南有所增加，但总量仍然不多。这些铜铁合制的器物部分是外来的，更多的则应该是在引入铁料块（或铁制半成品）后在当地铸造、锻造的。滇人购买外来的铁料块，用青铜铸造器物柄，更坚硬、耐磨的铁器则用于器身、锋刃上。这种情况可与历史互证，汉武帝开滇后，设置郡县，汉文化涌入云南，铁器也随之而来，因为盐铁官营的限制，铁器并不会大规模地进入云南，民间走私贸易的数量也不可能满足社会发展对铁器的巨大需求，所以铁器在云南一直都是稀罕之物。滇人在使用时候，只能本着"好铁用在刀刃上"的节约态度。直到西汉晚期，铁器在云南都不太多。

与云南出现早、相对数量较少的铁器相反，云南发现的铁器冶铸技术极其高明，这说明早期的铁器应该是商贸往来的结果。李晓岑等曾经对昆明呈贡石碑村出土的两件铁器做过金相分析，均为铜柄铁刃剑，时代约为战国晚期到西汉时期。铁刃材质优良，具有较高的强度和刃性，属于锻制的亚共析钢。李晓岑等研究者认为，"由于这两件铜柄铁刃剑形制具有明显的滇文化特点，可能为云南当地制作或某地为其制作，说明至迟在西汉时期，锻制的亚共析钢已出现在云南滇池地区"[1]。

---

[1] 李晓岑、贠雅丽、韩汝玢、田建、王涵：《昆明呈贡天子庙和呈贡石碑村出土铜铁器的科学分析》，载《文物保护与考古科学》，2010，22（2），第 60-64 页。

西汉中期以前，云南所使用的铁器多数应该是从外地贩运来的，对云南而言，巴蜀冶铁大户一直是最主要的铁器（铁料块）供给商。蜀商贩运到云南的铁器有铁胚，也有完全铸造好的成品。铁胚在云南被二次加工成铜柄铁器，而直接输入的既有带显著外来风格的三叉格铜柄铁剑，也有纯铁长剑、环首铁刀等。晋宁石寨山、江川李家山都出土过汉代的长柄、长茎的铁剑，这种长80厘米左右的铁剑与云南常见的仅40厘米左右的短剑不同，它的器身较长且细，与中原同期器物完全一致，而且为数不多，应属外来之物，被当时的贵族所拥有。

李晓岑等认为："古滇地区的铁器有锻铁器和铸铁器两种。锻铁器最迟出现于战国中晚期，当时已有亚共析钢制品，而炒钢、贴钢、经过淬火处理的钢制品以及铸铁器发现于西汉中晚期墓葬。反映西汉中晚期制铁技术和铁器的使用在古滇地区已经得到较快发展，并广泛用于生产工具和兵器，对当时的农业生产和军事技术都有影响。"[1]

东汉以后，汉王朝对云南的统治、影响已经达到了极其强大的地步，越巂、益州、永昌等地都开始开采铁矿、生产铁器，云南也跨入了铁器时代。兵器之外，生产工具、生活用品中也出现了铁器，铁爪镰、铁斧、铁臿、铁灯台等很常见，青铜时代被铁器时代取而代之。但因为本地的产铁量不足，云南仍有一部分铁器是来自贸易往来。

1936年，云南昭通石门坎东汉墓中曾出土三件铁臿，其上铸有篆文"蜀郡"字样；1954年，云南昭通鲁甸汉墓封土中也曾发现一件铁臿，其上有"蜀郡成都"铭文（图5-3）。类似的

图5-3：带"蜀郡成都"铭文的铁臿

---

[1] 李晓岑、韩汝玢编：《古滇国金属技术研究》，第99页。

铁臿在丽江、西昌地区都曾发现过，可见东汉以后，成都铁器大量从南夷道进入云南，成为云南古代贸易的重要组成部分。

### 四、金属货币

贸易行为必须通过一般等价物来实现，除了海贝这种南方陆上丝绸之路的"特殊的国际性货币"外（详见第三节"海贝"部分），尚有其他货币在秦汉时期的云南地区流通，如中原王朝传入的金属钱币、金银等。由于云南特殊的地理位置，山川阻隔，交通不便，商品经济发展水平极其落后，除交通干道上的主要民族聚居区外，很多地区的人们还在进行"以物易物"的交换。海贝、金属货币、金银、缯帛、茶、麻甚至盐块，成了古人交换的等价物，多种货币的混用，一直延续到了清代。古滇贸易使用的金属货币，流通时间比中原更晚，而且货币从未完全统一过，在一定时间段内，可能有某种主要的货币形式，但多种货币共存、混用属于常态。

自秦通五尺道，云南便正式纳入中央王朝的统治范围。但考古界至今尚未发现秦半两，这可能是秦半两发行量有限而且铸行时间不长的缘故，但秦既然与云南"颇置吏焉"，官员入滇，从常理推测，半两钱应有携带，或许在日后的考古发掘中我们会有意外之喜。

云南出土的金属货币在前人文献中颇有记载，如万历《云南通志》卷一记载："嘉靖乙未，滇人掘玉案山，得大黄布刀，制如磬折，衡重三钱。"天启《滇志》卷三说："甲子岁（天启四年），有锄地得钱者，其色尽绿，左右书五铢二字。"阮福《滇南古今石录》："道光六年，浪穹（今大理洱源县城）人牧牛于野，牛踏地下有空穴，人往探，中有铜釜，上覆铜盖，贮货布二千余枚，以铜条贯之。"玉案山所出土的"大黄布刀"为新莽时钱币，有人也认为"刀"字当为"千"，当千而用之。因五铢钱自汉武帝始铸，一直到东汉末均有铸造，流行时间约400年，天启四年掘地所得五铢钱，年代不好判断，暂定为两汉之物。而阮福所记"货布"则仅能判断在道光六年（1826年）之前。

云南发现较早的中原货币是晋宁石寨山第 13 号墓，该墓出土了 3 枚汉文帝时期的"半两"铜钱。作为石寨山的大型墓葬，第 13 号墓的规格甚至比第 6 号滇王墓都更高，从很多材料推测，第 13 号墓的墓主很可能也是一代滇王。但 13 号墓中出土的文帝半两钱仅仅 3 枚，说明它们不是作为流通货币而是一种珍稀物品成为随葬品的。

由于汉武帝开通西南夷，现今云南出土的金属货币逐渐增多。据不完全统计，江川李家山古墓群出土了西汉至东汉的五铢钱共 42 枚，呈贡黄土山小松山古墓出土两汉五铢钱 76 枚，晋宁石寨山古墓群出土西汉五铢钱 240 多枚。除了滇中地区外，在交通干线上的昭通盐津、彝良、鲁甸、大关等地也出土不少两汉五铢钱，象鼻岭、刘家海子、大坪子等地出土两汉时期五铢钱近 3000 枚；滇西地区在禄丰、大理、腾冲等交通干线上的城市也多次发现两汉五铢钱，数量不少。[1]

1964 年，在昭通大关岔河发掘东汉崖墓，其中 3 号墓出土海贝 2 枚，还有王莽时期的金属货币"货泉" 7 枚，"大泉五十" 22 枚以及东汉五铢钱 300 余枚。[2]

图 5-4：洱海小海岛上出土的"大布黄千"钱拓片

1979 年 3 月，在大理洱海东岸的一个小海岛上，发现了一个装钱的小罐，其中有汉五铢 13 枚、大泉五十 271 枚、大布黄千 61 枚（图 5-4），这批古钱是古人窖藏之物，同出的还有石网坠、陶弹丸等，可能是古代洱海周边打鱼部落的遗存，证明了自汉武帝设立叶榆县以来，大理地区与中原的贸易往来已经存在了。[3]

从出土的情况来分析，云南出现中央

① 刘莹、长河：《秦汉时期云南流通的货币（中）》，载《时代金融》，2009（4），第 63-64 页。
② 云南省文物工作队：《云南大关、昭通东汉崖墓清理报告》，载《考古》，1965（3），第 119 页。
③ 田怀清、杨德文：《大理洱海东岸小海岛上出土一罐古钱》，载《考古》，1983（9）。

王朝金属货币最早是在西汉早期，但为数不多，直到汉武帝开西南夷后，金属货币逐渐增多，出土地点遍及滇中、滇东北、滇西，主要位于南方陆上丝绸之路沿线，发掘出土的数量上千。由此可知，两汉时期的五铢钱在云南已经属于真正的一般等价物了。[①]

个旧黑马井墓地出土的个别五铢钱和"大泉五十"的穿和边未经打磨处理，墓室中还发现有炼渣的现象，这表明随葬器物很可能是在当地铸造的。

东汉以后，云南发现的金属货币更多，随着大批汉族移民的到来，金属货币成了交通干道上的城市的主要货币，人们对财富的贪婪欲望也更加显著，在东汉的梁堆墓的墓砖纹饰里，我们常常可以看到五铢钱、大泉五十的纹样（图5-5）。

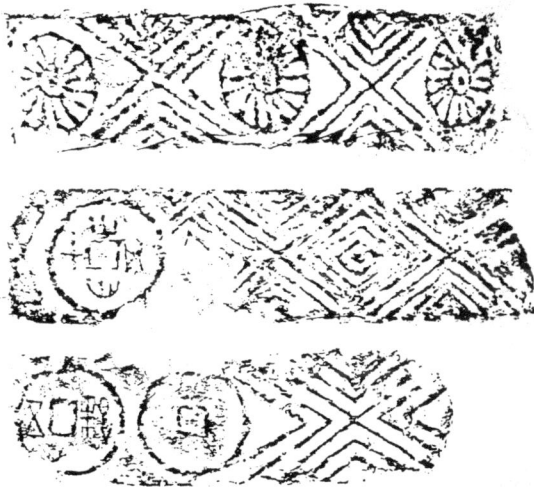

图 5-5：汉晋画像砖上的钱纹

---

① 按：1938 年 12 月，在云南腾冲城西核桃园出土汉五铢钱千余枚。李根源先生 1939 年冬还乡作《雪生还乡吟》其中有题为做《五铢钱》七律一首，诗曰："汉家声教迄南天，古物埋藏有岁年。郡隶益州征可信，宝峰发现五铢钱。"诗注中说："民国二十七年戊寅十二月初旬，在腾冲城西八里宝峰山下核桃园荒冢中，发现汉五铢钱数千枚，冢旁残碣一方，高二尺，广尺余，厚亦尺余，已剥蚀无字，又有陶片无数，质极粗劣，确是汉物。据此可定腾冲旧属汉益州、永昌郡无疑。余先后得四十余枚。"李根源先生的记载引起了众多学者的注意，方国瑜先生认为是"蜀贾携至"数量较多，"足见贸易之盛"。后经李正先生实地调查考证，李根源先生所记载有听信人言之嫌，并非其亲眼所见。李正先生认为这批汉五铢是近代收藏家将之作为"商品"带到腾冲来贩卖的，与汉代的蜀商无关。特此引注，还请后之研究者不再讹传。参见李正：《云南腾冲出土汉五铢钱考》，《四川文物》，1992（2），第 57-59 页。

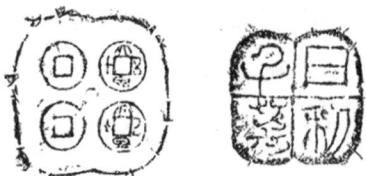

图 5-6：昭通出土的"大泉五十"钱范[2]

青铜摇钱树也成为流行一时的随葬品，昭通、呈贡、大理东汉墓中都有出土，在一定程度上也反映出古滇商品经济的发达。[1]

在今云南昭通（古属犍为郡）曾出土"大泉五十"钱范（图 5-6），背面有"日利千万"四字，与其他地区发现的王莽钱范全同。这说明当时滇东北地区已有铸币行为。

## 第三节　海贝、象牙、牦牛、琥珀

### 一、海贝

《尚书·盘庚》记载，盘庚告诫大臣们不要聚敛财货时云："兹予有乱政，同位，具乃贝玉。"孔颖达疏："贝、玉是物之最贵者，责其贪财，故举二物以言之。当时之臣，不念尽忠于君，但念具贝玉而已，言其贪也。"可见海贝与美玉在古人心目中的重要地位。商代的甲骨文和青铜器铭文中，常常记载王"赐贝"数"朋"之事，可见王赐海贝是极其荣耀的事情，要将之铸刻铭文，传之后世。

早在 3000 多年前的云南耿马石佛洞遗址中，我们就发现过一枚用白色大理石制作的"海贝"，这说明很早以前云南与南亚次大陆之间的文化交流就已经存在了。进入青铜时代后，云南对外交通更加广泛，海贝也屡屡被发现。简述于下：

（1）1980 年发掘的剑川鳌凤山古墓群，两座春秋中期墓，共出土贝 47 枚。

---

① 云南省文物工作队：《云南昭通桂家院子东汉墓发掘》，载《考古》，1962（8）；王涵：《云南呈贡七步场东汉墓》，载《考古》，1982（1）；《大理市一号汉墓清理简报》，载《云南文物》，总第 15 期，1984（6）。

② 昭通张希鲁先生收集。

其中 81 号墓所出 43 枚，背面均有磨孔。[1]

（2）1979 年发掘的呈贡天子庙墓群，其 41 号墓出土贝 1500 多枚，未磨孔，贮于两个铜提桶中。[2]

（3）1972 年发掘的江川李家山古墓群，共出土贝 300 千克，约 112000 枚，均未磨孔，多数是成堆置于死者头旁（图 5-7）。[3]

图 5-7：江川李家山出土的环纹海贝

（4）1955~1960 年，对晋宁石寨山墓群进行过四次发掘，在 50 座墓葬中 17 座出土有贝，共 400 多千克，约 149000 枚，皆未磨孔。[4]

（5）其他如 1994 年对江川李家山古墓群进行的发掘、1996 年对晋宁石寨山墓群的第五次发掘，都曾发现过海贝。[5]

此外，在中甸（今香格里拉）、巧家、禄劝等地的考古发掘中都发现过海贝，但为数不多。迄今所见云南出土的海贝时间最早的约在商代晚期或西周初年，年代相当于新石器时代晚期[6]，下限则可推至西汉晚期。

---

[1] 阚勇：《云南剑川鳌凤山墓地发掘简报》，载《文物》，1986（7）。

[2] 胡绍锦：《呈贡天子庙滇墓》，载《考古学报》，1985（4）。

[3] 张增祺、王大道：《云南江川李家山古墓群发掘报告》，载《考古学报》，1975（2）。

[4] 石寨山四次发掘资料参见孙太初：《云南晋宁石寨山古遗址及墓葬》，载《考古学报》，1956（1）；云南省博物馆：《云南晋宁石寨山墓群发掘报告》，北京：文物出版社，1959；第三、四次发掘《简报》分别刊于《考古》1959 年第 3 期、1963 年第 9 期。

[5] 参见蒋志龙、康利宏、程明：《云南晋宁石寨山第五次抢救性清理发掘简报》，载《文物》，1998（6）；云南省文物考古研究所、昆明市博物馆、晋宁县文物管理所：《晋宁石寨山：第五次发掘报告》，北京：文物出版社，2009；云南省文物考古研究所、玉溪市文物管理所、江川县文化局：《江川李家山第二次发掘报告》，北京：文物出版社，2007；云南省博物馆：《江川李家山古墓群第二次发掘简报》，载《云南文物》，2001（1）。

[6] 白肇禧：《云南禄劝县营盘山新石器时代洞穴遗址调查》，载《考古》，1993（3）。

图 5-8：石寨山出土的穿孔骨贝

云南发现的出土海贝，多呈椭圆形，背面中部隆起，有黄褐色的圈纹，称环纹货贝（Monetaria annulu），属腹足纲宝贝科，日本人把它叫作"子安贝"。李家山 24 号墓还出土了两枚虎斑宝贝（Cypraeatagris）。这种贝有黑褐色的斑纹，故俗呼之为"虎皮贝"。此外石寨山、李家山还出土了少量货贝（Monetaria moneta），背部中间隆起，两侧低平，壳后两侧突然扩大，形成节状突起，壳有不明显带纹、环纹。海贝产于印度洋、大西洋沿岸及我国东南沿海，如西沙群岛、海南岛、台湾等地。除天然海贝之外，滇国墓葬中还出土过一些由铜、绿松石、骨等质材仿制的贝（图 5-8），但数量稀少。李家山出土的铜贝上还曾鎏金，可见滇人对贝的重视。

云南周边地区的古代墓葬中也曾出土过海贝。四川三星堆遗址出土海贝"数以千计"，或言"达几千枚"。除云南已有的种类外，还有拟枣贝，其两侧没有结节，呈枣状，出土比环纹贝、齿贝少，但比虎斑贝多。其他在成都、雅安、宝兴、汉源、凉山等地均有出土。[1]贵州黔西县春秋战国石棺墓中出土海贝 30 余枚，林泉区东汉墓中也出土 30 余枚，总量为数不多。[2]广西先秦崖洞葬中出土过海贝，仅五六枚，宜州也有出土，数量较少。[3]

云南青铜时代的海贝，可以分为两种类型，一种穿孔贝，显然具有装饰功能，以剑川鳌凤山出土的海贝为代表，但出土数量不多，而且时间相对较早。以海贝作为服饰、发饰的风俗，应该与我国西北氐羌等游牧民族的文化影响有关。另一种是无孔贝，保持了海贝的原始状态，出土数量达数十万，时间相对较晚。

---

① 屈小强：《三星堆的海贝和铜贝》，载《寻根》，1997（4）。
② 贵州博物馆考古研究所编：《贵州田野考古四十年》，贵阳：贵州民族出版社，1993。
③ 广西壮族自治区文物工作队等：《广西先秦崖洞葬综述》，见广西壮族自治区博物馆编：《广西考古文集》，北京：文物出版社，2004，第 192-212 页。

　　云南青铜时代出土的海贝分布范围虽广，但它主要集中出土于滇池区域，这说明在滇国统治中心之外的地区，海贝的货币职能并不明显。贝币来源有两种可能。一种是东南沿海与印度洋沿岸，从经济交往的角度看，更可能是从南方陆上丝绸之路而来。南亚、东南亚地区的印度、孟加拉、缅甸、泰国等国家濒临印度洋，当时在与滇国的文化交往当中，海贝作为一种特殊的商品输入滇国，这是滇国海贝来源的主要渠道。另一种渠道可能是来自今越南一带。越南位于中南半岛中部，盛产海贝，从滇南经元江—红河即可到达越南。越南东山文化中出土的铜鼓、靴型铜钺、铜桶等器物在滇国中也存在明显的相似类型，表明了古代两者文化的交往频繁程度。所以古代越南也可能是滇国海贝的供给地。至于从云南东部经昭通到达四川、从云南南部通往广西还有经贵州至广西的古代交通途径虽然存在，但考虑到四川、贵州、广西等地出土海贝情况的稀缺[①]，而且东南沿海与滇国的商品交换关系不明确，证明云南出土的大量海贝从东南沿海输入的可能性极小，这些地方不会是云南青铜时代海贝的主要来源地。

　　云南青铜时代出土的大量海贝是否属于货币，一直以来存在争论，主要有两种截然相反的观点。一种观点是，"由于东周秦汉时期滇人的社会生产力较为低下，商品经济极不发达。因而，一种被社会承认的固定形态的货币不可能产生"，并且由滇国中小型墓葬中罕见海贝出土而推定，滇国出土的海贝只是一种宝物、珍玩，并非货币。[②]另一种观点则认为，滇国中出土的大量海贝显然具有"交换手段和贮存手段"的货币职能，是一种早期的货币。[③]《新唐书·南诏传》记载南诏国"以缯帛及贝市易，贝者大若指，十六枚为一觅"。两千多年前的云南使用海贝作为货币了吗？

---

① 广西因为临海，所以海贝天然就不具备稀缺性，它更多的是作为一种装饰物存在，随着秦汉文化的南播，广西的海贝在秦汉时期更不可能作为货币。

② 张永康：《古滇用贝币辩》，见四川大学历史系编：《中国西南的古代交通与文化》，成都：四川大学出版社，1994。

③ 汪宁生：《"滇"人的经济生活和社会生活——晋宁石寨山文物研究之一》，《云南青铜器论丛》，北京：文物出版社，1981，第42页。

　　传统经典的货币定义是，从一般商品中分离出来的充当一般等价物的特殊商品。我们定义云南青铜时代的货币应该是：由长期文化历史因素约定俗成的，用于充当交易媒介和价值标准的一般等价物的特殊商品。只有在实物经济的条件下，商品和货币已经成形，货币才是固定充当一般等价物的特殊商品。货币作为一般等价物，它总是具体地表现在一定的"物"上。传统的"金银天生是货币"的说法在云南青铜时代可说成是"海贝天生是货币"，而且它不仅是本地使用的货币，还是一种在特定区域内使用的特殊的"世界货币"。

　　滇池、抚仙湖区域青铜文化墓葬中发现的大量海贝应该已经具备了货币的基本职能——价值尺度与流通手段。近年来金莲山滇国古墓群的小墓中，我们发现了以海贝随葬的现象。值得重视的是，这些海贝不是作为装饰品分布于死者头部或衣服部位，而是集中成一小堆放置在死者的腰间，说明它们已经脱离了装饰品的范畴，具有了价值尺度和流通手段的可能。1992 年，江川李家山第二次发掘也发现"少数中小型墓内也有少许海贝堆放"[①]（图 5-9）。

　　江川李家山出土过一件喂牛铜扣饰，其中喂牛男子胸前悬挂一圆形袋状物，有研究者提出这是"药用的特制容器"，该人是兽医，正在医治病牛。但我们发现，在一些滇国步行、骑马人物胸前，也经常悬挂类似的圆形袋状物，笔者认为它应该是滇人的钱包，其中所装很可能就是海贝。

　　对于云南青铜时代而言，海贝不是滇国内的主要货币，因为滇国商品经济的发展处于一种以"物物交换"为主的初级阶段。海贝在当时是一种珍稀的物品，它只是贵族的奢侈生活标志，并不会在滇国内部进行广泛的贸易交换。但如果我们脱离云南的地域范围，将滇国海贝的研究视角扩大到整个西南环太平洋流域，就会发现：在西南环太平洋流域的广大范围内，海贝是一种"世界货币"。这是由海贝的"天生丽质"决定的。海贝具有几个特点：珍稀性、坚实性、易于携带。在世界古代文化中，海贝都曾不约而同地充当过一般等价物。从这一角度来看，海贝是滇国对外贸易的特殊等价物，滇国中出土的成千上万

---

[①] 云南省文物考古研究所、玉溪市文物管理所、江川县文化局：《江川李家山第二次发掘报告》，北京：文物出版社，2007，第 226 页。

图 5-9：金莲山墓葬人物腰间堆放的海贝

的海贝确实是一种货币。

　　著名的货币史专家彭信威先生在论及云南长期使用贝币这一情况时，曾推测"古代云南也许同孟加拉沿岸的印度和缅甸属于同一货币体系，因而云南用贝可能不是来自中国的古制，而是受到印度等地的影响"[1]。林文勋先生从贝币的来源及计算方法来分析，也认为云南与印度的贝币属于同一个货币体系。[2]彭先生的推测是"完全符合实际情况的"。虽然元明时期云南使用贝币与战国秦汉时期的情况在时间上有所差异，但以近溯远，以今鉴古，也不失为了解古滇文化贝币使用的一种可行方法。正如江应樑先生指出："秦汉之时，永昌为通海

① 彭信威：《中国货币史》，上海：上海人民出版社，1988，第 28 页。
② 林文勋：《云南古代货币文化发展的特点》，载《思想战线》，1998（6）。

要道，在交阯、广州尚未成为海上国际商埠时，西亚或南海船只东来的，都在缅甸、暹罗登岸而入云南。我们或者可以大胆地说，……云南也以海𧵋为货币。"①

滇青铜文化中有一种其他地方少见的特殊器物，它就是贮贝器。顾名思义，贮贝器就是用来贮藏海贝的容器。它的出现说明滇国海贝的贮存手段已经出现，所以对于实际考察它的流通的前提已经存在。滇国的数十万枚海贝分别出土在不同地点、不同墓葬中，所以不会是某一次贸易或国际贸易交换的货币量。有的人认为，在南方陆上丝绸之路的"蜀身毒道"的沿路并没有普遍地发现海贝出土，证明当时海贝不可能是一种通行的货币。我们必须注意的是，"蜀身毒道"上的贸易往来不是普通百姓所能够参与的，它只服务于当时的高级贵族阶层，所以国际货币大多数掌握在滇国统治者手中。

因为滇国总体货币流通的规模和速度处于一种低水平状态，货币流通速度慢，这些特点促使了贮贝器的诞生。迄今出土的贮贝器无一例外都出自滇国高级贵族墓葬中，这种状况与贝币的职能、流通状况是相吻合的。另一种可以解释海贝具有"国际货币"职能的现象是，在滇国墓葬中，有时我们会发现出土贮贝器，但其中却没有海贝出现；有时我们又会发现大量的海贝被放置在铜鼓、铜桶等代用的贮贝器中。可见，海贝在滇国上层社会仍然具有流通属性——当滇国贵族获取了大量的贝币时，只有用代用的贮贝器来存放；当他们的贝币交换出去之后，贮贝器就变得空空如也。据统计，西汉中期滇国海贝的存储量达到了 11 万枚左右，占滇国出土海贝的 79% 以上，这证明西汉中期，滇国的对外交往达到了前所未有的顶峰。②

由此可见，两千多年前的滇国，海贝确实曾作为一种"特殊等价物"存在，它已经具备了货币的基本职能——价值尺度与流通手段，在西南环太平洋流域的广大范围内，海贝是一种"世界货币"，这也是滇青铜文化遗址中出土大量海贝的原因。否则，细小的海贝饥不可食，寒不可衣，不可能莫名其妙地成为滇

---

① 江应樑：《云南用贝考》，《西南边疆民族论丛》，台北：新文丰出版公司，1978，第 89 页。𧵋，即贝的俗名，"古者用为交易，呼为海𧵋……"
② 王大道：《云南出土货币初探》，载《云南文物》，总第 22 期，1988。

国财富和权力的象征。它还是滇人贵族王侯内部高等级贸易的重要等价物，随着时间的推移，在一定程度上，滇国平民也已经开始使用海贝作为一般等价物了，金莲山平民墓葬人体腰间的海贝以及青铜器上不同人物胸前悬挂的钱包，都昭示了海贝业已逐渐成为滇国货币的事实。后因汉武帝开西南夷，滇国被迅速汉化，海贝的货币职能也被大一统的五铢钱所取代，西汉末海贝就罕见于滇青铜文化墓葬中了。

海贝可能不是唯一的滇国货币，从滇国考古发现的大批量的宽边"鸡骨白"玉镯、乳突状的玛瑙扣等在越南、泰国等地也广泛存在，所以我们也不能排除它们曾经作为"货币"的可能。甚至于云南青铜时代屡屡出现的"峰牛"，也生活在这环西南太平洋区域当中，也许它曾经也是一种"活的货币"。

## 二、象牙、牦牛

说到象牙，就不得不提到从 2001 年 2 月发现至今，四川成都金沙遗址出土的大量象牙。金沙遗址坑中，仅完整的象牙就有 100 多根，而不完整或破碎的象牙、象牙制品则数以吨计，总数量可能在 1000 根以上。经鉴定，这些象牙均属于亚洲象种。"过去不少学者认为三星堆出土的象牙与海贝很可能都来自异域，是通过远程贸易和文化交流而获得的。"[1]新的研究则认为，这些数以吨计的象牙很难通过异域贸易交往得来，而是古蜀本地所产，或者是从栖息于长江流域的象群获得的。[2]如果金沙遗址出土的大量象牙是通过南方陆上丝绸之路从印度贩运而来的，那么作为南方陆上丝绸之路的重要一段，云南也应该有所发现或有所记载才对。

与四川大量发现象牙不同，古滇考古中象牙很罕见。最早对云南的大象信

---

① ［澳］诺埃尔·巴纳德著，雷雨、罗亚平译：《对广汉埋葬坑青铜器及其他器物之意义的初步认识》见四川大学博物馆、中国古代铜鼓研究学会编：《南方民族考古（第五辑）》，成都：四川科技出版社，1992，第 30 页。

② 黄剑华：《金沙遗址出土象牙的由来》，载《成都理工大学学报》（社会科学版），2004，12（3），第 11-17 页。

息进行记录的是司马迁，他在《史记·大宛列传》中记述了汉武帝使者出滇国，难以通过昆明人地区前往印度的情况后，又写道："然闻其西千余里有乘象国，名曰滇越，蜀贾奸出物者或至焉。"其西千余里，或许已经超出了今云南省的范围。"乘象国"具体的地望，历代学者都有不同的解释，或说腾冲，或说德宏、版纳，或说是达光王国，或说缅甸，或说印度东部的阿萨姆邦，等等，不一而足。[①]

笔者认为，"滇越""乘象国"的考证，以汶江先生《滇越考》一文比较可靠，司马迁所指的"乘象国"就是东印度阿萨姆的迦摩缕波国。该国地域在东印度阿萨姆与上缅甸之间。[②]鱼豢《魏略·西戎传》记载："盘越国，一曰汉越王，在天竺东南数千里，与益部相近，其人小与中国人等，蜀人贾似至焉。""盘越"即"滇越"，《后汉书》误作"盘起"。云南一直以大象、孔雀等动物形象闻名于世，但实际上，云南产象地区主要集中在西南部。在云南的西部、中部、东部，古今均无产象的记载，而且在考古学上也未有重大的相关发现。《华阳国志·南中志》以及后来的樊绰《蛮书》里，记载云南产象都仅仅限于西南边陲，哀牢之南方。众所周知，云南周邻的缅甸、印度地区，从古至今一直都是重要的产象区。唐玄奘《大唐西域记》卷十《迦摩缕波国》中也曾记载："迦摩缕波国，周万里……国之东南，野象群暴，故此国中象军特盛。"据方国瑜、段渝等考证，西南夷的空间范围包括了后来缅甸的许多地区，直接毗邻东印度阿萨姆地区。方国瑜先生认为，哀牢地广人众，包括今之保山、德宏地区及缅甸伊洛瓦底江上游地带。[③]方先生之说，符合古文献记载。[④]所以司马迁记载的"乘象国""滇越"在今之国门之外是毫不奇怪的。

---

① 汶江：《滇越考》，《中华文史论丛》，总第十四辑，1980年第2辑。另注："达光王国的疆域西起亲敦江流域，东至萨尔温江流域，包括今缅北、缅中和掸邦大部，以及云南的德宏等在内的广阔地带。西接印度的曼尼普尔和阿萨姆邦，南交孟人地区；东南通泰国、老挝和越南，东北邻哀牢王国，通保山、大理。"参见杨永生：《"乘象国滇越"考》，载《思想战线》，1995（1）。

② ［法］沙畹：《魏略西戎传笺注》，见冯承钧译：《西域南海史地考证译丛》（第二卷）第7编，北京：商务印书馆，1995，第41–57页。

③ 方国瑜：《中国西南历史地理考释》（上册），北京：中华书局，1987，第22–24页。

④ 段渝：《中国西南早期对外交通——先秦两汉的南方丝绸之路》，载《历史研究》，2009（1），第4–23页。

图 5-10：贮贝器腰部长象牙的牛形怪兽

　　作为西南夷中仅次于夜郎的"大国"，古滇国确实也隐约出现了类似大象的动物身影。1995 年，晋宁石寨山 71 号墓出土了一件狩猎场面叠鼓形铜贮贝器（M71：142），器身刻纹图像中有一头牛形怪兽（图 5-10）。这头牛形怪兽蹄足、长尾、背有驼峰隆起，但头部无牛角，双耳竖立，鼻子与吻部之间长着两只长长的、向上弯曲的牙齿，与象牙极似。它的额头上还有一古怪的突起物，似角非角，犹如头部长出了一柄短曲柄斧。

　　这种怪兽真的在现实中存在吗？从狩猎场面铜贮贝器器身的刻纹图像的艺术表现手法看，滇人在表现这头牛形独角怪兽的同时，也淋漓尽致地表现了周遭树木、天空飞禽的生动形象。滇人善于表现现实生活场面的艺术特点，所以这种"牛形独角怪兽"也许真的曾经在滇国存在过。汉代人认为麒麟是麇身、牛尾、狼额、马蹄的形象，雄曰麒而无角，雌曰麟而有一角，角端有肉。[①]这头牛形怪兽倒是与麒麟有几分相似。

　　还有一种可能就是这头"牛形独角怪兽"是出于滇人对大象的向往而虚构出来的产物。我们尚未在滇国青铜器图像中见到过大象的身影，但在石寨山1号墓、12号墓出土文物中，我们曾发现过少量类似象牙的残留物，所以滇人很可能只见过象牙而没有见过真正的大象，所以就道听途说而捏造出了这头长着象牙的"牛形独角怪兽"。这种情况与晋宁石寨山第13号墓出土的一件"鎏金二怪兽铜扣饰"很相似，该扣饰由两只狮形怪兽构成，它们背身而立，头上巨角叉丫如鹿，长发上指，面容似人，圆睛、阔鼻、巨口，口中有两颗獠牙倒突于唇外，足踏两条巨蟒，背上还有一条巨蟒蜿蜒爬行其上，状极凶残。两只怪兽的耳朵和前爪上还装饰有大耳环、宽边玉镯等物。滇人铸造的怪兽很像狮子，但具体的细节却不是很准确，还掺杂了滇青铜文化很多特有的元素，估计滇人也是凭口耳相传而得知了狮子的形象，就把它具象显现出来，所以滇国的大象、狮子都似是而非。

　　有趣的是，1996年在晋宁石寨山第71号墓出土的狩猎场面叠鼓形贮贝器器身的刻纹图案中，我们曾发现了一头牦牛（图5-11），滇人生动地刻画了它的形态：颈短，头大，四肢短粗，长毛、扫帚状的尾巴，当得起"栩栩如生"四字，显然制作者对牦牛有过细致的观察了解，才能下笔有神。众所周知，牦牛主要生活在高海拔、高寒山区，而滇池区域属于热带、亚热带气候，海拔2000米左右，所以这头牦牛应是对外贸易的产物。它也是我国发现最古老的一头牦牛，距今已有2000多年。《后汉书·南蛮西南夷列传》记载，蜀郡西部笮都夷地有"旄牛县"，顾名思义，当地必多旄牛；西夷还有"旄牛夷"，也是因放牧旄牛而得名；蜀郡北部的冉駹地区"有旄牛，无角，一名童牛，肉重千斤，毛可为毦"。滇国所见的唯一的牦牛图像，其原型可能就是从笮都或冉駹所居之地而来。

---

① 张揖曰："雄曰麒，雌曰麟。其状麕身，牛尾，狼蹄，一角。"《说文解字》："麒，仁兽也，麕身牛尾一角；麐（麟），牝麒也。"段玉裁注云："状如麕，一角，戴肉，设武备而不为害，所以为仁也……"《广雅·释兽》《左传·哀公十三年》《汉书·武帝本纪》等均有类似记载。

图 5-11：贮贝器上的动物搏斗纹饰及牦牛图像

### 三、琥珀

琥珀是松柏科植物的树脂滴落后长时间掩埋在地下，在压力和热力的作用下，树脂失去挥发成分并聚合、石化形成的非结晶质的有机物半宝石，故又被称为"树脂化石"或"松脂化石"。

琥珀按产地可以分为海珀和矿珀。海珀以波罗的海沿岸国家如波兰、俄罗斯、立陶宛等出产的琥珀最著名。矿珀主要分布于缅甸及中国抚顺，常与煤精伴生。中国琥珀的主要产地有辽宁、河南、云南、福建、西藏等。云南琥珀现主要产地是丽江，产自第三纪煤层中，尚未大规模开采。

缅甸琥珀自古名声在外，多产自缅北与印度的交界地带。缅甸琥珀色彩绚烂，形成于距今 1.36 亿年前，其硬度在摩斯 2.5~3 之间（一般琥珀硬度为

2.5 左右或以下），是世界上硬度最高的琥珀，适合雕刻。缅甸琥珀中以褐黄色或暗褐色为多见，老化的琥珀为暗橘色或暗红色，裂纹多。民间因其色血红，又称"血珀"。明曹昭《格古要论》记载琥珀"其色黄而明莹润泽，其性若松香。色红而黄者谓之明珀，有香者谓之香珀，鹅黄色谓之蜡珀……深红色者谓之血珀"。

琥珀装饰品在我国西南地区最早出现在四川广汉三星堆遗址 1 号祭祀坑中，该祭祀坑中发现了一枚心形的琥珀坠，一面刻蝉背，一面刻蝉腹，上端有凹槽，槽内穿孔贯穿上下，距今已有三千多年。云南目前发现较早的琥珀是在曲靖八塔台第 41 号墓中，时代在春秋，该琥珀珠高 1.3 厘米，直径 1.1 厘米，浅褐色，半透明，中间有穿孔。[1]这是云南青铜文化遗址中发现的唯一一件褐色琥珀制品，色泽与其后滇青铜文化遗址中发现的"血珀"不同，应该具有不同的来源。[2]

楚雄万家坝遗址以及晋宁石寨山、曲靖八塔台、江川李家山等墓葬遗址中也有发现。时代较早者在春秋末、战国初，而多以西汉为主。楚雄万家坝第 23 号墓出土过一枚琥珀珠，高约 1.3 厘米，直径约 1 厘米，近似于圆柱形，上下两端磨平，上端略收缩，中间有圆形穿孔，孔径约 0.2 厘米。此件琥珀珠为暗红色，应该就是民间所称的"血珀"。第 23 号墓属于万家坝古墓群中心大墓，时代在春秋晚期至战国初年，该墓出土了四面铜鼓，它的主人是当时部落的首领无疑。这唯一出土的一件琥珀珠，向我们证明了它是外来的珍稀物品，深受部落首领的喜爱。同地第 19 号墓也出土了三枚琥珀珠，高约 2 厘米，四棱柱形，并不规则，中间略鼓，两端收缩，有穿孔，孔径约 0.2 厘米（图 5-12）。这三枚琥珀珠与 23 号墓出土者材质相同，常光下呈暗红色，对光看鲜艳如血，是血珀无疑。血珀产自缅甸，万家坝出土的这四枚琥珀珠子应该就是通过远途的国际贸易交换来的。

---

[1] 古方、王丽明主编：《中国出土玉器全集·云南贵州西藏卷》，北京：科学出版社，2005，第 16 页。
[2] 八塔台这颗琥珀珠的年代一说是西汉。参见云南省文物考古研究所：《曲靖八塔台与横大路》，北京：科学出版社，2003。

图 5-12：楚雄万家坝出土的琥珀珠

图 5-13：石寨山出土的西汉琥珀珠

张增祺先生在其《滇国与滇文化》一书中介绍，晋宁石寨山也出土血珀珠（图 5-13），它们与万家坝的来源一致，都是缅甸所产。[①]在云南省博物馆收藏的晋宁石寨山 1 号墓出土器物中，也有几枚琥珀珠，材质、色泽与楚雄万家坝第 19 号墓出土者近似，两者应该是同一地区所产。

官渡羊甫头采集过一件琥珀虎形饰物，作蹲踞状，张口龇牙，长 4 厘米，宽 2 厘米，高 2.6 厘米，腰部有穿孔，应该是串饰之类，时代不清，应属两汉之物。

东汉时期的琥珀制品主要见于昭通桂家院子汉墓中。该墓地 M2 出土琥珀饰物 5 件，1 件为卧虎形珠，长 2.1 厘米，宽 1.2 厘米，高 1.3 厘米；1 件为蝉形坠，长 2.3 厘米，宽 1.1 厘米，厚 0.8 厘米；1 件为司南佩，长宽均为 1.9 厘米，厚度为 0.67 厘米；1 件为扁圆形珠子，长 1.9 厘米，宽 1.2 厘米，厚 0.6 厘米；1 件为枣核形珠，长 1.3 厘米，直径 0.8 厘米。[②]

云南西汉以前出土的琥珀，基本都是细小的珠子，这当属外来之物，东汉时期，昭通桂家院子出土的琥珀饰件除了珠子外，还有琥珀兽形、虎形、蝉形、司南佩等装饰品。这些都是东汉时期流行的汉文化题材，从原料看，都属于缅

[①] 张增祺：《滇国与滇文化》，昆明：云南美术出版社，1997，第 125 页。

[②] 古方、王丽明主编：《中国出土玉器全集·云南贵州西藏卷》，北京：科学出版社，2005，第 111 页。

图 5-14：昭通桂家院子出土的琥珀饰件

甸的"血珀"。所以我们推测早在春秋末、战国时期，缅甸的琥珀就已经传入了云南，这种渠道一直保留着。早期传入的琥珀多为成品，而东汉以后，昭通桂家院子出土的琥珀饰物（图 5-14），原料来自缅甸，但却是在云南本地生产的。在漫长的岁月后，云南不仅继续向缅甸"进口"琥珀，还相应地产生了制作琥珀饰品的工匠。

# 第四节　裂瓣纹铜盒

"裂瓣纹（lobed decoration）是模仿绽放的花朵……这种纹饰起源很早，不仅流行于埃及、两河流域、小亚细亚半岛、伊朗高原和南亚次大陆，也流行于希腊、罗马，是西方艺术的典型纹饰。"[①]以裂瓣纹为主题的器物在中国迄今已经发现不少，古滇文化中的裂瓣纹铜盒也引起了国内外许多研究者的注意。

1956 年，晋宁石寨山第 11、12 号墓分别出土了一件裂瓣纹镀锡铜盒。其中 11 号墓出土（石甲 M11：6）为三鸟铜盒（图 5-15）；12 号墓出土为三兽铜

---

① 李零：《论西辛战国墓裂瓣纹银豆——兼谈我国出土的类似器物》，载《文物》，2014（9），第 58-70 页。

图 5-15：石寨山出土的三鸟铜盒

盒（石甲 M12：13）。两件器物高 12.5 厘米，口径 13.4 厘米，尺寸相近，铜盒上交错的凸瓣纹每排 25 枚，极其规则。器盖上分别饰以三鸟及三兽，三鸟有人称三凫，或三鸳鸯，三兽则有人认为是豹。石寨山 11、12 号墓时代约在西汉前期，公元前 175 年～前 118 年之间。

1958 年，晋宁石寨山第三次发掘第 23 号墓出土两件铜盒，大小相同，高 9 厘米，口径 10 厘米，器身、盖均有小圈足，无立兽。

1992 年，江川李家山第二次发掘，在第 69 号墓出土一件凸瓣纹铜盒，矮圈足，器盖、器身上分别铸有一道凸瓣纹，通体鎏金，通高 16 厘米，腹径 20 厘米。

云南之外，裂瓣纹铜盒（银盒）在我国各地发现不少，引起了中外学者的重视。1979 年，山东临淄窝托村西汉齐王墓陪葬坑中出土了一件凸瓣纹银盒，器身、器盖为银制成，高 11 厘米，口径 11.4 厘米，但盖上的三兽形钮以及喇叭形的圈足却是铜铸的。墓主人为西汉第二代齐王刘襄，卒于文帝元年（前 179 年）。[1]据林梅村先生介绍："香港中文大学的饶宗颐注意到银盒上刻有'三十三年'的铭文，而汉代皇帝没有一个在位超过这个数的，所以认为这个纪年应该是秦始皇三十三年（前 214 年）。"

---

① 贾振国：《西汉齐王墓随葬器物坑》，载《考古学报》，1985（2）。

图 5-16：南越王墓出土的凸瓣纹银盒

图 5-17：山东青州齐王墓出土的裂瓣纹银盒

1983 年，广州象岗南越王墓也出土一件凸瓣纹银盒（图 5-16），高 12.1 厘米，口径 13 厘米。与齐王墓陪葬坑出土者类似，该银盒也在器盖上加装了三个钮来装饰，但出土时已脱失，仅存榫孔，喇叭形的圆器足也是后配的，通体铜鎏金。南越王墓年代在公元前 128 年～前 117 年之间。

1997 年，安徽巢湖市北头上 1 号墓出土一件裂瓣纹银盒，子母口，喇叭形铜矮圈足，高 11.4 厘米，口径 11.8 厘米，盖上未加钮，盒顶、盒底均有铭文，但残损较重。

2004 年，山东青州西辛村战国时期的齐王墓出土了两个裂瓣纹银盒（图 5-17）。其一高 11.1 厘米，腹径 11.3 厘米，底径 5.6 厘米。盒体部分用银片锤揲而成，盖有三钮，似乎是卧伏的虎豹，铁锈甚重，可能是青铜钮，下为青铜圈足，有鎏金痕迹。其二高 10.6 厘米，腹径 11.6 厘米，底径 5.8 厘米，其余皆类似。

2011 年，江苏淮安盱眙大云山汉墓群的考古中，也出土了一件裂瓣纹银盒，高 12.1 厘米，口径 13.2 厘米。其埋藏年代要早于南越王墓，表明在张骞出使西域开辟丝绸之路之前，地中海地区的物品已东传到汉朝，很可能是通过海上丝绸之路传来的。同墓出土的另一种比较大的银器凸瓣纹银盆在我国则是首次发现，此类银器完全用锤揲方式制成，与古代中国传统的金属铸造方法迥异。中国这一工艺在唐代才臻于成熟。①

赵德云先生的观点与饶宗颐先生类似，他认为，"鉴于这类珍贵器物的沿用时间比较长，它们的制造年代可能要更早一些，如山东临淄西汉齐王刘襄墓陪葬坑中与银盒共出的一件银盘，其上有'三十三年'纪年铭，因为汉初不论汉帝还是齐王，没有在位三十三年者，所以发掘者推测，可能是秦始皇三十三年（前214年），银盘应是秦亡以后流散到齐国的。所以，刘襄墓和南越王墓出土的凸瓣纹银盒，其制造的年代也有可能早至秦代甚至战国"②。这一判断被2004年山东青州西辛战国墓出土的裂瓣纹银盒所证明。

此类凸瓣纹银盒、铜盒的文化渊源，研究者对其来源地的判断却存在较大分歧。有西亚中亚说、安息说、波斯或罗马说，但基本认为是外来的，仅英国伦敦大学亚非学院（SOAS）倪克鲁（Lukas Nickel）教授认为是本土所产，因为在西方出土器物中，没有发现与此完全相同的器物，而且西方裂瓣纹器物无盖，更无子母口扣合的例子。但据林梅村先生介绍，伊朗近些年发现一件埃兰银盒，艺术造型与山东青州战国齐王墓出土银盒以及西汉齐王墓出土秦始皇三十三年银盒如出一辙，其口沿部位还刻有埃兰文字，年代大约在前9世纪～前6世纪。③可见西方已经发现了"如出一辙"的器物，而且时间比中国要更早。

据李零先生的介绍，裂瓣纹器皿早期在叙利亚地区就有发现，其时间甚至早到了公元前1900多年。④林梅村先生研究认为，裂瓣纹金银器最早见于近东埃兰文明，是用锤揲法压制而成，这种工艺传统后来为波斯人、帕提亚人所传承。⑤从目前研究来看，学术界已经公认裂瓣纹属于外来的艺术风格，而基本

---

① 以上出土文物具体描述可参看李零：《论西辛战国墓裂瓣纹银豆——兼谈我国出土的类似器物》，载《文物》，2014（9），第58-70页。
② 赵德云：《凸瓣纹银、铜盒三题》，载《文物》，2007（7），第81-88页。
③ 林梅村：《丝绸之路考古十五讲》，北京：北京大学出版社，2006。
④ 李零：《论西辛战国墓裂瓣纹银豆——兼谈我国出土的类似器物》，载《文物》，2014（9），第58-70页。
⑤ 同上。

同意中国出土的裂瓣纹银盒也是海外传来的[①]，例外的就是云南滇青铜文化遗址出土的几件裂瓣纹铜盒，显然是本地制造的。

滇国贵族墓中，类似的银盒虽未被发现，但滇人工匠用青铜铸造的裂瓣纹铜盒却不少，石寨山、李家山贵族墓中都出土过，时代为西汉。这几件裂瓣纹铜盒显然是滇人根据国外传来的原件仿造的，滇人还在其表面镀锡，使之具有类似银器的光泽。比之山东、广东，滇人更擅于仿制。有趣的是，2011 年 9 月 13 日，北京科技大学的李晓岑教授等人在云南省博物馆对石寨山出土的三鸳鸯铜盒进行成分检测时，意外地发现这件铜盒为铜锡合金，而盒盖上焊铸的三鸳鸯两只为银鸳鸯，另一只为铅鸳鸯，为何有这种材质上的不同？我们百思不得其解。英国伦敦大学亚非学院倪克鲁教授认为可能是出于颜色区别的原因，他指出，在中国发现的其他的裂瓣纹银盒上的小兽也与盒身在色彩上有所差异。石寨山 23 号墓出土的两件裂瓣纹铜盒表面似乎还有鎏金的痕迹，不过时代已经到西汉晚期了。

# 第五节　蚀花肉红石髓珠

1956 年，晋宁石寨山 13 号墓出土了蚀花肉红石髓珠一颗，在发掘报告中被当作普通玛瑙珠，因为夏鼐先生在国外曾做过相关蚀花肉红石髓珠的研究，所以最先发现它的特殊性，指出其十道平行线纹是用化学方法人工腐蚀出来的。1974 年，夏鼐先生在《考古》杂志上发表了《我国出土的蚀花肉红石髓珠》一文，纠正考古界以往一直将类似器物作为"玛瑙珠"的误解，打开了我国学者对蚀花肉红石髓珠的科学研究大门。[②]

---

① 倪克鲁教授从南越王墓银盒的制作工艺，以及带叶瓣纹饰在中西方不同金属器物上的使用情况等角度进行分析，提出中国出土的此类银盒可能为在中国境内制造的观点，推测这些银盒的产地可能在秦汉政治文化中心咸阳或长安地区。

② 作铭（夏鼐）：《我国出土的蚀花的肉红石髓珠》，载《考古》，1974（6）。

"肉红石髓"，又称"红玉髓""光玉髓"，是一种晶质体玉石，主要成分为二氧化硅。它和玛瑙一样，都属于玉髓（Chalcedony）类矿物。两者区别在于玛瑙有天然花纹而肉红石髓没有。蚀花肉红石髓珠从工艺上可分为红色表面蚀刻白色纹饰、经白化处理表面蚀刻黑色纹饰、珠体直接蚀刻黑色纹饰三种类型。据外国学者在巴基斯坦信德省（Sindh）萨温城（Sehwan）的实地调查，将蚀花肉红石髓珠的制作方法还原如下：用一种野生白花菜的嫩茎捣成糊状，加入少量洗涤碱的溶液调成半流体状的浆液，用笔描绘于磨制好的肉红石髓珠上，熏干后将珠子埋于木炭余烬中，最后取出以粗布疾拭，或置于阳光下晾晒，就能在素面的肉红石髓上获得白色花纹，历久不褪。还有一些蚀花肉红石髓珠是先采用前述方法将珠子表面完全变白，然后用某种金属盐（Metal Salt）在其上蚀刻黑色图案。还有黑色线条是直接蚀刻于天然珠体上者。[1]

云南发现的蚀花肉红石髓珠为数不少。

1956 年，晋宁石寨山墓地出土 3 枚，M13 号墓出土 1 枚，长 3.2 厘米，中间穿孔，半透明，橙红色，呈枣核状，两端平齐，与一串肉红石髓珠串在一起，表面有十道白色平行线蚀花花纹。M23 出土 1 枚，长 4.6 厘米，宽 1.7 厘米，高 0.8 厘米，中心穿孔，肉红色，扁圆柱体，一侧略带弧形，表面有四条白色弦纹夹两道黑色带纹装饰，年代在西汉晚期。有趣的是，这枚蚀花珠一侧有两次打孔的痕迹，显示出相对粗糙的打孔技术。2006 年，云南省博物馆举办"滇国——云南古代青铜文明展"，该展览中展出了一件极其重要的铜鼓形蚀花肉红石髓珠（图 5-18），该珠出土于晋宁石寨山 M13，但在发掘报告中未提到过。

图 5-18：石寨山出土蚀花肉红石髓珠

---

[1]　赵德云：《中国出土的蚀花肉红石髓珠研究》，载《考古》，2011（10），第 68-78 页。

图 5-19：李家山出土的蚀花肉红石髓珠

图 5-20：石寨山第 13 号墓出土的铜鼓形蚀花肉红石髓珠

1972 年，江川李家山墓地 M24 中出土 1 枚蚀花肉红石髓珠（图 5-19），椭圆形，肉红色，长 1.5 厘米，宽 1 厘米，表面有圆圈纹和曲线纹构成的蚀花图案。该墓时代为战国末至西汉初期武帝以前。[1]

1991 年底至 1992 年 5 月，在江川李家山第二次考古发掘中共出土 16 枚蚀花肉红石髓珠。墓葬时代在西汉中晚期到东汉初。这 16 枚蚀花珠形状相似，均为圆柱体，一端稍细，两端截平，表面有多道白色弦纹平行装饰。[2]

2003 年出版的《曲靖八塔台与横大路》一书记载，曲靖八塔台 M41 号墓、M48 号墓分别出土一枚蚀花肉红石髓珠，为圆柱体，肉红色，有暗纹。M41：7-7 直径 0.5 厘米，长 1.7 厘米；M48：8-14 直径 0.8 厘米，长 2.1 厘米。年代在西汉后期，汉武帝元封二年（前 109 年）以后，该书对此是否为蚀花珠并不太确定，认为"或为有花纹的玛瑙"[3]。

至于滇青铜文化中遗址中出土的蚀花肉红石髓珠的产地，研究者的观点相对一致，童恩正、张增祺、周永卫等先生都认为石寨山 M13 出土的表面有十道白色平行线蚀花花纹的蚀花肉红石髓珠（图 5-20）是从西亚传

---

[1] 张增祺、王大道：《云南江川李家山古墓群发掘报告》，载《考古学报》，1975（2）。

[2] 云南省文物考古研究所、玉溪市文物管理所、江川县文化局：《江川李家山第二次发掘报告》，北京：文物出版社，2007。

[3] 云南省文物考古研究所：《曲靖八塔台与横大路》，北京：科学出版社，2003，第 119 页。

入的。[①]有研究者认为，"迄今还未见中国制造蚀花肉红石髓珠的迹象"[②]。

　　云南是铜鼓的发源地，这枚铜鼓形状的肉红石髓珠明显是滇国工匠生产制作的，上面的蚀花工艺不可能是在云南做好基本形制再千里迢迢运送到印度、巴基斯坦等地区加工制作而成，所以它是在本地生产无疑。因此，滇青铜文化遗址中出土的蚀花肉红石髓珠，有部分可能是直接通过商贸往来进入滇国，也有一部分是在滇国生产的。滇青铜器图像中，形容类似南亚次大陆人氏的图像并不鲜见，当时要么滇王引进了外国工匠为之效力，要么当时滇国工匠也已经初步掌握了这门特殊的蚀花工艺。这件铜鼓形的蚀花肉红石髓珠是滇国本土自产最典型的代表。有研究者认为，"迄今还未见中国制造蚀花肉红石髓珠的迹象"，我们从这枚典型的云南产蚀花肉红石髓珠身上，应可以得到完全不同的结论。石寨山 M23 号墓出土的蚀花珠的打孔技术与滇青铜文化墓葬中玉管珠等很接近，估计它也是本土生产的。

　　第 13 号墓是降汉滇王的先王墓葬，其墓葬年代在西汉中期，上限不超过文帝五年（前 175 年），下限不超过武帝元狩五年（前 118 年）。因此，至迟在西汉中期，滇人就已经掌握了制作蚀花肉红石髓珠的技术，并能够推陈出新，因地制宜地制作出深受时人喜爱的各种蚀花珠了。

　　云南之外，河南、陕西、新疆、西藏、青海、广东、广西等地都出土过蚀花肉红石髓珠。

---

① 周永卫：《南越王墓银盒舶来路线考》，载《考古与文物》，2004（1），第 61–64 页。
② 赵德云：《中国出土的蚀花肉红石髓珠研究》，载《考古》，2010（10），第 68–78 页。

# 第六节　釉砂、玻璃珠、"蜻蜓眼"

## 一、釉砂

玻璃是人类最早发明的人造材料之一。目前《材料词典》给玻璃态物质的定义是"经过熔融后冷却下来，保持液体结构的固体"，通称"过冷的液体"，属于非晶态物质。[①]玻璃的最主要特征就是具有非晶态结构，它是一种先将原料熔融后再加工成型的产品。自然界中的石英岩、石英砂等是熔制玻璃的主要原料。

中国史料中很早就有了对玻璃的记载，最早出现的名词，是"璆琳琅玕""琉琳""流离""玻璃"等。玻璃器在中国古代也称琉璃器，但宋以后多将表面上釉的陶器称为琉璃器，如"琉璃瓦"，制造琉璃瓦的地方被称为"琉璃厂"。"料器"一名使用最为普遍。它得名于明清时期，北京工匠用山东盐神镇生产的半成品玻璃条料加热成型制造玻璃器这一工序，是当时北京人对玻璃器的一种叫法。目前中国考古学界仍有人延用，但科技考古学者们建议，应统一称其为"玻璃器"，以免混淆视听。[②]

玻璃器的形成，一般都经历了釉砂（faience）和玻砂（frit）两个发展阶段。釉砂是指玻璃态材料包裹石英砂的制品；玻砂为石英砂和玻璃混合体。两者皆非全是玻璃态而是以二氧化硅（$SiO_2$）为主要成分（大于90%重量）的烧结体，区别于真正的玻璃。[③]与玻璃器相关联的器物还有由玻璃态材料包裹陶料的制品，被称为"玻陶"，它是琉璃瓦的前身。[④]

---

① 干福熹：《关于中国古玻璃研究的几点看法》，见干福熹主编：《中国南方古玻璃研究》，上海：上海科学技术出版社，2003，第1-9页。

② 同上。

③ 干福熹：《中国古代玻璃的起源和发展》，《自然杂志》，2006（4）。

④ 本文所讨论的玻璃器是指由人工制造的、胚体为玻璃态的制品。它是单独熔融、冷却、固化的非结晶无机物制成的器物。其他所涉及的相关器物都采用"釉砂""玻砂""玻陶"等称谓，而不用"琉璃""料器"等传统称谓。

在冶铸铜矿料的过程中，人们会偶然得到一些具有玻璃相的物质，这是矿料中的含有石英的物质在高温下成型所致。通过反复实验，古代工匠们逐渐了解并掌握这一特性，进而主动地试图用它来制作某些物品，玻璃生产技术才逐渐萌芽。战国、西汉时期，滇人已经掌握了高超的青铜冶铸技术，对玻璃的生产方式也有了初步认识，但因烧成温度（石英的熔点比较高，大约在1600℃以上）、助熔剂的使用等问题尚未解决，当时滇人的玻璃制造工艺仍处于萌芽阶段，只能生产出一些原始的釉砂器（faience）。这种情况已被滇国出土文物所证实。

据1959年出版的《晋宁石寨山古墓群发掘报告》，石寨山出土的釉砂器为数不少，器形以细小珠子为主，多呈蓝色。除M8、M9未发现外，其余各墓均有，数量多寡不一，其中M3、M6、M10、M12、M13中相对较多。当时将之与少量细小的蓝色、黑色玻璃珠一并称为"料珠"，未加细分。

1973年，云南省博物馆将晋宁石寨山出土的一些细小的绿松石、玉石器等送交昆明工学院地质系岩矿教研组分析鉴定，其中一件细小的"圆环状制品"（第6号标本）引起了我们的注意。经鉴定，该器物外圈已经被侵蚀、风化成白色，内芯呈翠绿色，外圈硬度较低，为摩斯2~3，内芯硬度高，为摩斯7~8，两者差别较大。外圈粉末与盐酸（HCL）作用强烈起泡，内芯粉末则不起泡，且焰色呈无铜反应。内芯碎屑测得折射率N≈1.743–1.7068，其中含浑圆状的石英及少量长石颗粒，是一种"玻琍（玻璃）质矿物"。岩矿教研组的最终鉴定意见是该标本属于"烧制的陶瓷制品，但原始成分有待进一步研究"[1]。这件小圆环状制品由人工烧制，主要成分为石英（少量的长石是助熔剂）。内芯石英颗粒较大，是因为烧制温度不够，石英砂未完全熔融所致，它是一件滇人自制的原始玻璃制品，即"釉砂"。

限于当时的考古条件，石寨山出土的"料珠"未完全保留下来。不过这种遗憾在后来江川李家山的考古发现中得到了弥补。1991~1992年，在江川李家

---

[1] 本次检测报告结果由云南省博物馆保管部提供，谨致谢意。

图 5-21：李家山出土的西汉小"琉璃珠"（釉砂珠）

山第二次发掘过程中发现少量的"蜻蜓眼"玻璃珠外，还有数以万计的浅蓝、深蓝、红色、棕色的细小"琉璃珠"（图 5-21）以及 155 件"琉璃管"、11 件方形"琉璃片饰"。[①]细小的琉璃珠烧成火候不匀，色彩斑驳，损毁较多；琉璃管"以米黄色石英岩细砂为主要原料，制作成型后经烧制而成，但控制火候的技术显然不完备"。江川李家山第二次发掘报告的撰写人并未对其使用的"琉璃"作定义。这些"琉璃珠"与 1974 年江川李家山第 22 号墓出土的战国时期的六棱柱形玻璃珠相比，差别很大。它们不透明，光泽度差，石英颗粒较大，绝大部分的石英砂仍然存在，实际上是一种玻璃态材料包裹石英砂的制品，属于烧结体而非玻璃体，科学的称谓应该是"釉砂"。它们具有一定的光泽和硬度，色彩艳丽，可以作为装饰品使用。

釉砂器的制作工序如下：首先将石英砂磨碎后加入少许的黏合剂（水）捏制或用模范制成管、珠等不同形状，然后再火烧加热到 900℃左右定型，因为石英砂未完全熔融，所以这些釉砂器只是表面少部分具备玻璃质，大部分仍然是石英砂颗粒的烧结体。在釉砂器完全冷却固化前，有的还采用了工具压型。因为石英粉末黏性差，在烧制过程中容易散开，所以在无理想助熔剂的时候，只能生产小型的珠、管，无法制作大件器物。江川李家山出土的大量釉砂珠、釉砂管等反映出当时滇国的釉砂制造已经初具规模。

---

① 此处的"琉璃"是引发掘报告语。见云南省文物考古研究所、玉溪市文物管理局、江川县文化局编：《江川李家山第二次发掘报告》，北京：文物出版社，2007，第 222—223 页。

在玻璃的发展史上，最早的釉砂、玻砂等都是作为玉石的仿制品出现的，它们常与天然材料制成的玉石器串在一起做装饰品。例如埃及出土的公元前1500年左右的釉砂珠和玉石组成的项链，中国苏州真山出土的春秋中晚期的菱形釉砂珠和玉石组成的项链，石寨山、李家山等地出土的大量釉砂珠、釉砂管则是与金、玉、玛瑙、绿松石等装饰品一起串成滇国贵族死后殉葬的珠襦。滇人一直将釉砂视为玉石材料的一种补充、替代品，并未将之作为一种特殊工艺品进行发展壮大，这是滇国玻璃生产技术长期停滞不前的重要原因。

江川李家山的釉砂器主要出土于M47、M51、M57、M68四座大墓中，它们是滇国贵族身份、地位、财富的象征。这四座大墓时代均在西汉中晚期，可见当时滇人才初步掌握了烧制玻璃的基本知识。由于原料、技术、烧成温度的限制，制造水平尚处于萌芽阶段，只能生产出原始的玻璃制品——"釉砂"，产品质量也良莠不齐。这从另一个侧面向我们证明西汉时期滇人并无能力完全自主地烧制真正的玻璃器，滇国的玻璃器应该都属外来之物。

## 二、玻璃珠

1972年，江川李家山第22号墓出土了一枚六棱柱形玻璃珠（江李M22：10）（图5-22）。该器为浅绿色透明体，六棱柱形，两端平齐，中有穿孔。器高2.5厘米，面短径长1.0厘米，面长径长1.1厘米；底短径长0.9厘米，底长径长1.0厘米，孔径长0.4厘米。据中国社会科学院考古研究所对同地第21号墓中出土的一件木柄残片的放射性碳素测定，年代为距今2500±105年，即

图5-22：李家山第22号墓出土的六棱柱形玻璃珠

550±105B.C，相当于中国春秋晚期。[①]第 22 号墓与 21 号墓相邻，两者都属于同一期墓葬，结合该墓出土文物特征，确定时代为战国中后期。这枚玻璃珠曾经过科学的成分鉴定，属于钾硅酸盐玻璃。令人惊奇的是，它不仅是云南迄今考古发现年代最早的玻璃，也是中国出土最早的钾硅酸盐玻璃之一，甚至在世界古代钾硅酸盐玻璃中也属于早期器物。这不禁引起了我们对它的来源的好奇。

表 1　江川李家山出土的六棱柱形钾硅酸盐玻璃的化学成分（WT.%）[②]

| 出土地 | 品名 | 时代 | 化学成分（WT.%） | | | | | | | |
|---|---|---|---|---|---|---|---|---|---|---|
| 江川李家山 | 浅绿色六棱柱形玻璃珠 | 战国中后期 | $SiO_2$ | $Al_2O_3$ | $Fe_2O_3$ | CaO | MgO | $K_2O$ | $Na_2O$ | CuO |
| | | | 81.36 | 2.7 | | 1.80 | | 14.27 | | |

据干福熹院士研究，"四川、云南、贵州的古代玻璃制品大都是从中原流传过去的铅钡硅酸盐玻璃和钾硅酸盐玻璃。西南地区出土的古玻璃物品，从形式和纹饰上也受中国内地，特别是楚文化和技术影响较深"[③]。这里的"楚文化"和"技术"主要是指"蜻蜓眼"玻璃珠的形式、纹饰与生产工艺。[④]江川李家山出土的这枚六棱柱形玻璃柱却不一定是从中原传来的。

《史记·西南夷列传》载："庄蹻至滇，地方三百里，旁平地肥饶数千里。""滇王者，其众数万人，其东北有劳浸、靡莫，皆同姓相扶。"滇王之印的出土证明晋宁石寨山就是滇王及其臣属墓地。江川李家山古墓群的墓制、葬式及随葬品的种类、形制都与石寨山古墓群极为相似，两者属同一文化范畴。江川李

---

① 中国科学院考古研究所实验室：《放射性碳素测定年代报告（四）》，载《考古》，1977（3）。

② 表 1 采自干福熹《中国古代玻璃技术的发展》，第 229 页。

③ 干福熹：《古代丝绸之路和中国古代玻璃》，载《自然杂志》，2006（5）。

④ 云南省博物馆编：《云南晋宁石寨山墓群发掘报告》，北京：文物出版社，1959，第 126 页；云南省文物考古研究所、玉溪市文物管理局、江川县文化局编：《江川李家山第二次发掘报告》，北京：文物出版社，2007，第 222-223 页。

家山古墓群死者的身份极有可能就是与滇王"同姓相扶"的宗族之一。第 22 号墓属于大型墓葬,墓主是女性。随葬品表现出强烈的地方文化特色,墓中出土的铜狼牙棒,铜啄,刻有羽人、渡船的铜鼓,铜曲柄葫芦笙,铜伞,铜贮贝器,浮雕有人物、动物图像的铜扣饰等器型、纹饰很少见于中原地区,说明当时汉文化尚未或极少传入滇池、抚仙湖等区域。墓中出土的这枚钾硅酸盐玻璃珠如果是从中原传来,墓中其他文物当会体现出汉文化或楚文化特色,但这种证据并不明显。

钾硅酸盐玻璃主要是因助熔剂的不同而产生,中国早期的玻璃助熔剂多为方铅矿(PbS)或重晶石(主要成分为硫酸钡 $BaSO_4$),故生产出铅钡硅酸盐玻璃。战国、西汉时期,玻璃助熔剂有了改变,尤其是南方广西合浦、贵县等地开始采用天然硝石($KNO_3$)为助熔剂,生产钾硅酸盐玻璃。[1]

广西是中国汉代钾硅酸盐玻璃的最大生产地,但广西目前所发现的钾硅酸盐玻璃尚未有早于云南者,面对滇国落后的玻璃生产技术与出土中国最早的钾硅酸盐玻璃这一矛盾,广西的研究者只能存而不论,谨慎表态"目前,作者无法对这枚西南最早的玻璃珠发表更多的意见"[2]。

广西出土的汉代玻璃器有玻璃碗、玻璃盘、玻璃杯、玻璃环、玻璃耳珰、玻璃鼻塞、玻璃管、玻璃龟形器等。[3]云南出土的玻璃器数量虽不少,但基本都是细小的玻璃珠,器形单一,用途狭窄,实用的大件玻璃器如杯、碗、壶之类迄今尚未发现。如果滇国玻璃器主要是自广西等地输入,当会有一些大件玻璃器或玻璃残片保留下来,而且江川李家山出土的这枚钾硅酸盐玻璃珠的年代比广西早,所以这一途径可能性不大。

世界古代钾硅酸盐玻璃的起源一直存在争论。古代两河流域,古埃及、罗马等较早生产玻璃的地方都未生产过钾硅酸盐玻璃,这是已经被学术界所公认

① 干福熹:《中国古代玻璃技术的发展》,上海:上海科技出版社,2005,第 229 页。
② 干福熹:《中国南方和西南的古代玻璃技术》,见干福熹:《中国古代玻璃技术的发展》第 14 章,上海:上海科技出版社,2005,第 182–199 页。
③ 黄启善:《广西古代玻璃制品的发现及其研究》,见广西壮族自治区博物馆编:《广西博物馆建馆 60 周年论文选集》,南宁:广西民族出版社,1993,第 302–312 页。

的。印度的阿里卡梅都（Arikamedu）是目前已知的古代钾硅酸盐玻璃产地之一，年代在公元前 2 世纪至公元前 3 世纪。有的学者认为当地生产的钾硅酸盐玻璃靠海上交通传播到东南亚以及日本、朝鲜等地。[①]印度、泰国还出土过年代更早的钾硅酸盐玻璃，时间约在公元前 6 世纪到公元前 3 世纪。把印度、泰国出土的古代钾硅酸盐玻璃与江川李家山出土的这枚六棱柱形玻璃珠相比较，我们发现，它们不仅时代接近，而且化学成分也极为相似。两者均含氧化钾较高，而含氧化铝、氧化钠低，这应该是采用了类似的玻璃助熔剂的缘故。所以江川李家山出土的这枚六棱柱形玻璃珠很可能就是从印度、泰国等地传入滇国的。它的传播途径不是经海上而是从印度、缅甸进入云南，即历史上著名的"蜀身毒道"。

表 2　东南亚出土的古代钾硅酸盐玻璃的化学成分（WT.%）[②]

| 出土地 | 时代 | 化学成分（WT.%） | | | | | | | | |
|---|---|---|---|---|---|---|---|---|---|---|
| | | $SiO_2$ | $Al_2O_3$ | $Fe_2O_3$ | CaO | MgO | PbO | $K_2O$ | $Na_2O$ | CuO |
| 印度 Hasti- napur | 600B.C~300B.C | 80 | ≤ 1 | 2.6 | 3.9 | ≤ 1 | — | 10.7 | ≤ 1 | — |
| 泰国 | 600B.C~300B.C | 75~80 | 1~2 | | 3~6 | ≤ 1 | | 12~15 | 1~3 | |

汉武帝费尽力气都未能完全打通的南方陆上丝绸之路，实际上早已被追逐利益的商人所利用，他们通过马帮，将异域商品运送到云南、四川等地贩卖，同时也将云南、四川等地的特产运送到国外以获取高额的利润。江川李家山出土的这枚战国时期的钾硅酸盐玻璃估计就是经此而来。在这条崎岖的古道上，依靠人背马驮的方式很难运送易碎的大件玻璃器，所以出现在滇国的只是这枚小小的六棱柱形玻璃珠，其具体产地与携入者已无法考证。伴之而来的还有大

---

① LEEIS：*The Silk Road and Ancient Korean Glass*，*Korean Culture*，1993（4），第 4–13 页。
② 表 2 采自干福熹《中国古代玻璃技术的发展》，第 230 页。

量的产自印度洋、太平洋暖水区域的环纹海贝，它们成为滇国的一种特殊货币。为保存这些舶来品，滇人还创造了独一无二的青铜贮贝器。

### 三、"蜻蜓眼"

"蜻蜓眼"并非蜻蜓的眼睛器官，而是一种特制的玻璃珠。这种小巧精美的玻璃珠是通过一种特殊的工艺，把几种不同色彩的玻璃套嵌在一颗单色玻璃珠上制成的。"蜻蜓眼"的表面装饰圆圈纹、圆点，或凸起或剔刻，颜色丰富，色彩斑斓，所以人们给它起了这个雅号。

"蜻蜓眼"玻璃珠是"眼睛文化"的产物。"眼睛文化"发源于西亚或印度等地，人们相信眼睛有辟邪的功能，进而产生崇拜。现考古发现的最早的标本是公元前 1400～前 1350 年埃及的"蜻蜓眼"玻璃珠项链。[1]

公元前 10 世纪，地中海出现了在玻璃母体上嵌同心圆，具有"眼睛"效果的镶嵌玻璃。"蜻蜓眼"由活跃于西亚的游牧民族经丝绸之路传入中国。我国迄今发现较早的"蜻蜓眼"时代在春秋末、战国初，迄今已知的"蜻蜓眼"主要属于楚人的遗物，集中发现于湖南、湖北等地，数量已经超过几百颗。有的学者推测先秦诸子所谓的"隋侯之珠"，可能就是中国仿西方"蜻蜓眼"玻璃珠而制作的琉璃珠（釉陶珠）。

滇青铜文化墓葬中出现的这几枚"蜻蜓眼"玻璃珠（图 5-23）显然不是滇国的

图 5-23：石寨山出土的"蜻蜓眼"玻璃珠

---

[1] 林梅村：《丝绸之路考古十五讲》，北京：北京大学出版社，2006，第 65-70 页。

产物。首先，"蜻蜓眼"琉璃珠在滇国为数稀少，而且仅出现在滇国大型墓葬中，如果是本地生产的话，当不会仅出土如此寥寥数枚，也不会仅被滇王及贵族所拥有。其次，镶嵌玻璃珠的技术最早出现在西方，时间是公元前1000左右，而中国出现的这种玻璃珠至少要晚上数百年，在滇国几乎要晚上千年。这种玻璃制作的特殊技术不大可能是滇人自创的，因为数量的稀少，基本可以肯定当时的滇人并未掌握这种工艺。再次，西方玻璃器的发展有自我完整的序列，从单色玻璃到彩色玻璃再到镶嵌玻璃珠，基本是清晰而明了，而我国镶嵌玻璃珠的出现很突然，在滇国，这种突然性更加明显。最后，滇国与南方楚国之间存在着明显的文化交流，而且与印度、东南亚地区的文化交流也很明显。考虑上述的四点，滇青铜文化墓葬遗址中出土的"蜻蜓眼"，应该是从其他地区传入的，最可能的传播渠道有二：一是楚、巴蜀这一方向，二是缅甸、印度乃至于西亚等地。如果能对这些"蜻蜓眼"玻璃珠做科学能谱检测、分析，或许可以得出更加准确的答案。

从云南迄今出土的战国、西汉的玻璃器情况来看，我们可以发现以下几个特点：一、大件玻璃器皿如杯、碗、壶之类的器物几乎为零；二、出土器物总量少，以小件细小料珠为主；三、玻璃器仅仅只出土于王者和臣的大墓中，普及程度不高。这证明战国、西汉时期玻璃器在云南是极为罕见的宝贝，仅为王侯贵族所掌握。而同一时期广东的南越王墓大量出土玻璃璧、平板玻璃牌饰、玻璃串珠、玻璃鼻塞、玻璃贝、蜻蜓眼珠等器物。广西出土的汉代玻璃器也极为丰富，有玻璃碗、玻璃盘、玻璃杯、玻璃环、玻璃耳珰、玻璃鼻塞、玻璃管、玻璃龟形器等。可见云南当时偏隅西南，还无法掌握玻璃器的生产制造，云南所出土的这些玻璃器应是外来之物。原报告分析这些珠子与"长沙战国墓中发现的做法相同，辉县战国墓葬中也发现这一类型的琉璃珠"[①]。楚国作为战国时期中国玻璃器生产的重要地区，对滇国也不无影响。

---

① 云南省博物馆编：《云南晋宁石寨山古墓群发掘报告》，北京：文物出版社，1959，第126页。

滇青铜文化墓葬遗址中出土的"蜻蜓眼"玻璃珠是外来之物。此外，在石寨山墓地采集的一些大小仅如米粒般的扁圆形蓝色玻璃珠，它们的生产工艺和西方的"缠丝法"相近，即用铁棍缠绕玻璃然后绕径滚动模压成型。这种相对成熟的玻璃制作工艺在没有经历其他诸如手捏、单面模压、双面模压、泥芯模压、母范模铸等工艺发展的前提下，几乎不可能独立"创造"出来，所以以石寨山出土的这些细小的玻璃珠制造方法应属外来。与滇国出土的大量海贝一样，我们不能因其数量多而肯定其为本地产品。

中国古代玻璃按化学成分可分为铅基玻璃、钾基玻璃和钙钠玻璃，其中以铅基玻璃，尤其是铅钡玻璃最受重视，其成分与世界其他地区的玻璃均不相同，所以探讨中国铅钡玻璃的发源地，一直是国内外学者关注的热点。中外科技工作者对中国出土铅钡玻璃中的铅同位素比值问题已经展开了广泛的研究。李晓岑先生通过对中国早期铅钡玻璃中铅同位素的低比值异常于铅的追踪，提出"中国早期铅钡玻璃的部分铅矿来自云南滇东北"[1]。这一结论经过科学的数据检验，具有很高的可信度，但他同时认为"云南永善和巧家一带地区很可能还是中国铅钡玻璃的发源地"之说，则需商榷。原料生产地不一定等于产品生产地，滇东北铅矿料的开采并不等于说滇东北早在战国时期就已经能够生产铅钡玻璃。因为最能说明问题的玻璃窑址考古至今在云南尚未有重大突破，滇东北地区目前出土玻璃器的墓葬时代已经是东汉，比滇国晚三四百年，比中原地区更晚了五六百年。[2]因此这种可能性还待进一步证实。

滇青铜文化遗址中出土的玻璃器多种多样，有六棱柱形玻璃珠、"蜻蜓眼"玻璃珠、十角齿轮状玻璃珠、十六面体玻璃珠、算珠状玻璃珠以及一些细小如米粒般的圆形、椭圆形玻璃珠等。这些玻璃器形制、色泽、透明度、生产工艺不尽相同，代表着复杂的文化渊源。目前亟待解决的是对滇国出土玻璃器做系统、科学的检测，因为化学成分、显微结构是研究古代玻璃器不可或缺的重要

---

① 李晓岑等：《中国铅同位素考古》，昆明：云南科技出版社，2000，第76页。
② 云南省文物工作队：《云南大关、昭通东汉崖墓清理报告》，载《考古》，1965（3）。

数据。可是对云南出土古代玻璃器的科学鉴定迄今仍处于初始阶段。滇国出土的玻璃器数十件，已经科学检测的仅两件，均属于钾硅酸盐玻璃。从外观、工艺分析，滇国应还存在其他类型的玻璃器，希望科技考古工作者能做更全面、细致的鉴定，以便我们更深入、科学地进行研究。

# 第六章

古滇时期的原始崇拜

"国之大事，在祀与戎"，可见祭祀在古代社会的重要地位，而祭祀往往又和原始宗教的崇拜对象是紧密联系在一起的。战国、西汉时期，云南各地民族的社会发展形态处于一种复杂、参差不齐的状态，有的已经向早期国家迈进，而更多的还处于原始社会氏族部落时期。他们的生产生活方式也多种多样，有的以农耕为主，有的属于游牧民族；有的山居，有的滨湖，有的逐水草而居。在不同的社会发展形态阶段、不同的生产生活方式下形成的原始宗教及其崇拜对象也不尽相同。

恩格斯曾经对宗教有过一个经典的评论："一切宗教都不过是支配着人们日常生活的外部力量在人们头脑中的幻想的反映，在这种反映中，人间的力量采取了超人间的力量的形式。在历史的初期，首先是自然力量获得了这样的反映，而在进一步的发展中，在不同的民族那里又经历了极为不同和极为复杂的人格化。"[1]这个理论至今仍然是指引我们研究宗教文化不可或缺的路标，在我们探讨古滇时期的原始崇拜时同样适用。

原始崇拜的形成与发展和社会进步的步伐息息相关。人类学家的研究证明，人类在群居社会和部落社会时期，是一种没有个人性质权力的社会。[2]在这样的社会基础上，原始宗教的面貌基本属于"自然力量的反映"，在进入酋邦社会之后，酋长具有了真正的权力。这种实权不仅表现为对经济生活的管理、对酋邦成员的惩治，还具有精神性的特权——以此来证明他的神圣地位——神权为王权服务成为酋邦社会的重要特征。此时，专业的巫师集团也开始形成。

作为西南夷地区相对比较发达、社会形态发展处于较高阶段的"滇"，在

---

[1] 恩格斯：《反杜林论》，见《马克思恩格斯选集》（第三卷），北京：人民出版社，1995，第667页。
[2] 谢维扬：《中国早期国家》，杭州：浙江人民出版社，1995，第179页。

战国秦汉时期也不过仅是个"酋邦"或"方国"，并不是真正意义上的国家。[①]
而且它也不是成熟的"酋邦"或"方国"，而是处于从部落联合体向早期国家形
态的"高级酋邦社会"过渡阶段，氏族部落社会的血缘关系逐渐被地域关系所
取代，国家组织也并未完全形成，反映在考古学上，就是大批滇国贵族墓葬埋
葬在一起，没有专门的王陵——这种情况已经被晋宁石寨山的五次考古发掘所
证明。从其社会形态的发展阶段来看，滇人的原始崇拜也是一种"自然力量的
反映"，"进一步的发展中，在不同的民族那里又经历了'极为不同和极为复杂
的人格化'"。它既有自然力量的反映，如太阳崇拜、土地崇拜、蛇崇拜、柱崇
拜（杖崇拜）、虎崇拜、牛崇拜，也有一些复杂的人格化的崇拜对象，如祖先崇
拜、生殖崇拜、鬼魂崇拜等。简言之，滇国的宗教尚处于原始宗教阶段，带有
明显的氏族部落时期巫术信仰色彩。滇人相信"万物有灵"，实行的是多神崇
拜，多种信仰共存，崇拜对象也多种多样，就像现代的彝族既保留了自然崇拜、
图腾崇拜等原始宗教崇拜，又相信巫术、信奉基督教。从历史的角度来看，只
信奉一种宗教形式的民族非常少。

《论语·宪问》曰："礼失而求诸野。"探究两千多年之前古滇宗教与祭祀的
社会文化组成结构，不仅对我们了解古滇文化具有重要的意义，而且对研究古
代社会文化具有一定的借鉴作用。由于史书记载以及考古发掘成果都以滇中地
区的材料最为丰富，所以我们在讨论时也以滇国的原始崇拜为主，其他如昆明、
巂、僰、邛、筰、冉駹、白马、斯榆等历史记述不清而且考古材料不多的各民
族，仅略述一二。

滇国位于滇中富饶的滇池盆地，"河土平敞，多出鹦鹉、孔雀，有盐池田
渔之饶、金银畜产之富"，滇族属于稻作民族，根植于刀耕火耨的初级稻作农
业，这种简单的生产方式受地理、气候、水源条件影响极大，但优越的生态环
境决定了投入低而产出高的优势，能够维持人们基本的生活，保持社会的稳定

---

① 参见童恩正：《中国西南地区古代的酋邦制度——云南滇文化中所见的实例》，载《中华文化论坛》，
1994（1）；谢崇安：《壮侗语族先民青铜文化艺术研究》，北京：民族出版社，2007，第148页。

发展，同时也使社会长期处于相对停滞状态。在这样的社会基础上形成的文化多半是乐天知命型，好鬼神而崇巫觋，浪漫有余，进取不足，但滇青铜文化的发展却既富于浪漫优雅气质，又兼备进取勇武精神，以豁达开放的民族性格汲取多元文化的养分，铸造出独树一帜的青铜文明。滇青铜文化是在土著文化基础上形成的一种多元交叉的复合型文化结构。借用历史学家汤因比的"刺激—反应"理论，滇青铜文化的发展受到了巨大的外来刺激——滇西昆明文化的东进。①战国、西汉之际，因为昆明人持续不断的东扩，滇国面临着很大的压力，被迫改变了以往"小国寡民"的组织形式，与周围的劳浸、靡莫等组成军事政治联盟体，"同姓相扶"，共抗外敌。这种情况一直延续到滇国灭亡。滇、昆明之间漫长的战争对滇国历史发展造成了巨大的影响。滇国的政治组织、经济结构、文化特征都因此发生了不同程度的改变，在文化面貌上的变化尤其令人瞩目。战争不仅是对生命的一种残酷消耗，有时候它也是文化交流的一种特殊途径。滇人与昆明人时战时和，既对抗也和平共处。两种文化你中有我，我中有你。由土著文化衍生而来的农耕文明和外来游牧民族带来的游牧文明两种文化在滇池区域撞击、交融，形成了构建滇青铜文化基础的两大支柱。滇青铜文化不仅是农耕文化的产物，同时也带有浓郁的游牧文化色彩。

在这样的文化基础上诞生的原始崇拜，别具一格。滇国的原始崇拜以稻作文化为本，掺杂了大量游牧文化的因素；以太阳崇拜、土地崇拜为两大核心，并由此衍生出种种不同的崇拜对象——太阳崇拜演变为缥缈的天神崇拜，土地崇拜扩大为对祖先的崇拜、对生殖的崇拜以及对鬼魂的崇拜……所有的崇拜又具体化为不同的祭祀行为，使滇国原始宗教的崇拜对象以及祭祀内容表现得复杂而多样。

---

① 汤因比在解释文化的起源、发展时提出了"刺激—反应"模式，认为文化是通过对环境的"挑战"并应战而所遭受考验产生的。参见［英］阿诺德·汤因比：《历史研究》（插图本），上海：上海人民出版社，2000。

表4：滇国原始崇拜对象及崇拜内容简表

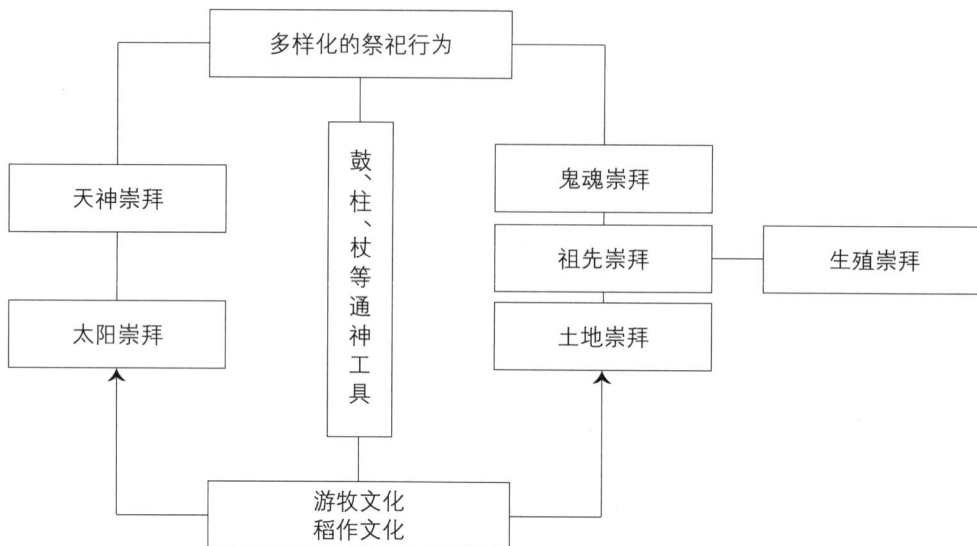

```
                    ┌─────────────────┐
                    │   多样化的祭祀行为   │
              ┌─────┴───────┬──────────┴─────┐
              │             │                │
        ┌──────────┐  ┌──────────┐    ┌──────────┐
        │  天神崇拜  │  │ 鼓     │    │  鬼魂崇拜  │
        └──────────┘  │ 柱     │    ├──────────┤        ┌──────────┐
                      │ 杖     │    │  祖先崇拜  │────────│  生殖崇拜  │
        ┌──────────┐  │ 等     │    ├──────────┤        └──────────┘
        │  太阳崇拜  │  │ 通神   │    │  土地崇拜  │
        └─────▲────┘  │ 工具   │    └─────▲────┘
              │       └──────────┘          │
              │   ┌─────────────────┐      │
              └───│   游牧文化          │──────┘
                  │   稻作文化          │
                  └─────────────────┘
```

# 第一节　太阳崇拜

　　太阳乃生命之源，万物之本，是"众神之神"。太阳崇拜是原始崇拜最重要的形式之一，人类学家爱德华·泰勒认为，"凡是阳光照耀到的地方，就有太阳神话的存在"。对于古代南方稻作民族而言，太阳决定了年成的丰稔，它是祈年仪式中的基本崇拜对象。在新石器时代晚期的一些原始崖画上，我们就清楚地看到了云南远古时期的太阳崇拜。

　　在云南沧源崖画中，就出现了三个太阳神的图像（图6-1）。其中一人叉开双腿，伸臂，在人的上

图6-1：沧源崖画中的太阳神形象

面，画着一个大圆圈，人的身体基本都在圆圈中，圆圈周围是放射状的光芒，人就好像站立在光圈中间，该人一手持弓，另一手持一棒状物，或许是箭；其二为一持盾牌、棒（或说刀）的人物，头部做一大实心圆点，四周是放射的光芒；其三为人形，双手叉腰，头部装饰有羽毛状物或植物的枝条，肩上伸出一棒状物，在棒的前部有一个光芒四射的太阳。我们注意到，在沧源崖画中，太阳崇拜是"人神合一"的。因为在原始社会晚期（新石器时代晚期），随着人类自身能力的提高，各类自然崇拜也逐渐出现了人的因素，形成了英雄崇拜、祖先崇拜等。①

在元江它克崖画中，也有太阳崇拜的内容。崖画上人物众多，有 62 个，在崖画左侧最高处，绘有一个光芒四射的太阳图案，下方人物做舞蹈状。它克崖画比较有特点的是出现了巨蜥的形象，还有菱形图案和身体做菱形的人物。沧源崖画的时代大概在新石器时代晚期，元江它克崖画年代与之接近。

图 6-2：白银渡遗址出土的齿轮状石器

或许在更早的新石器时期，云南就已经存在了太阳崇拜。在耿马石佛洞发现过几件放射状星形石器，中间穿孔，其用途不明，可能是杖头饰，从其放射状的外形来看，明显带有太阳崇拜的色彩。2006 年，云南省文物考古研究所在普洱景谷县白银渡遗址进行发掘时，出土了一件七芒的齿轮状石器（其一芒已缺失，图 6-2）。该器物形象地模仿了太阳的形状，应该也是太阳崇拜的产物。

进入青铜时代的滇国，太阳崇拜更无处不在。滇青铜器最典型的器物之

① 王守功：《考古所见中国古代的太阳崇拜》，载《中原文物》，2001（6），第 39-44 页。

图 6-3：铜鼓鼓面的太阳纹

——铜鼓之上，太阳纹就是铜鼓纹饰永恒的中心母题（图 6-3）。铜鼓鼓面最早的太阳纹是浇铸时用顶注法留下的圆饼状疤痕，当它与太阳崇拜联系起来后，它就固定成了铜鼓鼓面不可或缺的装饰图案。铜鼓上的太阳纹从无到有，自简而繁，由光体、光芒、芒间纹饰三要素组成，三者形成了一个完整的装饰体系，太阳崇拜的影响一直到现代的铜鼓上都清晰可见。

在广南鼓鼓胸部的船纹上，也有太阳纹饰存在，四艘船之一，上立表柱，表柱上悬挂"一日轮，其上飘拂旌幡"[1]。滇人对太阳的崇拜不仅表现在铜鼓的纹样上，铜扣饰、青铜贮贝器甚至针线盒、筒形器上都用太阳纹来装饰，太阳崇拜已经融入了滇人的灵魂深处。

除滇人外，滇西地区的游牧民族——昆明人也有明显的太阳崇拜行为。从"昆明"两个字入手，可以粗浅地了解昆明人的太阳崇拜。

---

[1] 易学钟：《试述古代铜鼓的社鼓职能——铜鼓主题纹饰新探》，见中国古代铜鼓研究会编：《铜鼓和青铜文化的新探索》，南宁：广西民族出版社，1993，第 99-107 页。

"昆明"一词，目前可靠的称呼始见于司马迁的《史记·西南夷列传》："西南夷君长以什数……其外西自同师以东，北至楪榆，名为嶲、昆明，皆编发，随畜迁徙，毋常处，毋君长，地方可数千里。""昆明"的由来，由于年代久远，很难考证。有的学者从音韵学进行过一些分析，可备一说，略引如《诗经·大雅·文王之什》："混夷駾矣，维其喙矣。"混夷即昆夷。《诗·小雅·采薇·序》也提到"昆夷"。昆夷在春秋时被称为犬戎。犬戎，一作畎戎，颜师古注："畎夷即犬戎也，又曰昆夷。昆字或作混，又作绲，二字并音工本反。昆、绲，畎声相近耳。亦曰犬戎也。"《孟子正义》："《诗》云：'混夷兑矣，惟其喙矣。'谓文王也者，盖引《大雅·绵》之篇文也。"笺云："混夷，夷狄国也。"今孟子乃曰："文王事混夷者，混夷，西戎之国也。"《诗》之《采薇》云"文王之时，西有昆夷之患"，注云"混夷，西戎也"是也。[1]

可见，犬戎、西戎之称，均可与混夷、昆夷通转，而混夷、昆夷与"昆明""昆弥"均可训。"昆明"属他称而非自称。从音韵学的角度看，昆明之称呼与古代西北民族似有一定关系。

《说文解字》释昆为"昆，同也。从日从比"，徐锴曰："日日比之，是同也。"段玉裁《说文解字注》中有一句引注非常重要——"郑曰：昆，明也。明虫者，得阳而生，得阴而藏。"[2] "昆，明也"，翻译成今天的话就是——昆就是明的意思，昆即明，明即昆，两者是同一意思不同表达，所以段玉裁曰，"从日者，明之意也"；而"明"字，段玉裁《说文解字注》云"古文从日"，意即古代文字"明"（朙）从日而不从囧、不从月，"朙"非"明"之古文，所以明之原义，在于太阳。从此释意来看，昆明也可以译作"光明""明亮"，光明者谁？明亮者谁？太阳！

"昆""明"二字，均从"日"，可见昆明人对太阳的崇拜之情。

---

[1] 易谋远：《彝族的民族再生始祖笃慕之族属为昆夷试析》，载《中央民族大学学报》（社会科学版），1999（4）。"昆明"声韵起源之考，最早见于王国维《鬼方昆夷猃狁考》一文，载《观堂集林》卷十三。近年有学者将这种考证方式推至极端，如叶舒宾、萧兵著的《山海经的文化寻踪》（湖北人民出版社，2004）一书中的有关章节。

[2] （清）段玉裁：《说文解字注》，南京：凤凰出版社，2007，第540–550页。

# 第二节　土地崇拜、蛇崇拜、柱崇拜

## 一、土地崇拜

　　土地是农业的根本，万物资地而生，所以人们因依赖土地种植谷物以果腹而产生崇拜。滇人是稻作民族，对于养育他们成长的土地充满了神秘的敬畏之情，他们对土地崇拜的虔诚在滇青铜贮贝器盖上的一幕幕场景中体现得淋漓尽致。晋宁石寨山第 20 号墓出土的一件"杀人祭鼓铜贮贝器"上的场面雕塑就展示了滇人在春耕时节祭祀土地的景象（图 6-4）。

图 6-4：杀人祭鼓铜贮贝器（局部）

该器物高 30 厘米，盖径 32 厘米，由铜鼓改制而成，下方加底，鼓面打开做器盖，盖上有铸雕人物 32 人、马 3 匹、牛 1 头、犬 1 只，鼓胸及腰交界处有四耳，胸腰间各有三角齿纹两道装饰。器盖中央有三铜鼓叠成柱状，旁边有一乘肩舆的贵夫人，她就是祭祀仪式的主祭者，贵夫人前有骑马开道的卫士，身前、身后还有头顶箩筐者、肩荷曲柄锄者、手执点种棒者。整个器盖以三个铜鼓叠成的"鼓柱"为中心，最引人注目的就是"鼓柱"之侧，有一裸身男子被捆缚在一碑状物上，他应该就是祭祀的牺牲品。在旁边的空地上，还有一无头裸体男子躺着。很明显，滇人工匠在表现整个祭祀内容的时候，采用了"空间换时间"的手法，虽然杀人、祭祀、无头尸体的出现是不同时段的事情，但滇人将之统一地表现在同一个场景当中，对于观赏者来说，移步换景，空间变化而时间随之转移了，场景雕塑的叙事非常清楚。这件贮贝器的主题明显与农业生产有关，我们推测它记录的就是一次滇人的籍田活动，杀人祭祀，显示了原始崇拜的残酷性。

在原始社会末期，部落首领在春耕时节要举行耕种示范活动，向部落成员传授耕种知识，带领全体部落成员从事农业劳作。随着阶级的分化，在阶级社会里，这种最高统治者亲耕的行为被保留下来，成为"籍田礼"，象征着对土地、农耕的重视。《诗经·周颂·载芟序》："《载芟》，春籍田而祈社稷也。"社稷就是土地神和谷神的总称，可见籍田与土地崇拜、祈求丰稔的密切关系。《周礼·春官·大宗伯》记载："以血祭祭社稷、五祀、五岳。"滇人采用人牲祭祀土地的行为倒是与之不谋而合。

带有明显的土地崇拜的籍田礼在滇青铜器里并不鲜见。晋宁石寨山第 1 号墓出土的一件"杀人祭柱铜贮贝器"上，也出现了滇人举行农业祀典的场景，只是内容比第 20 号墓出土的"杀人祭鼓铜贮贝器"更复杂些，它不仅描绘了滇人贵族妇女准备籍田的内容，还有刑罚、贸易等场景。江川李家山也出土了一件"籍田铜贮贝器"，表现内容与前两者大同小异。该器盖上共雕有 35 人，中央立柱，柱侧有四人扛的肩舆，内坐一贵族妇女，通体鎏金，身后是持伞的侍者，身前有一骑马者开道，旁边有手持点种棒者跟随。该器重点表现的是前

图 6–5：贮贝器腰部图案中的"籍田图"（局部）

往籍田的种种细节，就像高明的摄影师，将一个重大的历史场景定格成了青铜的雕塑群像。

另一件石寨山出土的"籍田宴乐铜贮贝器"腰部（图 6–5），则用平面画卷的方式详细地向我们描述了两千多年前古滇人的一次籍田活动——春播时节，滇王后乘坐由四名精壮男子抬的肩舆，前呼后拥向王田进发。奴隶们手执点种棒、头顶种筐，有的拿着铜锄跟随。地面是半人高的獒犬和小巧的猎犬在追逐，天空飞着鹭鸶、燕子。在经过残酷的杀人以血衅鼓的祭祀之后，滇王后就亲执铜锄，向田亩挖下今春的第一锄……

西周春秋时期，中原地区已经非常重视春耕、中耕和秋收，适时都要在籍田中举行相应的仪式，云南青铜器图案中出现的籍田礼，不仅是同为农业社会而共有的文化现象，也是滇国积极向中央文化靠拢的体现。这种春耕与其说是劳作，不如说更带有表演性质。它广泛出现在滇青铜器图像中，说明它是滇国社会文化的重要组成部分。

我们在晋宁石寨山、江川李家山、官渡羊甫头等地发现了许多构思奇巧、铸造精美、纹饰丰富的铜锄，它们不是普通农具，而是滇国的一种礼器，是权力和财富的标志。例如晋宁石寨山第12号墓出土的一件阔叶形孔雀牛头纹铜锄，长28.5厘米，宽20.5厘米，阔叶形锄，前锋平齐，锄肩部呈椭圆形，銎作半圆口突起于锄面正中，其上刻弦纹、云纹，在锄面銎两侧分别线刻有一只孔雀与一个牛头的纹饰，线条纤细，流畅自然。从锄的功能来看，在锄面上刻绘纹饰属于画蛇添足，但滇人刻绘纹饰，显然是为了表示这件铜锄的特殊性。它是滇国贵族进行宗教祭祀时使用的特殊道具，很可能就是在籍田礼中使用的。

类似的刻纹铜锄、铜铲在滇青铜文化遗址中比比皆是，晋宁石寨山第5号墓也出土过一件尖叶形雉鸡纹铜锄，该器高28.5厘米，宽20.5厘米，前尖后阔形如树叶，肩部呈椭圆形边，三角形銎，銎上饰弦纹和云纹，銎两侧锄面上各线刻雉鸡一只。1999年，昆明官渡羊甫头出土了一件漆木柲铜锄，曲柲长83.5厘米、宽44厘米，锄长31厘米、宽25厘米，锄呈尖叶形，带曲木柲，木柲部分髹以红黑两色漆，艳丽非凡，它显然也不是普通百姓所用，而具有礼仪器的特色。这件漆木柲铜锄出土于整个羊甫头墓地的中心大墓中，很可能是滇国贵族生前籍田使用过的仪仗器、礼仪器。

在滇人有关农业祀典的祭祀过程中，我们发现，土地并不是人格化的对象，而是采取了一些替代物，如立柱、叠鼓、蛇等，这是原始宗教崇拜发展尚处于"自然力量的反映"的阶段所形成的。在甲骨文、金文里，"土"与"社"的书写方式是同样的，所以商周时期中原流行的"社祭"，也是出于对土地的崇拜。唐代诗人王架《社日村居》诗云："桑柘影斜春社散，家家扶得醉人归。"宋代诗人陆游《游山西村》亦云："箫鼓追随春社近，衣冠简朴古风存。"可见对土地的崇拜，唐宋依然。直到清代，籍田仍然是中央王朝崇拜土地、重农劝农的一项非常重要的礼仪制度。[①]

---

① 艾红玲：《清代籍田祀先农之礼考察》，载《鸡西大学学报》（综合版），2013（6），第128—129页。

## 二、蛇崇拜

在滇南地区麻栗坡大王岩崖画中，两个头戴面具、身材高大的裸体人物的头部上方，就有一条弯曲爬行的蛇的图像。大王岩崖画人物带有明显的宗教色彩，蛇在其中或许也代表着一定的原始宗教意义。同地区的崖腊山崖画中，也有很多蛇的形象，可见当地人对蛇的崇拜由来已久。滇中地区的滇人也是崇蛇、祀蛇的民族。迄今出土的滇青铜器图像中，明显与滇国巫教祭祀存在密切联系的蛇图像共四例：

1. 杀人祭柱贮贝器（石 M1：57A）。该器出土于晋宁石寨山 1 号墓，器盖上是人物祭祀场面。上铸人物 51 个，中立一圆柱，高 9 厘米，柱上盘绕两条巨蛇，柱顶立一虎，柱础环一鲵鱼（图 6-6）。

2. 诅盟贮贝器（石 M12：261）。该器出土于晋宁石寨山 12 号墓，器盖上同样是人物祭祀场面。上铸人物 127 个，场面宏大。在器盖上立一圆柱，上端已残，残高 6 厘米，柱身盘绕一条巨蛇，正张口吞食一人，该人上半身犹露蛇口外。

3. 四人缚牛铜扣饰。该器出土于晋宁石寨山 6 号墓，表现的是四人用绳缚牛拴于立柱上的场面，该立柱高 9.6 厘米，柱顶如伞状，最上端盘绕一条巨蛇，头部高高昂起。

4. 铜房子扣饰（石 M6：22）。该器出土于晋宁石寨山 6 号墓，为一两层干栏式建筑，其上人物众多，各行其是，在房屋模型正中央有一长板如梯状自屋檐垂至地面，其上有一巨蛇蜿蜒向上。

图 6-6：杀人祭柱贮贝器器盖上的盘蛇祭祀柱

这几件器物所表现的蛇都不是普通的蛇类，而是身躯庞大的巨蟒。人类历史曾经历过漫长的第四纪冰期，冰河时期的酷寒使人和动物都向高山湖泊地区转移，这时期由于气候因素，其他动物都面临灭绝，只有冷血的蛇得以生存、繁衍。它们与人类之间为争夺生存空间而进行长期斗争。人与巨蟒的力量悬殊，对它的恐惧一直口耳传承下来。巨蟒作为可怕的猛兽形象一直萦绕在人们心头。两千多年前的滇池地区，气候潮湿，气温适宜各种蛇类生殖繁衍，由此巨蟒横行，它的威胁无时不在，甚至在一千多年之后，一些文人还心有余悸地记述道："滇池有大蛇，名曰青葱，将食人。又有大蛇藏树上，候鹿过绕之。"[1]巨蟒的可怕由此可见一斑。因畏而生敬，所以在上述青铜图像中出现的巨蛇，是滇人崇拜的对象之一。

奇怪的是，在以上四件器物中，竟然有三件都是蛇、柱的二元组合方式，这应该不是偶然现象，巨蟒盘踞在祭祀场合的神柱上，暗示着它是一个特殊的文化象征符号。柱高高耸立，可以作为聚众的工具，它又是人、神沟通的阶梯，而且它还是"社"的象征。"社"在我国古代文化中有着重要的地位，所谓"社稷"，就是"天下"的同义词。"社"具有多重文化内涵，首先它是土地的象征（《说文解字》："社、地主也"）；其次它又是刑杀之神（死神）的代表（《尚书》："受命赏于社，不受命戮于社"）；在有的时候，它还和军事行动密切相关，成为战争的主宰者（《左传·定公四年》曾记载："君以军行，被社衅鼓。视奉以从"）。

蛇与社柱在很多地方具有同样的文化属性。据研究，蛇作为一种文化符号起码有以下几种象征意义：土地，性、生殖，水，农事（丰收），生命力/死亡，智慧，灵魂，罪恶。[2]其中土地、生命力/死亡、灵魂等项与社柱都有重叠之处。

"共工氏有子曰句龙，为后土……后土为社"（《左传·昭公二十九年》），社

---

① 转引自于希贤：《滇池历史地理初步研究》，载《云南地理环境研究》，1999（1），第7-15页。又《太平御览·卷九百三十四·鳞介部六·蛇下》引《宋永初山川记》曰："兴古郡有大蛇名青葱，有大蛇名赤颈。"可见古代云南滇池附近确多大蛇。

② 萧兵：《操蛇或饰蛇：神性与权力的象征》，载《民族艺术》，2002（3）。

神句龙同样是蛇（龙）的模样。所以滇国巫教祭祀场合中盘踞在神柱上的巨蟒是"社神"的人间化身，它以蛇的形象拱卫神柱，代表社神享用祭品、执行惩罚。在不同的巫教祭祀礼仪中，它代表着不同的含义——祈年时它是农事丰歉的主宰，祈雨时它是水神的象征，惩罚罪犯时它是死神的化身……石寨山第 6 号墓出土的铜房子模型上的蛇略有不同，它自神梯蜿蜒上下，是人、神沟通的信使。[①]将滇人崇拜蟒、祭祀蟒蛇的行为仅视为蛇崇拜是一种简单化的理解。

　　蛇作为一种特殊的文化象征符号，它在不同时期、不同地域中能够满足滇人不同的巫术祈禳心理，其中蕴含着滇人原始纯朴的种种巫术思维。兵器上的蛇，可能是一种厌胜物，满足滇人"一击致命"的祈望；铜鼓、贮贝器上盘旋的饰蛇，标明了该物的"神圣性"，蛇首杖的功能也与之类似。和生产生活有关的蛇形网状器（图 6-7）、蛇形铲，则借用了蛇旺盛的生殖力来祈求年成丰饶；它在不规则的铜扣饰的下方出现，不仅统一了纷乱的线条，也是土地的象征……

图 6-7：李家山出土的蛇形网状器

①《史记·封禅书》："……其后十六，秦文公东猎汧渭之闲，卜居之而吉。文公梦黄蛇自天下属地，其口止于鄜衍。文公问史敦，敦曰：'此上帝之征，君其祠之。'于是作鄜畤，用三牲郊祭白帝焉。"在中国文化中，蛇也具有类似的"阶梯""神使"功能。

图 6-8：滇王之印

蛇题材在滇国青铜艺术中的广泛应用，并非只为审美。[①]

　　提到滇国蛇文化，有一个话题不得不说，它就是滇王之印的蟠蛇钮（图6-8）。滇王之印出土于石寨山第 6 号墓的漆棺底部，四面边长 2.4 厘米，高 2.7厘米，蟠蛇钮的蛇背有鳞，重 90 克，阴刻篆文"滇王之印"四字。

　　两汉金印出土已有十余枚，但蛇钮仅两枚，一为滇王之印，另一为日本九州发现的"汉委奴国王"，时代晚于前者，大概在东汉早期（光武中元二年）。虽然史书记载不详，但根据出土汉印的分类研究，蛇钮印在汉代一直存在，从西汉初一直延续到东汉时期，王者多用蟠蛇钮，金质，而丞、侯丞则多用虺蛇钮，铜质。[②]滇王印形制、大小都符合汉制，应该是汉武帝所赐。之所以采用

---

[①] 滇人文身，也有纹蛇者，所以一些研究者认为滇人有蛇图腾崇拜，参见云南省博物馆编：《云南晋宁石寨山古墓群发掘报告》，北京：文物出版社，1959，第 136 页；刘体操：《古滇国与蛇文化——李家山青铜艺术探索》，载《民族艺术研究》，1997（3），第 67—69 页。但从出土的滇国青铜器中的一些图像明确表明，滇人并不存在"蛇图腾崇拜"。例如晋宁石寨山第 12 号墓出土的"诅盟贮贝器"，器盖上有一妇女作持蛇喂食孔雀状，江川李家山出土的一件雉鸡衔蛇扣饰，表现的是一条长蛇被雉鸡踏于足下、口衔七寸的情景，还有官渡羊甫头出土的一件箭箙装饰图案中也有孔雀衔蛇的造型。用自己的"亲族"去喂食孔雀，或者乐于表现自己的"亲族"被雉鸡、孔雀等禽类啄食的场景，这恐怕与图腾崇拜的基本原则相悖。

[②] 参见于世明、于世凤、于剑裔、于剑冲：《论汉代颁发给少数民族的印章——兼论西汉蛇钮、田字格官印新证》，载《中央民族大学学报》，2002（6），第 62—67 页。

蛇钮，是因为蛇钮官印本身就是秩官钮制，它属于汉王朝赐给边疆少数民族王侯的常用印钮之一，主要用于与汉族之间的区别。当然，以蛇为钮，也考虑到了当地蛇文化的流行情况。

古人常龙蛇不分，所以有"龙蛇混杂"之说，但在滇国，龙蛇各有其不同的文化背景。概而言之，蛇文化多半是滇国土生土长的，而龙文化则属外来文化。有的学者提出，滇文化中的龙是由蛇的形象演变而来①，但滇文化中龙的形象出现较晚，和蛇形象的出现年代相距极远。西汉中期以后，滇文化中蛇的形象屡见不鲜，但龙纹始终只出现在滇国贵族的墓葬中，而且所见不多，所以滇国的蛇并没有自然地演化成龙，龙这种典型的中原文化产物应该是滇国从外来文化中所接受的。尤其在西汉王朝沟通西南夷以后，它的演变更加明晰。"汉习楼船"所带来的新潮文化在滇国流行一时，滇国贵族或因追慕汉风而攀附龙纹，他们墓葬中所见的种种龙形图像，生动展现了滇国上层社会对汉文化的推崇。

## 三、柱崇拜

对柱的崇拜来自天神崇拜，它的形成演变过程又和树崇拜、杖崇拜等多位一体，紧密联系。在远古的原始社会，由于生产力极其低下，人们对大自然的各种变化，如风、雷、雨、电以及人的生存、死亡等现象无法做出正确的解释，所以认为冥冥之中有一股神秘的力量在主宰着世界。这就是所谓的"天神"。出于对天神的恐惧而产生了崇拜，而有步骤、有一定仪式的崇拜即产生了祭祀。但由于天神高高在上，虚无缥缈，所以在具体的祭祀过程中就必须找到一种替代品来代表天神接受崇拜，首选之物就是树。由于树高大巍峨，且不断生长，所以远古人类认为树是连接天神与人之间关系的一种桥梁。随着生产力的提高，原始部落从大杂居向小聚居发展，部落数量由少变多，这种变化带来了树崇拜中祭祀的困难，因为神树也不是随处可见的，所以必须用新的替代品来完成祭

---

① 葛绍彤：《浅述滇文化中的龙形象》，载《云南文物》，2002（2）。

祀仪式——这种替代品就是柱。因为柱子可以由人工来建造、制作，所以取代了树崇拜。

　　滇青铜文化中柱崇拜随处可见，晋宁石寨山出土了"杀人祭柱铜贮贝器"，器盖上有立柱，柱头上立虎，柱身盘蛇，柱础环绕鲵鱼；"四人缚牛铜扣饰"，扣饰上也有立柱，柱头上有蛇；江川李家山出土了"缚牛祭祀铜扣饰"，扣饰上有立柱，柱头上有立牛，另一件"剽牛祭祀铜扣饰"内容与之接近，扣饰上也有立柱，只是柱头无动物；呈贡天子庙出土了两件"缚牛铜扣饰"（图 6-9），扣饰上有立柱，柱头上有立犬、卧犬。此外，晋宁石寨山出土的"诅盟铜贮贝器"上也有立柱，但有残缺，柱头上的立虎已缺失，柱身盘蛇。滇人的祭祀与柱密不可分。这些立柱有的高达两人的身高之和，也有的高与人齐，目前考古并未发现青铜铸造的类似器物，当时应为木制。

　　据我们所知，古代印度文化中普遍存在柱头立兽的现象。在印度文化中，

图 6-9：呈贡天子庙出土的"缚牛铜扣饰"

图 6-10：印度南丹加尔石柱
（局部）（前 3 世纪）

图 6-11：大波那出土双豹
铜杖（局部）

立柱是"宇宙之柱"，是支撑天地的栋梁。（图 6-10）阿育王就曾经在印度建柱数十，以弘扬佛法。滇、印之间交通至迟在公元前 3 世纪就已经存在了，两者间一些文化特征存在着明显的共性，这早已为有识者所揭示。①不过印度文化中的柱头立兽狮子、马以及忍冬花式的柱头在滇国罕见，代之而起的是蛇、犬、牛、虎等，显示出滇国独特的文化基因。中国古代百越民族移居印度东北的历史已经得到了考古学的证明，滇青铜器中也曾出现过类似印度人的形象，东汉时期印度人侨居永昌郡的事实已被载入《华阳国志·南中志》，所以滇国巫教祭祀中常见的"柱头立兽"也可能与印度文化的传播有关。这些立柱上的不同立兽（虎、蛇、牛、犬等），各自应该蕴含着不同的原始宗教意义。

　　柱崇拜继续演变、发展，就出现了杖崇拜，手杖成了权力与意志的象征。世界上发现最早的权杖头存在于西亚的安纳托利亚和两河流域，"世界许多地区、国度，都先后使用权杖标志，追根溯源，大都与西亚文明有着直接或间接的关系"②。它的传播方向大致是向西沿地中海沿岸进入埃及，向西北传入东南欧，向北传入高加索地区，向东则经由中亚进入新疆，再通过河西走廊进入甘肃。

　　云南的杖文化然也受到了外来影响。祥云大波那遗址出土的铜棺中曾出土一件铜杖（图 6-11），

① 谢崇安：《略述石寨山文化艺术品中所见之早期中印交通史迹》，载《四川文物》，2004（6）。
② 庞耀先、庞萍：《从考古发现的权杖流变谈四坝文化权杖相关问题》，载《丝绸之路》，2010（2）。

时代在战国，铜杖杖头为双豹相抱，通长 1.35 米，与实用手杖尺寸近似。该铜棺的主人无疑是部落酋长，二豹铜杖就是其权杖，"二豹合抱"的艺术造型带有明显的异域文化色彩。江川李家山也出土过两件战国时期带长柄的铜权杖。

2005 年，巍山马鞍山乡母古鲁村出土了一件女性人物形银杖头，时代在战国，它应是外来之物。西汉以后，滇青铜文化墓葬中出土铜杖头极多，动物形铜杖头占据了主要内容，有孔雀、兔子、立牛等，显示出明显的地域文化特征。一些墓葬中出土了大量的"鸠杖"，则是汉武帝开西南夷后，中原汉文化传入云南的结果。

直到南诏时期，杖崇拜在云南仍具有重要的地位。唐代南诏清平官（相当于宰相一职）手持的赤藤杖，象征着身份与权力。故白居易《蛮子朝》诗云："清平官持赤藤杖，大将军系金呿嗟。"呿嗟即佉苴，南诏语之音译，指腰带。江川李家山第二次发掘时也出土过西汉时期带铜扣饰的金腰带，白居易诗句倒是与之不谋而合。


# 第三节　虎崇拜、牛崇拜


## 一、虎崇拜

虎是一种大型食肉动物，凶猛强壮，外形威武，因为食人而深受敬畏，从而产生崇拜。虎崇拜形成时间非常早，在河南濮阳溪水坡原始社会时期的墓葬中就已经出现了用蚌塑的虎形象，距今已有 6000 多年。[1]《列子·黄帝》中记述："黄帝与炎帝战于板泉之野，帅熊、罴、狼、豹、貙、虎为前驱，雕、鹖、

---

[1] 孙德萱、丁清贤、赵连生、张相梅：《河南濮阳西水坡遗址发掘简报》，载《文物》，1988（3），第 1-6 页。

鹰、鸢为旗帜。"黄、炎之战，熊、罴、狼、豹、虎、雕、鹰、鸢等都参与了战斗，这可以理解为以各种猛兽、飞禽为崇拜对象（或说是图腾）的氏族部落，其中崇虎的民族也参与了战斗。甲骨文武丁卜辞中有"虎方"的记录，所指也是长江以南的一个崇虎的古国。湖南宁乡沩山附近出土的两件商代晚期的虎食人卣，就是以虎为主体，做啃咬人状，其主题选择也是来源于生活中的场景，其中又带有浓厚的巫术性质，故李学勤认为虎卣"虎食人"的主题表现了人与"带神性的动物"合而为一。虎崇拜在今日云南地区仍很普遍，如彝族、白族、怒族、普米族、纳西族、哈尼族、傈僳族等仍然崇拜虎，视之为祖先或保护神。

　　在两千多年前的云南民族当中，虎崇拜也很普遍。昆明人不仅崇日，更崇拜虎，在剑川沙溪出土的一件战国铜头箍上就铸有八只老虎形象，以四只为一组，面对而行（图 6-12）。同地出土的一件铜剑鞘饰边缘上也满布虎形纹饰。而石寨山第 13 号墓出土的一件刻纹铜片上的一段图画文字，也讲述了墓主人与崇虎的昆明人战斗的过程。①

　　祥云检村战国中期到西汉早期墓地中出土过一件铜钟，体形椭圆，平口，弧肩，三角形钮，钟面有纹饰，一面是二虎相对，张嘴龇牙，做人立状，另一面是两只翩然起舞的仙鹤，下口沿处有弦纹、卷云纹装饰。"对虎纹"的纹饰造型甚至可以追溯到我国北方草原文化的"对兽纹"中去，祥云大波那出土的二豹合抱铜杖也似受类似的文化影响，包括大波那铜棺上的二虎噬猪纹饰，也与

图 6-12：鳌凤山出土铜头箍上的虎形象

---

① 樊海涛：《再论云南晋宁石寨山刻纹铜片上的图画文字》，载《考古》，2009（1）。

之不无联系。据研究，检村墓
地是属于古代西南夷中的僬人，
可见僬人也有崇虎之俗。①

　　滇人崇虎更为明显，战国
时期的呈贡天子庙遗址中就出
土了一件虎头铜扣饰，为一虎
头张口呼啸状，狰狞恐怖，令
人不禁想起了"虎口脱险"的
成语。在古代，虎的危害极大，
所以"虎口"象征着极其危险

图 6-13：滇青铜器中的虎图案

的境地，如《战国策·齐策三》中，孟尝君将入秦，苏秦止之，曰："今秦四塞
之国，譬若虎口，而君入之，则臣不知君所出矣。"战国时期的人们犹畏虎如
此，可见虎崇拜对人们的影响之深远。

　　在滇国，虎是一种带有神性的动物，是高贵、权威、力量的象征，滇人崇
虎，对其顶礼膜拜，祭祀场合，常见供众神上下的神柱顶端就塑有立虎的形象。
虎成了滇人信仰的一种标志，而不仅是"食人的猛兽"，此中蕴含的原始巫术思
维颇为有趣——面对虎患的严重威胁，一方面滇人以猎虎为荣耀，如滇国出土
的"八人猎虎铜扣饰"，将狩猎获得的老虎尸体放置地上，众人在旁边盛装展示
自己的形象，浑然不顾已经命丧虎口的同伴的悲惨命运；另一方面，滇人又以
虎为崇拜对象，希望它们像自己的亲属一样，从而免受伤害。这不是图腾崇拜，
而是在现实压迫下的一种被动的精神幻想——原始宗教的萌芽就以此种心理机
制为土壤。滇国贵族把虎作为身份的象征，所以滇青铜器中，兵器、贮贝器、
扣饰、生活用品多见虎的形象（图 6-13），滇人巫师也有身披虎皮以舞娱神的
行为。他们多方面地展示虎的凶残、勇猛、威风，无形中也是一种对普通民众
的暗示，从而达到维护现有统治秩序的目的。

───────────────

① 许智范、肖明华：《南方文化与百越滇越文明》，南京：江苏教育出版社，2005，第 433-443 页。

　　晋宁石寨山第 6 号滇王墓中出土过一组 6 件的兽形金饰片（图 6-14），仔细观察，该兽应是老虎的造型抽象而成。剑川鳌凤山出土的铜头箍上的老虎造型与石寨山、李家山墓葬金器中的兽形金饰片很相似，几者之间似有一定关系。

　　目前出土的滇国的老虎造型器物中还有一只是"外国货"，它就是晋宁石寨山第 7 号墓出土的一件西汉时期银错金镶石带扣（M7∶72）上的有翼虎形怪兽（图 6-15）。该带为扣银质，上有弧形空槽以引带，有带齿以扣孔，结构与今天我们使用的皮带扣相似，使用锤揲工艺形成突起的虎纹装饰，虎肩肋部有双翅，虎目镶嵌以黄色琉璃珠，虎身还使用绿松石小珠子、金片等镶嵌装饰。

图 6-14：石寨山第 6 号墓出土的兽形金饰片

图 6-15：有翼虎银带扣

有翼虎的右前爪持一枝状物，身后山石、卷云做缭绕翻腾状。有翼虎银带扣采用错金工艺，镶嵌琉璃、绿松石等多种宝石的装饰手法也很特殊。据考，这种在动物身体局部布置凹叶纹以镶嵌宝石的方法出自西伯利亚地区，为斯基泰的动物纹饰所特有。[1]带扣为游牧人所习用，有翼虎前爪所持的"三株树"也体现出典型的西亚文化特征。[2]无论这件银带扣是滇国所产还是外来之物，有翼虎的造型显然是受到了外来文化的影响。

崇虎之俗，在云南多个民族中都有保留，彝族尤其明显。他们自谓是虎的后代，称虎为"罗"；彝族人自称为"罗罗"，意即虎族；男人自称"罗罗濮""罗颇"，意思是雄虎；女人自称"罗罗摩"，意思是雌虎；儿童戴虎头帽，毕摩法杖用虎头杖，祭祀时跳"老虎笙"，平日里服装、刺绣品、面具、雕刻等随处可见虎的形象。[3]

## 二、牛崇拜

牛的崇拜，主要是来自人们对财富的崇拜。进入阶级社会以后，社会分化，财富多寡成了衡量一个人社会地位的重要标尺。早在春秋晚期至战国初期，滇西地区的楚雄万家坝就已经出现了牛崇拜，人们将牛头铸造在铜锄的背面（图 6-16），这不仅表示了对农业生产工具的重视，更说明了牛在当时人们心目中的重要地位。[4]这种把牛与铜锄联系起

图 6-16：万家坝出土铜锄上的牛头

---

① 杨孝鸿：《欧亚草原动物纹饰对汉代艺术的影响——从徐州狮子山西汉楚王陵出土的金带扣谈起》，载《南京艺术学院学报》（美术与设计版），1998（1），第32–38页。

② 叶舒宪、萧兵、[韩]郑在书：《山海经的文化寻踪——"想象地理学"与东西文化碰触》，武汉：湖北人民出版社，2004，第1616页。

③ 郭呈怡、李纶：《浅析彝族虎图腾崇拜及其运用》，载《美术界》，2014（1），第83页。

④ 易学钟先生认为，万家坝出土的大量铜锄与滇国出土的一样，很可能是一种贸易用的"锄币"。

图 6-17：石寨山出土的鎏金铜牛头

来的艺术构思，在晋宁石寨山也发现过，滇人在铜锄上也刻绘了牛头的形象，只是位置与万家坝的不同，刻在锄头正面（图 6-17）。

牛是一种大型食草动物，在滇国社会生活中举足轻重。一种动物的力量、经济价值决定了它在古代宗教祭祀活动中的地位。与祭祀有关的文字"牢""牺牲"等均从牛，显示了中国古代宗教祭祀活动中牛的重要性。在有关农业丰稔的祭祀典礼中，公牛作为力量、耐性、顺从、任劳任怨的象征，在全世界范围内被人们广为接受。[①]"最早在美索不达米亚和其他地区，人们在新年或春节举行这种仪式，在仪式中，杀戮一头公牛、公羊或山羊以求丰收。在米特拉神（Mithra，古罗马的太阳神）屠杀公牛的宗教绘画中，牛的血中长出了谷穗。"[②]

滇国最常见的一种是巨角隆脊的封牛，它抗热、抗蜱、抗病能力强，易于豢养。另一种是同样有"峰"但犄角却是向下弯曲然后上翘的牛，见于石寨山71 号墓出土的"二人缚牛铜扣饰"。作为滇人的主要肉食来源，牛的重要性不言

---

① 檀明山主编：《象征学全书》，北京：台海出版社，2001，第 316–317 页。
② ［美］詹姆斯·霍尔：《东西方图形艺术象征词典》，北京：中国青年出版社，2000，第 22 页。

而喻，滇人的宗教祭祀活动无处不见牛
的踪影。晋宁石寨山曾出土过一件有关
牛崇拜的重要器物，惜因残损严重，一
直未见报道。该器为 1955 年晋宁石寨山
第一次调查发掘时在扰乱层中所发现，
名为"立牛铜鼓铜饰物"（图 6-18），原
应是某一器物上的附件（或许是贮贝器
盖上的装饰物），下方为一铜鼓状的小
台，鼓面中央立一柱，柱头上立一峰牛，
牛身刻纹，极为华丽。铜鼓台上，峰牛
足下，还残留两位跪坐的滇族妇女，旁
边还似放置铜尊之类的酒器。铜鼓、立
柱、酒都是滇人通神的工具，妇女作为
滇人祭祀的主角，也普遍地为人所认识，

图 6-18：石寨山出土的"立牛铜鼓铜饰物"

这件"立牛铜鼓铜饰物"生动具体地表现了滇人对牛的崇拜。

滇人在祭祀的房屋悬山下悬挂牛头，在贵族的墓葬中，或以牛头铜扣饰随
葬，或以铜牛角随葬。巫师们甚至把类似牛角的装饰品戴在身上，以舞降神。
晋宁石寨山第 12 号墓曾出土过一件长方形铜扣饰残件（图 6-19），表现的就是

图 6-19：石寨山残扣饰上戴牛角的舞蹈巫师（局部）

18 位巫师手拉手连臂而舞的情形，现仅余 7 位。这些巫师均头戴巨大的牛角状装饰物，额头正中央还有"U"形的小牛角状装饰品，耳朵上还有圆形的大耳环，身体为正三角形，中间有明显的竖立线条，可能是表示"衣着尾"，也可能与生殖崇拜有关。巫师们有的张口而歌，有的微笑不语，场面欢快而热烈。

2011 年，云南省文物考古研究所对广南牡宜汉墓进行发掘时，出土了巨大的鎏金牛角形铜片饰，有研究者认为这是古人在宗教祭祀时的头饰。广南乃古之句町所在，可见崇牛之俗在云南的普及。

牛是古人献祭最重要的内容。根据身份的不同，祭祀用的牛牲也有等级的区别，《礼记·曲礼下》记载："天子以牺牛，诸侯以肥牛。"牺牛即大公牛，是种群延续的必要，更是牲畜中最宝贵的财富。中国古代祭祀牺牲中的"太牢""中牢""少牢"等以是否献祭牛牲为区别，就具有生态学上的重要意义——为了维持种群的繁衍必须保留公牛（种牛），但为了获得神明的保佑只有虔诚地奉献出最宝贵的公牛（种牛）。屠宰公牛的目的在于献祭神明，期望神明庇护，解灾渡难，使风调雨顺、五谷丰登、牲畜繁衍。

在滇国的献祭仪式当中，牛牲的献祭有着特定的程序。先是拣选由专人饲养的成年公牛作为牲品，然后就对牲牛进行沐浴、化妆，在牛的额头画出心形的装饰图案，在牛身也绘以长条状或者旋涡状的装饰色块。然后由身着华服、头戴冠冕的巫师用粗大的缆绳紧缚牛颈，将之牵引到广场的神柱之下，载歌载舞、饮酒作乐，致以神圣的祝词。最后宰杀牛牲，向神灵贡献最精华的部分，供神享用，余下的由自己享用，表示人神契约的完成。

剽牛祭祀的场景在滇青铜器中多见，如广南铜鼓的鼓腰部图案中，一牛拴于表柱之下，左右两侧各有一戴羽冠者执斧相对，此牛当为奉献给神灵的牺牲。"诅盟铜贮贝器"盖上，广场平台前面靠右角地上放一大锅，几乎高与人齐，上横置一大勺，旁边躺着一头牛，腹部开口，显然已经被宰杀。牛前有一人双手持短刀，可能就是屠牛者。牛旁还有一头羊，此处的牛与羊都是本次祭祀用的祭品。

牛是滇国巫教祭祀中的重要牺牲，但有时候，牛也会偶尔变成滇人崇拜的对象站在神柱之上，两者之间是否存在矛盾呢？其实并不矛盾。滇人豢养牛、

图 6-20：滇国祭祀活动中的缚牛及立柱、柱头立牛的场景

喜爱牛，把牛作为财富的象征，但不存在类似印度那样的牛崇拜，把牛视为神圣不可侵犯的对象。在滇国的献祭仪式中，牛通过一系列的神圣化仪式之后，它就具有了"神性"。滇国神柱上的牛代表的并不是它自己，而是它所要成为祭品的神，或者说，神柱上的牛已经变成了神牛，而非普通的牛，所以才能成为滇人献祭仪式中的崇拜对象（图 6-20）。[①]

滇人崇拜牛，但目前的材料尚未显示战国、西汉时期的滇人已经使用牛耕。一些研究者指出，云南使用牛耕始于东汉。[②]笔者认为，自汉武帝开西南夷，赐滇王印、设置郡县以后，云南深受中原文化的影响，汲取中原先进的牛耕技术的前提已经具备。云南个旧黑马井汉墓群曾出土过荞麦，这与汉代关中地区

---

① 呈贡天子庙出土的缚牛铜扣饰上，有一立柱，柱头立犬，在这里，犬也经过了神圣化的仪式，变成了滇人崇拜的对象。广南鼓胸部的船纹中也有对犬纹，可见当时云南颇有崇犬之风。

② 李昆声：《云南牛耕的起源》，载《考古》，1980（3），第 266-270 页。

开始种植荞麦的时间基本同步，证明汉武开滇后，两者间农业技术的交流已经很频繁了。虽然目前无确切证据，但西汉中晚期牛耕技术应该传入了云南，只是当时铁器属于稀罕之物，仅被滇国贵族用于兵器中。加之滇池附近土地肥沃，刀耕火耨的初级稻作农业基本能满足人们生活的物质需求，所以牛耕暂时未能普及，但这种先进的耕作方式很可能在云南已经出现了。晋宁石寨山、江川李家山等地都出土了尺寸较大的尖叶形铜锄，重量在 2 千克左右，这些铜锄如果用来耕作的话，明显过重，所以也不排除将其当作犁铧用的可能。1959 年出版的《云南晋宁石寨山古墓群发掘报告》中，就将这种大型铜锄称作铜犁。

　　在印度哈拉巴文化中，牛也是最主要的祭祀与崇拜对象，考虑到两地之间的文化一直存在互动与交流的情况，或者滇国的牛崇拜与之也有一定联系。

### 三、牛虎铜案的解读

　　牛虎铜案（图 6-21）是云南青铜文化的标志性器物之一，1972 年出土于云

图 6-21：牛虎铜案

南省江川县李家山古墓群第 24 号墓，长 76 厘米，宽 36 厘米，高 43 厘米，时代为战国中晚期。该器主体结构是一头巨角隆脊的封牛。它以封牛的四条腿作为器足，巧妙地利用封牛隆起的驼峰和上翘的牛尾两点之间的背脊这一段距离，"挖空"牛背，使之成为盛放祭品的下曲盘形。牛尾部攀爬一虎，口咬牛尾，前爪紧扣案缘，躬身下垂，后腿蹬立在牛腿上。大牛足间铸连横档，前后两横档上，一头体量稍小的立牛横出于大牛腹下，造型别致，工艺精美。

牛虎铜案的表现主题，通常认为是"母牛护犊"，"表现了伟大的母爱"。这当然不能说是完全错误的。不同的人面对同一件艺术作品时往往会产生不同乃至于截然相反的审美感受，所以美学史上有"形象大于思维"的命题存在。不过说牛虎铜案是"母牛护犊"，纯属望文生义。艺术真实并不等于生活真实，用生活中的常识去解释艺术思维的特殊性，难免会似是而非。造型艺术家提供的是一个源于生活而又高于生活的艺术典型，把它机械地理解为"母牛护犊"，这未免让有识者哭笑不得。作为滇国最重要的祭祀礼器之一，如果说牛虎铜案所表达的是动物性的母爱，这种主题选择也不具备合理性。

最重要的一点，在判断大牛的性别上，"母牛说"并无根据。滇青铜器中公牛形象极多，目前所见，凡单体的立牛，无论是圆雕、浮雕、平面各种造型，均为公牛。母牛形象极少见，仅在江川李家山出土的一件"二牛交合铜扣饰"中出现过。牛虎铜案中大牛腹下的小牛犄角粗壮，造型与大牛无异，仅体量较小，两者均应为成熟公牛。这种缩小的表现手法在大牛尾部的老虎上也有体现，否则按正常比例来看，老虎的体量应该大得多。①

对于牛虎铜案的表现主题还有"阴阳结合说""牢礼说"等。②这些说法比"母牛护犊说"思考得深入，但阐释未免穿凿。那么我们该如何去理解牛虎铜案这一特殊的艺术形象所欲表达的主题呢？仔细观察，会发现牛虎铜案明显包括

---

① 对于这头缩小的老虎，还有人认为是豹、豺之类，笔者仔细观察器物中动物身上的花纹，呈条形斑纹，尾长而无簇毛，颈部无鬣，所以是老虎无疑。

② 参见杨帆《滇青铜文化新解》，未刊稿，谨此致谢。见香港历史博物馆《猎鹿与剽牛——云南古滇国文物展》图录，2004。

图 6-22：虎噬牛铜枕（局部）

了两个情节：一是虎噬牛；二是小牛从大牛腹下步出。

"虎噬牛"是滇青铜器中常见的题材，如虎噬牛铜枕（图 6-22）、虎噬牛铜扣饰、虎噬牛长柄铜勺、虎噬牛铜戈等。这说明"虎噬牛"在古滇国经常发生。牛虎铜案的造型选择了虎噬牛这一题材，不仅是来自本土文化的产物，而且还可能受到类似北方草原文化中动物搏斗题材的影响。

在云南考古发掘过程中，曾经在滇西地区和滇池区域发现了一批明显带有北方草原文化风格的青铜器，例如双环首青铜短剑、曲柄形青铜短剑、弧背青铜刀等，这些遗物的出土证明，云南青铜文化的发展与我国北方游牧民族有过接触。[①]

扣饰的起源，应该也和骑马民族有关，特别是动物搏斗扣饰，更体现出明显的游牧文化色彩。牛虎铜案"虎噬牛"造型中表现出的北方草原文化因素，

[①] 童恩正：《我国西南地区青铜剑的研究》，载《考古学报》，1977（2）。

早被敏感的学者所论及。有学者对它的艺术造型提出过精辟的意见——"在自然界中动物的相互残杀是经常发生的，这种残杀几乎无例外是食肉动物对食草动物的猎杀。但是在艺术中，自然斗争中的力量的不平衡可以在这里呈现出心理上的平衡，它以另一种变形固有的魅力使人对虎牛之间的争斗毫不关心，而关心被艺术家所重新组织过的形象。"[1]所以我们应当暂且忽略"虎噬牛"的争斗，重新寻找其中所蕴含的意象。

我们认为，牛虎铜案的虎牛搏斗的艺术意象受到了北方草原文化的影响，而它的造型则可能接收到了楚文化的一些"文化碎片"，所反映的是稻作民族——滇人的一种独特的原始宗教理想。牛虎铜案是滇国工匠秉承王侯贵族的意志而作，其中包括的一些滇国特有的文化符号，目前已经可以被认知并初步解读。

虎为百兽之王，是权威的象征；牛是财富和生命的标志。虎噬牛既是现实世界食肉动物与食草动物之间关系的真实反映，也包含了滇人对死亡这一生命终极命题的认识与理解。小牛从大牛腹下步出，与其解释为护犊，不如说是代表着新生，是生命的一种新陈代谢。大牛作为牺牲死亡的目的是为了催生新的财富与生命——小牛。小牛并不是年龄幼小，仅体量小而已，它也是成年的公牛。这种生命的特殊循环体现了早期文明社会原始巫术的思维方式。

我们可以用鲧生禹的神话来比较。《山海经·海内经》记载："洪水滔天。鲧窃帝之息壤以堙洪水，不待帝命。帝令祝融杀鲧于羽郊。鲧复（通腹）生禹……"郭璞注引《开筮》说："鲧死三岁不腐，剖之以吴刀，化为黄龙。"这个神话故事隐含着"父亲"（鲧）死后生命力转移到"儿子"（禹）身上的过程。值得注意的是鲧孕育禹的地方是腹部，禹的生产还借助了外力——吴刀的作用。这说明鲧既有父神的角色，又有母神的因素，其中父神占据了主要地位——禹继承了父亲的生命和治水的任务——"帝乃命禹卒布土定九州"。

这种"父死子生"的原始巫术思维在现代社会中仍有孑遗，如在生男生女

---

[1] 朱狄：《原始文化研究》，上海：生活·读书·新知三联书店，1988，第 574 页。

的选择上，很多人依然是希望子继父命、传宗接代。死亡与新生在牛身上的体现，反映出牛在滇人这个稻作民族心理上的重要地位。牛虎铜案下凹的背部很可能就是在祭祀礼仪中用来盛放牛牲的，它和它所承载的牛牲都是贡献给神明的祭品。牛虎铜案既包含了死亡，又孕育了新生，巧妙地通过牛这一特殊媒介来表达稻作民族对财富、生命、风调雨顺、牲畜繁衍、国泰民安的渴求。

牛虎铜案中蕴含的原始巫术思维还可以在一些古代风俗中依稀看到，例如鞭春牛。鞭春牛是立春的标志，开始可能是鞭打真牛，后来变成鞭打土牛。《周礼·月令》记载："出土牛以送寒气。"可见此俗起源甚早。有的地方在鞭春牛之后还要把春牛打破，抢夺制作春牛的泥土，然后撒到田间、牲栏，认为这样可以使谷物丰收，牛羊成群。还有的地方制作出小春牛放到大春牛肚子中，待迎春后取出小牛分送亲友，谓之"送春"[1]。在鞭春牛的风俗中，打破春牛、抢夺泥土以及从大春牛腹中取出小春牛分送的行为无不意味着辞旧迎新，从死亡到新生的过程。

## 第四节　祖先崇拜、鬼魂崇拜、生殖崇拜

### 一、祖先崇拜

祖先崇拜是世界范围内的一种文化现象，是世界上最古老的信仰之一。人类历史许多国家或地区曾盛行过祖先崇拜，如古巴比伦、古埃及、古希腊、罗马、古印度、波斯等。[2]

"灵魂不灭"观念是祖先崇拜产生的基础，它来自人类对自身睡眠、梦境、

---

[1] 李露露：《春牛辟地》，北京：社会科学文献出版社，1998。

[2] 蒋栋元：《跨文化视阈下祖先崇拜与上帝崇拜的阐释》，载《江苏师范大学学报》（哲学社会科学版），2013（5），第62-68页。

幻觉、死亡等现象的不解与恐惧。远古人群认为灵魂与肉体可以分离，是永恒存在的，出于"灵魂不灭"的观念，在母系氏族社会向父系氏族过渡的原始社会末期，父权制逐渐确立，人们相信死去的父辈家长的英灵能庇佑自己，保护后代，祈福消灾，所以逐渐形成了一系列的崇拜、祭祀规范。祖先崇拜就是将祖先的历史神话化，早期是一种英雄的原型崇拜（远古始祖，如伏羲、女娲、炎帝、黄帝等），然后发展成氏族祖先崇拜、部落祖先崇拜以及对民族祖先、家族祖先的崇拜。中国的祖先崇拜是一种对"神""人"的综合崇拜，远古的始祖被神化，而家族祖先、民族祖先等则是以"人"的形象存在于祭祀中。

《仪礼》中的"特牲馈食礼"和"少牢馈食礼"分别详细记述了中原诸侯祭祀祖祢、卿大夫祭祀祖先的各种礼仪。在祭祖仪式中，先通过卜筮在生者中选择一位与受祭者昭穆相当的"尸"。[1]所选之"尸"一般由被祭者的孙辈担任，代表祖祢来享用阳世亲人的供奉。"尸"的出现，将祖先的神灵形象化、具体化了。郑玄注曰："尸，主也。孝子之祭不见亲之形象，心无所系，立尸而注意焉。"[2]

祖先崇拜之俗在滇青铜器中很显著，令人意想不到的是，滇人的很多祭祖行为竟然与古礼记载若合符节，其中以"尸"代表祖先接受祭祀的行为也与《仪礼》记载相似。云南晋宁石寨山出土的三件"铜房子模型扣饰"与滇人的祖先崇拜有密切联系。易学钟先生认为："以其人物雕像的礼仪内容结合该建筑所特有的礼仪功能进行分析，颇能与我国汉代及其以前传袭千载的祖宗崇拜为核心的宗庙祭祀建筑及其尸祭制度比较而相吻合。"[3]我们以晋宁石寨山第6号墓出土的一件"铜房子模型扣饰"（M6∶22，图6-23）为代表，来仔细剖析、还原一次盛大的滇人祭祖行为。石寨山第6号墓曾出土过"滇王之印"，所以这次祭祖行为也是一次典型的宗庙祭礼。

---

① 郑玄为《周礼·春官·小宗伯》注曰："自始祖之后父曰昭，子曰穆。"以此来安排宗庙、墓地或祭祀中的辈分排列和次序。

② 以上考证参见荆云波：《历史的神话化：谈祖先崇拜的原型意义》，载《宁夏大学学报》（人文社会科学版），2008，30（3），第20–23页。

③ 易学钟：《"井干"溯源——石寨山文化相关问题研究（之一）》，载《云南民族大学学报》（哲学社会科学版），1995（2），第63–67页。

图 6-23：石寨山第 6 号墓出土的铜房子模型扣饰（局部）

　　"铜房子模型扣饰"为一干栏式建筑，第二层楼板高度与人相平齐，四周有栏杆，栏板上有鹦鹉、牛和猪腿等。正面有楼梯可供人上下，二层台面中央有一井干式建筑，长脊短檐，悬山向外突出，其下各挂一牛头。井干式建筑中间开一小窗户，从外面可以看到窗户中有一半身人像。铜房屋正面楼梯前竖立一块板，上宽下窄，上端搭在屋檐上，有一巨蟒口衔鱼蜿蜒而上。楼上楼下共有 17 人，其中男子 15 人，女性 2 人，还有牛、羊、猪、狗、老鼠等动物。第二层陈设各种礼器，如尊、俎、匕、铜鼓、铜釜、铜簋等，还有各种祭品。[①]

　　从众多人物中，二层井干式建筑中间小窗户中的半身人像，在这次祭祀过程中就是扮演祖先的"尸"。他位于整个建筑的中心位置，接受人们的各种供祭。这种大型的祭祀行为需要大量的物质财富来支持，是统治阶级夸富逞强的形式。它一方面表达了对祖先的崇敬、追思，另一方面也有很功利的目的，就是希望通过祭祀得到先祖的庇佑，赐福后代子孙。如蔡邕《祝祖文》曰："元正

---

[①] 易学钟：《石寨山三件人物屋宇雕像考释》，载《考古学报》，1991（1），第 23-43 页。

令子，时惟嘉良；乾坤交泰，太簇运阳；乃祀祖灵，以祈福祥。"[1]通过群体性的祭祀活动、共同的精神体验，在一定时间内，用祖先的意志将所有人的命运联系起来，加强了共同的血缘观念，不仅抚慰了被统治者的不满，也促进了滇人的团体认同感与凝聚力，达到了稳定社会秩序、维护政治等级权威的目的——这是滇人祭祖的主要社会意义。[2]

## 二、鬼魂崇拜

灵魂观念早在新时期时代就已经形成，元谋大墩子瓮棺葬在陶瓮的底部经常有一个孔，这在古人的观念里，大概就是供灵魂出入的门吧。人生而有灵，死后就变成鬼魂，但鬼魂是无法看到的，所以人们对鬼魂的崇拜往往寄托在葬俗、祭祀的仪式及相关的器物上。

滇人是否存在鬼魂崇拜，以目前的资料并不能确认，一些青铜器上的鹿形怪兽图案或许与之有关。

晋宁石寨山出土的一件西汉时期的刻纹铜鼓（M13∶3），鼓足上有鹿形怪兽的刻纹图案（图6-24），怪兽身形如鹿，躯体花纹呈竖条带形与点纹相杂，角、尾蔓延如水草状，唇部剧张而卷曲、大耳、兽爪，均做回顾状。怪兽身后均有一头猛虎做奔袭状。

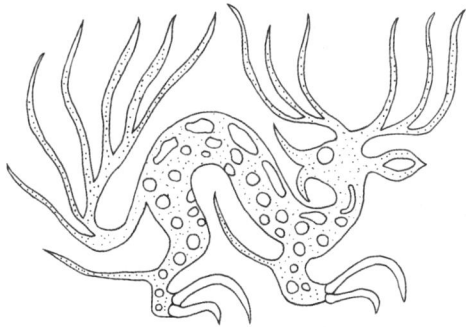

图6-24：铜鼓足部的鹿形怪兽

---

① （清）严可均辑：《全后汉文》卷七九，北京：商务印书馆，1999。

② 关于滇青铜器中"尸祭"等复杂的宗教行为细节，可参见易学钟先生相关研究文章：《石寨山三件人物屋宇雕像考释》，第23-43页；《晋宁石寨山1号墓贮贝器上人物雕像考释》，载《考古学报》，1988（1），第37-49页；《晋宁石寨山12号墓贮贝器上人物雕像考释》，载《考古学报》，1987（4），第413-437页；《"井干"溯源——石寨山文化相关问题研究（之一）》，载《云南民族大学学报》（哲学社会科学版），1995（2），第63-67页。

　　这种虎—鹿食物链式组合在铜鼓足部装饰图案中连续出现，不能仅仅归结于艺术表现风格化，它以飞奔的姿态（风神）变成了一种引魂升天、化生的文化象征。楚墓中常见的镇墓神兽，许多造型都头戴鹿角，它们或多或少都与"飞廉"有一定的渊源。①

　　此外，晋宁石寨山第 1 号墓出土的一件"杀人祭柱铜贮贝器"的腰部线刻彩绘有八人，手持兵器，如棍棒、斧、弓、矛、戈等做奔跑追逐状。一些研究者认为是狩猎场面，易学钟研究指出，这八人是原始宗教祭祀活动中的"'巫祝桃茢持戈'，与'方相氏'入圹驱除开道意义相同"②。"巫祝桃茢执戈"出自《礼记·檀弓下》："君临臣丧，以巫祝桃茢执戈，恶之也。"《周礼·夏官·戎右》："赞牛耳桃茢。"郑玄注："桃，鬼所畏也；茢，苕帚，所以扫不祥。"可见古人以桃木扫帚驱鬼辟邪。而"方相氏"出自《周礼·夏官·方相氏》："方相氏掌：蒙熊皮，黄金四目，玄衣朱裳，执戈扬盾，帅百隶而时傩，以索室驱疫。"是古时安葬入墓室驱鬼逐疫之神。果如易学钟先生考证，那么汉代的滇人接受中原文化的影响后，当有鬼魂崇拜之观念了。

图 6-25：羊甫头出土铜凿上的奇怪人物图案

　　至于鬼魂崇拜与怪兽形象的诞生，滇青铜文化遗址出土的一些器物上，我们常常会发现一些奇怪的图像，它不是现实动物的写照，而是人们脑海中幻想的产物，从这个角度看，或许也可以将其视为一种"鬼魂式的图案"。如昆明官渡羊甫头 M113 号墓出土的一件铜凿上的刻纹图案（图 6-25）上，有一人

---

① 王政：《战国前考古学文化谱系与类型的艺术美学研究》，合肥：安徽大学出版社，2006，第 195-199 页。

② 易学钟：《晋宁石寨山 1 号墓贮贝器上人物雕像考释》，载《考古学报》，1988（1），第 37-49 页。

物头上似乎戴着巨大的弯曲的羊角状假发，还戴耳环，张口而笑，双手双脚做蛙形分开。最诡谲的是，此人臀部下方有一条长而卷曲的锯齿状尾巴，与伏羲、女娲的人身蛇尾形象近似。这种人与动物的局部肢体的组合图形，或许也是滇人关于鬼魂的奇思妙想之一。①

鬼魂崇拜虽然在青铜时代的文化遗址中所见不多，但一些时代略晚的历史记载也间接反映了云南战国秦汉时期鬼魂崇拜的盛行。如《三国志·张裔传》记载："先是，益州郡杀太守正昂，耆帅雍闿恩信著于南土，使命周旋，远通孙权。乃以裔为益州太守，径往至郡。闿遂越趄不宾，假鬼教曰：'张府君如瓠壶，外虽泽而内实粗，不足杀'，令缚与吴。于是遂送裔于权。"成都人张裔原为蜀汉之巴郡太守，后来做了益州太守，但因为本地酋首雍闿原有意太守之位，与孙权交往，所以将张裔捆缚而送给了孙权。此段记载可见当时南中大姓权势之重，但雍闿假借"鬼教"来达成自己的目的，也可看出当时人们对"鬼教"的崇信。

《华阳国志·南中志》也记载："其俗徵巫鬼，好诅盟，投石结草，官常以诅盟要之。"直到唐代，《新唐书·南蛮传》仍记载："夷人尚鬼。谓主祭者为鬼主，每岁户出一牛或一羊，就其家祭之。送鬼迎鬼必有兵，因以复仇云。""大部落有大鬼主，百家则置小鬼主。"

## 三、生殖崇拜

"根据唯物主义观点，历史中的决定因素，归根结底是直接生活的生产和再生产。但是，生产本身又有两种：一方面是生活资料即食物、衣服、住房以及所必需的工具的生产；另一方面是人类自身的生产，即种的繁衍。"②远古时

---

① 云南文物考古研究所、昆明市博物馆、官渡区博物馆：《昆明羊甫头墓地》，北京：科学出版社，2005，第 208 页。

② 恩格斯：《家庭·私有制和国家的起源·第一版序言》，见《马克思恩格斯选集》第 4 卷，北京：人民出版社，1972，第 2 页。

图 6-26：李家山出土的二牛交合铜扣饰

期人类自身的繁衍是社会持续发展必不可少的因素，甚至比生活资料、生产资料的生产更重要。

　　生殖崇拜与部落、种族的存亡有关，人们对它的认识也是渐进的，首先是对人类繁衍本身的不理解，于是在自然界中寻找类似的现象来解释，并以"相似律"来崇拜多子的动植物，例如葫芦崇拜、蛙崇拜、鱼崇拜等。然后是母系氏族社会的母神崇拜，逐渐明确为女阴崇拜；进入父系氏族后，父神崇拜（祖先崇拜）确立，然后演变成男根崇拜。生殖崇拜的根源在于种族的存续，动植物的生殖繁衍在古人心目中因为巫术的相似律、接触律的原则对人的繁衍有神秘的作用，所以古人即使在了解人类的繁衍秘密之后，也继续保持着古老的生殖崇拜，它是复合型的崇拜行为，甚至科学发展到如今，生殖崇拜仍然存在。

　　生殖崇拜在云南遗留痕迹甚多：元谋大墩子新石器时代遗址中出土了祖型巨石，周围还有大量的兽骨，推测为祭祀使用的牲畜；沧源崖画第六地点中有女性生殖器形状的"出人洞"；广南铜鼓上男性夸张的性器官；江川李家山采集的二人交合铜扣饰；晋宁石寨山出土的铜房子模型扣饰中房屋背后有男女交合的场景；官渡羊甫头出土的漆木祖性器、祖形铜铲；江川李家山出土的二牛交合铜扣饰（图 6-26）；等等。

古滇文化中的生殖崇拜，大概可以分为以下几种：

1. 动植物崇拜——葫芦崇拜、鱼崇拜、蛙崇拜。

19 世纪德国著名的哲学家黑格尔在他的《美学》一书中曾经指出："东方所强调和崇拜的往往是自然界的普遍的生命力，不是思想意识的精神性和威力，而是生殖方面的创造力。"[①]葫芦生命力旺盛，易于存活、多籽等特点使之与生殖崇拜联系起来。沧源崖画中有葫芦形植物；滇西、滇中地区出土的铜葫芦丝、葫芦笙，这些乐器之所以采葫芦作为共鸣箱，不仅是因为材料容易获取，也包括了古人对葫芦多籽的美好期望。其他如蛙、鱼等动物形象，因为多子，也成为古人生殖崇拜的对象。如晋宁石寨山 10 号墓出土的铜鼓上的青蛙；晋宁石寨山出土的铜鱼杖头；江川李家山出土的青铜杖头上的鱼与巫师造型；猎首纹铜剑上做蛙形舞蹈状的巫师……凡此种种，不胜列举。

2. 性器官崇拜。

此类崇拜以新石器时代较多。母系氏族社会，生殖崇拜最主要的内容就是母神崇拜，引申为女阴崇拜。

沧源崖画的第六地点五区崖画画面上有一圆形山洞，洞口周围有十余人，似由洞内跑出，洞口左侧还有一人上半身露出洞外，双手平伸，似乎正要从洞中出来（图 6-27）。研究者认为，此山洞就是巨大女阴的象征物。[②]

元江它克崖画上，有人物驱

图 6-27：沧源崖画上的"出人洞"

① 孙保瑞：《汉代生殖崇拜造像》，载《南都学坛 》( 人文社会科学学报 )，2006 ( 5 )，第 18-19 页。

② 李昆声：《考古材料所见生殖器崇拜考——以云南史前及青铜时代为例》，载《云南民族大学学报》( 哲学社会科学版 )，2003 ( 4 )，第 66-72 页。

图 6-28：它克崖画上的菱形身躯人物

图 6-29：羊甫头出土的猪
头形漆木祖器

赶画做"菱形体"（图 6-28），李昆声研究认为"整个它克崖画上共有'菱形体'和用'菱形体'组成的人物图像 12 幅。这些图像代表的是女性生殖器，从与其他图形的比例来看，这些'菱形体'可称为'巨大的女阴'"[①]。

　　与之相对应的是，进入父系氏族社会以后，男根崇拜就取代女阴崇拜成为最主要的生殖崇拜对象，最典型的就是我们常说的"祖"器，它是男性生殖器官的代表。祖崇拜在古滇文化中一直存在。1987 年，云南省施甸县仁和镇团山窝发现一处新石器时代的遗址中出土陶祖 6 件，尔后又采集 2 件。这是云南新石器时代生殖崇拜的典型代表。青铜时代云南出土的"祖形器"甚多，仅昆明官渡羊甫头 M113 号墓就出土了漆木制作的水鸟形漆木祖（Ml13：382）、猴头形漆木祖（Ml13：385）、鹿头形木祖（Ml13：386）、猪头形漆木祖（Ml13：387）（图 6-29）、牛头形漆木祖（Ml13：378）、鹰爪形漆木祖（Ml13：350）、人头形漆木祖（Ml13：384）、踞坐女俑形漆木祖（Ml13：381）以及一件祖形铜铲（Ml13：327）。[②]

　　其实早在 1955 年晋宁石寨山第一次考古发掘中，就曾出土过祖形剑柄的

① 李昆声：《考古材料所见生殖器崇拜考——以云南史前及青铜时代为例》，载《云南民族大学学报》（哲学社会科学报），2003，20（4），第 66-72 页。
② 同上。

图 6-30：安宁太极山出土的祖形柄铜剑

图 6-31：李家山采集的二人交合铜扣饰

铜剑，只是因为当时发表资料不足，未能被中外学者所认识。祖形柄是生殖崇拜的象征，而铜剑是致人死命的武器，生存与死亡就这样被滇人朴素地融为一体。安宁太极山也出土过同样的祖形柄铜剑（图6-30）。

3. 性行为崇拜。

随着社会的进步，人们对人类生殖繁衍的认知愈加进步，性行为才是人类繁衍的方式，所以男女交合成为社会发展进步的重要组成部分，在宏大的祭祀场合，男女交合显得很自然，而且还出现了专门宣扬男女交合的铜扣饰（石甲 M13：215）。该扣饰上的房屋右后侧柱子后，有二人相抱似在交合。江川李家山也采集到一件"二人交合铜扣饰"（图6-31）。

# 第五节　献祭方式——公宴、燎祭

## 一、公宴

滇人保留了原始宗教文化的基本面貌，例如太阳崇拜、土地崇拜等世界性的主题，在人、神沟通的方式和途径上，滇人使用鼓、柱、杖等作为特殊的通神工具。鼓是本土文化的产物；柱、杖的文化象征意义不仅与我国上古传统文化密切相关，还似乎受到外来文化的影响。在滇国社会发展进程中，原始宗教祭祀逐渐脱离了早期简单化、直线性的巫术范畴，开始通过各种规范的仪式、典礼进行"人神沟通""天人交感"。滇青铜文化图像所展现的一些复杂、完备的大型祭祀活动证明，西汉时期，滇国巫教祭祀已经成为维系滇王统治的精神纽带，它甚至还可能是当时社会财富集中与交换的一种特殊方式。仅将滇国祭祀的丰富文化内涵视为"泛神崇拜""图腾崇拜""动物崇拜"，是一种似是而非的简单化的认识。

"礼有五经，莫重于祀"，献祭仪式又是所有祭祀活动最重要的情节。滇国的献祭仪式多在宽敞的广场或高大的建筑中举行，具体的场所选择又和祭祀对象密切相关。在献祭仪式中最重要的内容就是贡献牺牲。滇人所使用的牺牲有：人牲、兽牲、畜牲等。人牲迄今所见不过三例，均出现于人物众多的大型祭祀场合，其器物都出自晋宁石寨山滇王及其贵族的高等墓地。兽牲指虎、豹等狩猎获得的猛兽，为数不多，这两种牺牲的获得可能存在一定的难度，所以并不普及，比较多见的是贡献牛、羊、猪三牲。

献祭只是一种仪式，它更被注重的是仪式的意义而不是献祭的内容本身，重点在于通过仪式，献祭者获得了与神的沟通。献祭仪式通常与圣餐联系在一起。人们相信，通过吃的行为可以将神圣的动物的神力和魔力吸收到自己身上。"献祭的要素只有两个：吃东西的和被吃的东西，吃东西的就是'崇拜者'，而被吃的就是神圣的动物。"①
就像著名的人类学家弗雷
泽所说的那样："野蛮人大
都认为吃一个动物或一个
人的肉，他就不仅获得该
动物或该人的体质特征，
而且获得了动物或人的道
德和智力的特征。"②交感
巫术或顺势巫术在滇国普
遍存在着，滇国祭祀场面
中常见的"人祭"与交感

图6-32："诅盟铜贮贝器"上大型宗教祭祀与宴飨的结合

巫术当有紧密联系，还有像我们熟知的滇人"猎首"的习俗，不仅和计量军功
的"首功"有关，也与原始的巫术思维密切联系。据易学钟先生观察，在著名
的"贡纳铜贮贝器"上，就有人物背着人的一只左前腿的形象，这除了"食人"
的习俗解释以外，似乎难有他解。

　　滇国原始宗教祭祀的献祭仪式，实际上是一种宰杀牺牲进行大型公宴的行
为，献祭仪式以参与者分享美味而告终，不过这种全民性的公宴以"神圣的仪
式"来表现，因而具有了特别的社会功能（图6-32）。首先，通过人物众多、
手续繁复但秩序分明的献祭仪式，暗示了滇国现存社会秩序的合理性，并且通
过主题鲜明的祈祷，规范着人们的思想、情感以及行为。其次，在"人神交往"
的过程中，以浓妆艳抹、奇装异服、鼓乐舞蹈、饮酒狂歌等途径，营造出一种
神秘的氛围，使献祭牺牲的仪式笼罩上了一层神圣的光环，吸引着不同的人们
的关注，并且借助人们对美好未来的共同渴望，在一定时间内，用"神的意志"

① ［英］简·艾伦·赫丽生著，谢世坚译：《古希腊宗教的社会起源》，桂林：广西师范大学出版社，
　2004，第133页。
② ［英］詹·弗雷泽著，刘魁立编：《金枝精要——巫术与宗教之研究》，上海：上海文艺出版社，
　2001，第445页。

将所有的人的命运联系起来，不仅抚慰了人们对现实的不满，而且促进了滇人的团体认同感与凝聚力。此外，滇国巫教祭祀的献祭仪式同时还是统治阶级夸富逞强的工具。富有者以贡献牺牲的方式证明自己财富、地位的神圣性、合法性。同时，一般的平民则借此机会进行售卖、交易活动，互通有无，与现代云南民间的"赶街"活动颇有些相似。

## 二、燎祭

"燎"又称为"燎祭"，它是通过燃烧木柴产生的火烟向上帝传递信息而期望达成心愿的一种巫术。其渊源久远，所谓"夏以松、商以柏、周人以栗"，"燎"的祭祀内容也包罗万象，甲骨文对之有较详细的记载：甲骨文"燎"字有两大类写法：一类是从火从木，表示以火烧柴之意；另一类是从木从数点，小点象征火焰飞腾状，整字表示的仍然是以火烧柴之意。"尞"字，《说文解字》释为"烧柴以尞祭天也"。《尔雅·释天》记载："祭天曰燔柴。"《礼记·祭法》记载："燔柴于泰坛，祭天也。"在甲骨文中，燎祭的范围极广："燎帝"是向上帝燎祭；"燎于岳"是燎祭自然神；"燎于大甲"是燎祭先王；"燎于高妣己"是燎祭先妣；"燎黄尹"是燎祭旧臣，其他还有火神、帝云，皆可进行燎祭。"燎"是中华文化史上一个明确的标志性符号——它最早写作"米"字的形态。

除甲骨文之外，在一些陶器、画像砖上也有"燎"的符号存在。例如甘肃马家窑文化中的彩陶壶上，就有明显的"米"字形图案，江苏大墩子遗址中发现的彩陶盆上也有类似的"米"形符号，而在河南固始县发现的西汉"裸人鹳鸟图"画像砖上，正上方就是两个带方框的"米"字。云南永德崖画的画面下方也有一个"米"字图形，原报告者认为"似为符号，意义不明"[1]，巫术是崖画创作的重要心理动机之一，这个"米"字图形，应该也是"燎"。

---

[1] 吴学明：《云南永德崖画》，载《云南文物》，第33期，第69-75页。 另：永德崖画的年代据原报告者推断上限在东汉，下限在元明时期。

作为古滇文化最具代表特色的青铜器——铜鼓，最早也是通过"燎"来实现它的宗教职能，在楚雄万家坝出土的铜鼓外壁上，我们还可以清晰地看到有烟炱的痕迹，这就是古人在举行祭祀时，以火烧煮，以飨神灵。"举火燎天"的巫术仪式在云南的一些少数民族中间至今仍有遗留，丽江东巴教的"署古"仪式，即祭祀自然神"署"，在祭祀的开始，东巴就燃烧大量的松枝、枯柴，产生浓烈的烟雾，他们认为通过这一渠道可以与天神交通。藏族的"烧天香"也与之类似。

图 6-33：带燎祭符号的铜铃

云南省博物馆收藏了一件铜铃（图 6-33），上面有明确的"燎祭"符号，为我们了解古滇文化的祭祀方式及内容提供了生动可靠的材料。该铜铃形制呈扁圆筒状，顶部两侧有两截空心短圆管斜伸而出，可穿绳系挂，无铃舌，下口沿为三角形锯齿和不规则形状组成，高 9.5 厘米，宽 8.7 厘米，壁厚 0.25 厘米，时代在西汉。该铜铃是文物商店在民间收集，1988 年转交云南省博物馆的。滇东北昭通地区曾出土过类似器物，估计这件铜铃应该也是从滇东北地区传来的，其上的图案与巴蜀图语有类似之处。

在铜铃的正中间有一个神秘的符号，由"米"和四边框组成，形如 ，这就是"燎"。铜铃上图案表现的就是一次"燎"祭以祈雨、祈年的巫术仪式，因为在铜铃的右下角，还有两个明确的标志性符号——"云""雨"。云生致雨，古人观念常把云雨相连。如甲骨卜辞中的"丝云其雨"就是卜问这朵云彩是否会带来雨水。而"丝云止雨"则是卜问这朵云彩带来的雨水会不会停止。

所以我们用现代的语言来解读两千多年前古滇的一次燎祭，内容如下：在由阶梯方可攀越的高地上，部落首领带领群众早早地搭建起长方形的双层祭坛，

图 6-34：李家山出土的敲破鼓面的铜鼓

用一个圆形的畜圈来豢养祭祀的牺牲，并建造起神仓、神屋供神灵饮食起居，还有四个小祭台召奉帝之使者——凤（风）。雨云自西南来的季节，就在空旷的广场之上竖立起高高的三根表柱，令"众帝所自上下"（《淮南子·坠形训》），奉献出精心饲养的羊、马等牺牲，然后举行"燎"的祭祀，点燃准备好的木材，凭借向上飞腾的火烟，祈盼"帝"能适时降雨，使谷物丰收、人口繁衍、牲畜增殖。

燎祭焚烧的祭祀用品分两大类：一类是容易燃烧的植物，如木柴、枯草、树枝等引火之物；另一类是贡献给神明的祭品，如玉帛、牺牲[①]等。我们在滇青铜文化遗址中常常发现鸡骨白宽边玉镯，质量很轻，表面常有玻璃光泽，有识者认为这种表面光滑的"鸡骨白"的形成和燎祭时"焚玉""燔玉"的行为有关。焚烧祭品就意味着人与神契约的完成，神已经享受了人的供养，就履行契约、庇佑、保护供养者——这是原始的巫术思维的直观体现。有时候在献祭仪式完成后，人们还要将祭品破坏，也是为了将人神契约进一步约定，不得反悔，所以我们在滇青铜文化遗址中常常发现有鼓面破碎的铜鼓随葬的现象，这应该是故意的行为（图 6-34）。四川广汉三星堆祭祀坑出土的大量器物是破碎品，也多出自这种思维方式。

---

① 包括人牲，甲骨文之"交"字，就是以火焚人之形状。

第七章

古滇时期的军事

"国之大事，在祀与戎"，祭祀和打仗同中华古文明一样也是古滇文明的重要组成部分。尽管没有相关的文献记载，但在出土的青铜贮贝器上，有十分隆重的祭祀场面仪式。同样，在青铜贮贝器上也有十分惨烈的战争场面，像一本无字的史书，记载着古滇文化的历史。下面，分别从兵器种类（军事装备）和兵种来叙述古滇时期的军事。

# 第一节　古滇的兵器种类

古滇的兵器种类比较丰富，像其他任何一个古文明一样，都有一个逐渐发展的过程，也存在地区发展的不平衡。

## 一、古滇早期的兵器

古滇早期的兵器种类比较简单，主要有戈（图7-1）、镦和镞（图7-2）。

戈的形制变化不大，多为方内、直援，内与援上有穿孔。戈和镦本是一件兵器上的两个组成部分，分别位于木柄的两端。镦是木秘底端的护帽，常

图7-1：戈（澄江金莲山）

图 7-2：通海兴义二期出土的石质镞范

图 7-3：带柲的戈

图 7-4：穿銎戈

因使用频繁而向上翻。镞多为扁叶形的薄片状，分为阔叶形和柳叶形镞身，双翼镞占绝大多数，铤不明显，多不甚规则。目前主要见于剑川海门口、昆明西山王家墩、通海兴义[1]和澄江金莲山[2]等地。金莲山的镞除了青铜质地的以外，还有骨镞。

可见，古滇早期的兵器种类比较单调，主要有长兵器（戈）和远射兵器（镞）。其他种类的目前尚未见到。

## 二、古滇中期的兵器

相对于早期，古滇中期的兵器种类已十分丰富，有剑、戈、矛、戟、叉、钺、斧等。根据兵器功用的不同，细分为：

（一）勾刺兵器：戈、矛、戟、叉和啄等

1. 戈：为勾兵，主要用于勾杀，戈刃横置，与木柄成十字交叉，可勾杀亦可横刺（图7-3）。戈的形制多种多样，有直援、曲援、穿銎等。与早期相比，此一时期最典型的特征是带銎戈的出现。穿銎戈（图7-4）的出现，使戈头和木柲捆绑起来更加稳固，便于在战斗中使用。除了古滇早期的无胡戈之外，这一时期，绝大多数戈已经出现了胡，而且

---

[1] 云南省文物考古研究所：《通海兴义遗址》，"云南考古"网站，2016年11月4日。
[2] 资料现存云南省文物考古研究所。

图 7-5：柳叶矛与宽叶矛

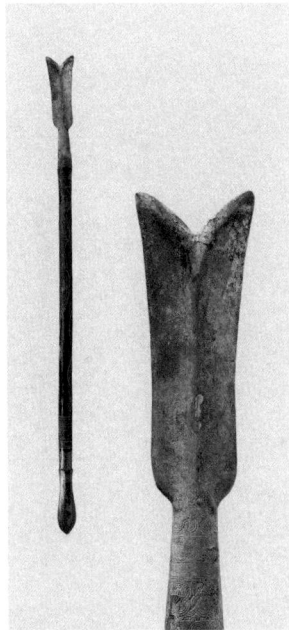

图 7-6：叉

是长胡。

2. 铜矛：矛的形制也多种多样，主要根据铜矛头的不同分为柳叶形和阔叶形。矛头下面多装有竹、木柄。矛的銎口有圆形、椭圆形等。通常在銎口的外侧有附耳，有的也没有附耳。在銎上多有一个穿孔，便于加固矛头和木柲，使之牢固不易松动（图7-5）。

3. 铜叉：刃部为长方形，前端分叉，似鱼尾状，用以直刺（图7-6）。

4. 剑：青铜短剑是古滇时期最为常见的兵器，也是数量最多的兵器，其通常在30厘米左右，剑首（柄）和剑格变化最为复杂，分为无格剑、一字格剑，剑身分为柳叶形和曲刃（图7-7~9）。铜剑通常有配套的剑鞘。从古滇时期的图像来看，古滇人通常是左佩剑的，也发现有少数右边佩剑的。

5. 啄：是古滇时期滇中地区特有的一种兵器，其刃又尖又长，带穿銎，銎部横置与刃部成T字形，具有很强的刺杀力。

图 7-7：剑

图 7-8：青铜短剑

图 7-9：剑

图 7-10：铜斧

图 7-11：铜钺

## （二）砍劈兵器

主要有斧、钺、戚和刀等，用于砍和劈。

斧既是生产工具，同时也可能用作武器。通常在斧之銎部有由几何纹组成的图案，有的在銎的一侧铸有一圆雕动物（图 7-10）。

图 7-12：弯刀（保山昌宁）

铜钺是古滇文化时期数量较多的一种兵器，刃部多作扇形或者新月形，銎部上饰有较多纹饰，有的还有各种圆雕动物装饰（图 7-11）。

铜戚在兵器中的数量不多，有装木柄的，也有直接装铜柄的，銎部多雕铸有动物，刃部多作圆弧形。

刀的刃呈弯月形，有銎，銎上铸有花纹（图 7-12）。目前出土的弯刀主要

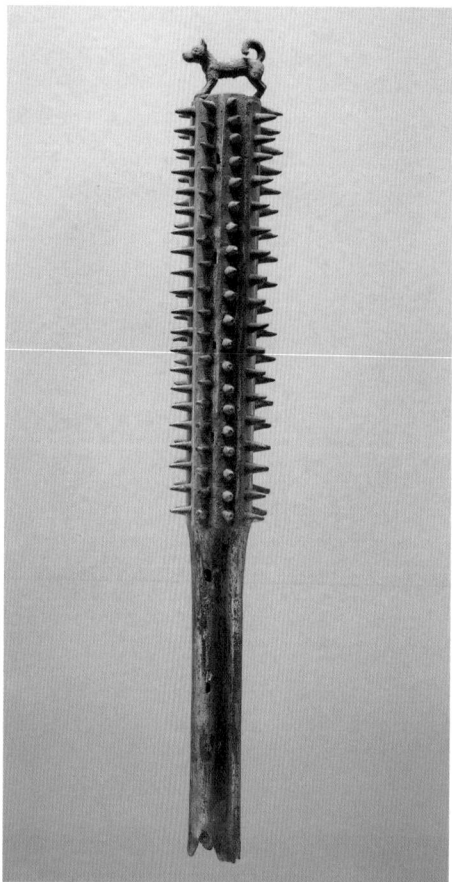

图7-13：铜狼牙棒

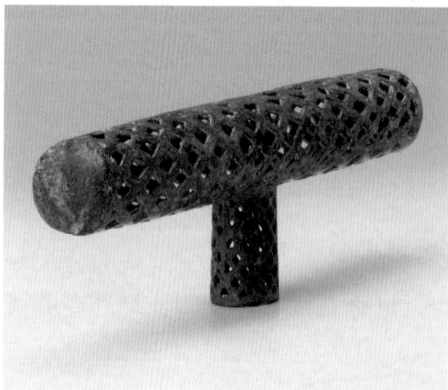

图7-14：铜锤

见于云南西部的保山、昌宁一带。

此外，还有环首铜刀，但环首铜刀这类兵器当是借用汉文化因素而形成的。

（三）击打兵器

击打兵器主要有狼牙棒、铜锤和铜棒等。

狼牙棒为一圆桶状的铜棒，在铜棒的外面布满整齐划一的锥刺，刺尖尖锐，在棒头的下端安装有木棒（图7-13）。

铜棒在形制上与狼牙棒完全一样，只是没有外面的锥刺。

铜锤的锤身横出于上方，其下有圆形銎，銎与锤身呈丁字交叉状，用以安装木柄（图7-14）。铜锤分为实心和镂孔的两种。

（四）远射兵器

远射兵器有箭镞、弓、箭箙和弩机等。

箭镞这种兵器，自古滇早期就已经存在，到中期以后，形制发生很大变化，出现了三棱形镞，以燕尾形为最多，增加了飞行的稳定性和穿透力，更具战斗力。

箭箙，用以盛箭，多为竹木或兽皮制成（图7-15）。

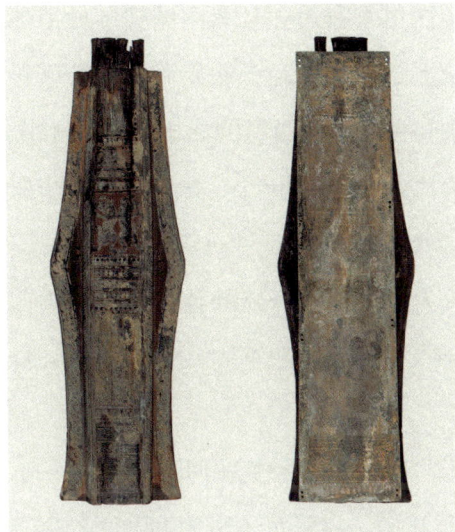

图 7-15：箭箙

图 7-16：弩机

弓，在云南古滇的遗存中没有见到弓的遗存，但在石寨山出土的一面铜鼓的刻纹上有一位披甲持弓的人，其弓身扁平，弯曲，弓背略成弧形，弓弦平直。此外，在石寨山出土的一件贮贝器腰部的刻纹狩猎图像中，有一猎人一手握弓，另一手控弦，弦做半满状，似将箭已射出。一般弓背多用竹木制成，而弓弦多用动物的皮筋等有机物制成，故很难保存下来，这也可能是云南很少见到弓的遗存的原因。

弩机（图 7-16）在滇中地区墓葬中出土的数量较多，这些弩机当是来自西汉时期的中原地区。如江川李家山出土的两件弩机上有刻铭，分别是"河内工官二百二十丙（柄）"，另一件铭文为"河内工官二百□□丙"。此外，还有"舞阳""□十三年"等铭文，足证这些弩机是来自中原地区，是从中原地区铸好后再传到古滇文化分布区的。

（五）防护兵器

主要有盔、甲以及盾牌。

盔是战士用以保护头部的帽子，又称为胄、兜鍪，多用铜铁等金属制成。

古滇时期的头盔多用薄的铜片锻打制成。在江川李家山 3 号墓中见到一件通体鎏金的头盔,上小下大成瓢形,可惜由于填土挤压,已经无法复原。尽管所见留存下来的实物不多,但在古滇的青铜图像上有不少戴头盔的武士(图 7-17)。无论士兵还是军官,都有戴头盔的,不仅骑兵戴,步兵也戴。推测头盔在当时应是一种统一制作、战士必备的装备。

铠甲是为了防止在战斗中被敌方刺中,为保护战士身体的各个部位而制作的防护器具。铠甲多用薄的铜片打制。依身体各个部位的不同,分为颈甲、背甲、胸甲、臂甲和腿甲等。

颈甲呈圆筒形,外形上与人的颈部相似,上下两端外移,中间略束。

臂甲呈圆筒状,与人的手臂相同,背面开口,口沿处有对称的两列穿孔。甲面有纹饰或者图案。臂甲有黄金和青铜两种质地(图 7-18~19)。

此外,还有背甲和腿甲等,也是根据人体的部位将铜片穿缀而成。

图 7-17:戴头盔的武士

图 7-18：金臂甲

图 7-19：铜臂甲

盾牌是古滇战士在战斗中
常用的防护工具。目前难见完
整的盾牌，多为漆盾或者革盾
的一部分。通常为圆形，正面
中央呈半球形凸起，背面相对
应内凹，有横梁可穿缀或者固
定在盾上（图 7-20），其周边
区域当为有机质的藤条或者木
质类。

图 7-20：盾饰

## 三、古滇晚期的兵器

古滇晚期的兵器较中期而言，不仅数量多，而且种类更加复杂。剑、矛等
兵器在中期出现的铜铁合制的基础上（多是仿造早、中期的同类器物铸造，只

是刃部用铁质材料），新出现了完全用铁质材料制作的铁剑、铁矛等兵器。由于铁器的大量运用，极大地扩充了兵器的数量，提高了战斗力。

铁剑或者铜柄铁剑成为这一时期的主流，在形制上也有较大变化，长度较原来青铜短剑增加了一倍以上（图7-21~22）。

另有环首铁刀，呈长条形，直刃，刀柄为环首状（图7-23）。

戟的整体做卜字形，由前伸的直刺和旁出的横支组成。江川李家山曾发现一件戟，残长35.4厘米，是汉代中原地区铁兵器中最常见的一种（图7-24）。西汉时，戟在战斗中的作用日益明显，逐渐取代戈而成为长柄兵器中的主要兵器。

洱海及其附近地区，主要以山字格剑、实心长方形柄圆弧刃铜钺、圆銎柳叶形矛等为代表。[1]

在滇东北的昭通，营盘墓地的兵器以剑、戈和矛为主，剑以蛇首无格剑为主；戈为无胡戈。张滩墓地的兵器由剑、钺、戈、矛和刀组成，巴蜀式剑、烟荷包式钺等最具代表性。[2]在乌蒙山东部的贵州赫章可乐墓地，其镂孔牌形茎首铜剑（图7-25）最具代表性，剑身呈柳叶形。可乐出土的戈数量较多，多为无胡直内造型。而位于乌蒙山西侧的威宁中水墓地，铜兵器数量少，有少量戈、矛、剑和镞，其中，部分蛇首无格剑与滇式剑相同，戈为无胡直内造型。[3]滇东曲靖盆地的青铜兵器以剑、矛、戈、镞为主，其中的剑由凸顶茎首、一字格和蛇首无格剑组成，以凸顶茎首剑最具代表性。[4]在滇东南的泸西石洞村和大逸圃墓地，其兵器种类为剑、戈和镞，不见铜矛。剑为一字格，戈为直内无胡戈。[5]四川安宁河流域大石墓中的兵器欠发达，镞、剑和矛都比较少。[6]四川雅砻江流域的盐源盆地出土青铜器比较丰富，兵器种类多，数量也多，计有剑、

[1] 云南省博物馆文物工作队：《云南剑川鳌凤山墓地发掘简报》，载《文物》，1986（7）。
[2] 昭通市文物管理所：《昭通田野考古》，昆明：云南人民出版社，2012，第54—65页。
[3] 贵州省文物考古研究所：《赫章可乐：二〇〇〇年发掘报告》，北京：文物出版社，2008。
[4] 云南省文物考古研究所：《曲靖八塔台与横大路》，北京：科学出版社，2003。
[5] 云南省文物考古研究所等编著：《泸西石洞村　大逸圃墓地》，第二、第三章，昆明：云南科技出版社，2009。
[6] 四川省文物考古研究院等编著：《安宁河流域大石墓》，第五章，北京：文物出版社，2006。

图 7-22：鎏金铜柄铁剑

图 7-23：环首铁刀

图 7-21：铁剑　　　　　图 7-24：戟　　　　　图 7-25：贵州赫章可乐茎首剑

戈、钺、矛、镦、刀、镞等，剑主要为覃首茎首山字格剑和双圆环首短剑，戈为无胡戈和长胡戈，矛为柳叶形、竹叶形等。[1]滇西南昌宁大甸山的兵器主要由铜剑、铜矛、铜钺和铜弯刀组成，其中，剑为山字格剑，铜钺有半圆弧形钺和靴形钺，以铜弯刀和铜钺最具代表性。[2]

从上述几个地区出土的青铜兵器来看，除了滇池区域的种类最丰富、数量最多以外，盐源盆地是另一个无论种类还是数量都出土比较多的地方。其他的如安宁河流域、贵州西部、滇东北、滇东南、滇西南等地区，其青铜兵器都不甚发达，个别地方甚至没有自己特有的兵器。

# 第二节　古滇时期的兵种

古滇时期的兵种主要有两种，即步兵和骑兵。从目前的考古材料来看，在古滇早期，当主要为步兵。他们是否是职业的军人，尚难以确定，最有可能的情况是：他们一方面是农业或者手工业的从业者，而战时，则操起武器成为士兵，战争结束以后，又从事他们的本行。在古滇的中、晚期出现了骑兵，军人极可能已经职业化。

古滇时期的各族群之间的战争是以掠夺奴隶、抢夺资源和抢劫财物为主[3]，和中原其他地区的那种"攻城略地"的战争目的有显著的区别。

## 一、步兵

步兵是古滇时期的主要兵种。石寨山 M13 中出土一件扣饰，报告定为"献

---

① 凉山彝族自治州博物馆等编著：《老龙头墓地与盐源青铜器》，第四章，北京：文物出版社，2009。
② 云南省文物考古研究所：《昌宁大甸山墓地》，"云南考古"网站，2014 年 5 月 22 日。
③ 张增祺：《滇国与滇文化》，昆明：云南美术出版社，1997，第 190–205 页。

图 7-26：献俘扣饰

俘扣饰"（图 7-26）。①该器物上共有四人、两个人头和三只牲畜，表现的是两个滇人武士战斗而归的情形。武士头戴盔，穿高领甲，戴宽边镯，跣足。一武士右手牵绳，绳后拴着一背小孩的妇女及一头牛和两只羊，左手提一个人头；另一武士左手亦提一男性人头，右肩上扛一斧头殿后。该器物所表现的是滇人武士掳掠而归的情形。从图像来看，滇人的步兵装备精良，不仅有头盔，而且从脖子至腿部，均有护甲，将士身体的重要部位均包裹得严严实实。在晋宁石寨山、江川李家山等墓地考古发掘中出土的头盔、颈甲、臂甲、胸甲、背甲、腿甲等实物也证明了青铜扣饰中展示的图像应该是可信的。当然，参与作战的可能不止这两名武士，只是用青铜饰牌这种形式，记录了历史上的这次行动，也让我们从这件青铜饰牌中窥见了滇人的步兵。

　　此外，我们在晋宁石寨山 M6 出土一件鼓形贮贝器表现的战争场面中，也见

① 云南省博物馆：《云南晋宁石寨山古墓群发掘报告》，北京：文物出版社，1959，第 89 页。

图 7-27：石寨山 M6 贮贝器上的战争场面

到了古滇的步兵，这个场景记录的是滇人与昆明人之间的一场战争（图 7-27）。该战争场面上共有 22 人，战争双方的一方是椎髻的滇人将士，另一方为辫发的昆明人。滇人有步兵，也有骑兵，均装备精良，作战勇猛；昆明人为步兵，装备不如滇人。

## 二、骑兵

骑兵何时在古滇出现，由于没有相关的文献记载，只能根据出土文物来推断。谈到骑兵，我们必须首先谈谈马。

古滇的马疑是从外地传入的。由于云南野生土马早在距今 6000 年以前便完全绝迹，滇人饲养的马种最早可上溯到公元前 2000 年中段的新石器时代。[①]云

---

① 张兴永：《云南新石器时代的家畜》，载《农业考古》，1987（1）。

南的马身材矮小、鬃长，这种马和分布在我国西北和北方的蒙古马同是"普氏野马"的后裔，但它首先是在我国西南驯化和培育成功的，其"身材矮小，非常耐劳，适用于山区运载"①。从目前考古材料来看，云南饲养马最早起源于滇西北地区，随后向东南传播。大约到公元前 1 世纪，云南的绝大部分已经饲养马了。

剑川县西湖遗址发现的马骨，经古生物学家鉴定为驯养马，时代为公元前 11 世纪，但无法确定该马是否用来骑乘。德钦纳古石棺墓中发现的公元前 9 世纪的圆形铜饰，被定为马饰，类似的装饰品在内蒙古的匈奴墓中也有发现。在德钦县永芝的石棺墓中发现的铜泡钉，几乎可以肯定就是马络头上的装饰品。马饰的出现，自然是与马的骑乘有关。因此，大约是从古滇早期的晚段（约公元前 9 世纪），在滇西北地区首先出现了可骑乘的马。约公元前 5 世纪末（即春秋战国之际），在滇西的祥云大波那出现了骑马的铜俑（图 7-28），明显可见供人骑乘的马匹，在楚雄万家坝墓地也出现了马饰，表明在这一时期，马已经进入了洱海地区和滇中的楚雄一带。

在约公元前 3 世纪（战国中晚期），在滇中的滇池及玉溪三湖地区见到了可供骑乘的马，江川李家山 M13：7 出土的"二骑士猎鹿铜扣饰"，骑士所乘之马仅有缰绳，马背上仅有一块坐垫。到约公元前 1 世纪（西汉中期），马在滇池地区已经普及。

随着骑兵的出现，对马的保护也变得十分重要。"射人先射马，擒贼先擒王"，对战马的保护如同战士一样重要。到古滇晚期（约公元前 1 世纪），古滇的骑兵装备已有完善的马

图 7-28：祥云大波那骑马俑

---

① 谢成侠、沙凤苞等编著：《养马学》（畜牧专业用），苏州：江苏人民出版社，1958，第 107 页。

具和马饰，出现了鞍垫、攀胸、后秋、腹带齐全的马鞍；到了西汉中晚期，古滇的马具、马饰更加完善，除原有的鞁、鞯、鞲、马鞍、辔饰和马衔外，新出现了防护战马的铠甲和便于骑乘的马镫。[1]在江川李家山出土的刻纹铜片上，一骑士所骑之马的面部有清楚的面帘，马的前胸上还有皮制的当胸。面帘和当胸是马的面部和前胸上的覆盖物，明显是为了保护马，使其在战斗中免受到伤害。面帘和当胸是马铠的组成部分，云南完整的马铠见于昭通后海子公元4世纪的壁画墓中。古滇时期出现的马镫，比中原地区早近400年，这是云南少数民族对人类文明的重要贡献。[2]

马除了用作骑乘、狩猎之外，其最主要的功用是用于作战。在江川李家山M51出土一件贮贝器（图7-29~30），在贮贝器的顶上有一驯马场面，盖上有

图7-29：驯马贮贝器

---

① 张增祺：《滇国的战马、马具及马镫》，载《考古》，1997（5）。

② 同上。

图 7-30：驯马贮贝器线图

10人，7匹马。10人皆梳螺髻，头缠帕，腰束带，跣足。盖中央一组3人，中间座者为主人，在训斥面前跪地的人，主人后边为一位为主人执伞之人；周缘为7人牵7匹马，均双手执缰牵马，或站或行，无鞍羁，缰绳从马口内绕颔下，勒住马下颌以驭马，马在人左侧或者右侧，随驯马人或走或停，人行马走、人站马停。缰绳甚短，应在训烈马。位于中央坐鼓者人前边的驯马人，左侧腰间佩短剑，而位于中央坐鼓者身后边的驯马人，腰前配圆形扣饰。该贮贝器上表现的当为训练军马的场面。

我国西北和北方少数民族擅长养马，这是人所共知的历史事实，但对于云南少数民族相当发达的养马业，知道的人却不多。我国西北和北方拥有辽阔的草原，为马的生长和繁殖提供了得天独厚的条件；同样，云南多山的地理环境和独特的季风气候，也为马的发展提供了天然的场所。自古以来，云南各少数民族不仅在养马方面积累了丰富的经验，而且还为中原提供了大量的马匹。

古滇时期，云南的养马业就很发达。据文献记载，汉代初年，云南运往内地有"筰马"[1]，当指今四川盐源县、云南宁蒗、永胜县所产的马匹。汉武帝时，司马相如、韩说初开益州郡，"得牛马羊属三十万"[2]。东汉建武二十一年（45年），刘尚在益州"得马三千匹，牛羊三万余头"[3]。《汉书·西南夷两粤朝鲜传》："孝昭始元五年，复遣军正王平及大鸿卢田广明等并进，大破益州，斩首捕掳五万余级，获畜产十余万。"[4]云南的马不仅数量多，而且质量之佳已经蜚声中原地区。相传滇池地区有一种神马，能日行五百里，俗称"滇池驹"，此传说自汉代一直到晋代，历久不衰。[5]此后的魏晋南北朝、唐（南诏）、宋（大理）、元、明、清，云南的养马业一直长盛不衰。[6]

在古滇文明的遗存中，我们几乎没有发现任何与车有关的痕迹，可以肯定

---

① 司马迁：《史记·西南夷列传》和《史记·货殖列传》，北京：中华书局，1959。

② 常璩：《华阳国志·南中志》，成都：巴蜀书社，1984。

③ 范晔：《后汉书·南蛮西南夷列传》，北京：中华书局，1965。

④ 班固：《汉书·西南夷两粤朝鲜传》，北京：中华书局，1962。

⑤《华阳国志·南中志》和《后汉书·南蛮西南夷列传》等均有记载。

⑥ 汪宁生：《古代云南的养马业——云南少数民族科技史学习札记》，载《思想战线》，1980（3）。

地说，古滇时期的族群养马主要是供战争、狩猎和骑乘，没有用来拉车的，这和我国北方和西北地区青铜时代形成鲜明的对比，之所以没有车，很可能是跟云南多山的环境不便于行车有关。不仅在云南，在整个西南夷地区，都没有车的痕迹。

马是一种重要的战略物资，是身份和地位的象征。在四川盐源老龙头墓地的 M4、M6 和 M9 都发现有用马的头骨和马肢骨随葬的现象，这几座墓葬都是该墓地的大型墓葬，在其中 M4 的脚端凹槽内放置铜鼓 1 面、铜釜 2 件、铜编钟 1 件、陶罐 6 件、弧背铜削 1 件、铜笠形马头饰及马衔等器物。由此可见老龙头大型墓葬的墓主绝非一般人物，他们应该是占有大量财产、掌握社会统治权力和宗教权力的部落酋长、巫师或军事首领。[1]在晋宁石寨山 M6、M13 和 M71、M12、M3、M10、M7 和 M40[2]，江川李家山 M69、M47、M68、M51、M57、M50、M85[3]，羊甫头 M113、M157、M268[4]，曲靖八塔台 M69[5]等墓地的大型墓葬中才出现马具，一般中、小型墓葬是绝对见不到马具的，更不可能用马随葬。可见，马绝不是一般平民所能够拥有的。羊甫头 M268 还出土一件高 107 厘米、长 105 厘米的青铜马（图 7-31）。此外，在个旧黑马井的 M30：18，被命名为金属器的器物[6]，怀疑可能是马衔，但不能确定。羊甫头 M268 和黑马井 M30 等都是西汉末期至东汉初期的遗存。

此外，1975 年，在贵州兴义万屯墓葬中出土一辆铜车马[7]，车马通长 112

① 凉山彝族自治州博物馆、成都市文物考古研究所：《老龙头墓地与盐源青铜器》，北京：文物出版社，2009。

② 云南省博物馆考古发掘工作组：《云南晋宁石寨山古遗址及墓葬》，载《考古学报》，1956（1）；云南省博物馆：《云南晋宁石寨山古墓群发掘报告》，北京：文物出版社，1959；云南省文物考古研究所等：《晋宁石寨山第五次发掘报告》，北京：文物出版社，2009。

③ 云南省博物馆：《云南江川李家山古墓群发掘报告》，载《考古学报》，1975（2）；云南省文物考古研究所等：《江川李家山第二次发掘报告》，北京：文物出版社，2007。

④ 云南省文物考古研究所等：《昆明羊甫头墓地》，北京：科学出版社，2005。

⑤ 云南省文物考古研究所：《曲靖八塔台与横大路》，北京：科学出版社，2003。

⑥ 云南省文物考古研究所、红河哈尼族彝族自治州文物管理所、个旧市博物馆编著：《个旧市黑蚂井墓地第四次发掘报告》，北京：科学出版社，2013。

⑦ 贵州省文化厅、贵州省博物馆编：《贵州文物精华》，贵阳：贵州人民出版社，2006，第 90-91 页。

图 7-31：羊甫头青铜马

厘米，通高 88 厘米，铜马体态矫健，昂首挺胸。该墓的时代为东汉时期。

至于古滇文化军队的规模，我们仅从古代文献上略知一二。

"窃闻夜郎所有精兵，可得十余万，浮船牂柯江，出其不意，此制越一奇也。"[①]唐蒙在上书给汉武帝的信中言及欲借夜郎的十万精兵，从牂柯江偷袭南越。

"滇王者，其众数万人，其旁东北有劳浸、靡莫，皆同姓相扶。"

"滇小邑，最宠焉。"

从目前的考古材料来看，无论是社会发展的程度，还是文化的强大影响力，我们推测古滇不会在夜郎之下。

---

① 司马迁：《史记·西南夷列传》，第 2994 页。

# 第八章

古滇时期的服饰

　　服饰是民族精神的外化，是识别一个民族的重要标志之一。客观上，它体现了一个民族社会生产力发展的水平，是人类征服大自然的成果；主观上，它反映了一个民族的审美情趣、宗教信仰，它是穿戴在人们身上的形象的历史与文化。

　　《后汉书·舆服志下》中记载："上古穴居而野处，衣毛而冒皮，未有制度。后世圣人易之以丝麻，观翚翟之文，荣华之色，乃染帛以效之，始作五采，成以为服。见鸟兽有冠角䫇胡之制，遂作冠冕缨蕤，以为首饰。"古人将服饰的起源、制度归之于"圣人"的创造，模仿自然界的"翚翟之文""冠角䫇胡之制"而来。具体的制作者，也被附会为黄帝等"圣人"或与之有关的人物，《易·系辞》记载："黄帝、尧、舜垂衣裳而天下治。"《世本》记载说："伯余制衣裳""胡曹作衣"。《淮南子》记述得更详尽："伯余之初作衣也，缘麻索缕，手经指挂，其成犹网罗，后世为之机杼胜复，以便其用，而民得以掩形御寒。"

　　从历史的角度来看，服饰的产生，是从"民不知衣服"，到"衣毛而冒皮"，再到有目的地制作衣服——"手经指挂""掩形御寒"，满足了人们遮羞、保暖的需求后，又逐渐形成一定的制度、规范，用以标志个人的社会角色，分贵贱、别等级，并逐渐承载了不同时代的审美意识、文化观念。

　　沈从文先生在《中国古代服饰研究》的引言里第一句就写到："中国服饰研究，文字材料多，和具体问题差距大，纯粹由文字出发而做出的说明和图解，所得知识实难全面……"[①]与沈老所言相反，云南西汉以前的民族服饰，文字材料极少，而经由考古发现的相关图像、原料、工具等在战国秦汉一段极其丰富，是研究古代云南服饰最可靠、最具体、最生动的材料，为难的反而是将其

──────────

① 沈从文编著：《中国古代服饰研究》，上海：上海书店出版社，2002，第1页。

与同时代的史传诗文的互证。因为文献记载的缺失，只能从图像、原料、工具等去做研究，所幸的是，云南战国秦汉时期民族形象、服饰在出土器物上极其丰富。

据研究，人类开始有目的地制作衣服，大致在旧石器时代晚期就已经开始了。北京周口店北京猿人遗址顶部山洞中就发现了磨制的骨针，长约 8.2 厘米，最大径约 0.32 厘米，通体磨光，有狭小针孔，针头尖锐。可见在大约两万年前，母系氏族社会的山顶洞人就已经能够用兽皮等材料缝制衣服了。该发现"揭开了服饰文化史上最早的篇章"[①]。

在新石器时代，云南人就已经有目的地纺织、缝纫衣服了。新石器时代出土陶器上的绳纹印痕，证明了当时的人们能够纺线（或捻线）成绳，而陶制或石制纺轮的出土，说明人们已经不仅仅依靠兽皮羽毛，而能够开始采用植物纤维来纺线织布做衣了，《礼记·礼运篇》称为"治其麻丝，以为布帛"。

从一些古代崖画图案中，我们也可以了解当时人们的穿着打扮。云南古代崖画分布很广，目前已经发现 40 多处，年代不一，一般认为是在新石器时代到青铜时代前后。通过铀系和碳同位素断代发现，金沙江流域的崖画最早的年代距今约 3400~5240 年，甚至可能更早，而著名的沧源崖画的作品年代在距今 2960~3100 年之间。[②]

在云南各地发现的众多崖画中，人物形象极多，沧源崖画中的人物，多数为半裸体状，有的已经有了简单的服饰，主要是头插羽毛、兽角、兽尾，身披羽衣、贯头衣、兽皮等。

进入青铜时代以后，青铜器独特的失蜡法铸造工艺以现实主义的表现手法将两千多年前人们战争、祭祀、宴乐、歌舞、狩猎、耕作、出行等日常生活重现在我们面前。仔细观察这些青铜器上的人物，可以领略到古人服饰之美、装饰之奇。

---

① 沈从文编著：《中国古代服饰研究》，第 2-3 页。

② ［澳大利亚］保罗·塔森著，张嘉馨译：《全球视域下云南省西北部地区岩画的人类学与考古学研究》，载《内蒙古大学艺术学院学报》，2015（1），第 34-38 页。

# 第一节　纺织品、皮革制品

## 一、纺织品

大概在原始社会晚期，人们从衣兽皮、树皮开始纺线织布缝衣，最早的纺织原料就是麻。麻织品的原材料是从各种麻类植物取得的纤维，主要有苎麻、黄麻、青麻、大麻、亚麻、罗布麻和槿麻等，苎麻、亚麻、罗布麻等纤维的长短粗细同棉相近，可作为纺织原料。我国是大麻和苎麻的原产地，所以国际上又将大麻称为"汉麻"，将苎麻称为"中国草"。苎麻是最常见的麻织品原材料，也称白苎、绿苎、线麻和紫麻，为多年生宿根植物。它的单纤维较长，可单纤维纺纱。苎麻织成的布洁白清爽，清凉吸汗，深受人们的喜爱。

我国目前发现较早的苎麻织品实物是 1958 年在浙江吴兴的良渚文化钱山漾遗址出土的麻布片，距今 4700 年至 5200 年左右，经鉴定为苎麻纺织品，采用平纹织法，每平方厘米经纬线一般各有 24 根，有的细麻布经线 31 根、纬线 20 根。河南郑州青台出土的陶器上附着的麻布，每平方厘米经纬线有 9~12 根，距今也有 5000 年的历史。

滇人服饰最普及、最常用的也是麻织品。昆明上马村墓地出土的铜剑上有麻绳捆系，说明春秋战国时期的滇人已经学会种麻和制作麻纺织品了。江川李家山出土的一件铜柄铁剑剑柄上有布条缠绕，后经云南轻工研究所鉴定，布条为苎麻纤维织品，经密每平方厘米 12 根，纬密 10 根，是一种较粗的苎麻布，时代在西汉中期。[①]

石寨山 1 号墓出土的"纺织场面铜贮贝器"器盖上，有滇人妇女用踞织机纺织的场面（图 8-1）。这种踞织机没有机架，卷布轴的一端系于妇女腰间，妇女双足蹬住另一端的经轴以绷紧织物，用分经杆将经纱按奇偶数分成两层，用

---

① 张增祺：《滇文化》，北京：文物出版社，2001，第 100–101 页。

图 8-1：滇人采用踞织机纺织场面

图 8-2：羊甫头出土的漆木幅撑

提综杆提起经纱，飞针引纬，用打纬刀打纬。限于人体的宽度，所以这种足蹬式纺织机纺织出来的布幅不会超过身体的宽度，大概就在 40 厘米左右。同墓出土的另一件"杀人祭祀铜贮贝器"器盖上，有一人双手持一幅布进行展示、贸易的场景，布中央还有明显的花纹，从此人手中的成品与人的身躯比例看，此布幅宽也约 40 厘米，用来制作衣服必须进行拼缝。

　　1999 年，昆明官渡羊甫头出土了一件漆木幅撑（图 8-2），通长 127 厘米，宽 4.4 厘米，这是滇青铜文化墓葬中出土的最大的一件幅撑，时代在西汉。幅撑的用途是在织布的时候将布幅系在两侧，使布面平直，便于投纬、打纬，所以西汉时期滇人生产的纺织品布幅最大已经超过 1 米了。这种大幅撑显然不是用于足蹬式的踞织机上的，滇人应已发明了比踞织机更成熟的纺织机械。在江川李家山第二次发掘出土的"籍田铜贮贝器"器盖上，有两人分别手持不同幅宽的布匹在展示（可能是在进行交易），其中一人双臂展开，布匹宽度应超过 1 米，与羊甫头出土的漆木幅撑可对照参看。

滇人的服饰色彩如何已经无法考证，不过官渡羊甫头出土的一件漆木女巫难得地留下了彩色衣服。只见她的衣服以黑色、红色为主，间杂一些金黄色，显得有些肃穆，估计这是漆器上色的原因，滇人服饰比之应更加绚丽多彩。石寨山 6 号墓出土的一件圆形铜扣饰表面有纺织品包裹的痕迹，纺织品上也残留着红色的颜料。现代云南的一些少数民族还采用黄连根、核桃树皮、墨水果等天然植物进行染色，这种巧妙的法子，或许早在两千多年前就被滇人所采用了。

滇人的服饰还有挑花、刺绣装饰，在滇人衣服的衣袖、裙边上，我们经常见到回纹、绳纹、三角纹等几何纹装饰，一些持伞俑的衣服上还有细致生动的刻纹图案，如孔雀、鹿、狼、蛇、蛙等，一些持伞俑的肩部还有盘蛇为饰。如果滇人是写实地表现了当时人们的衣物的话，这些具象图案应该就是刺绣的衣服纹饰。江川李家山出土的几件铜针筒中，还有长约 10 厘米、两头锋锐的铜针，张增祺先生认为它们常与纺织工具一起出土，可能就是用来挑经、提花的工具，易学钟先生则认为是巫师治病放血的工具，可备一说。

史书对云南纺织业的记载比较晚，最早的是东汉时期的《后汉书·西南夷列传·哀牢传》，其中记载云南永昌郡哀牢人"土地沃美，宜五谷蚕桑，知染彩文绣，罽氍帛叠，兰干细布，织成文章如绫锦。有梧桐木华，绩以为布，幅广五尺，洁白不受垢污。先以覆亡人，然后服之"。该文所说"帛叠"可能就是指棉花，因为"帛叠"二字的古音与中古波斯语中的 pambak-dip 相对，可能就是转译而来的。[1]棉花属锦葵目锦葵科木槿亚科棉属，一年生草本植物，原产地

---

① 波斯语中 pambak 指棉花，而 dip 指锦。参见孙机：《汉代物质文化资料图说》，北京：文物出版社，1991，第 74 页。

印度。而其中的"梧桐木华"可能是指木棉，木棉为木棉科落叶大乔木，又名红棉、英雄树、攀枝花，树形高大，果絮可作为纺织原料。与棉花相比较，木棉的纤维较粗，保暖性差；棉花的纤维细软，保暖性好。

哀牢夷生产的纺织品是当时云南纺织业最高水平的代表，他们能够针对不同的原材料生产不同的产品，"罽旄帛叠，兰干细布"包含了丝、毛、棉、麻等原材料，而"染彩文绣""织成文章如绫锦"则记录了哀牢人精妙的染色、纺织、加工工艺，哀牢夷能织"幅广五尺"的桐华布，生产能力比西汉时期滇人用踞织机生产窄幅布有了很大的提高，可能已经采用了大型的纺织机械。哀牢夷的这种纺织生产力不可能是一蹴而就的，其纺织历史必然由来已久。

1994 年 5 月，云南省文物考古研究所、保山地区文管所、昌宁县文管所联合对昌宁坟岭岗墓地进行了发掘。该地第 10 号墓葬中出土了麻纺织品残片，最大的一片长 4.5 厘米，宽 3.3 厘米，是衣袖残片。经云南省纺织品质量监督检验测试中心鉴定，麻纺织品为平纹组织，经纱密度约 220 根 /10 厘米；纬纱密度 270 根 /10 厘米。云南省纤维检验所确定为苎麻。10 号墓年代在战国早期，墓主人应该是滇西的嶲、昆明等游牧民族。[①]

图 8-3：永胜出土铜剑上的纺织品包裹痕迹

在云南省博物馆藏丽江永胜金官龙潭出土的两件双环首铜剑上，笔者发现其上有纺织品包裹的残留痕迹（图 8-3），因未经检测，不知是何种材料，估计为麻纺织品的可能性很大。它们的出现说明在战国时期，滇西地区的纺

---

[①] 王大道：《云南昌宁坟岭岗青铜时代墓地》，载《文物》，2005（8）。

织业也已经发展到了相当的水平，而双环首铜剑在北方草原文化中多见。滇西地区纺织技术的先进性与该地社会生产力相对落后之间存在矛盾，不能排除是受到了外来先进技术的影响。

东汉时期的永昌郡范围极广，下辖叶榆、邪龙、比苏、云南、不韦、嶲唐、哀牢、博南八县，包括今大理州、保山、临沧以及德宏、版纳部分地区。永昌郡地处西南交通干道，物产丰富，交通便利，是南方陆上丝绸之路的重要节点。印度人是世界上最早的棉花种植者，棉纺织技术就发源于印度。永昌郡纺织业的发达，与对外交通便利，易于接受先进生产技术不无关系。

动物的毛也是滇人重要的服装原材料。汉代中原并不流行毛纺织品，认为它是贫苦人所穿，但滇人却没有这种观念。滇人豢养的牲畜中，有一种长毛山羊，这种羊身体丰满，体毛绵密，不仅是鲜美的肉食来源，它的长毛也是滇人重要的纺织原材料。在滇人与昆明人的战争中，昆明人豢养的大耳绵羊也成为滇人的战利品，可见滇人豢养的羊种群丰富，为毛纺织加工提供了大量的原料。滇青铜器中常见的一种铜刷形器，常与纺织工具一起出土，一些学者认为就是用来梳理羊毛的。

云南少数民族用来制作衣服的材料极其丰富，现代一些少数民族甚至用树皮、蜘蛛丝来制作树皮衣、蜘蛛衣等，其历史渊源甚早，但因考古出土尚无发现，目前只能存疑。战国秦汉之际，云南人的服饰材料还应该是以麻、皮毛为主，东汉之后，棉纺织品逐渐流行，成为交通干线周围城市的主要服装原料，而在遥远的山区和半山区，人们保持着历史传统，延续千年未变。

## 二、皮革制品

宋罗泌撰《路史·卷十·后纪一·禅通纪·太昊纪上》，记载太昊伏羲氏时，言其"化蚕桑为惠帛。因罔罟以制都市"，后注释中引王逸《机赋》云："机织功用大矣。上自太始，下迄羲皇，帝轩龙跃，庾业是创，语彼织女，始制布帛，盖始机织尔。"在"给其衣服"四字后，注释中又云："古者，衣被即服制也。特衣裳未辨。羲炎以来，裳衣已分，至黄帝而衮章等衰大立，非谓始衣服也。"古人狩猎获取兽皮，但生皮在一段时间后就干燥、板结、僵硬，作为缝纫、穿着都很不方便，且容易虫蛀、腐朽。后经不断实践，发现用油脂、骨髓等涂抹、晾晒、搓揉后，生皮就会逐渐变得柔软、耐磨，这就是最早的皮革鞣制法。后又逐渐发现了植物鞣制法、烟熏法等，从而开始了原始的鞣革、制作革制品的历史。

　　皮制品比棉、麻等纺织品更难保存，所以目前在考古出土文物中尚无发现，但一些文物图像上，也可以清楚地看出云南人穿着皮制品的历史。

　　江川李家山出土的三骑士铜鼓上，三骑士双肩就披一块带毛的皮革，内着虎皮制成的长衣，下着虎皮短裤。

　　据易学钟先生考证，晋宁石寨山出土的"诅盟铜贮贝器"器盖上，有男子似乎穿着皮革所制的背心或双肩大围腰。[①]（图 8-4）

　　晋宁石寨山第 1 号墓出土的"杀人祭柱铜贮贝器"上的昆明人妇女（图 8-5），内着条纹衫，外穿单斜肩皮裙。江川李家山出土的"籍田铜贮贝器"器盖上，也有身着皮衣的昆明人。皮制服装在昆明人身上多见，这与他们游牧为生，居住在高寒山区的恶劣气候条件有关。

图 8-4：穿皮革大围腰的男子　　　　　图 8-5：穿皮裘的妇女

---

① 易学钟：《晋宁石寨山 12 号墓贮贝器上人物雕像考释》，载《考古学报》，1987（4），第 413-437 页。

# 第二节 冠、帽

## 一、冠冕

冠与冕有相通之处，但也有所区别。戴冠是古代男子成人的标志，《礼记·典礼》记载，"男子二十，冠而字"，意即男子二十岁加冠，给自己起字号，意味着长大成人。古人视戴冠为重礼，接待客人"不冠不见"。孔子的学生子路在战争中冠缨断了，他放下武器去系冠缨，最后被杀死，宁可以生命的代价去换取死不免冠的尊严，虽然拘泥礼制，但也可见古人对戴冠的重视。冠不是帽子，它多为硬胎，主要是用来束拢发髻，并有装饰之用。戴冠还需要发髻或发笄横穿冠、发髻来固定。

冕是我国古代帝王、诸侯及卿大夫之礼帽。冕，《说文解字》解释："大夫以上冠也，邃延、垂旒、纮纩。"冕冠是在冠的基础上加一块冕板，冕板尺寸各朝不同，冕冠还包括冕旒、笄、武、充耳等。冕冠也称"旒冠"，俗称"平天冠"。冕冠与冕服、赤舄、佩绶等在祭祀等大典时穿用。冕服制度在我国周代已经很完备，孔子就曾说过"服周之冕"。

滇人日常生活中所见戴冠者不多，晋宁石寨山出土三件文物上都有戴冕冠者。

第一件是第 13 号墓出土的"鎏金八人乐舞铜扣饰"，高 9.5 厘米，宽 13 厘米。该扣饰中八人均头戴条形冠，中间收束，顶面上有乳钉。

第二件是第 6 号墓出土的"四人缚牛铜扣饰"，高 9.6 厘米，宽 16 厘米，站立着缚牛的四人均戴冠（图 8-6），与鎏金"八人乐舞铜扣饰"人物形制一样。

图 8-6："四人缚牛铜扣饰"上的戴冠人物（局部）

第三件是第 16 号出土的"戴冠人物饰铜钺",长 16 厘米,宽 13 厘米。该铜钺銎口上坐一位裸体人物,仅头戴一平冠,冠为素面。

羊甫头出土的一件铜幅撑上的附件上也有一戴冠人物(图 8-7)。该铜幅撑通长 108 厘米,宽 4.4 厘米,幅撑一端上套一踞坐人物,头戴一平冠,中间收束,冠为素面。因铸造的原因,此人物形象不是很清晰,但全身也做赤裸状,与石寨山出土铜钺上的人物形象类似。

图 8-7:羊甫头铜幅撑附件上的戴冠人物

云南发现的这几件青铜器上的戴冕冠人物,显然不是"古代帝王、诸侯及卿大夫",他们所戴冕冠也比较简单,仅存冕板。从这种特殊的冕冠形式看,这些人物应该是滇国的外来者,身份也高低不同。石寨山第 16 号墓出土的裸体戴冠人物与第 6 号墓出土的吊人铜矛上的裸体昆明人应该属于同样的类型,都是被滇人俘获的俘虏。羊甫头出土的铜幅撑上的裸体戴冠人物,应该是劳动者的写照,就像我们在"纺织场面铜贮贝器"盖上看到正在纺线的昆明人形象一样。第 13 号墓出土的"八人乐舞铜扣饰"与 6 号墓出土的"四人缚牛铜扣饰"上的戴冠人物身份较高,是滇国的巫师一类,"舞以降神",参与剽牛祭祀。

杨帆等认为这种戴冠人物是贵族,戴冠乃受秦人装束的影响,可备一说。[1]

滇人有"羽舞"之俗,羽舞者多戴羽冠。"羽冠"原指鸟类头顶上竖立的长羽毛,在此专指用鸟羽装饰的帽子。滇人用来做羽冠装饰的鸟羽极长,有的

---

[1] 杨帆、梅丽琼:《滇文化概述及研究》,见中国国家博物馆、云南省文化厅编:《云南文明之光》,北京:中国社会科学出版社,2003,第 30—40 页。

甚至接近人的身高。有的羽冠上还有鸟头形的装饰品。羽冠为特殊的装束，带有原始宗教崇拜色彩，平日滇人并不穿戴。[①]

## 二、高尖帽、圆圈帽

### 1.高尖帽

高尖帽是西域地区常见的帽子。"新疆扎滚鲁克古墓的出土文物表明，至少在公元前10世纪，西域地区就已有高尖帽实物存在。"[②]但在遥远的西南地区，滇青铜文化中也不乏头戴高尖帽的人物形象。

1956年，晋宁石寨山第二次发掘发现了一件"鎏金四人铃舞铜扣饰"（图8-8），该扣饰现藏中国国家博物馆，高11.7厘米、长15厘米。这四人服饰相

图8-8：鎏金四人铃舞铜扣饰

---

① 参见本书第九章第六节之"羽舞"。

② 吴妍春、王立波：《西域高尖帽文化解析》，载《西域研究》，2004（1），第60-68页。

图 8-9：四舞俑铜鼓（局部）

同，均头戴高尖帽，右手持铃，左手抬至胸前，屈膝扭腰做舞蹈状，头戴的高尖帽高度几乎有人体高度的三分之二，帽中尖至帽顶部分出五岔枝，每岔枝的末端有一饼状物。帽身饰卷云纹，帽两侧有两条长飘带一直垂到地面。

　　1991~1992 年，江川李家山第二次发掘发现了一件"四舞俑铜鼓"（图 8-9），该铜鼓通高 27.2 厘米，鼓面四方各站立一舞蹈人物，其中两人头梳高髻，另外两人则戴高尖帽，高尖帽高度约有人体高度的一半，帽身上同样有卷云纹装饰，帽中部有一环状突起，将帽子分成两段，一人高尖帽上端似有斜伸出的枝杈，但已经缺失。这两人的高尖帽与"鎏金四人铃舞铜扣饰"上的高尖帽形式略有不同，前方略伸出一点点帽檐，而且齐耳朵部分还有一圈围檐。从实物看来，其材质很像是毛纺织品，比较保暖，而"鎏金四人铃舞铜扣饰"的高尖帽看上去材质更坚硬些。"四舞俑铜鼓"头上的高尖帽后部有一条长飘带，长垂足后。

　　高尖帽的文化渊源甚至可以追溯到公元前 18 世纪的欧洲和西亚、中亚等地区。作为中西文化交流的重要民族，高尖帽也是"塞人"的服饰之一。俄罗斯巴泽雷克古墓出土的假发式高尖帽，体现了"塞人"高尖帽具有"生命树"的文化象征。[1]滇青铜器上发现的这两例高尖帽图像，也是受到了外来文化的影

---

[1] 吴妍春、王立波：《西域高尖帽文化解析》，载《西域研究》，2004（1），第 60-68 页。

响。头戴高尖帽的舞者很可能就是外国人，滇人将这些形容古怪的外来民族用青铜铸造下来，成为辉煌的历史记忆。

晋宁石寨山第 12 号墓出土的"诅盟铜贮贝器"上有一位戴帽者（图 8-10）。该男子头戴尖顶小帽，帽子上端好像还有一圆形装饰品，右手提一木槌，身份应该是演奏的乐师。易学钟先生描述道："男，持木桴立于簨虡之间者，左右簨虡成列，唯所悬乐已失落。"①

2. 圆圈帽

滇人极少有戴帽者，石寨山第 13 号墓出土的"贡纳场面铜贮贝器"人物形象中，有两人戴帽，该帽为圆圈形，前窄后宽而无顶，仅有一绳形提梁，帽圈前正中处有一上窄下宽的桃形饰片。这种帽子帽圈上有"人"字纹三道，应该是编织而成的。戴帽者非滇国人氏。另一件石寨山 12 号墓出土的骑士铜扣饰（M12：155，图 8-11）上，骑士也头戴类似的帽子。

图 8-10："诅盟铜贮贝器"上戴小尖帽的男子

图 8-11：骑士铜扣饰

---

① 易学钟：《晋宁石寨山 12 号墓贮贝器上人物雕像考释》，载《考古学报》，1987（4），第 413–437 页。

图 8-12：石寨山第 6 号墓出土的骑士铜扣饰（局部）

1991 年，昆明羊甫头墓地第 113 号墓出土的一件漆木柲铜凿的铜刃部（M113：351-14），也刻着一位牵马持矛的戴帽男子。该男子所戴帽也是圆圈形，帽无沿，帽圈正前上方有一条形装饰物向脑后延伸。

晋宁石寨山第 6 号滇王墓出土了一件"骑士铜扣饰"，高 13 厘米，宽 14 厘米。该骑士头戴的圆圈帽很明显，从脑后包裹至前额一周，帽圈正前上方有一条粗壮的类似提梁的绳状物向脑后延伸，搭到后面帽圈上，帽圈前正中处有一上窄下宽的桃形饰物，较厚实（图 8-12）。从此扣饰上可以清晰地看出圆圈帽是纺织品绕成的，帽子上的纹饰为两组短斜线纹，分别对称地分布在三道线纹左右，类似麦穗。笔者认为，这种帽子应该是用一块很长的麻、布之类纺织物缝成的，圆圈帽的接头处就在有桃形饰片的地方，剩余的布料再裹绕成绳子状，向后形成提梁状的帽顶。这种戴圆圈帽的人物形象从西汉早期一直到晚期都在滇青铜器上出现，说明这一民族在滇国生活的时间很长，具有一定的影响力。

据张增祺先生观察，江川李家山出土的一件"喂牛铜扣饰"中，有滇人男子"戴筒状布帽，帽的后沿较长，下垂至颈部，遮盖双耳"[1]。因张增祺先生所指未有线图、文物号，所以一时难以确认。而江川李家山第二次发掘第 71 号墓中出土的一件"喂牛铜扣饰"（M71：38），发掘报告描述扣饰中的男子为"头发与额前至头顶梳成连续团圆长髻"，仔细观察，该男子头梳高髻，额头上横束一带（与前文提到的"圆圈形帽子"很相似），额头正中有一上尖下方的盾形牌装饰，双耳外露，戴耳环，与张先生所描述并不相同。

---

[1] 张增祺：《滇国与滇文化》，昆明：云南美术出版社，1997，第 137 页。

### 三、斗笠、铜头盔

晋宁石寨山第 12 号墓出土的牧牛铜器盖以及籍田祭祀贮贝器器身的纹饰中，都有滇人身后挂一斗笠的形象，斗笠为圆锥形，纵剖面几乎为等边三角形，尺寸很大，约有人身高的三分之一（图 8-13）。《诗经·小雅·无羊》有"尔牧来思，何蓑何笠，或负其糇"之诗；《国语·吴语》也曾记载"簦笠相望于艾陵"，可见其起源甚早。斗笠用竹篾编织成，可遮阳避雨，为劳动者所常用。

图 8-13：贮贝器纹饰中背斗笠行走的男子（左一）

昆明官渡羊甫头第 113 号西汉墓曾出土过一件铜头盔残件，仅余四分之一，其半径有 22.4 厘米，残片两侧有三个榫眼及铜扣，证明它可能是三片或四片拼合成一个完整的头盔，也可能是某种器物上的附件。这件铜头盔帽檐宽大，有十多厘米。有研究者认为其是滇人武士所用头盔残件，但笔者认为，这件铜头盔形制与滇人武士所用的覆面式头盔以及缨帽式头盔均不相似，反而更接近滇人的斗笠形状，其上还刻有鸡、虎等图案，又出土于大型墓葬中，所以这件铜头盔不是战斗盔甲，应是休闲时遮阳所戴。

### 四、曲头

《华阳国志·南中志》记载南中民族"夷人大种曰昆，小种曰叟，皆曲头，木耳，环铁，裹结"。所谓的"曲头"，其渊源甚早，在战国时代的滇西地区，就已经发现了当地人曲头的相关考古材料。

图 8-14：剑川鳌凤山出土的铜头箍

剑川鳌凤山 1980 年发掘时，出土了四件铜发箍，用长 58~60 厘米、宽 3.5~4.5 厘米、厚 0.3~0.5 厘米的铜片弯曲成椭圆形状，一端开口。开口端铜片上有直径约 0.5 厘米的小圆孔。这是用来束发的头箍（图 8-14）。铜头箍外侧面还装饰有乳钉纹、同心圆纹和虎、鹰等动物形象。据发掘过程中具体观察，出土的时候铜头箍缺口向前戴在死者的头部，上面还缀有料珠之类的其他装饰品。[1]鳌凤山的古代墓葬主人被发掘者认为是笮都夷，也有人认为是昆明人。

1956 年晋宁石寨山出土的"贡纳场面铜贮贝器"上，也有昆明人曲头的形象。冯汉骥先生描述道："前一人梳双辫垂于背后，额系带一周，额前带内有平突之饰，亦可能系一种发饰。"[2]所谓的"额系带一周"就是戴头箍的形式，只是头箍的材质除铜以外，或许还有棉、麻、毛纺织品之类。"额前带内有平突之饰"，与剑川鳌凤山发现出土时铜头箍缺口向前戴在死者头部的情况也正好吻合。

个旧黑马井墓地出土的一件西汉时期的三支俑铜灯，其人物也作"曲头"的装饰。

仔细观察滇人的贵族服饰，我们会发现，滇人也有类似曲头的习俗，不过滇人用的是布带而非铜头箍。例如石寨山第 10 号墓出土的著名的"鎏金骑士铜贮贝器"，该骑士椎髻，额头上也缠一带，耳旁还有一飘带垂下直至脖颈部位。

① 云南省博物馆文物工作队：《云南剑川鳌凤山墓地发掘简报》，载《文物》，1986（7），第 18-20 页。
② 冯汉骥：《云南晋宁石寨山出土文物的族属问题试探》，载《考古》，1961（9）。

这种装饰似乎是滇人贵族所独
有的。石寨山第 6 号滇王墓出
土的"鎏金猎鹿铜扣饰"上的
滇王额头上也横扎一条额带，
但耳朵两侧无下垂的饰带，而是
在耳朵上方插两片长条形饰物，
显得很精干。第 71 号墓出土的
"狩猎场面铜贮贝器"上鎏金骑
士的头部也有类似的装束，额头
上横扎一条额带，额带在耳朵两

图 8-15："驯马场面铜贮贝器"上额头裹带的男子

侧下垂两条饰带。第 71 号墓的墓主被大多研究者认为是一代滇王。

　　江川李家山出土的"驯马场面铜贮贝器"上的人物均头顶梳髻，额前缠绕
一带，发掘报告称之为"缠头帕"，后脑部位还有一条饰带垂饰（图 8-15）。滇
人男子额头缠带，女子尚未见。

# 第三节　衣、裤、裙、毡、帔

## 一、贯头衣、对襟衣

### （一）贯头衣

　　所谓的贯头衣就是"衣如单披，穿其中央以贯头"，贯头衣用整幅的纺织
品拼缝而成，不加裁剪，无袖，衣长到膝盖。这种衣服制作简单、穿着方便，
早在新石器时代就已经出现了。①

———————————

① 沈从文编著：《中国古代服饰研究》，第 19-21 页。

《后汉书·南蛮西南夷列传》记载："西部都尉广汉郑纯，为政清洁，化行夷貊，君长感慕，皆献土珍，颂德美。天子嘉之，即以为永昌太守。纯与哀牢夷人约，邑豪岁输布贯头衣二领，盐一斛，以为常赋，夷俗安之。"[1]这是目前有关云南"贯头衣"的最早的记载。

贯头衣是先秦百越系统民族的一种通用服饰。[2]有的研究者考证，春秋时期越王勾践就是着贯头衣的，《越绝书·勾践入臣外传》中记载，勾践臣吴时穿"犊鼻"，就是"思便"，也就是贯头衣。[3]《汉书·地理志》中记载：儋耳、珠崖郡"民皆服布如单服，穿中央当贯头"。所谓"贯头"，颜师古释为："著时从头而贯之。"

贯头衣在云南古代岩画中并不乏见。沧源崖画第九画点中就有人物着贯头衣的形象，不过因为云南地处热带亚热带地区，贯头衣并不长至膝盖下，而是齐腰收束，下摆很短。东汉永昌太守郑纯与邑豪约定，邑豪每年需送交两件贯头衣、一斛盐作为正常的租税。可见贯头衣在当地颇为流行。

据冯汉骥先生观察，晋宁石寨山出土的"贡纳场面铜贮贝器"上，就有一组人物（F组）有身着似为贯头衣者，该衣无袖亦无裤，该人双臂前伸与胸平，做捧物状。[4]冯先生认为该人是前行者的随从，地位不高。从滇中地区青铜文化遗址出土器物图像上看，目前发现的身着贯头衣者并不多，史书记载其主要流行区域还是在滇西永昌一带。

（二）对襟衣

《后汉书·南蛮西南夷列传》记载，"西南夷……其人皆椎结左衽"，介绍了西南夷地区人们最流行的服装式样。"左衽"，即上衣为交领斜襟，衣襟左掩，领口形状看起来像反"y"形；"右衽"即衣襟右掩，领口形状看起来像"y"形。左衽在古代中国不是正常的着装方式，孔子就说过"吾不左衽"，他还赞扬管仲

---

① （宋）范晔：《后汉书》，第 2851 页。
② 周菁葆：《日本正仓院所藏"贯头衣"研究》，载《浙江纺织服装职业技术学院学报》，2010（2），第37–40 页。
③ 朱俊明：《日本倭文化源出中国东南》，载《贵州社会科学》，1990（12），第 50–55 页。
④ 冯汉骥：《云南晋宁石寨山出土文物的族属问题试探》，载《考古》，1961（9）。

道"微管仲，吾其被发左衽矣"。用今天的话说就是，"我不穿左衽的衣服""没有管仲，我们就要披散着头发，穿左衽的衣服了"。实际上，范晔的《后汉书》对西南夷的服装样式记录并不完整。滇人穿着既有左衽，也有右衽的衣服，而更多穿的是无领的对襟服装。

江川李家山、晋宁石寨山都出土过一种一字格人形柄铜剑，其剑柄为一滇国巫师形象，站立状，头发上梳、张嘴龇牙，身穿左衽长衫，右手还握着一柄短剑。著名的"贡纳场面铜贮贝器"上则可见一男子头箍背篓，下着长裤，上衣右衽（图 8-16）。

对襟衣的出现时间比贯头衣要晚些，已经发现的材料证明，对襟衣至迟在商代就已经成熟了。[1] 对襟衣因为穿着方便，款式优美，男女通用，自出现以来，一直颇为流行。

西汉时期的滇人男性服饰多着对襟长

图 8-16："贡纳铜贮贝器"上右衽的男子形象

衫，长短不一，较长者后幅垂至地，较短者仅仅遮蔽大腿而止。滇人衣服多半无领且有宽而短的衣袖，这是个地方性的特点。

滇人女性也着对襟长衫，袖宽而短，内着圆领短胸衣，或长罩衫。石寨山M12：1 的上仓图中的滇人妇女服饰非常清晰，外着对竖条纹开襟长衫，长至膝盖下，内着横条纹罩衫，也长至膝盖之下。贵族妇女的外衣上多装饰有精美的花纹，显示出滇人纺织工艺的精湛。江川李家山出土的一件"纺织场面铜贮贝器"上的贵族妇女，身穿对襟长衫，领口、袖口、肘部以及身后都有细密的几何纹、雷纹装饰，极其华贵（图 8-17~18）。

---

① 杨启梅：《中国对襟服饰探源》，载《孝感学院学报》，2009，29（2），第 87-92 页。

图8-17：外着对襟长衫、内着罩衫的滇人女子

图8-18："纺织场面贮贝器"上贵族妇女的衣饰

图8-19：穿"七分"紧身裤的滇国贵族男子

## 二、紧身裤、短裤、长裤、三角裤

因为气候炎热，普通滇人男子下裳比较简单，就是用一块布围裆，腰间束带。而贵族、滇王的穿着则不同，从一些贮贝器上的鎏金骑士——也就是滇王等男性贵族穿着的裤子看，他们穿的是一种紧身裤，裤脚非常窄，裤管长短不一，长者直到脚踝，最短的仅到膝盖下方或小腿部位，类似今日之"七分裤"（图8-19）。这种紧身裤便于骑射，从文物图像上看不出是否开裆，从滇人喜欢蹲踞、外衣长短皆有的情况分析，

这种紧身裤应该是一种绲裆裤，否则蹲踞
而裸露下体，甚为不雅。

滇人墓葬常常出土男性持伞铜俑，这
些男性铜俑多穿着齐膝的宽大短裤，与贵
族男性所穿的紧身裤有所区别，裤腿较粗，
近膝盖处还收束起来。

滇青铜文化中还常见一种穿长袖长衣、
窄管长裤的男子。晋宁石寨山出土的"鎏金
二人盘舞铜扣饰""贡纳场面铜贮贝器""鎏
金舞人铜杖头"以及江川李家山出土的"籍

图 8-20：穿三角形内裤的半裸男子

田场面铜贮贝器"上都可看到他们的身影。这些人穿长袖左衽或右衽上衣，衣长
及腰，系腰带，下着窄管长裤，衣裤上均有月牙形、菱形纹饰装饰，显得很精美。

晋宁石寨山 1 号墓出土的"杀人祭柱铜贮贝器"器身的腰部刻纹图像中有
几位半裸男子，从中可以看到当时人们身穿的内裤形状为窄条三角形，较为紧
身。石寨山出土的"鎏金二人缚牛铜扣饰"上的男子也穿着类似的紧身三角内
裤（图 8-20）。

## 三、长裙、短裙、单斜肩裙

古时穿裙并非女子之专利，《辞海》"裙"字条目解释道："古谓下裳，男女
通用。"《易·系辞》记载："黄帝、尧、舜垂衣裳而天下治，盖取诸乾坤。"所
谓的垂衣裳，也就是上衣下裳均长垂而下，可见古代帝王也是穿裙者。在汉魏
六朝的上层社会中，"裙屐少年"非常时髦。所谓"裙屐少年"，就是贵族子弟
以穿裙子和木屐为时尚，《北史·邢峦传》就记载："萧深藻是裙屐少年，未治
政务。"[1]

---

① 安广禄：《趣话古代男裙》，载《国学杂志》，2008（10），第 54-55 页。

图 8-21：穿短裙的滇人男子

从出土的文物图像中看，滇人男子也不乏穿裙者。江川李家山出土的一件"喂牛铜扣饰"上，一男子外穿无领对襟短袖长衫，内着套裙，裙上还清晰可见"人"字形花纹。

晋宁石寨山出土的一件一字格铜剑的剑刃上，有滇人男子与一头有老虎斑纹的猛兽搏斗的刻纹图案，该男子头梳高髻，上半身赤裸，下半身就穿一短裙（图 8-21）。滇青铜器上的舞蹈"羽人"，基本都是身着前短后长裙子的男性。

滇人女子多穿长裙，例如江川李家山第二次发掘出土的一件"持伞女铜俑"（M69：166），外穿对襟宽袖长衣，内着圆领长裙，长及脚踝，裙上部饰锯齿纹、菱形纹等组合纹饰，膝盖部位饰锯齿纹、菱形纹各一道。因为滇中地区气候炎热，所以滇人女子也常穿短裙，这种短裙已非常接近现今的"超短裙"。

现代风靡全球的超短裙，是 20 世纪 50 年代才由威尔士人玛丽·奎恩特（Mary Quant）发明并推向世界的，但让我们意想不到的是，早在两千多年前，滇国贵族妇女已经发明并普遍穿着了。较早的一件出土器物是江川李家山出土的战国时期的"虎鹿牛铜贮贝器"器足的妇女形象（图 8-22），时代在战国。该女子双手上举，上半身穿对襟短衫，长仅及腰部，下半身穿短裙，长不过膝，短裙边缘还有连续的雷纹装饰。

从晋宁石寨山 17 号墓出土的一件"女持伞铜俑"（图 8-23）上，也可以明显地看到当年女性穿短裙的样子。该女子梳银锭髻，外着对襟长衫，内衣因为锈蚀损坏已经看不清楚，但下身所穿的短裙从腰围到大腿部位，非常明显，与今天我们所说的超短裙并无区别。

昆明羊甫头第 113 号墓出土的一件"漆木跪坐女巫"，长 24.8 厘米，高 18.8

图 8-22：穿对襟衣、短裙的滇人妇女

图 8-23：穿短裙的女持伞铜俑

厘米。该女子坐在一铜鼓形座上，外着对襟长衫，内着"V"字开口内衣，衣纹为竖条状，而下身则穿一横条纹的短裙，裙子长仅及膝。滇国属于南方热带、亚热带气候，超短裙也是适应潮湿闷热气候的一种新发明。

单斜肩裙是滇西昆明人女性独有的一种服饰。晋宁石寨山第 6 号滇王墓出土的一件"叠鼓形战争场面铜贮贝器"器盖上，就有一名身着单斜肩裙的女子（图 8-24）。该女子神

图 8-24：穿单斜肩裙的昆明女子

态自然，在激烈的战争场面中显得很特殊，裙子仅斜挂右肩，左肩裸露，裙子看上去很厚实，衣纹不明显，从形状来看，应该是皮裙。女子头编双辫，是昆明人。1991~1992 年，江川李家山第二次发掘出土的一件"纺织场面铜贮贝器"器盖上，也有昆明人身着单斜肩裙的形象。该女子头戴发箍，头发梳四辫，外着无袖长裙，单挂左肩而袒右肩，这件皮裙材质明显与周围纺织妇女不同，做点状纹饰，且较为厚实。从这两件青铜器图像上看，似乎昆明女子都有穿单斜肩裙的习惯，而且左右斜肩都有，款式并不完全一致。

## 四、披毡、披风、披帔

### （一）披毡、披风

在晋宁石寨山第 12 号墓出土的铜鼓残件上，有男子骑马披毡而行的图案（图 8-25），披毡还有一道领。同地第 13 号墓出土的铜鼓鼓腰的刻纹图案中，也有类似的披毡男子，该披毡极为华贵，上有精美的几何纹饰，或认为是披罽。所谓的"罽"，为平纹纬地起花织物，属于高级纺织品，汉代人对之很重视，《汉书·高帝纪》中就禁止商人穿罽。[1]披罽只是一种推测，因为在出土文物中我们未发现毛织的罽，滇人是否掌握了纺织罽的技术还未可

图 8-25：铜鼓上的男子骑马披毡形象

---

[1] 孙机：《汉代物质文化资料图说》，北京：文物出版社，1990，第 75 页。

知，目前暂称"披毡"更合适。

在昆明羊甫头出土的漆木箭箙的图案中，也有披毡男子的形象（M113：367）。李家山采集的铜片上也有类似的披毡骑士。江川李家山出土的"俘获纹铜斧"上，手提人头的骑士也身着披毡。该骑士的披毡上明显可看出有云雷纹、斜三角纹装饰，较为华丽。

以上几例，披毡尺寸较大，能够遮蔽骑士全身，毡上有纹饰，显然是精心纺织或刺绣而成，骑士身份高贵，是滇国统治阶层的写照。

披毡之俗，在云南一直都非常流行。宋代周去非在《岭外代答》中详细介绍了当时西南地区民族披毡的情况："西南蛮地产绵羊，固宜多毡毳。自蛮王而下至小蛮，无一不披毡者，但蛮王中锦衫披毡，小蛮袒褐披毡尔。北毡厚而坚，南毡之长，至三丈余，其阔亦一丈六七尺，折其阔而夹缝之，犹阔八九尺许。以一长毡带贯其折处，乃披毡而带于腰，婆娑然也。昼则披，夜则卧，雨晴寒暑，未始离身。其上有核桃纹，长大而轻者为妙，大理国所产也，佳者缘以皂。"从周去非的记载并结合滇青铜器图像中的披毡者看，滇国的披毡属于"厚而坚"的类型，尺寸并不大，披毡者多为男性统治者或贵族，纹饰华丽，是身份的标志；其他披毡者虽有但不是很普及，平民百姓所披毡者短且窄小，无纹饰，与贵族不同。且滇青铜图像中尚未发现有女性披毡者，这与周去非所记载"无一不披毡者"颇有区别。现代云南山居的彝族喜欢披一件羊毛织的披毡，称为"查尔瓦"，这种披毡与周去非介绍的"南毡"很相似，查尔瓦不仅有装饰作用，而且白天挡风御寒，夜晚可当被褥，具有很强的实用功能。

之所以将其称为"披毡"，是因为从图像以及文物来看，以上滇人所披的毡材料均很厚实，不似麻丝绵纺织而成；而滇人还有另一种服饰，材料看上去较为轻薄，装饰性强，姑且称之为"披风"。[1]

呈贡天子庙出土的一件桶形贮贝器（M33：1）器身上有七名男子肩扛长矛、

---

[1] 披风在我国古代是一种能穿在身上的对襟大袖的外衣，与斗篷不同，此处我们借用此称谓来称呼滇人身着的一种比斗篷窄、比斗篷长，但又比披毡轻薄、宽大的特定服饰。古代滇池地区气候炎热，这种披风更多带有装饰性质。

图 8-26：持矛、着披风的滇人男子

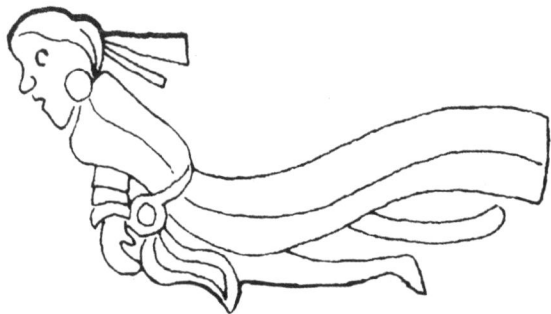

图 8-27：李家山出土金剑鞘饰上的披长披风的滇人

披披风的形象，这些男子头梳高髻，肩扛长矛，身上披一曳地的长披风，赤足（图 8-26）。此图案表现的当是武士出巡或出征的场景。石寨山出土的另一件"四人乐舞铜俑"，四人身披长披风，长拖在地上。石寨山、李家山出土的金剑鞘上，都有男子外着长披风做奔跑状，披风后幅极长，一直拖地上（图 8-27）。

（二）披帔

滇人披毡，还着披风，此外，滇人还有披帔的习俗。所谓"帔"，就是短披肩，一般长度仅及肩背。据张玉安先生考证，"帔"字在西汉时期就已经出现，扬雄《方言》云："帬（裙），陈魏之间谓之帔（音披）。"①可见帔也是裙的一种地方性称谓。《急就篇注》同样记载："帬（裙），下裳也。一名帔，一名裠。"

在服饰的发展历史上，很多称谓因时间、地点的不同而形成不同的指代，经常有同一种称谓却指代不同服饰的现象。帔的演变，也很有趣。"帔"字，清段玉裁《说文解字注》考证再三，颇有所得。他将"帔"与"帬（裙）"字同时来考释——"帔，弘农谓帬（裙）帔也。谓帬（裙）曰帔也。方言曰：帬（裙），陈魏之间谓之帔，自关而东谓之裠。从巾皮声。披义切。古音在十七部。""帬，绕领也。方言：绕衿领谓之帬。广雅本之，曰绕领。帔，帬也。衿领今古字。领者，刘熙云总领衣体为端首也。然则绕领者，围绕于领，今男子妇人披肩其遗意。"可见，段玉裁认为帔指的就是披肩。结合文物图像来看，帔最早曾是裙子的一种称谓，六朝时期，随时间的演变成为环于肩颈部位的"帔领"；系于胸前而披于肩背而不及臀部下的，称为"帔巾"；还是一种长披风，长至膝下，可称"大帔"。②

帔是唐代妇女普遍使用的服饰，大量见于唐代各个时期的敦煌壁画中。该服饰是一块长长的布帛，披于肩背，两端绕臂后垂下。沈从文和周锡保两位先生在各自的专著中称帔为披帛。③我们常说的"凤冠霞帔"之"帔"（音佩），与"披帔"之"帔"（音披）并不同，它是以一条丝帛绕过肩背，交于胸前，是"披帛"之遗风。晋代永嘉年间，"制绛晕帔子，令王妃以下通服之"，后逐渐演变成命妇的一种冠服，明代则自公侯一至九品命妇，穿戴不同纹饰的帔子，因其纹饰灿烂绚美如云霞，故称"霞帔"。清代以后，又演变新娘嫁服不可或缺的一部分。可见不同时段，"帔"所指并不统一。所以我们称滇人"披帔"，也是以后名命前物，就像用"干栏"来命名新石器时代的建筑一样，并不是准确的命名方法，只是约定俗成。

仔细观察滇人所披之帔，形式也有区别。

---

① 转引自张玉安：《六朝"锦帔"小考》，载《艺术设计研究》，2012（3），第34-37页。
② 同上。
③ 曹喆：《唐代妇女常服及其分期特征》，载《武汉纺织大学学报》，2006，19（11），第5-9页。

1.帔巾。系带于胸前,包裹肩部而向后垂至腰间。石寨山第18号墓出土的持伞女铜俑所披之帔就如此,其做蹲坐状,帔后幅包裹臀部,并不是很长,如做站立状,则仅能达腰间。此件帔巾上有孔雀、鹿、狼、蛇等纹饰,形态生动而具有装饰效果,很可能是古代刺绣工艺的杰作。有的帔巾较宽大,在围系的时候也不是紧紧地裹在肩背上,而是胸前打结,任其在背部飘洒,非常美观,如晋宁石寨山第1号墓出土的"纺织场面铜贮贝器"上,就有一女性披帔巾(图8-28)。帔巾主要为女子所用,装饰性很强。

2.帔领。类似毛围巾,围脖,较短。羊甫头M113:365铜箭箙的刻纹图案中,就有四男子肩部披豹皮所制之帔,披于肩背上。江川李家山出土的"三骑士铜鼓"之三骑士,从脖子到肩膀处围着一块带毛的皮披肩(或称皮甲),晋宁石寨山第13号墓出土的"战争场面铜贮贝器盖"上的鎏金骑士也做类似打扮。石寨山第7号墓出土的骑士铜扣饰上骑士所披者比较明显,帔领是滇国贵族骑士身份的一种象征,有一定的保暖功能。呈贡天子庙出土的一件铜鼎的足部,有一奇怪的巫师形象(图8-29),该巫师也披一帔领,帔领在脖子上收束,向上遮蔽了两颊。

图8-28:石寨山"纺织场面铜贮贝器"上披帔巾的女性

图8-29:披皮毛帔领的巫师

3. 短帔，比佩巾要窄，比佩领长，又比披风、披毡短。材料比帔巾厚实，又没有毛制的帔领保暖，多数是棉或麻的纺织品，属于平民常披之物，偶尔也见有人披着用虎豹皮制成的短帔。

石寨山第 6 号墓出土的一件"四人一牛铜啄"（其上一人已经掉落）的銎上，也有三人披短帔而行。这三人所披之帔，无纹饰，尺幅也较小，仅能包裹人体的三分之二，系于胸前而拖于小腿，应该是当时平民所披。"贡纳场面铜贮贝器"上也有一男子披短帔而行，该男子披帔更小，仅仅包裹住肩膀后就收束而下。

滇人披帔，不仅有装饰、保暖的功能，有的还可作为装东西的背囊。他们在帔巾靠近背脊的一面缝有暗袋，用来装物。在滇青铜文化墓葬中出土的一些持伞男俑身上，可以看到其背部有明显的隆起，曾有学者认为这样的设计是为了保持持伞俑的重心，但如果仔细观察就会发现，在江川李家山第二次发掘出土的一件铜俑跪玉杆饰（M68：270）上，该男子就跪在一根玉杆上，背上同样有明显的隆起。玉杆圆滑，人在其上并无保持重心的必要。易学钟先生曾手绘过"诅盟铜贮贝器"器盖上的诸多人物，我们发现其中有一男子持刀站立，身披短帔，背部有明显隆起（图 8-30）。晋宁石寨山出土的"四人乐舞铜俑"均为站立舞蹈状，他们四人身披短帔，背上也有明显的隆起，可见滇人隆背，应当是当时人们服饰的一种真实写照，与保持重心无关。

图 8-30：持刀披短帔的男子

披毡多属于骑士贵族之类的人物，但披风、披帔较为普及，各种身份的男女均披以为饰。

## 第四节　手套、围腰、皮鞋、裹结、尾饰

### 一、手套

滇青铜器图像中有戴手套者，例如江川李家山出土的"籍田场面铜贮贝器"上的高个男子（图8-31），此人身穿窄衣长裤，佩长剑，双手均戴一种无手指的手套，脚下还穿皮鞋，显然是一位外来者。

还有晋宁石寨山第13号墓出土的"战争场面铜贮贝器"器盖上的鎏金骑士，也带着特制的手套。该骑士身穿瓦楞状的连体皮甲，护领一直高到脖子上方，下摆则到了大腿上，双肩戴桃叶形状的皮护肩，上有条纹，戴臂甲，左手还戴着特制的护套。这种护套呈心形，两片相合如合瓦状，覆盖手背而无指套，在其他滇国骑士造型上也可看到这种手套，可能是骑士专用的。骑士仅一只手戴手套，另一只手空出来持兵器（图8-32）。从手套的材料、花纹看，估计是皮制的。石寨山出土文物中有银质、铜质类似器物。1991年江川李家山古墓群第二次发掘

图8-31：贮贝器上戴无指手套的人

图 8-32：戴皮手套的滇人骑士

图 8-33：穿围腰的滇国妇女

时，也曾出土过类似铜手套，或称护手甲，它们是专门的殉葬品。

## 二、围腰

江川李家山出土的"籍田场面铜贮贝器"（M69：157）上，在滇国贵族妇女乘坐的肩舆旁边有一女子，向舆而立，梳银锭髻，袖挽肘上，张臂曲肘，似乎手中捧物，但已经失落。该女子腰间有一厚实的"围腰"，颇似和服背上的"带"（图 8-33）。从图像看纹饰与材料，与衣服完全一致，这种"围腰"在滇人服饰中不多见。"诅盟铜贮贝器"器盖上男子穿的"双肩大围腰"为皮革制品，形式、材质都与此妇女不同。①

## 三、皮鞋

云南古人服饰重头轻脚，头饰、衣服等精美华丽，但足下却甚少装饰。滇人多跣足，普通百姓、贵族王侯，无论男女，都不穿鞋。

———————————

① 参见本章第一节。

图 8-34：贮贝器上穿圆头鞋的人物
形象

图 8-35：贮贝器上穿翘头鞋的人物形象

　　石寨山第 13 号墓出土的"贡纳铜贮贝器"上，有一男子脚穿圆头皮鞋的形象，该男子颌下有短髯，衣服密布月牙纹，紧身长裤，上密布斜方格纹。此人形象与滇国人物颇有不同，应该属滇国外来民族。旁边男子留长髯直至腹部以下，同样也穿圆头皮鞋（图 8-34）。

　　江川李家山第二次发掘出土的"籍田场面铜贮贝器"上有一高个男子，长袖长裤，与滇人区别明显，该男子戴手套，脚下还穿一双前端上翘的鞋（图 8-35）。

　　这种男子的形象在滇青铜器中多见，"贡纳铜贮贝器""鎏金双人盘舞铜扣饰"上都有。"贡纳铜贮贝器"上的男子也穿鞋，但"鎏金双人盘舞铜扣饰"上的未穿。石寨山 1 号墓出土的一件"鎏金舞人铜杖头"上的舞蹈人物，也属于同一民族，也未穿鞋。估计这一民族原来是穿鞋的，来到滇国后，因为气候湿热，所以入乡随俗，在舞蹈表演时就跣足而舞了。

在目前考古材料还不能确指的情况下，我们基本可以肯定这种穿长衣、长裤、鞋子的人是滇国之外的来客。这个外来民族显然善于舞蹈，因此在滇青铜器上留下了他们舞蹈的身影。从数量上看，他们人数不多。张增祺先生认为，这类人应该是《史记·西南夷列传》中的"嶲人"、《华阳国志·南中志》上的"叟人"、《后汉书·西南夷传》中的"塞夷"，也就是著名的"斯基泰人"。[①]可备一说。

## 四、裹结

"裹结"一词，出自《华阳国志·南中志》："夷人大种曰昆，小种曰叟，皆曲头，木耳，环铁，裹结。"曲头即戴头箍，木耳即戴木耳环，环铁即戴铁手镯，但裹结却颇有歧义。一些研究者认为，裹结是指发型，即"椎结，以布裹之"，但笔者认为，常璩在记载中按照从上到下的顺序，对"夷人"的头部、颈部、腕部等部位进行了描述，所以裹结只能是记载古代云南少数民族服饰腰部以下的某个部位的装饰。观众多的青铜器图像，与此吻合的应该是"在膝盖之下，小腿之上以带打结作为装饰"[②]的一种特殊习俗（图8-36）。

在滇青铜器图像中，裹结者不仅仅只

图8-36：小腿"裹结"的滇人男子

---

① 张增祺：《滇国与滇文化》，第284-287页。
② 樊海涛：《试释"裹结"——兼论古代云南少数民族服饰》，载《民族艺术研究》，1997（5），第47-49页。

限于昆明人，其他民族也有类似的装束，贵族骑士、巫师、舞蹈者裹结的系带都比较长，而且系带上一般都有纹饰装饰，而抬肩舆的濮人、贡纳的昆明人等裹结的系带都比较短，且无纹饰，所以裹结的样式很可能还与人物的身份、地位有联系。

## 五、尾饰

唐代杜佑《通典》卷一八七记载："尾濮，汉魏以后，在兴古郡西南千五百里徼外。其人有尾长三四寸，欲坐，辄先穿地取穴，以安其尾，尾折便死。居木上，食人。"杜佑言之凿凿，似乎古代真有"尾长三四寸""尾折便死"的"尾濮"。

李伟卿先生对此有细致的考释，他从西汉杨雄的《方言》、东汉许慎的《说文解字》解释"尾"字说起，认为"尾"字多义，可训为衣之后幅。《说文解字》中"古人或饰系尾，西南夷皆然"之语，就解释了"衣着尾"的意义，后人不解，只因为未有感性的认识，从字面去猜测，难免偏颇。[①]

滇青铜器中众多写实而生动的图像，为我们展示了古人之衣服尾饰的实例。滇人之衣尾饰，大概可分为"饰系尾""衣着尾"两种。"饰系尾"就是将虎、豹、狐等动物的皮毛作为装

图8-37：饰系尾与衣着尾合一

---

① 李伟卿：《说"尾"——关于濮、尾濮及其"尾"的札记》，载《云南民族大学学报》（哲学社会科学版），1984（1），第59-66页。

饰，将它们系在腰间、身后，兽尾坠地。"衣着尾"就是长衫的后幅极长，拖曳地上，犹如动物之尾。还有的人两者兼而有之，即衣有后幅且极长，系挂动物皮毛、尾巴为饰，但并不多见，可能是特定场合的装束，如晋宁石寨山出土的"四人铜舞俑"，舞者不仅衣衫后幅直拖地上，而且在腰间还各系一动物皮毛为饰，所系动物尾巴向下与衣衫后幅重合（图8-37）。

# 第五节　发型

## 一、男性发型

青铜时代的男性发型样式变化不多，主要有椎髻、高髻、编发几种。司马迁《史记·西南夷列传》记载："西南夷君长以什数，夜郎最大；其西靡莫之属以什数，滇最大；自滇以北君长以什数，邛都最大：此皆魋结，耕田，有邑聚。"明确地指出西南夷地区最流行的发型就是"魋结"。"魋结"同"椎髻"，言其发髻梳成一撮，形如椎状。《汉书·陆贾传》颜师古注云："椎髻者，一撮之髻，其形如椎。""椎，用打物者也"，也就是锤。司马迁记载的"魋结"，在滇青铜器图像中多见。

张增祺先生总结椎髻的结构为："将发总掠于头顶，然后打结成髻，形似击鼓之圆形木槌。有的在髻根下另系飘带，也有的在髻上插羽翎，以示美观。"[1]

椎髻确实为滇人男性常见之发型，但滇人男性的发型却并不全都是"形如击鼓之木槌"。如江川李家山出土的"二人猎猪铜扣饰"（江李M13∶8），高6.5厘米，宽12.3厘米，两猎人头梳高髻，一人发髻偏左，一人偏右，在整个扣饰构图中形成了巧妙的张力（图8-38）。

---

[1] 张增祺：《滇国与滇文化》，第135页。

图 8-38："二人猎猪铜扣饰"中梳高偏髻的男子

图 8-39："踞坐男俑铜勺"
上梳螺髻的男子

图 8-40：贮贝器刻纹图案中发髻垂至脖子的男子

又如江川李家山出土的"踞坐男俑铜勺"上的男子，将发髻打在了头顶的偏右方，发髻如螺旋状，姿态颇为休闲（图 8-39）。

还有的发髻甚至结在脖子部位，与女性的结髻造型很相似，如晋宁石寨山 1 号墓出土的"杀人祭柱铜贮贝器"器身的腰部刻纹图像中手持兵器作追逐状的男子，发髻明显就结在了耳朵的后下方（图 8-40）。有的发髻裹扎得与女子的"银锭髻"一样，如昆明羊甫头出土的刻纹铜箭箙上的缚牛男子（M113：365），并不完全都是"形如击鼓之木槌"。

在滇青铜器上，还发现一些鎏金骑士，很可能是滇王或一般贵族男子的形象。他们的发型虽然也是"椎髻"，但耳朵前多留有粗长的鬓发，左右均有，额头上横系一带，在耳朵一侧还插上一块条形物品装饰，这种特殊的发型装束可能是地位与身份的象征。

总之，从大量的文物图像中看到，滇人男性多梳发髻，其基本结构是将发向后掠，上梳于顶，然后将头发布带束紧，或直接用头发裹紧，于头顶成一小髻，比较整齐统一。以此型为基础，再形成不同的个人风格，如将发髻向前后左右推移，或在发髻上束长带为饰。发髻形状有圆形、圆锥形、螺旋形等。

滇人的高髻与椎髻相似，椎髻仅缠裹头发末端，而高髻则上梳之发全部用宽布带横裹形成大而高的发髻，顶端再用细带捆扎，将外露于宽布带的发髻分成两段（图 8-41）。因为高大且中间下凹，所以有的人将这种高髻称为鞍形髻。

江川采集的一件"猎首纹铜剑"剑身上的巫师头梳高髻就比较简化，用两

图 8-41：梳高髻的滇人男子

根带子将头发上束成高髻，上面还戴一圆形铜扣饰。

滇人的高髻还有另一种，就是高锥形髻，将高髻下端用带捆扎后，再将上端扎成尖锥形状，既高且尖，所以被称为"高锥髻"，男女皆有。如江川李家山出土的四舞俑铜鼓上两个跳舞的人物，就头梳高锥髻。

椎髻、高髻不仅适用于男子，女性也常做此发型，可能是出于便利的目的。《后汉书·梁鸿传》记载了梁鸿的妻子孟光梳椎髻的故事。孟光嫁梁鸿后，"及嫁，始以装饰入门，七日而鸿不答"。后来孟光"乃更为椎髻，著布衣，操作而前"。梁鸿才认可"此真梁鸿妻也"。可见东汉时期妇女因为便于劳作，也梳椎髻（图8-42）。

江川李家山出土的"纺织场面铜贮贝器"器盖上，与昆明人女性一起绕线的滇人女子就头梳高髻于顶上中央部位。"上仓图"中，坐在井干式房屋下监督收粮食的女子也是头梳椎髻，而且椎髻上还有两道布带捆扎为饰。

滇西地区的巂、昆明等民族"皆编发"，男女都将头发梳成长辫，发辫数量并不统一，男性多为两辫，女性有的梳成四辫，头后两辫，耳侧还编两小辫，以为装饰，也有梳三辫者，额前还留短刘海。

比较有意思的是，滇人男子有戴假发的习惯。在一些青铜器图像中，我们看到了滇人男子戴假发的情况。石寨山第13号墓出土的一件残铜鼓的腰部刻纹图像中，就有一位男性骑士戴着极其夸张的假发。该男子头梳椎髻，在椎髻的末端，装有长长的形如蟒蛇的倒"L"形假发，蛇形假发起于骑士后颈部披风，穿过他的高椎髻，然后向后弯曲而向下，一直延续到马

图8-42：石寨山出土头梳高髻的持伞女铜俑

图8-43：铜鼓上戴假发的骑士形象

尾部，长度已经超过了骑士的身高（图8-43）。这个巨大的假发内部估计有硬性材料支撑，不然无法形成这种形状。

在这个骑士的旁边，还有一位戴假发的巫师。该巫师持弓，头后部有一块正方形的板状物，板状物左右两侧各插四片叶形装饰，正上方则插有三支下端细、上端蓬松犹如火炬式的假发，假发的高度有巫师头部的两倍（图8-44）。同一件铜鼓的鼓胸上，我

图8-44：铜鼓上戴假发的舞蹈巫师形象

们还发现了另外的舞蹈人物戴假发的图案。在鼓胸的一艘船上，有身披虎豹皮的巫师在跳舞降神，巫师背上背着同样的火炬式假发。这很可能是滇人巫师的一种特定装束。

## 二、女性发型

滇人女性发型丰富多彩。最常见的一种就是《云南晋宁石寨山古墓群发掘报告》中所称的"银锭髻"，即将头发从额前中分，再向后梳掠，在脖颈上将头发重叠起来，中间用带捆扎，形成两头翘起，中间收束的发结，形状类似银锭，故名。

女性发髻除银锭髻之外，冯汉骥先生以石寨山 1 号墓出土的"纺织场面铜贮贝器"为代表，在《云南晋宁石寨山出土文物的族属问题试探》一文中对滇国女子发型曾有精彩的描述。[①]冯先生将该贮贝器上女性发型除银锭髻外，再分七式。笔者认为，第Ⅶ式实际是男性的椎髻，该人并非女性，持伞男俑的发型已有石寨山出土的大量持伞男俑所证实，与冯先生所指并无多大分别。而第Ⅱ、Ⅲ式发型，也可以视为椎髻，仅仅是发髻的位置略有不同而已，椎髻并非男性的专利，因为方便简洁，所以女性也常梳该发式。这两人都身着条纹对襟长衫，应该是滇人妇女。汪宁生先生在论及滇人族属时也认为冯先生所指的第Ⅱ、Ⅲ、Ⅳ、Ⅵ诸式，大同小异，很难分割为不同的民族，这是很正确的认识。[②]

"纺织场面铜贮贝器"器盖上，第Ⅰ式为编发的昆明人女性，现已可确认。其头发分梳成两辫拖于背后，鬓发两股垂于耳前。着单斜肩皮裙，左肩露于裙外。第Ⅳ式女性将发髻全部向上梳掠，然后于右耳处结成一圆形髻。双肩披一巾，露半背而包裹下半身。第Ⅴ式女性额前至顶部头发盘成螺旋状，甚高，脑后部头发则自由披散。第Ⅵ式女性发型类似于梳椎髻于脑后，再从椎髻绕出一段下垂至腰间，穿长裙。这三人服饰、发型与滇人妇女有所区别，可能分属不同的民族，也可能是不同年龄段的妇女的不同发式（图 8-45）。

此外，战国秦汉之际的女性发型尚多，兹举一二：

江川李家山出土的女俑铜杖头上的女子发型：总掠向后，于颈后用带扎一

① 冯汉骥：《云南晋宁石寨山出土文物的族属问题试探》，载《考古》，1961（9）。
② 汪宁生：《晋宁石寨山青铜器图像所见古代民族考》，载《考古学报》，1979（4）。

图 8-45："纺织场面贮贝器"上梳不同发型的妇女形象

道，任其自然下垂，自然简单。

　　晋宁石寨山出土的"诅盟铜贮贝器"上的女子发型：总掠向后，梳而不编不系，形如蝉状，显然经过精心的修剪（图 8-46）。这种发型极易被风吹乱，估计当时是用了"以酥泽发"的方法来定型。

　　晋宁石寨山第二次发掘采集的一件女俑铜饰物上，该女俑梳常见的银锭髻，但别出心裁地将发髻结在脖颈后背上，再向前拖放在自己的左下颌的脖子与胸前，既整齐又飘逸，颇具心思（图 8-47）。

　　凡此种种，也不过挂一漏万，更多更精彩的女性发型还待观察、发现。

图 8-46："诅盟铜贮贝器"上的女子发型

图 8-47：石寨山采集的女俑铜饰物（局部）

# 第六节　装饰品

滇人的装饰品琳琅满目，样式众多、材质复杂，从头直到脚，唯赤足不加装饰。

## 一、发饰

头饰有牙饰、带饰、羽毛饰、发钗、发簪、发针、发夹子等。兽牙装饰是较早的发饰，新石器时代的崖画上，人们头戴长长的兽牙，直到青铜时代也依然如此。有的图像中头饰所占比例极大，可能不是兽牙而是牛角一类的头饰，但出土器物中少见。2011年，广南牡宜出土的鎏金铜牛角也是一种古老的头饰。发钗、发簪、发针、发夹子等不仅有青铜铸造，还有金银器，是滇国贵族服饰中不可或缺的重要装饰物。

觿是古人用来解结的工具，一头尖锐而弯曲。古人结绳记事，绳子打成死结后用其尖锐的一端挑解，使结易于打开。觿最早由兽牙或骨、玉等制成，故又名冲牙，后逐渐演变成服饰之一种。因古人衣服多结，觿逐渐转变为解衣结、冠带的工具。《礼记·内则》中有"子事父母，左佩小觿，右佩大觿"，佩觿不仅用来解自己的衣结，还替父母解结，表示子女侍奉双亲的孝道。《诗经·卫风》中有"芄兰之支，童子佩觿。虽则佩觿，能不我知"，佩觿象征成人之意，可以解除疑难，增添聪明智慧。刘向《说苑·修文篇》称，"能治烦决乱者佩觿"，所以佩觿还表示能够解决纷乱复杂的事情，宋初郭忠恕编著的一部字书就叫《佩觿》，主要辨别字形，规范汉字，研究汉字的形体演变规律。之所以如此命名，就是取觿能解决纷乱之意。

玉觿早在新石器时代就已经出现，汉代中原地区较多，云南青铜文化遗址中偶尔也有发现。晋宁石寨山第15号西汉墓中曾出土过一枚，长10厘米，最宽1.5厘米，厚0.2厘米，素面，弯曲如兽牙，较宽一端有穿孔。此件玉觿形制

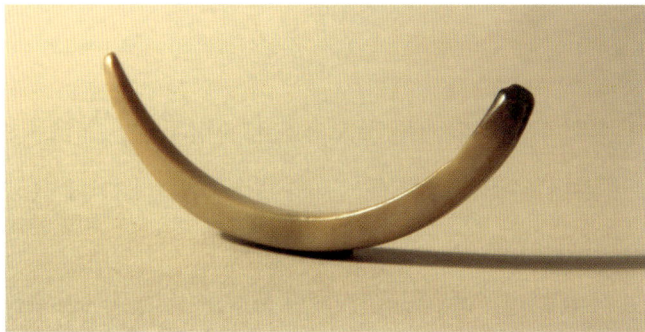

图 8-48：石寨山第 5 号墓出土的玉觽

较原始，而且很薄。石寨山第 5 号墓出土的另一枚则比较接近实用玉觽，长 7 厘米，宽、厚均在 0.5 厘米左右，两头弯曲如月牙，一头较为尖锐，另一头则为钝面，上有小穿孔（图 8-48）。

滇青铜器图像中未见滇人佩觽的图案，很可能它只是一种头饰。毕竟中原所倡导的成人礼、孝道等文化内涵是否能与当时的滇人联系起来，还是一个未知数。

## 二、项饰、耳饰

项饰主要是项链，男女均有，材质不同，有玉、玛瑙、绿松石、孔雀石等，常多串共同穿挂，有多达四五串者，形制颇多，主要有枣核形、圆柱形、水滴形、算珠形等，一些出土持伞铜俑脖子上还系着方形的珠子串饰。

滇人喜戴耳环，从出土文物及青铜器图像上看，滇人耳饰极其普遍，男女皆喜佩戴。耳饰以半圆形的玉耳玦为主，佩戴数目较多，较多者一只耳朵上可以佩戴 14 枚玉耳玦，从大到小，依次排列佩戴在耳垂上，犹如一个小小的花蕊。在石寨山 1 号墓中还曾发现过碧玉制成的半圆形玉耳玦，很明显，这种耳玦是滇国的舶来品。耳玦之外，还常见钉形的耳珰，前端尖锐而细长，多为白玛瑙制成，应该是本地的作品。

### 三、手饰

滇人手腕上多戴手镯。滇西昆明人多戴细的铜手镯，而滇人多戴宽边铜手镯，贵族妇女的铜镯上多镶嵌绿松石，有的四个一组，两只手共戴八个铜手镯，两头两个较大，中间两个略小，戴在腕上犹如臂甲。

滇人手腕处常戴宽边玉手镯、弦纹玉手镯两种。宽边玉手镯较为常见，因其边缘较宽，内沿突起，也被称为"突沿镯"。弦纹玉手镯较窄，仅中间有一弦纹装饰，故名。贵族男女均佩戴，有时候左右两手同时戴不同的玉手镯为饰。晋宁石寨山第 6 号墓曾出三件玉镯，因尺寸较大，有人以玉璧名之。三件玉镯中一件素面无纹饰，另外两件中心穿孔处为凸沿镯形状。三件玉镯最大者直径接近 19 厘米，最小者直径也有 14 厘米，均为鸡骨白色，表面有玻璃光泽。这种宽边玉手镯在我国四川以及缅甸、泰国等地都曾出土过，不能排除外来的可能性。滇国墓葬中同时也出土过未完全完工的玉料块，虽然为数不多，而且玉质上也比较

图 8-49：昭通桂家院子出土的银戒指

粗糙，但它们的发现证明当时的滇人已经有能力独立制作类似的玉器了。

手镯之外，滇人还有戴戒指的习惯，应该是受到中原文化影响的结果。滇人墓葬中也发现了部分银戒指，为数不多。昭通桂家院子出土的东汉时期的金、银戒指（图 8-49），显示了东汉以后中原文化在云南的流行。

### 四、佩饰

滇人佩饰多种多样，最常见的是佩扣饰、佩剑、佩绶、佩玉等。

（一）佩扣饰

青铜扣饰，顾名思义就是用青铜铸造的背面有矩形齿扣可供系戴、悬挂的一种装饰品。扣饰主要流行于战国到西汉时期的滇池区域，是滇青铜文化的重要组成部分。战国至西汉时期，云南青铜扣饰以江川李家山、晋宁石寨山、官渡羊甫头等地出土的为

图 8-50：李家山出土的金腰带及扣饰

代表，形式多样、工艺精湛，堪称云南扣饰艺术的顶峰（图 8-50）。西汉末至东汉初，随着滇王国的衰微，扣饰艺术也走向了没落。东汉以后由于汉文化的盛行，扣饰的服饰功能逐步被带钩取代，彻底地淡出了历史舞台。

在滇青铜器图案中经常可看到一些人物胸前、腰间悬挂、佩戴着圆形扣饰，这是扣饰的第一种用途——服饰装饰。在一些滇国人物的装束图像中，有时看到他们的发髻上也有类似扣饰的圆形饰物，证明一些小型圆形扣饰可能还是一种束发的发饰。江川李家山出土的金腰带及扣饰组合证明扣饰还具有类似带扣的实用功能。此外，扣饰还是财富的象征，并且具有特殊的"史书"职能，甚至它还可能是一种巫具，在宗教祭祀活动中具有神秘的作用。

（二）佩剑

《说文解字》云："剑，人所带兵也。"《尔雅·释剑》又云："剑者，检也，所以防检非常也。"可见剑是一种随身携带的用来近距离格斗的短兵器。它最早出现在商代，是异域文化的产物，并非中国所独创。西周时期，剑已逐步流行，春秋以后，剑的形制逐渐演化完善。它由剑身和剑柄两大部分构成。剑身中央的直棱称"脊"，脊两边称"从"，从两边锋利部分称"刃"或"锷"，尖端部分称"尖"或"锋"，剑体称"腊"，剑柄称"茎"，茎与腊相接处护手使用的凸物称"格"或"镡"。

1977~1984 年挖掘内蒙古伊金霍洛旗朱开沟遗址就出土了商代早期的铜

剑，考古发现证实，到了商代晚期，北方青铜剑的分布范围以及数量都有所增加。常见的铜剑剑刃较短，柄略弯曲，柄首有兽头形、铃形，也被称为"铃首剑""兽首剑"。而南方以四川广汉三星堆遗址、成都市十二桥建筑遗址等地发现的柳叶形青铜剑为代表，在商代也出现了铜剑，一般学者认为其年代在商代晚期或更早。①

北方青铜短剑的来源，经研究者的考证，认为"青铜剑在西亚杰姆代特文化出现的年代为公元前 3100 年～公元前 2900 年，是当时普遍使用的短兵器，认为中国的柳叶形剑可能受西亚杰姆代特·奈斯文化及后来的苏美尔—阿卡德（Sumer-Akkad）青铜文化的影响，经伊朗高原传至中亚、南西伯利亚和蒙古高原"②。

南方柳叶形青铜短剑的来源，段渝先生研究后认为："柳叶形青铜剑发源于安那托利亚文明，时代为公元前 3000 年左右，稍后在近东文明，继而在中亚文明中大量出现柳叶形青铜剑，到公元前三千纪中期，柳叶形青铜剑出现在印度河文明中，这种剑型在印度地区一直流行到公元前 1500 年左右。中国西南地区出现这种剑型，时当商代晚期，大约在公元前 1300 年。从柳叶形青铜剑的发生、发展、分布及其年代等情况来看，中国西南地区这种剑型，应是从古代印度地区传入。""柳叶形青铜剑在中国西南地区的出现，是成都平原古蜀人通过印度地区吸收采借的中亚、西亚文明的因素。"③

云南地区古代各族均有佩剑之俗，从春秋到东汉，男子墓葬中多有铜剑出土，而女子墓葬中未见，这也是一种社会分工的反映。滇人男子多佩剑，其佩戴方式有两种：一种是直接挂在腰带上，左侧、右侧、腰后均可挂剑；另一种是从肩到腰间斜佩一条绶带，与腰带相连接，剑佩于腰带上。晋宁石寨山、江川李家山均出土了大量的金剑鞘饰，可见滇国贵族对佩剑的热衷。普通人虽无法拥有华贵的金剑鞘饰，但佩剑者极多，甚至为滇人贵族持伞的男性铜俑腰部

---

① 段渝：《商代中国西南青铜剑的来源》，载《社会科学研究》，2009（2），第 175–181 页。
② 卢连成：《草原丝绸之路——中国同域外青铜文化的交流》，见上官鸿南、朱士光编：《史念海先生八十寿辰学术文集》，西安：陕西师范大学出版社，1996，第 713 页。
③ 段渝：《商代中国西南青铜剑的来源》，载《社会科学研究》，2009（2），第 175–181 页。

也往往佩戴一柄短剑。剑不仅仅是用来近距离格斗的武器，更成为滇人服饰的一部分。

滇人还有一种极其华丽的佩剑方式。在晋宁石寨山第四次发掘中发现，滇人将直径约 4 厘米的 26 枚乳突状的玛瑙扣排成一串，缝制在布带上，从头拖至腹部，下端系一铜柄铁剑。这种用玛瑙扣装饰佩带的方式仅见于墓葬。

（三）佩绶

滇青铜器上多有人物佩绶，如"贡纳场面铜贮贝器"上的一组人物，头戴提梁式圆圈帽，从右肩到左腰就有一条绶带，这条绶带不仅有装饰的功能，也是佩剑所需。

江川李家山出土的一件铜俑跪玉杆饰（M68：270），该男子右肩至左腰处也有一绶带（图 8-51）。

晋宁石寨山、江川李家山都出土过一种"巫师柄铜剑"，剑柄上有一滇国巫师形象，衣饰华丽，可以清晰地看到其右肩直至左腰部斜佩一条绶带，绶带为两直线夹多个小圆形饰品。这种圆形装饰物在滇国出土器物中为玛瑙所制，乳突形，大小不一，最大者直径约 7 厘米，普通者在 3 厘米左右，色泽

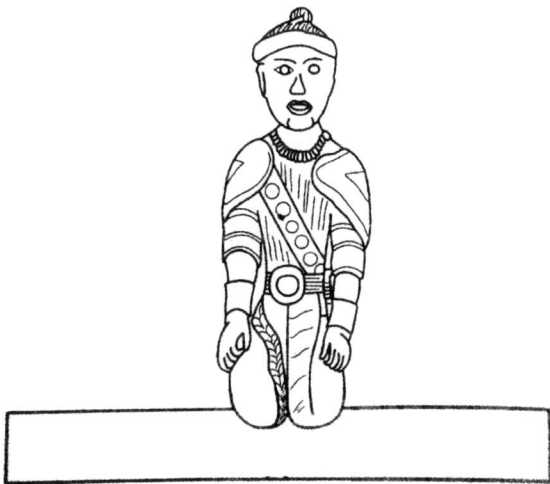

图 8-51：铜俑跪玉杆饰

多为红色、白色、肉红色等，下方有象鼻孔可以缝在布匹上。从这个巫师的绶带上可以认识到滇人佩戴玛瑙扣的具体方法。

（四）佩玉

滇人佩玉与中原之礼玉不同，更多的是将玉作为一种装饰品。生产工具、

装饰品、礼仪器是我国古代玉器的三大种类。随着时代的进步，玉器逐渐被附加上了种种神秘崇高的文化内涵。早在新石器时代，玉就已经成为红山、龙山、良渚等原始文化中的主要祭祀用品和仪仗器，夏、商、周三代，玉器与青铜器并列为祭祀礼器的两大种类。史书对祭祀时候的用玉制度更是重章叠唱，郑重其事。战国至汉代，玉因其特异的质地，被推崇为士人完美品德的象征，"古之君子必佩玉"成为一种时尚。汉代以后，玉器的宗教、政治功能逐渐丧失，成为一种特殊的装饰品，深受国人的喜爱。但在滇人眼中，玉器是最具魅力的装饰品，是财富的象征，代表着身份与地位，为滇国的上层人物所拥有，与中原传统的"神玉""礼玉""祭玉"有所区别。

滇国玉器主要用于装饰而非祭祀，它的器形以玉耳玦、玉璧、玉镯等为主，还有大量的玉管珠、玉珠、玛瑙、绿松石等，也多作为装饰性的材料出现。它们不是用于人体装饰，就是用于镶嵌各种青铜器，如圆形铜扣饰、铜剑等。中国"巫玉""礼玉"中最重要的器型之一——玉琮，在滇国从未发现过。偶有一些玉璧出现，但它们更多时候是一种被戴在手腕上的华贵的装饰品，很多玉璧实际上是内突沿玉镯，不仅仅用来装饰滇国的女性贵族，也是滇国男性贵族身份、地位的象征物，经常出现在鎏金骑士、掳掠武士等人的手腕部位。在玉器的制造工艺和审美特征上，滇国也与众不同。滇国的玉器很少采用片雕、浮雕、镂空以及阴线、阳线雕刻等技法，一般素面无纹饰，多用琢磨而很少雕刻，以淳朴自然取胜。

# 第七节　化妆

除了上述的服饰外，滇人的一些特殊的化妆方法也非常具有地方特色，兹举一二。

## 一、漆齿

漆齿，就是将牙齿涂成黑色，又称黑齿。此俗起源甚早，《山海经·大荒东经》里就记载："有黑齿之国。帝俊生黑齿，姜姓，黍食，使四鸟。"黑齿，郭璞注："齿如漆也。"《逸周书·王会解第五十九》："西方：昆仑、狗国、鬼亲、枳已、阔耳、贯胸、雕题、离丘、漆齿。"晋五经博士孔晁注释："漆齿，亦因其事以名之也。"《楚辞·招魂》也记载："雕题黑齿，得人肉以祀，以其骨为醢些。"王逸注释，"黑齿，齿牙尽黑"。

漆齿可以有效预防龋齿等口腔疾病，而且还是美丽的象征，是身份、地位的标志。南京博物院还收藏有唐高宗、武则天时期的边关大将黑齿常之父子的墓志。以"黑齿"为姓，证明黑齿文化源远流长。

有意思的是，在羊甫头出土的一件漆木滇国贵族妇女造像和另一件滇国高髻人头像上，都可看到了他们张口露出黑色的牙齿，这就是古籍中记载的"漆齿""黑齿"。

漆齿的形成，大概有两种方式。一种是先用酸液如柠檬水之类将牙齿表面的牙釉质破坏，再用松脂燃烧的黑色烟炱或紫梗等做染色剂，连续染数日，牙齿就变黑色。另一种就是嚼食槟榔。直到现代，云南的一些少数民族如傣族、布朗族、基诺族、佤族、哈尼族、阿昌族、德昂族等还保持着以漆齿为美的风俗。

## 二、文身

晋宁石寨山第 13 号墓出土的一件残铜鼓上有刻纹盛装滇国贵族骑士，该骑士的小腿部位有一蛇形文身。《淮南子·原道训》里有一段话："九疑之南，陆事寡而水事众，于是民人被发文身以象鳞虫。"高诱注释道："被，翦也，文身刻画其体，内默其中，为蛟龙之状，以入水蛟龙不害也。故曰以象鳞虫也。"滇人文蛇，也是为了不受蛇类侵害，与越人文身相似。

呈贡天子庙出土的一件铜鼎鼎足上铸有一奇形怪状的巫师形象，该巫师从小腿大约到膝盖上部位，有线刻的类似"老头乐"痒痒挠的爪形纹饰，应该也属于文身一类（图8-52）。

晋宁石寨山出土的一件骑士铜扣饰上的骑士足部也有蛇形的文身。此人物戴帽，高鼻梁，从服饰、人物形象来看，不似滇国人氏，而属于外来的民族，他们进入滇国后，迅速接受了滇文化的影响而文身。

以上三者，文身的部位都在小腿膝盖上下，正侧面均有，说明这是当时文身的主要位置之一。

滇人之文身以装饰为主，全身遍是文身图案的情况不多见。铜鼓的船纹上有滇人裸体划船的形象，很多人身上有几何纹饰，这也是文身之一种。

图 8-52：小腿上有文身的滇人巫师

## 三、绣眉、画眉、涂唇

最后，我们再说说古滇文化中已知的绣眉、画眉、涂朱等面部化妆。晋宁石寨山第 18 号墓出土了一件西汉时期的持伞女铜俑，高 26.5 厘米，该女俑大眼圆睁，面带微笑，最引人注目的是，她的双眉是铸造后再用刻刀雕刻出来的，与其他持伞俑铸造的眉毛不同。今人有文眉之风，

图 8-53：漆齿、画眉、涂朱唇的滇国女子

不意两千多年前的滇人就已经开风气之先了。羊甫头第 113 号墓出土的漆木跪坐女巫是迄今为止我们看到的最具体的古滇人形象。该女巫眉毛极黑，是浓墨描绘而成。同墓出土的人头形漆木祖为男子形象，眉毛也是浓墨描绘，这两人大概是最早的"画眉者"了。漆木跪坐女巫的嘴唇，色彩比其他部位都要深，可见她的唇也是经过化妆的（图 8-53）。

# 第九章

古滇时期的乐舞

远古时期，音乐与舞蹈是一体的，所以我们常常以"乐舞"来表述。《礼记·乐记》有载："凡音之起，由人心生也。人心之动，物使之然也。感于物而动，故形于声；声相应，故生变；变成方，谓之音；比音而乐之，及干戚羽旄，谓之乐也。乐者，音之所由生也，其本在人心感于物也。"在古人的观念里，显示出有变化、有规律的声，就叫作"音"，把音演奏起来，配合干戚、羽旄的舞蹈，就叫作"乐"，可见乐与舞也是不可分割的。在最早的甲骨文、金文里，"乐"字就是手持某种器物的舞蹈人形。

音乐是以声音为媒介，而舞蹈是以动作为媒介，两者都需要在一段特定的时空，由表演者进行展示。舞蹈对音乐有本能的需要，音乐是舞蹈的灵魂，舞蹈是音乐的外在表现，两者相辅相成。乐与舞都是"非物质"艺术，离开了历史传承，很难还原其本来面目。由于古滇时期的乐谱、乐响等均无遗留，对音乐本体的研究也无法进行。乐器是实物，出土器物中偶有发现，所以客观上还可以对当时人们的音乐水平进行一些具体的剖析，而舞蹈属于一种时空艺术，在历史上记录下来的仅仅是只言片语，限于史料记载之不足，我们更多地也只能从考古学、音乐图像学的角度去了解一二。下面就先说说古滇时期的乐器，再讲舞蹈。①

滇人的生活多姿多彩，他们能歌善舞，善于使用各种乐器，如铜鼓、镈于、编钟、铃、箫、葫芦笙、葫芦丝等。在欢庆的节日，他们敲击铜鼓，吹起葫芦

---

① 音乐图像学是图像学的分支，以音乐史的研究为目的，以造型艺术中的音乐图像为研究对象。它遵循欧文·潘诺夫斯基提出的图像学研究三层次理论，即第一步是对艺术品的表象描述，或称为前图像志描述；第二步是作品特定主题的狭义解读，或称为图像志分析；第三步是对作品内涵及象征意义的文化学解读，或称为图像学阐释。参见李荣有：《音乐图像学在中国再议》，载《交响（西安音乐学院学报）》，2014（3），第11-15页。

笙，载歌载舞，用音乐、歌声、舞蹈来表达他们的欢悦。滇国音乐以打击乐器为主，管簧类乐器为辅。金石类乐器有钟、鼓、锣、镈于等。竹类乐器也就是吹管乐器，有笙、箫、管等，但尚未发现琴、瑟、琵琶等丝类乐器。

# 第一节　铜鼓、镈于

## 一、铜鼓与木鼓

铜鼓以青铜铸造，是广泛流传于中国南方及东南亚稻作民族中的一种打击乐器。其基本形制为"通体皆铜，平面曲腰，中空无底，侧有四耳"。迄今我们发现的最古老的铜鼓出土于楚雄万家坝古墓葬，时代在春秋。[1]

从出土墓葬的埋葬形式、随葬器物看，当时社会正处于部落时代向阶级社会的演变过程中，五面铜鼓均为墓地中央的大墓所拥有。在氏族社会，氏族首领往往又是宗教首领，所以铜鼓首先是原始宗教通灵的礼器，在重要的祭祀场合击打演奏神秘的乐曲。楚雄万家坝第 23 号墓出土的四面铜鼓经测音，可发七个半音，客观上具备了演奏的可能，这表明早期铜鼓的音乐功能已经彰显。而铜鼓表面附着的烟炱痕迹、内壁上部的装饰花纹都向我们表示，早期铜鼓作为通灵的法器，以倒置的方式盛放祭品，凭借飞腾的火烟，向神明传递着飨祭的信息。

战国秦汉之际，阶级的分化与王权的兴起改变了铜鼓的社会职能。随着生产力的发展，对铜鼓的敬畏之情也逐渐消失，上层统治者为了炫耀权势，将之变成了夸富斗强的工具。此时，铜鼓的社会功能扩大，而宗教、政治功能减弱，铜鼓进入了社会化、世俗化的发展阶段。铜鼓用于节庆、歌舞、赛神、传递信

---

[1] 云南省文物工作队：《楚雄万家坝古墓群发掘报告》，载《考古学报》，1983（3）。

息、指挥战阵等场合，衍生出多样的文化功能。

　　滇人乐舞的场面，几乎无处不见铜鼓的身影，它的敲击方式也很多，有徒手敲击，或悬挂用鼓槌敲击。徒手敲击方式有两种，一种是将鼓平置地上，用手敲击。如晋宁石寨山出土的"宴乐籍田铜贮贝器"（M12：2）器盖上的图案，内圈铸有九人，其中就有一铜鼓平置于地上，左右各有一人做此击鼓而歌的动作（图9-1）。这种平置敲击的方式限制了鼓的震动，音响效果并不是很好。另一种是两鼓配合，下鼓作为"底座"，将另一面鼓侧放于鼓面上，徒手敲击。如晋宁石寨山采集的一件"五人奏乐铜扣饰"上，左起第二人就将两面铜鼓一面平置，另一面侧放其上，左手固定，右手徒手敲击。以上两种敲击的方式在今天使用铜鼓的民族中都很少见。

　　最常见的敲击方式是悬击。《隋书·音乐志》记载，古代周人击鼓就是悬鼓而击，谓之"悬鼓"，虽然周人之鼓为革鼓，与滇人之鼓不同，但两者的敲击方式却很类似。晋宁石寨山第12号墓出土的"诅盟铜贮贝器"（M12：26）上有滇人悬鼓敲击的生动记录。一男子坐在鼓架下，架上分别悬挂一件虎钮镎于和一面铜鼓，架杆穿过鼓耳将铜鼓悬在半空中，男子双手各持一圆柱形、上粗下细的鼓槌，左右开弓，击镎于和鼓以和乐（图9-2）。

图9-1：滇人徒手敲击铜鼓的场景

图9-2："诅盟铜贮贝器"上敲击铜鼓、镎于的场景

在越南一些铜鼓鼓面纹饰中，有人物披发坐台上击铜鼓，台下放置两个略内倾的"L"形鼓座，卡住铜鼓的鼓腰，鼓足正下方中空，有利于铜鼓的共鸣。铜鼓置于鼓座上，台上人物手持长长的鼓槌敲击，与云南常见的击鼓方式颇有不同。

古人文献中还记载有将铜鼓悬于水瓮上敲击，以增大其共鸣的方法，如清人屈大均在其《广东新语》中言，"或积水瓮中，盖而击之，声闻十余里外"，但未发现实例。

滇人不仅使用铜鼓，也使用木鼓，木鼓与今天我们所见的佤族的圆柱体形状的木鼓不同，它与铜鼓一样，平面曲腰，中空无底，侧有四耳，体积巨大，常常高过人头。[①]晋宁石寨山第 12 号墓出土的"诅盟铜贮贝器"（M12：26）器盖上，就有两面巨大的木鼓；第 1 号墓出土的"杀人祭柱铜贮贝器"器盖上，同样也有两面巨大的木鼓。有研究者认为，滇人还在此类大木鼓上踏歌而舞。因为木头不容易保存的缘故，所以我们今天并未发现两千多年前木鼓的实物遗存，但青铜器图像上留下了它们巨大的身影。"诅盟铜贮贝器"器盖上的木鼓鼓面还装饰有四头鹿的形象，在云南发现的石寨山型铜鼓中较为罕见，而越南铜鼓纹饰上倒有不少案例，两者之间可能存在一定的关系。

在广南鼓的鼓胸部纹饰中，我们还发现了四艘船中均有一细腰型长鼓，下有足，或置平台前，或置平台下，有男子持鼓槌做敲击状。这种鼓未见于今之云南青铜器遗存，应为木制（图 9-3）。

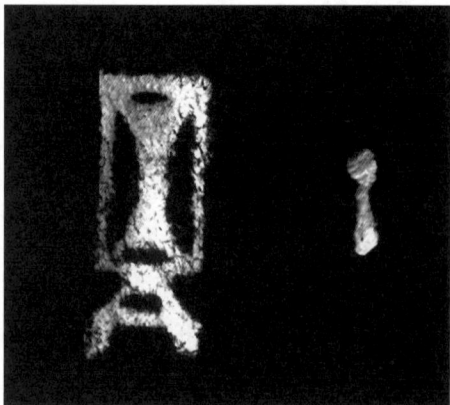

图 9-3：广南鼓中的木鼓及鼓槌

① 佤族的木鼓是用一段木头制成，长约180厘米，粗60厘米，在鼓身开一个中间窄、两头宽的音槽及方形音窗，以木槌击打发音。木鼓公母为一组，公鼓大而母鼓小。

## 二、手鼓与錞于

手鼓在滇青铜器图像中不多见，晋宁石寨山第13号墓出土的一件"鎏金八人乐舞铜扣饰"（M13：65），高9.5厘米，宽13厘米，时代为西汉，其上有人物敲击手鼓的形象（图9-4）。该扣饰下排左起第三人，左手怀抱一平面有领鼓腹收腰的细长小鼓于左膝上，用右手掌敲击之。以前很多研究者将这面小鼓视为錞于，实非正解。

图 9-4：徒手敲击的小鼓

錞于是古代军中乐器，常与鼓配合使用，在战争中指挥军队进退。錞于原为中原地区乐器，《周礼·地官·鼓人》载，"以金錞和鼓"，郑注"錞，錞于也；圆如碓头，上大下小，乐作鸣之，与鼓相和"。《国语·晋语》卷十一记载："是故伐备钟鼓，声其罪也；战以錞于、丁宁，儆其民也。"后錞于逐渐从黄河流域传播到长江流域。吴越、巴蜀地区使用錞于的时间都很早。现已发现的青铜錞于多出于四川、安徽和湖北、湖南、江苏、浙江等地区，时代从春秋战国延续到汉代。錞于形如圆筒，上部膨出，比下部稍大，顶上有钮，用于悬挂。钮多作虎形，故常有"虎钮錞于"之称，有人认为虎钮錞于应属古代巴人遗物。云南青铜器图像中有錞于出现过，但尚未发现实物。"诅盟铜贮贝器"器盖上，一滇人男子手持鼓槌分别击打悬挂在乐器架上的錞于和铜鼓。

錞于的最佳敲击部位是筒身偏下的口沿位置，与钟异曲同工。"鎏金八人乐舞铜扣饰"中，这件略呈圆柱体的乐器并非錞于，而当是一种膜鸣类乐器——皮鼓。

# 第二节　羊角钮铜钟、合瓦形铜钮钟

中国古代有"八音"之说，具体就指金、石、土、木、丝、竹、革、匏八种音乐。金、石、革、木为打击乐器，土、竹、匏为吹奏乐器，丝为弦乐，具两者之长。八音之中，金居首位，《周礼》说："凡六乐者文之以五声，播之以八音。八音之中，金石为先。"金主要是指钟。《淮南子·本经训》记载："钟，音之君也。"因为钟在音乐中以掌控节奏而具有重要的地位，古代贵族以"钟鸣鼎食"作为身份的象征。云南虽处西南一隅，但也很早就接受了中原文化的影响，在步入青铜时代以后，也出现了钟。目前发现的铜钟，可分两大类：一种是羊角钮铜钟，另一种是合瓦形铜钮钟。两者既有单枚出现，也成组出现。

## 一、羊角钮铜钟

羊角钮铜钟是南方青铜文化中常见的一种青铜乐器，造型上小下大，横截面为椭圆形，钟体接近顶部的地方有两个对称的长方形小孔，用来悬垂穿挂。因其顶部有向上外撇的两片羊角状錾钮，故名。也有人称之为铜铎、铜铃或錾钟之类。因为越南人曾将之悬挂在大象的脖子上，所以又称为象铃，越南出土的东汉羊角钮铜钟上还有大象的立体雕塑。此类铜钟并无铃舌，应称钟而非铃。

目前发现最早的羊角钮铜编钟（图9-5）是1975年发现于云南楚雄万家坝墓葬M1，一组6件，时代在春秋晚期到战国初。因为其一组6枚，已经可以组合演奏不同的音阶，说明它还不是最早的类型，更早的情况还有待考古的新发现。同样的铜编钟，我国广西、广东、贵州、湖南和越南北方都有发现。据袁华韬先生的统计，至2007年止，羊角钮铜钟仅在中国、越南两地发现，已经记录下来的已多达26处64件（包括已经遗失或下落不明的）。[①]据笔者观察，楚

---

① 袁华韬：《羊角钮钟若干问题研究》，广西民族大学硕士研究生2007年学位论文。

图 9-5：万家坝墓葬出土的羊角钮铜编钟

雄万家坝出土的羊角钮编钟内部没有切磨调音的痕迹，这说明当时人对音准调校还没有太多方法，也可想见当时要铸造一套合格的编钟难度之高。

1956 年晋宁石寨山第二次发掘时，在第 6 号墓滇王墓中发现 1 枚羊角钮铜钟（M6：125）。该钟通高 21 厘米、口径长 14 厘米，出土时一角已残断。钟身上有刻纹图案，上部刻滇国常见的峰牛的牛头侧像，牛角弯而长，极为生动。下部因锈蚀严重，隐约可以看到是昆明人的辫发人头像。这件羊角钮铜钟应非滇国铸造，而是滇王的战利品，所以滇王在上刻纹以记功。此外，云南的广南、新平、元江、玉溪、西畴、麻栗坡等地都出土过羊角钮铜钟。从出土的情况看，羊角钮铜钟最多为 6 枚一组，最少为单枚。成组出现可称为羊角钮铜编钟，而单枚则宜称羊角钮铜钟。

羊角钮铜钟是属于击打乐器，但其悬挂方法却有两种：一种是悬击，另一种是架挂。悬击比较好理解，就是用绳索穿挂悬空敲击。架挂主要见于广西左江岩画中，钟架穿过羊角钮铜钟上部的长方形小孔。架挂法更能够减小钟的晃动范围，有利于乐师演奏。云南迄今未发现有演奏羊角钮铜钟的图像。

羊角钮铜钟既可单独敲击，也可与其他乐器配合演奏。从出土的情况看，楚雄万家坝 1 号墓中 6 件羊角钮铜钟与 1 面铜鼓伴出，广西西林普驮铜鼓墓葬中

3件羊角钮铜钟与4面铜鼓伴出，可见它们具有组合演奏的可能。羊角钮铜钟主要流行于滇南、滇东南的元江流域，研究者一般认为其主人为古代之濮人。石寨山出土者仅为一例，应该是滇人掳掠而来的，滇人更常用的是合瓦形铜钮钟。

　　最后再谈谈羊角钮铜钟"一钟双音"的问题。根据学者的多次不同检测，对于已经出土的羊角钮铜钟是否有"一钟双音"的功能，竟然有截然不同的结果[1]，让人费解。有学者曾对羊角钮铜钟做过认真的试验与研究，结果认为："与先秦成熟的双音钟相比，羊角钮中腔内无调音痕迹；音程不统一；正鼓部和侧部都没有受击的特殊标志或装饰。从其形制特征、音响实际和功能需要诸方面分析，钟体与音高的关系尚不规范、精确。因此，笔者认为：羊角钮钟应属于主观单音钟。它存在的双音是一种与合瓦体与生俱来的自然现象，亦即原生双音，在实际演奏中并没有被使用。"[2]
此论甚为客观。

## 二、合瓦形铜钮钟

　　云南出土的钟类乐器，除羊角钮铜钟外，还有合瓦形铜钮钟。严格地说，羊角钮铜钟也属于合瓦形铜钮钟的一种，只是因为它造型奇特，我们单独论之。

　　目前发现时代最早的合瓦形铜钮钟是祥云大波那出土的1枚"云雷纹铜钟"（图9-6），时代在战国早中期，通高48厘米，宽26.7厘米，钟体呈扁圆形，合瓦形，上下两端略向内收，顶上有半环形人

图9-6：大波那出土的"云雷纹铜钟"

---

① 袁华韬：《羊角钮钟若干问题研究》，广西民族大学硕士研究生2007年学位论文。
② 同上。

字辫纹钮。通体遍布蛇形组成的雷纹，进唇口沿饰一道卷云纹饰，极为精美。曾对此枚铜钟做过成分检测，发掘报告称其化学成分为铜锡合金，含锡量高达16.34%，可能是为了编钟音质的需要而加大了锡含量。从合金成分的配比来看，与《考工记》记载的"六分其金而锡居一，谓之钟鼎之齐"正相吻合，显示出成熟的铸造工艺，所以它不会是最早的类型。一些研究者甚至认为它有可能是从中原传入云南的。[①]

1976年，祥云检村石椁墓出土了合瓦形铜钮钟一组3枚，检村墓地因出土了铁器，所以时代下限应该在西汉中后期了。钟体呈扁圆形，合瓦状，但钮为三角形，较为罕见，钟面上有精美的纹饰，一面是二虎相对，另一面是两鹤相斗，近口沿处饰两道叶脉纹，中间夹一道卷云纹。

1978年，楚雄牟定新甸乡福土龙村出土了一组6枚的合瓦形铜钮钟，时代在战国。该组编钟钟体呈扁圆形，椭圆形钟钮，饰蟠螭纹。钟体上部各面有乳钉两个，一小孔为放音孔。最大者通高49.5厘米，最小者通高41.5厘米。大者声音浑厚庄重，小者清脆甜美，该组编钟能发五个音阶。[②]1993年，楚雄姚安前场镇新街办事处的村民在取土时发现了一批青铜器，其中有4枚合瓦形铜钮钟，2枚一组，可分为两型：一种体型较小，钟钮为长方形，合瓦状，钟面纹饰为同心圆纹间杂一三角纹饰，近唇口处有一圈雷纹；另一种体型稍大，半圆形钮，合瓦形，素面。姚安出土的编钟时代在西汉。[③]

2005年，巍山彝族回族自治县马鞍山乡三鹤村委会北端母古鲁村村民在山坡上发现一批青铜器等窖藏，其中一枚铜钟为扁圆筒状，合瓦形，半环形钮，器身铸有纹饰，一面为双虎食人图案，另一面为鹤、燕子等鸟类图案，近口沿处有弦纹、卷云纹装饰。时代在战国。

昌宁、元江等地也出土过合瓦形铜钮钟，它在云南为数不少。最著名的一

---

① 李晓岑、韩汝玢：《云南祥云县大波那木椁铜棺墓出土铜器研究》，载《考古》，2010（7），第87-92页。

② 李朝真、段志刚：《彝州考古》，昆明：云南人民出版社，2000，第101-102页。

③ 施文辉：《姚安发现一批青铜器》，载《云南文物》，1995（41）。

图 9-7：滇王编钟

组出土于晋宁石寨山第 6 号滇王墓中，一组 6 枚（图 9-7）。该套编钟最大件高 40.3 厘米，最小件高 29 厘米，造型上丰下杀，顶部有半圆环形绳纹钮，钟体断面呈椭圆形，钟面饰对称双龙纹，近唇一周饰云纹、绳纹，还有两件笋塔形铜架，上饰有卷云纹图案。滇王编钟明显受到了中原文化的影响，造型、纹饰都带有典型的汉文化风格，但一组 6 枚的组合方式体现了地方性特征。滇王编钟时代在西汉后期，时代稍晚。

江川李家山第二次发掘在第 51 号墓中也出土了一组 6 枚合瓦形铜编钟，最高者有 50 厘米，环形钮，以双旋纹、云纹、雷纹为饰，近口沿处为素面。第 51 号墓时代在西汉武帝置郡后的西汉中到晚期。

合瓦形铜钮钟在滇西、滇中以及滇南地区都出现过。就时代而言，滇西地区偏早，滇南、滇中略晚，说明当时滇西青铜文化向东移动的趋势与影响。合瓦形铜钮钟一出现就比较成熟，而且多数纹饰精美，证明它是接受了外来文化的影响而铸造的，其上多有动物纹样，特别是二虎相对、虎噬人、海贝纹、飞鹰等因素，可能与氐羌等游牧文化的影响有一定联系。①

---

① 大理州博物馆在永平征集的一枚铜钮钟上，就有飞鹰的造型。

羊角钮铜钟在滇中地区十分罕见。西汉时期，滇南、滇东南地区青铜器受到滇中青铜文化因素影响很明显，可见滇中地区青铜文化对其他地区的影响也随着时间推移而加大。这与战国秦汉时期滇国的崛起和势力扩张是相吻合的。

# 第三节　铜葫芦笙、铜葫芦丝、铜箫

## 一、铜葫芦笙与铜葫芦丝

葫芦笙是南方民族常用的乐器，《诗经·国风·王风》中就有"君子阳阳，左执簧，右招我由房，其乐只且"的诗句。葫芦笙是自由簧管气鸣乐器，在云南出现得很早。1972 年，江川李家山墓葬遗址第一次发掘过程中，第 24 号墓就出土了两件青铜葫芦笙斗，上端为曲管，曲管上还铸一立牛，巨角隆脊，形象生动，下端为球形，背侧有 7 孔、5 孔，可插入笙管（图 9-8）。这两件青铜立牛铜葫芦笙的年代都在战国。由于其插管方向与葫芦形的笙斗成约 90 度的夹角，且上端为曲管，所以我们称之为"曲管葫芦笙"。

昆明羊甫头 M113 号墓也出土了一件西汉时期的曲管葫芦笙，有 5 孔，插管犹存。

昆明羊甫头出土过一件"五人奏乐铜扣饰"（M554：8），上有滇人吹奏葫芦笙的形象，最右边两人跪坐，中间有一小台座，葫芦笙就放在台座上，左边一人双手

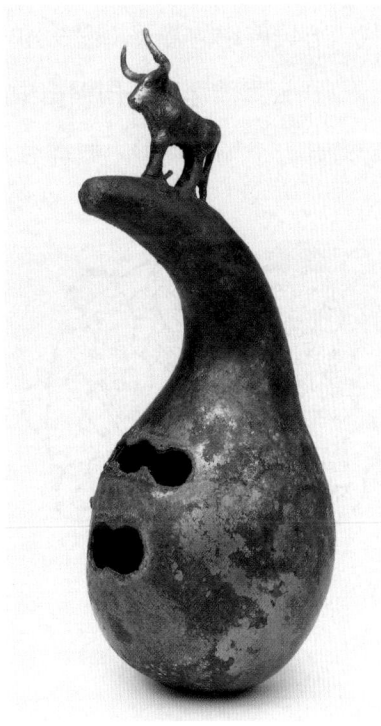

图 9-8：李家山墓葬出土的立牛铜葫芦笙

持葫芦笙，面向正面而微笑，右边一人手捻笙管，低头吹奏，配合巧妙而生动有趣。晋宁石寨山也发现过类似的扣饰，两者甚至可能是同一个范铸的。羊甫头还出土过另一件"三人奏乐铜扣饰"（M698：6），内容相似，人物略少。

晋宁石寨山第 13 号墓出土的"铜房子模型扣饰"上（M13：239），第一层中间靠近楼梯处，有三男子，第一人手捧葫芦笙做吹奏状，边吹边舞，后面两人手扶前面一人肩头，仰面张口而歌，生动地表现了滇人葫芦笙乐舞的景象（图 9-9）。

晋宁石寨山还出土过一套四人乐舞铜俑，其中一人手持葫芦笙边吹边舞，另外三人举手投足应乐起舞，滇人用高超的失蜡法铸造出圆雕人物，细致而具体，如在眼前。越南开化鼓①上也有类似的葫芦笙舞图像，不过是平面的，在其鼓面主晕纹饰中，有化装舞人 16 人，每 4 人一组，皆头戴高大羽冠，脑后还有羽翼装饰，身着前短后长的裙子，其中一组人物最后一人头戴类似纳西族"五佛冠"似的令箭式羽冠，手捧一葫芦笙正在边走边吹奏，证明这种舞蹈在古代南方民族中的普及（图 9-10）。

祥云大波那的战国铜棺中也出土过两件铜葫芦斗吹乐器，上端为曲管，有一开孔，下端为球形，底部有开孔，开孔较大，可插入数根笙管。这两件乐器，

图 9-9：三人奏乐铜扣饰

图 9-10：开化鼓上的芦笙舞

① 开化鼓原由云南开化府（今文山州）的苗族酋长收藏，故名。后流至越南，最后辗转至欧洲。从鼓面纹饰风格看，应该是越南北方地区所出。

发掘报告称为"葫芦笙"。①1986 年吴钊、李昆声等发表了《万家坝、石寨山铜鼓生律法倾向的初步研究》一文，吴钊先生对其中一件（祥云 20）进行了观测研究，他从这件葫芦形器物的底部有不规则扁孔推断，"孔内中心可插外径不超过 3 厘米的主奏管一根，两侧可各插一根较细的和声管。实际上这就是至今仍在云南德宏傣族景颇族自治州以及临沧地区一带的傣族、布朗族、崩龙族群众中流行的葫芦箫，或称葫芦丝"。吴钊先生还认为，在祥云大波那出土的由乐器所组成的乐队里，葫芦箫是主要的旋律乐器，铜鼓、铜钟为伴奏乐器。②葫芦丝是从葫芦笙演变而来，两者外形相似，区别在于笙是一管一音，靠音窗发声，而丝是一管多音，与箫、笛接近。现代葫芦丝的结构多由一根主音管加上 1~2 根副音管组成。迄今为止我们并未发现在云南青铜时代有吹奏葫芦丝的现象。

晋宁石寨山第 17 号墓出土的一件"虎噬牛长柄铜勺"（M17：94），一些研究者曾将之称为"直管葫芦笙"，不确。这种长柄铜勺在石寨山、李家山都曾发现过，石寨山出土的"宴乐籍田铜贮贝器"器盖的外圈纹饰中，就有滇人女性手持类似的长柄勺，从一口高与人齐的大锅中舀出某种液体（可能是酒），分给其他手持高足带流器皿的女子。按吴钊先生的研究，祥云大波那出土的这两件葫芦斗吹乐器可能是葫芦丝，但也不能排除它是一管一音的直管葫芦笙。

晋宁石寨山出土的一件残铜鼓（石甲 M13：3）的刻纹图像中，有吹奏曲管葫芦的图像，左边一人手持曲管葫芦笙在吹奏，而右边一人跪坐，双手抱一葫芦（图 9-11）。

图 9-11：吹曲管葫芦笙与手持葫芦斗吹乐器者③

---

① 云南省文物工作队：《云南祥云大波那木椁铜棺墓清理报告》，载《考古》，1964（2），第 607-614 页。

② 吴钊、李昆声等：《万家坝、石寨山铜鼓生律法倾向的初步研究》，见中国铜鼓研究会编：《中国铜鼓研究会第二次学术讨论会论文集》，北京：文物出版社，1986，第 56-73 页。后来的研究者参照了吴钊先生的意见，参见詹七一、吴晓梅：《云南青铜器及其滇人的乐舞意趣》，载《昆明大学学报》，2008，19（2），第 81-84 页。

③ 本图由北京市文物研究所张志伟先生绘制，特此感谢。

这件葫芦外形与祥云大波那出土的"葫芦斗吹乐器"一模一样，在这个乐舞图案中，应该也属于一种乐器，但不清楚其具体结构。

今云南的彝族、拉祜族、哈尼族、佤族、怒族、傈僳族、纳西族、普米族、苗族等和苦聪人都仍在使用葫芦笙、葫芦丝等乐器。20 世纪 50 年代著名的电影《芦笙恋歌》，就是以葫芦笙为线索，展现了云南澜沧江流域拉祜族独特的民族风情，优美的乐曲伴随舞蹈，让人深深沉醉在美好的故事中。

## 二、铜箫

昆明官渡羊甫头第 113 号墓出土过三件西汉时期的铜箫（M113：373-1，373-2，373-3），长约 49.2 厘米，一端有吹孔。铜箫共有 5 孔。因未见有相关的吹奏图像，目前暂定为"箫"。

# 第四节　铜钹、铜锣辨

## 一、铜钹

晋宁石寨山第 13 号墓出土的一件"鎏金二人盘舞铜扣饰"（图 9-12）经常被研究者认为是持钹而舞，这是一种误解。该扣饰高 12 厘米，宽 18.5 厘米，时代为西汉，表现的是两男性舞者，脑后梳小髻，着紧身衣裤，系腰带，

图 9-12：鎏金二人盘舞铜扣饰

腰悬长剑，跣足，双手持小圆盘，昂首屈膝，展臂扭腰，应乐起舞。足下还有一蜿蜒起伏的大蛇。

在"鎏金二人盘舞铜扣饰"中，两人持盘而舞，但不少研究者认为两人手持的是铜钹，以钹伴奏，且歌且舞。"钹形制正圆，中间背后应有凸起部分，因托于掌心不得见。伴奏时，每人双手所持两铜钹正面平坦部分相互撞击，发出声音。"①研究者据此将铜钹传入中国的时间提早到西汉时期。

铜钹属于打击类乐器或碰奏体鸣类乐器，它是人类拍掌打节奏的延伸，最早出现在美索不达米亚的巴比伦、亚述和希伯来古国。早在公元前 1100 年的西亚手写经书中就已有记载，它使用于礼拜"自然女神"相关的狂欢庆典上。②铜钹在东方首先见于印度，继而见于中央亚细亚，然后才传到中国。③据史料记载，南北朝时期，铜钹由西域传入我国。④铜钹的形制记载最早见于《旧唐书·音乐志》："铜钹，亦谓之铜盘，出自西戎及南蛮，其圆数寸，隐起若浮沤，贯之以韦皮，相击以和乐也。"清人徐珂在《清稗类钞·音乐类》中也记载道："钹，本名铜钹、铙钹，……中有孔，以黄绒条贯之，两面相击以和乐。"可见古今形制变化不大。⑤它的造型特点是：圆片形，中有隆起的半球形部分，称碗或帽，其空腔可起到共鸣作用，碗根至钹边缘之间称堂，碗顶穿孔系布缕、皮绳以便手持合击。

"鎏金二人盘舞铜扣饰"中两人手持之物是否为钹，需要据实物仔细观察研究才能定论。两舞者手持之盘，形制为圆片形，与今日之浅碟相似，舞者手持盘口均向上，从上往下看，中间并无下凹的半球形以增大共鸣，也无穿孔以供系绳，口沿部分也不外折，不像钹有"堂"可以互击震动发音。而且两舞者手掌

---

① 李昆声：《云南艺术史》，昆明：云南教育出版社，2001，第 113 页。许多学者沿袭此说，如詹七一、吴晓梅：《云南青铜乐器及其滇人的乐舞意趣》，载《昆明大学学报》，2008，19（2）。
② 关肇元：《话说铙钹镲大家族（上）——镲的起源与传播》，载《乐器》，2006（3）。
③ ［日］林谦三：《东亚乐器考》，北京：人民音乐出版社，1962，第 27 页。
④ 赵云积、刘俊勇：《辽宁瓦房店市台后村金代铜钹窖藏及有关问题》，载《北方文物》，2000（3）。
⑤ 戴宁：《中国打击乐研究（下）——古代小型铜制打击乐器》，载《交响（西安音乐学院学报刊）》，1999（1）。

图 9-13：舞者手托之盘图　　　　　　9-14：舞者托盘的手势

掌心朝天，五指并拢处于同一平面，手势属于"托"而不是"持"或"抓"，如果两盘合击，则很容易滑落。说此"钹""中间背后应有凸起部分"，只是一种假设。由于舞者动作是手指平伸托于盘底而非抓或拿，也很难将两盘合击发声，即使有凸起部分，也不是用以增大声量的共鸣箱（图 9-13~14）。

　　从形制、结构、功能来分析，该扣饰中两舞者手持之盘与钹差别很大，称之为"钹"并不恰当。据《晋书》记载，晋代的杯盘舞是从汉代的盘舞发展而来，汉代仅持盘，晋代还在盘中加之以杯，所谓"矜手以按杯柈反复之"即手持杯、盘或正或反地翻转，舞姿变化而保持杯盘不坠地。[1] "鎏金二人盘舞铜扣饰"中前面一人双手持盘，左手平伸，右手手腕翻转而保持手持之盘稳定，正是反复之舞姿。舞者手中的盘应属于一种舞具，不是伴奏乐器。

---

① 彭松：《中国舞蹈史（秦汉魏晋南北朝部分）》，北京：文化艺术出版社，1984，第49页。

### 二、铜锣

　　所谓的"铜锣"，1956 年出土于晋宁石寨山第 12 号墓（M12：1），直径
52.5 厘米，时代为西汉，现收藏于云南省博物馆。该器做圆锥形，边沿有半圆
环钮三个（仅存其一，图 9-15）。器盖饰纹以圆心定点的环带状布局，类似铜
鼓鼓面的"晕圈"。中央饰八芒太阳纹，其外依次装饰以锯齿纹、勾连云纹、
锯齿纹，再外一圈为主体纹饰，有羽人 23 人环布其中，领舞者身着长衫，佩
长剑，髻插翎饰，跣足，其余诸人皆戴羽冠，手持羽翎，上身赤裸，下身着前
短后长的"衣着尾"式服装，舞姿协调统一。最外圈饰以两道锯齿纹夹一道勾
连云纹。

图 9-15：铜锣

此器被称为铜锣，也属误解。1980 年，汪宁生先生在《云南考古》一书中将此器定名为"铜锣"，不过他又谨慎地补充说明"可能是一种原始的铓锣"，并不十分确定。[1]后来学者几乎都以此为据，认为它是铜锣，但都未注意到汪宁生先生文中还有"可能"二字。有的学者还研究认为此器"形状为圆锥形顶，边缘上有一只耳，据此可以定为铜锣"[2]。这种推理判断很令人费解。

锣是一种金属打击乐器，形如一圆盘，一般中央部分略凸，或突起成半球状，称为脐、光或堂，也有中央平坦无脐者，用锣槌敲击中央部分振动发音。锣的起源，可以追溯到古代的铙。[3]目前我国发现最早的铜锣，出自广西贵县罗泊湾一号墓（M1：33）。1978 年，该墓曾出土了一面西汉时期的铜锣，该器圆盘形，面平，高 7.5 厘米，口径 33.5 厘米，锣壁较薄，锣面外突，中央有直径为 22 厘米较平整的锣心，在锣心边沿一侧刻有"布"字铭文，边沿按品字形铸有可活动的圆形锣环三个。经实测，敲击锣心可发一音。[4]

晋宁石寨山出土的所谓"铜锣"既未经测音，形制也与罗泊湾出土的铜锣截然不同，仅仅因为其形如圆锥，有一耳可悬击就被定为铜锣，甚为不妥。首先需匡正的是，此器盖并非只有一只耳，而是三只，只是因为另两只耳缺损才使人有"一耳"的错觉。从它出土时的情况以及类似器物的比较可知，它不是锣，而应该是一件铜缸（或称铜提筒、铜桶等）的锥形器盖。

越南安沛省镇安社陶盛村曾出土过一件铜缸（图 9-16）[5]，它的器盖与晋宁石寨山出土的这件"铜锣"形制极其相似。铜缸（或称铜提筒、铜桶等）是岭南、北越地区一种极富地方特色的青铜容器，流行于战国至西汉时期。在越南常作为收敛尸骨的容器，而在岭南地区多作为食器或酒器使用。越南安沛省

① 汪宁生：《云南考古》，昆明：云南人民出版社，1980，第48-49页。

② 李昆声：《云南艺术史》，昆明：云南教育出版社，2001，第112页。

③ 戴宁：《中国打击乐研究（下）——古代小型铜制打击乐器》，载《交响（西安音乐学院学报刊）》，1999（2）。

④ 吴钊：《广西贵县罗泊湾 M1 号墓青铜乐器的音高测定及相关问题》，见广西壮族自治区博物馆编：《广西贵县罗泊湾汉墓》，北京：文物出版社，1988，第125-139页。

⑤ 汪宁生：《铜鼓与南方民族》，长春：吉林教育出版社，1989。

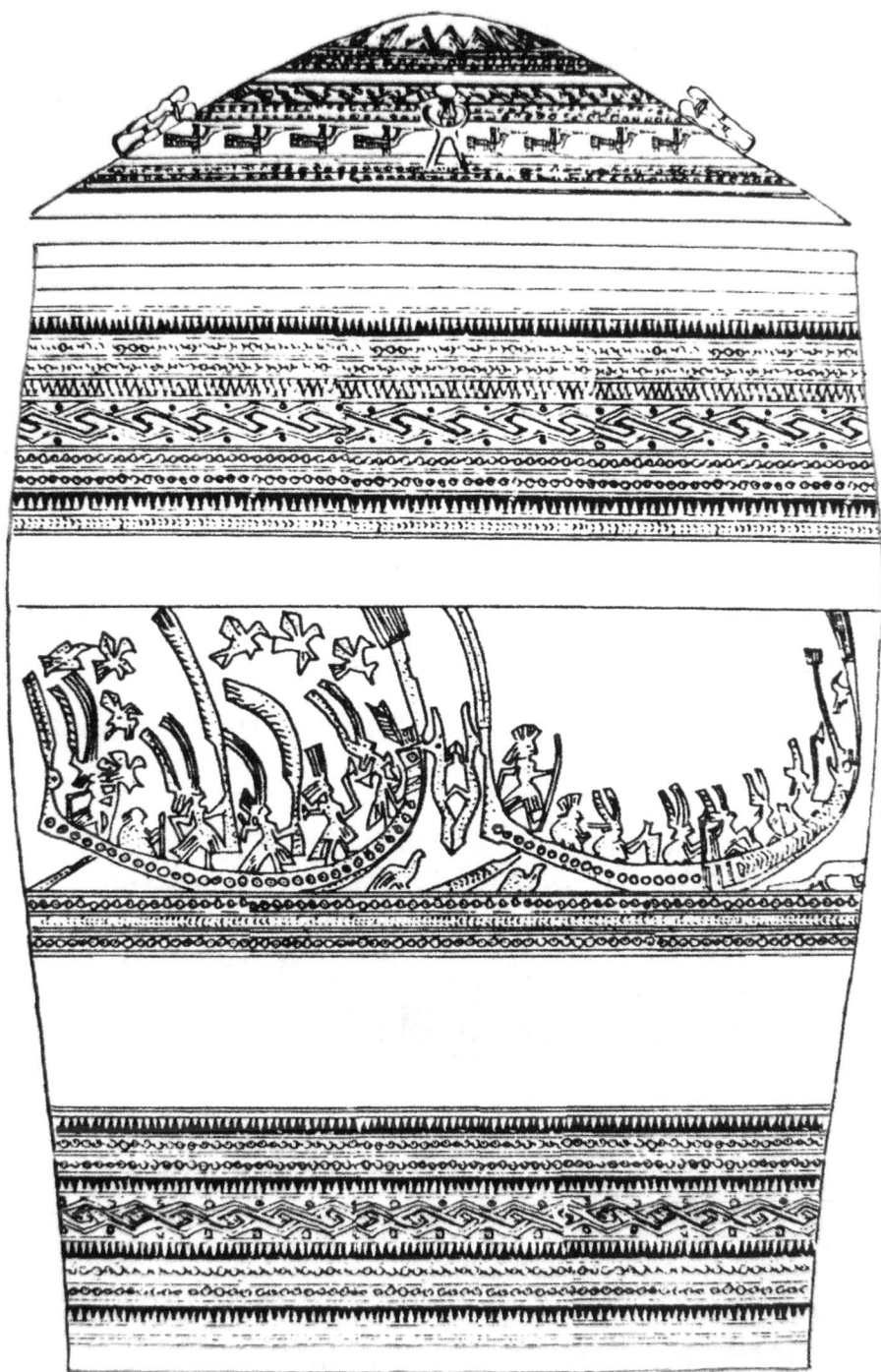

图 9-16：越南安沛省出土的带盖铜缸

出土的这件铜缸，口部稍敛，中腰微鼓，底部略收，上覆一锥形器盖，造型、纹饰都比较成熟，应该是西汉时期的作品。

20世纪80年代，云南省博物馆曾调拨一批滇国青铜器到中国国家博物馆。2003年，笔者在参加国博举行的"云南青铜文明之光"展览时，发现这批被调拨的文物中有一件锥形器盖（图9-17）与所谓的"铜锣"很相似。该器为圆锥形，高7.2厘米，直径51.7厘米［文物编号：滇博104（Y266）］，顶部中央有两个长方形孔和两个圆孔，其外依次分布锯齿纹、勾连云纹、锯齿纹，主体纹饰为一周舞蹈羽人纹，最外围同样以锯齿纹、勾连云纹、锯齿纹组成对称布局，边缘部分有四个半环形耳，两两相对。它原该是一件铜桶的锥形器盖，经改制后变成了一件贮贝器的器盖。这件锥形铜器盖顶部有明显的凿刻、切割等加工痕迹，它的顶部原与石寨山第12号墓出土的这件"铜锣"是一样封闭的，滇人在其上增加了"投贝（币）孔"，以方便"投贝（币）"。笔者推测，这种圆锥形的器盖应该是滇人接受了外来文化的影响后铸造的，甚至可能是通过战争掠夺或贸易交换得到。滇人将它作为贵族的贮贝器器盖以资炫耀，为了使用方便，

图9-17：中国国家博物馆收藏的铜伞盖

还在上面钻孔。

　　这两件锥形器盖造型、纹饰、尺寸几乎完全一致，应属同一类器物。两者互证，可见"铜锣"之说并不足信。此外，铜锣是用锣槌敲击锣脐（锣心）振动发声，而石寨山出土的这件器盖的锥形顶结构并不便于敲击，而且整器器壁较厚，不利于发音。

　　晋宁石寨山第 13 号墓曾出土过一件刻纹铜鼓残件（M13：3），其胴部刻纹图案中有一滇人站立船上，左手拴一小绳，绳系于一圆形器物边缘，右手持一头粗尾细的短棒做敲击状，身前有持戈、披虎豹皮的舞者（图 9-18）。如果考虑到古人绘画的求全性特点[1]，这件圆形乐器很可能就是迄今云南发现最早的铜锣图像，其形制、大小与广西贵县罗泊湾汉墓出土者很相似，年代也接近，但我们在滇青铜文化遗址中尚未发现过类似实物。这件铜鼓的另一个刻纹图案中，还描绘了一个巫师坐在船中央，手持一个不规则的长颈、圆形器身的乐器在拍打敲击的场景，不知其名，或许是木制的打节拍的乐器吧（图 9-19）。

　　越南开化鼓鼓面纹饰上有一器物，四足，近似长方形，顶面带弧形，上有直线

图 9-18：刻纹铜鼓上的持锣的人物

图 9-19：刻纹铜鼓上持奇怪乐器的人物

———————————

[1] 求全性，据知觉的恒常性而来，拒绝任何因"透视"而引起的变形，保持物象的完整性。参见李伟卿：《云南民族美术史论丛》，昆明：云南人民出版社，1995，第 116 页。

从上而下连接的圆形装饰物 15~18 个不等，一些研究者认为这是"编锣"，可备一说。

# 第五节　铜铃、牛角号及其他

## 一、铜铃

在滇青铜器中，铜铃是一种伴奏或伴舞的乐器。虽然出土铜铃甚多，但基本上都是马具，与乐舞有关的仅见于晋宁石寨山出土的"鎏金四人铃舞铜扣饰"（M13：64）上，舞者手持短柄小铃做舞蹈状，但出土器物中未见实物。

江川李家山出土的一件铜鱼杖头下也有悬铃，但它尺寸极小，摇动发声也极微弱，应是一种装饰而非乐器，就像持伞俑手持铜伞盖上的铜铃一样，属于风铃之类。

另据李昆声先生介绍，在曲靖八塔台女性墓葬中，曾发现在女子足部有铜铃，他推测为舞蹈时系在脚踝上的伴舞乐器。[①]

滇东北昭通地区常出土一种铜铃，呈扁圆筒状，顶部两侧有两截空心短圆管斜伸而出，可穿绳系挂，多数无铃舌，外壁多有树木、动物等纹饰装饰，它们不是乐器，更多的是一种巫器或马具。这种铜铃的装饰风格明显受到了四川"巴蜀图语"的影响。

## 二、牛角号及其他

牛角号是用牛角制成，工艺较简单，将牛角尖端锯平，在中心部位穿孔，

---

① 李昆声：《云南艺术史》，昆明：云南教育出版社，2001，第 108–109 页。

插入吹管与角内腔相通形成共鸣箱体即可吹奏，其音低沉浑厚。现代云南的彝族、苗族等都还在使用。

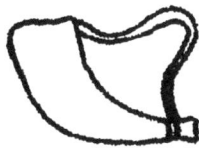

图 9-20：刻纹铜片上的牛角号或牛角酒杯

滇青铜器中未见实物，但晋宁石寨山第 13号墓出土的一块刻纹铜片上，有类似牛角号的器物。该刻纹图片从上往下看的第二栏一开头就有一件拴绳的牛角，图像上看得很清楚，这件牛角的尖端是打磨平齐的，在此应代表牛角号或者是牛角酒杯（图 9-20）。滇人善于饲养一种巨角隆脊的峰牛，牛角在滇国属于多见之物。江川李家山还发现有小型的青铜牛角随葬，显示出它也是一种财富或地位的象征。

昆明羊甫头墓地还出土过一件奇特的"人物奏乐铜扣饰"（M781：7，图 9-21），时代在西汉中期到末期。该扣饰一人蹲踞，穿对襟长衫，双手握一形如倒置的弹弓叉状的乐器，在口边吹奏。因在众多图像中仅此一例，所以这种乐器的名称、吹奏方法还有待研究。[1]

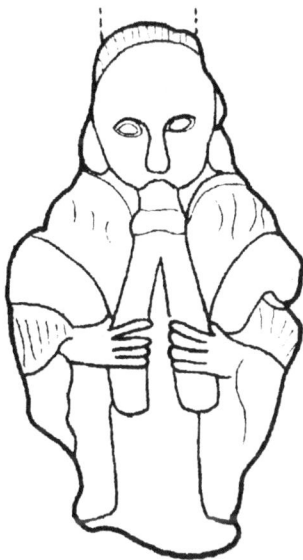

图 9-21：人物奏乐铜扣饰

上述为滇人所使用的主要乐器，它们都有出土实物或文物图像可以佐证。此外，滇人肯定还使用过其他一些临时性乐器，但目前无法获取更多的信息，只能"以今拟古"了，推测还有树叶、单孔笛等。云南很多少数民族善于在田边地头随手摘取材料制作临时性的乐器，如景颇族的"吐良"，用根竹管开个孔就可以吹奏；纳西族的艺人随手摘取片树叶，就能够用它吹奏出完整的歌曲；还有克木人的单孔笛、哈尼族的树叶管都属此类，随取随用，用完即扔。唐代樊绰《蛮书》中记载了南诏少年吹奏树叶的习俗：

---

[1] 彭小希：《古滇国青铜器舞蹈图像研究》，云南艺术学院 2010 年硕士研究生学位论文，第 57 页。

"南诏……少年子弟，暮夜游行间巷，吹壶（葫）芦笙。或吹树叶，声韵之中，皆寄情言，用相呼召。"这些临时性的乐器并未在古滇文化中有所体现，但我们相信它们是存在过的。从历史的角度看，这些临时性的乐器起源更早，是后世很多乐器的原型。

最后再说说陶埙。世界各地各族几乎都经历了陶器时代，所以陶埙在世界范围内广泛存在，是世界各国各族不可或缺的吹奏乐器，它是乐器发展史上不可逾越的一个历史阶段。我国新石器时代就已出现了陶埙，最早起源于长江流域。浙江余姚河姆渡遗址出土的陶埙呈椭圆形，有一孔，是最古老的一种形态，距今已有七千多年。云南迄今尚未发现新石器时代的陶埙，但一些民族志的材料证明了云南人使用陶埙的过往。云南文山地区的彝族支系诺科人今天还在使用一种"三眼土洞箫"——三孔陶埙。据研究，"三眼土洞箫与河南二里冈及安阳殷墟出土的三孔陶埙为同一类型，它俨然就是商代埙的再现"[1]。历史上很多曾经存在的乐器，虽然未能被严肃的史书记载或遗址遗存证明，但口耳相传的技艺却不经意补充了历史的空白，这也是"礼失求诸野"的一种解释吧。

# 第六节　舞蹈

舞蹈的分类是个难题。"迄今为止，舞蹈艺术还没有建立科学、权威、公认的分类模式。当前的分类模式多元而混乱。"[2]按照不同的标准可以将舞蹈划分为各种不同的类型。关于滇青铜文化中舞蹈类型的划分，多数研究者沿用了张增祺先生的观点，即持器具舞与徒手舞。这种划分简洁清晰，但不足之处在于将舞蹈的一种具体内容作为分类标准，未能反映舞蹈的类别特征。我们注意到，在一些舞蹈场合，持道具舞与徒手舞常常是同时出现的。

---

① 梁宇明、吕国敏：《乐器活化石——三眼土洞箫》，载《民族音乐》，2010（4），第37–38页。
② 芦芳：《舞蹈艺术分类模式的构想》，载《南阳师范学院学报》（社会科学版），2012，11（8），第83–85页。

据人类学家的研究，人类的舞蹈是来自对动物世界类人猿舞蹈的继承。[1]
舞蹈是一种带有思想意识的有韵律的动作，是人类摆脱蒙昧状态、自我意识萌
芽的体现。在不断的改造自然和改造自我的过程中，人类的生产劳动、生活方
式、宗教信仰、审美意识等都对舞蹈的发展产生了巨大的影响。从舞蹈的发展
来看，原始社会时期，原始舞蹈的诞生就包括了社会生活的方方面面。进入阶
级社会后，舞蹈一方面用来满足统治者的声色娱乐，另一方面也逐渐向理性化、
雅乐化发展，但它始终都折射着原始舞蹈反映社会生活的光彩。

西周时期有《六大舞》和《六小舞》。《六大舞》包括黄帝的《云门》（又
叫《云门大卷》）、尧的《大章》（又叫《大咸》）、舜的《大韶》、禹的《大夏》、
商汤的《大濩》和周武王的《大武》。每种舞蹈都有明确的主题——《云门》祭
天、《大章》祭地、《大韶》祭四方神明、《大夏》祭山川、《大濩》祭先妣、《大
武》祭先祖。其中前五个乐舞是前代遗存，而《大武》是周武王伐纣后新创作
的乐舞。《六小舞》是指舞蹈形式，包括执道具的《帗舞》、执鸟羽的《羽舞》、
执牛尾的《旄舞》、持盾牌的《干舞》、插羽饰或执雉尾的《皇舞》，徒手而舞则
称为《人舞》。《六大舞》）和《六小舞》，就是从舞蹈的内容与形式来划分的两
个大类，但两者之间也有交叉，如禹的《大夏》中如果用到了斧钺、牛尾、鸟
羽等道具，那么它也就带有了《六小舞》的性质了。

战国秦汉时期，滇国正处于一种带有复杂的"酋邦"社会特征阶段，在它
向国家发展的演进过程中，又被汉武帝开西南夷的举措打断了正常的发展趋势，
所以如果沿用现代舞蹈的常用分类法，按照舞蹈的不同风格来划分为古典舞、
现代舞等，或按照舞蹈的表现形式来划分为独舞、双人舞、群舞等，都是以今
命古，并不恰当。舞蹈是滇人社会生活的重要构成部分，所以从社会文化的角
度看文物上的舞蹈图像，拟将其舞蹈表现的内容划分为生产劳动、宗教祭祀、
战争、娱乐体育四类。一些表现内容并不清晰的舞蹈如圆圈舞、四人舞等则以
"近似归类"的法子勉强归入以上几类。限于水平，也限于音乐图像学研究的先

[1]［德］库尔特·萨克斯著，郭明达译，恒思校:《世界舞蹈史》，上海：上海音乐出版社，1992，第
193页。

天局限，我们也只能从所见的现象去研究，对于无形的而又居于核心地位的音乐等只能束手无策、望洋兴叹。同时为了避免研究对象的盲目扩大，我们在表述时仅重点介绍与舞蹈有关或比较接近的内容，挂一漏万，在所难免。

## 一、生产劳动类

### （一）狩猎舞蹈

狩猎是人类为获取食物而进行的一种生产活动。在农业、畜牧业不发达的远古时代，采集与狩猎是人类最重要的食物来源。许多与狩猎有关的资料被传承下来，给我们留下了丰富的资料。

沧源崖画第七地点三区（中）的崖壁下就保存了一幅新石器时代人们狩猎舞的崖画。[①]这幅图画下，有两人正在猎取一卷尾兽，一人持刀形物品（或为盾牌侧视图），另一人持长矛刺入兽身。旁边有四人围绕一无头大人物均举手抬足做舞蹈状，该无头大人物的头上方有直线指向一无头兽，下方还有一小人手持武器做举手状（图9-22）。

图9-22：沧源崖画中的狩猎舞

---

① 本书所采用的沧源崖画的地点区位、图像均采自汪宁生《云南沧源崖画的发现与研究》（文物出版社，1985）；其他崖画图像等均采自邓启耀主编：《云南岩画艺术》（云南美术出版社，2004）。后文不再一一标注，仅此致谢。

　　仔细观察这幅画，它向我们描述了古人狩猎以及获取猎物后兴奋地舞蹈庆祝的过程。左下方二人一兽的图案比较写实，容易理解。右边四人，下方一小人围绕一无头的大人物在庆祝狩猎成功，无头大人物表示的应该是狩猎的大英雄，他的头被他所猎取的兽类所取代，为了说明他的功劳，故意未画狩猎得到的猎物头颅部分。

　　而该图画上部，偏右部分有一头鹿，这是狩猎的对象。鹿的左上方有一人举手分腿，应该表示是个死人，他对面有人持弓射箭，应该就是杀死他的人。同理，左边也有一死人，他对面手持弯刀者就是杀人者。画面的最左边是四人站在地平线上，表示距离稍远，或持叉、刀、盾牌，或在举手做投石状，这些应该就是接应的"自己人"。画面最右边的无头物表示的应该是这次狩猎战争的英雄，他的头被他所杀死的人所取代，为了表示他的伟大，将他的身形画得最魁梧，还将他杀死的人画在了它的头上。画面的内容表现了为争夺猎物——鹿，两个族群的人发生了战争，结果一个族群在杀死了对方两人后，取得了胜利与战利品。沧源岩画中狩猎场面多见，但与舞蹈相结合表现的就以此处的崖画最典型。

　　进入青铜时代以后，滇人青铜器上也常常表现狩猎场面，几件器物明显也带有舞蹈特征。例如晋宁石寨山出土的一件"八人猎虎铜扣饰"（石甲 M17：32A），该扣饰高 11.5 厘米，宽 13 厘米，有残缺，表现的是八位滇人男子猎虎的场面，一人已经命丧虎口，但持长矛的四男子中却有三人不慌不忙，单手持矛，以左手抚摸自己头上长长的羽翎。易学钟先生谓之为"掏翎子"，与我国传统戏剧表演的舞台动作颇为相似，具有很强烈的舞蹈表演性质。

　　（二）春堂杵歌

　　在沧源崖画第四地点有两组春米人物，都在干栏式房屋旁，两人手持长杵对春。汪宁生先生将之与早期铜鼓（越南的慕烈鼓、玉缕鼓）鼓面的纹饰联系起来，认为"它所反映的不是一般的谷物加工，而是仪式中的奏乐仪式"[①]。认真观察，可以发现沧源崖画中的人物春米时的姿势自然，动感不强烈，更像

---

① 汪宁生：《云南沧源崖画的发现与研究》，北京：文物出版社，1985，第 106 页。

是生活写照。而越南的慕烈鼓、玉缕鼓、茂利鼓、黄夏鼓、古螺鼓、沱江鼓等鼓面上的舂米场面装饰性较强，有的舂米者旁边还有人在挥手打拍子，画面上带有明显的舞蹈感。

"玉缕铜鼓的舂米图中，披发着裙者在左，髻发束遮羞布者在右，所持杵棒上端有桨形羽翎，节拍者头顶有飞鸟相伴。古螺铜鼓的舂米图中，持舂臼者一高一矮，高者披发着吊裙，居右；矮者髻发素身，居左。所持杵棒无饰，节拍者头顶空白。黄夏铜鼓舂米图中有一组两人头顶都有飞鸟陪衬，另一组只有一人头上有飞鸟陪衬，其中有一杵上端有变形装饰。"[①]舂米舞主要见于越南的石寨山型铜鼓的鼓面主晕中，舂米者发型、衣服都有所区别，应该是一男一女的形象，具有一定的地方文化因素。

唐代刘恂《岭表录异》记载："广南有舂堂，以浑木刳为槽，一槽两边约十杵，男女间立，以舂稻粮。敲磕槽舷，皆有偏拍。槽声若鼓，闻于数里。"与铜鼓上的舂米舞颇为近似。今日云南西盟佤族也流行跳舂米舞，建房、出殡都要跳，既有娱乐性质，也带宗教色彩。

## （三）集体舞与单人舞

集体舞是世界性的艺术主题，在世界各地的陶器、岩画、青铜艺术中都出现过。我国青海大通县上孙家寨出土的舞蹈纹彩陶盆，上面就有三组舞蹈人形，每组五个人手拉手翩然起舞，人物发辫清晰可见，衣服下缘处还各有一尾饰。这件彩陶盆上的图案展现了我国新石器时代集体舞的风采，生动地再现了先民们群舞热烈欢快的场面。

云南新石器时代的集体舞，可以追溯到沧源崖画中。在沧源崖画第七地点一区有一幅五人圆圈舞的画（图9-23），极具特色。作者用垂直

图9-23：沧源崖画中的集体舞蹈图

① 蒋廷瑜：《古代铜鼓通论》，北京：紫禁城出版社，1999，第159页。

投影的角度来表现舞蹈场面，以一个圆圈代表地平线，五个人足踏大地，举手扭腰起舞，头颅、躯干、四肢都完整地表现了出来。由于崖画的求全性，所以我们看到了一幅颇有"后现代"风格的"杰作"。

圆圈舞可能是人类最早的舞蹈，是集体舞最常见的模式。滇西地区漾濞岩画中，在一个干栏式的大房子下面，有五排人物在踏歌起舞，第一排有一个"大人物"，身后还有尾饰，第二、三排的人物就在拉手而舞。

江川李家山第 24 号墓中出土了一件"镶石圆形舞人铜扣饰"，时代在战国，表现的就是青铜时代滇人在跳圆圈舞的场面。该扣饰上共有 18 人，手挽手连成圆圈，左腿微曲而舞，衣后明显有尾饰。这种圆圈舞蹈与今日云南彝族的打歌、白族的踏歌、普米族的跳锅桩在形式上很相似。

昆明双龙水库曾出土过一件有圆圈舞内容的铜扣饰，时代在西汉，直径15.6 厘米，圆形扣饰中央是凸出的巨大鸟喙，四周环绕极小的人物拉手而舞。这种圆圈舞应与宗教祭祀有关。易学钟先生在剖析铜鼓鼓面"四飞鸟"的内涵时，也提到了这件"圆形鸟喙舞人纹铜扣饰"（图 9-24 ），他认为这种巨喙的大鸟是犀鸟，"图中舞人正是以巨喙犀鸟为首，在跳那'运日'的祭祀舞蹈"[①]。

图 9-24：圆形鸟喙舞人纹铜扣饰（局部）

---

① 易学钟：《铜鼓鼓面"四飞鸟"图象新解》，载《考古》，1987（6），第 551–554 页。

图 9-25：石寨山出土"男舞俑铜杖头"

图 9-26：石寨山出土"女舞俑铜杖头"

　　进入青铜时代以后，随着生产力的发展，个人主体意识的增强，社会娱乐活动的增多，从新石器时代延续下来的集体舞也产生了多种组合，有四人对舞、四人踏歌舞、双人盘舞，甚至有单人独舞。一些青铜器上的舞蹈人物形容古怪，高目深鼻，应该不是本地人氏，他们是专业的舞蹈艺术家，在滇国以表演舞蹈为生，出现在多种重大场合里。例如晋宁石寨山 1 号墓出土的一件"男舞俑铜杖头"（图 9-25），高 7 厘米，表现的就是一男子立于铜鼓形座上，左手略张，右手高扬，身躯侧转做舞蹈状。男俑头顶梳小髻，颔下有短须，眉眼之间笑意盎然，身着长衣长裤，腰束带。这种穿贴身长裤的习惯与滇人习俗有异，可能属滇国的外来民族。

　　石寨山出土的不仅有外国男舞俑，还有表现女性独舞的"女舞俑铜杖头"（图 9-26）。该杖头出土于石寨山第 20 号墓，高 7.3 厘米，杖头为一女俑立于铜鼓形座上，双手前伸做舞蹈状。女俑头发旋转成一髻，挽于前额，身着对襟长衫，腰束带。

四人乐舞仅见三组，晋宁石寨山出土的一套"四人乐舞铜俑"，娱乐性较强，还有另一件"鎏金四人铃舞铜扣饰"，则有明显的"巫舞"性质。江川李家山出土的"四舞俑铜鼓"，也体现出与宗教祭祀有关的内容。

## 二、宗教祭祀类

### （一）猎首舞

猎首（headhunting），又称为猎头，在世界范围内都广泛存在过。"中原地区自春秋以来，人或人首祭已退出历史舞台，而江淮以南，尤以岭南、西南以及台湾到南洋群岛的部分族群，一直长期盛行猎头祭祀，因此形成了一个南方猎头文化圈。"[①]直到 20 世纪 50 年代后，猎头习俗才逐渐退出历史舞台。

猎首一般流行于处于原始社会末期的一些部落族群中。在"灵魂栖于头颅中"的思维下，猎首部族认为通过猎首及相应的祭祀，死者的力量及智慧能被自己掠夺，并能够羞辱敌人、展示勇武。秦国"商鞅变法"后，士兵的军功以斩获敌人首级多少来计算，这也是原始社会猎首行为的孑遗。《魏书·獠传》中说："其俗畏鬼神，尤尚淫祀。所杀之人多美鬓髯者，乃剥其面皮，笼之以竹。及燥，号之曰'鬼'，鼓舞祀之，以求福利。"

沧源崖画第一地点五区有一幅图（图 9-27），聂乾先、王玲等研究者认为是古之"猎首舞"[②]。该崖画一部

图 9-27：沧源崖画中的猎首舞

---

① 左永平：《佤族猎头与剽牛——原始宗教祭祀仪式的典型方式》，载《文山学院学报》，2008，21（2），第 17-21 页。

② 聂乾先：《云南民族舞蹈文集》，北京：中国文联出版社，2003；王玲：《音乐图像学与云南民族音乐图像研究》，云南大学 2006 年博士研究生学位论文。

分图画中，一条线上共有六人，左起第二、三人手提一圆形物，第四人头朝下倒立。研究者认为，第二、三人手中提的就是人的头颅，倒立者表示已经被杀死，五人动作欢快，翩然起舞。

　　猎首习俗在滇青铜器中多见，例如江川李家山出土的"俘获人物纹铜斧"、晋宁石寨山出土的"人头纹铜斧"以及"战争场面铜贮贝器盖"上，都可见到滇人猎首的场景，最著名的是一件江川李家山采集的猎首铜剑（图9-28）。该剑长28.2厘米，一字格，剑柄及两面均铸有猎首纹饰。一巫师头顶着一面倒置的铜鼓，结高髻，发髻上还有一圆形小扣饰装饰，双目圆睁，张嘴龇牙，衣着华丽，右手持一短剑，左手提一人头。剑刃上也有同样的巫师形象，该人双手上举，半蹲，似乎正在舞蹈中。石寨、羊甫头都出土过类似的猎首柄铜剑，似

图9-28：李家山采集的猎首铜剑

乎是同一种模范铸造，可见滇国猎首习俗之影响深远。云南省博物馆收藏的一件由云南省文物商店移交的"战国举手舞蹈人纹铜戈"，其上的纹饰也与猎首舞有关，在铜戈的援上，有两人站立举手而舞，两人的中间有一个双目圆睁、口唇大张的人头，它表现的就是滇人围绕"头颅"舞蹈的场景（图9-29）。

古代"巫"与"舞"联系密切，《说文·巫部》云："巫，祝也。女能事无形以降神者也。"所谓的巫师，《国语·楚语》有

图9-29："战国举手舞蹈人纹铜戈"上的猎首舞

很重要的解释："民之精爽不携贰者，而又能齐肃衷正，其智能上下比义，其圣能光远宣朗，其明能光照之，其聪能听彻之，如是则明神降之，在男曰觋，在女曰巫。"可见男觋女巫都是能沟通看不见的神，通过舞蹈和音乐来使神愉悦，祈求神的降临，以此得到庇佑、恩赐，甚至有人将歌舞的起源归结到巫师身上。江川李家山采集的这柄铜剑剑柄上，头顶铜鼓的人物，明显标示了他巫师的身份，而手提的人头，则是猎首的祭品。"用人头作为祭品，在世界许多民族中是最高规格的祭祀牺牲。佤族用人头祭祀有着独特的含义：象征瓜果，意为葫芦，引申为谷物的丰收和对诞生地的回顾和崇拜。"[①]滇人的猎首舞，也是一种最高规格的祭祀，巫师猎首舞，代表了滇人对神明的虔诚祈祷。

（二）缚牛舞、剽牛舞

滇国宗教文化活动中存在着斗牛娱乐、缚牛祭祀的习俗。整个活动包括斗

---

① 左永平：《解读佤族"猎头祭鬼"习俗》，载《思茅师范高等专科学校学报》，2008（2），第1-5页。

牛入场、人与牛的搏斗、缚牛祷牲、献祭牺牲等过程。滇人是世界上最早举行斗牛活动的民族之一。他们的斗牛，是人与牛的生死搏斗。[①]

斗牛之俗、杀牛祭祀在世界众多民族宗教活动中普遍存在，具有文化的共同性。滇人斗牛活动之始，可以追溯到原始的狩猎时代，其滥觞于为攫取生活资料而进行的猎捕野牛活动。随着社会生产力的进步，原始的、不稳定的狩猎经济逐渐被稳定的农业、畜牧业取代，但牛并未退出人们的生活，仍然是最重要的肉食来源之一，是人们饲养的重要对象。猎捕野牛的技艺转移到了与家畜的搏斗中，最终因社会文明的发展而与宗教祀典相结合，形成了独特的斗牛、缚牛、祷牲祭祀等一系列活动。

在滇人斗牛活动及缚牛祷牲祭祀的具体过程中，滇人也进行剽牛舞蹈，如晋宁石寨山出土的一件"二人缚牛扣饰"（石甲 M71：90-1，图 9-30），它就展现了滇人在缚牛时舞蹈般的表演。该器通体鎏金，背后有一矩形齿扣。一牛居中，两角壮硕粗短，牛犄角上套绳索，牛背有隆起如山峰状。牛头后站立一人，胸前有明显的十字交叉纽袢，下身着短裤，双脚蹬地，右手按住牛项，左手中握有断绳一截，该绳从牛头部所缚绳索上引出，做用力牵拉状。牛尾处亦站立一人，双脚蹬地呈八字，头后仰，双手置于牛尾背上做推状。二人均赤足、赤

图 9-30：石寨山出土的"二人缚牛扣饰"

---

① 参见拙文《从"缚牛扣饰"看滇国的斗牛活动》，载《四川文物》，2007（3）。

裸上身，下着短裤。从扣饰的具体表现情况分析，两人颧骨明显，双目巨大，张嘴龇牙，表情夸张，似乎戴着面具在表演。在滇人的斗牛场边，还有伴奏乐手在演奏乐曲，有观众坐高处观赏，有的缚牛者身着华丽的衣服，头戴冕冠，这也是我们将滇人缚牛视为一种舞蹈表演的原因。

剽牛即杀牛祭祀，杀牛时或用矛刺，或用斧砍，所以也有人称之为砍牛。剽牛祭祀是人们向神明奉献出最宝贵的公牛，以期求得神的庇佑的宗教行为。一种动物的力量、经济价值决定了它在古代宗教祭祀活动中的地位。"牢""牺牲"等字均从牛，显示了中国古代宗教祭祀活动中牛的重要性。对于古代部族而言，牛的珍贵不言而喻，所以在剽牛时要盛装、舞蹈，犹如过节。这种重要的宗教祭祀行为还被记录在青铜器的纹饰中，千古流传。

1919 年出土于云南文山的广南鼓，鼓腰被几何纹饰带分割成 14 格，其中分别铸有不同的乐舞、祭祀等内容，除了剽牛舞外，还有做翔鹭舞的舞者、似为猜拳罚枚的舞者……人物衣着华丽，头戴羽冠，穿前短后长之裙装，人数众多、气氛热烈，展现了古代宗教祭祀乐舞的宏大场面。广南鼓腰部图案的剽牛舞（图 9-31），中间是一根装饰羽葆的柱子，下方系一牛，牛的前后方各站立一带羽冠的男子，手持斧头做欲砍状。这两个带羽冠、身穿裙子的男子就是祭祀的巫师，他们动作轻盈，配合鼓腰部其他

图 9-31：广南鼓腰部的剽牛舞

相互联系的乐舞图案，这种剽牛祭祀，也带有浓厚的舞蹈性质。

今天云南的独龙族、佤族、景颇族等都还保留着剽牛祭祀、剽牛舞蹈的习俗。独龙族称剽牛舞为"怒哇德噜拉姆"，"怒哇"指"剽牛"，"德噜"含有"召集全体氏族成员聚会"之意，"拉姆"为"舞"，全句意为"剽牛召集全体氏族成员的聚会舞"[①]，可见剽牛舞对于整个部族的重要性。剽牛舞带有强烈的宗教属性，有祭祀神灵祖先、祈福、求平安、驱邪、希望牲畜繁衍、五谷丰登，人畜兴旺等目的。

（三）羽舞

说起"羽舞"，就先说"羽人"。所谓的"羽人"，在中国古代就是长翅膀能飞翔的神仙。《山海经·海外南经》里就记载了"羽民国"——"羽民国，在其东南，其为人长头，身生羽"，另外还有人面鸟喙的鹳头国——"鹳头国在其南，其为人人面有翼，鸟喙"。这种人面鸟喙的造型多见于云南曲靖八塔台出土的铜扣饰中，两者在文化上或有共通之处。湖北随县战国曾侯乙墓中出土的木棺上也绘有人面鸟身的羽人。到了汉代，道教神仙思想流行，羽人形象也多见于墓葬雕刻中。这是中原地区"长翅膀的羽人"的文化渊源。但古滇文化中的"羽人"，指的是身披羽衣、头戴羽冠的形象，它不是来源于神仙思想，而是产生于原始的巫术思维土壤。

古滇文化中羽人形象的由来，还是应该从实用的角度出发去研究。上古之时，人们食鸟兽之肉果腹，衣鸟兽之毛皮取暖，这是生存的本能所驱使。随着社会的发展进步，鸟兽的皮毛逐渐被人工纺织的材料如丝、麻、棉等取代，但以鸟羽装饰的习俗还是流传了下来，并与原始的宗教崇拜相结合。在巫术的相似律、接触律作用下，古人相信穿戴羽衣可以获得神性，就像印第安族的惠乔尔人那样，"头上插鹰羽，目的不仅是打扮自己，而且这也不是主要的，他是相信他能够借助这些羽毛来使自己附上这种鸟敏锐的视力，强健和机灵"[②]。

① 朱晓红：《独龙族剽牛舞的历史起源与其他民族舞蹈的共异分析》，载《当代体育科技》，2014（29），第141—142页。

② 金泽：《宗教禁忌》，北京：社会科学文献出版社，1998，第93页。

　　沧源崖画第一、第三、第四、第六地点都有"鸟形人物"的图画，有的双臂上画许多短线，如鸟翼状；有的头上画短线犹如羽冠；有的腿部也有羽毛状的短线。这些鸟形人物多出现在舞蹈场合，而且比其他人物的形象更高大，似乎是领舞的巫师。从这些崖画图案中，我们可以窥见滇青铜器上羽舞之来源及基本内涵——巫师通过羽衣来彰显自己在社会的特殊地位，通过类似鸟类飞翔的舞蹈来通神，达成巫术目的。当然，羽冠摇曳、羽衣飘扬，也有朴素的审美意识在起作用。

　　在我国古代的宫廷乐舞中，也借鉴了大量的少数民族乐舞元素，如《白虎通·礼乐篇》载："东夷之乐持矛舞，西南夷之乐持羽舞，西夷之乐

图 9-32：滇青铜器图像中形形色色的羽舞

持戟舞，北夷之乐持干舞。"宫中有"旄人"，乃"四方之以舞仕者属焉"，专门掌管和教授乐舞、散乐和夷乐。从《白虎通》的记载看，古人对西南夷地区乐舞的特征是很了解的，即"持羽舞"。虽语焉不详，但青铜器上的图像表明，滇人羽舞包括赤手舞和持羽舞两种。赤手舞即舞者双手无所持，仅头戴羽冠、身着羽衣而舞；持羽舞则是舞者头戴羽冠、身着羽衣，手持羽毛或羽葆类的道具而舞（图 9-32）。

　　赤手而舞的场景在江川李家山出土的一面铜鼓腰部纹饰中清晰可见（江李 M24：42b）。该铜鼓鼓腰被几何形饰带分割成八个空格，其中有三个空格中均有羽人赤手而舞，双手做前后上下的屈伸动作，大拇指与其余四指张开犹如

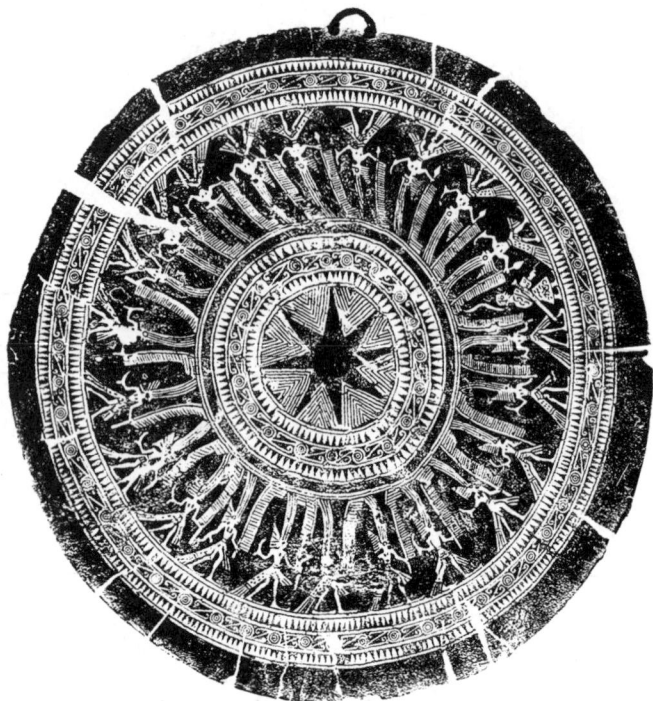

图 9-33：锥形铜器盖上的羽舞

"人"字。有研究者认为这种舞姿是模拟天空飞翔的鹭鸶，称之为"翔鹭舞"。

　　晋宁石寨山出土的一件"籍田宴乐铜贮贝器"的圆锥形铜器盖上，有滇人持羽而舞的具体图像（图 9-33）。纹饰以圆锥形展开，其上共有 23 人，其中一人长衣，与"鎏金二人盘舞铜扣饰"中人物衣着纹饰相似，佩长剑，但未着长裤，装饰与滇人不同，在此场景中担任重要的领舞者，或称指挥。他们可能都属于善于舞蹈的一个外来民族，进入滇国后，为适应滇国气候及文化传统，在保持自己民族特色的前提下服饰略有改变。其余舞人均头饰羽毛，发髻后面还插着鸟翼状的装饰品，上半身裸露，下着前短后长的舞裙，前面十四人手持长杆，杆上端有析羽装饰；后八人手持之物与前者相似，仅仅下端尖锐，似乎是长矛之类。持羽舞人数众多，节奏明快，展现了恢宏的气势。

### （四）蛙舞

蛙舞其实是舞姿的一种，与翔鹭舞相似，但它并不完全是舞蹈内容，而是与古滇文化宗教祭祀等密切相关，因此单独言之。

滇青铜器中多青蛙的纹饰，祥云大波那出土的蛙纹铜饰牌时代早到了战国时期。[①]石寨山铜鼓（M10：3）上也出现了四只逆时针排列的蹲蛙。同期李家山出土的一面铜鼓，鼓面正中有一蹲蛙，较为特殊。蛙饰的出现当源于稻作民族的祈雨观念，也和生殖崇拜相联系。每逢天气变化青蛙就会大声鸣叫，人们就将之与雷雨等现象联系起来。青蛙在水中繁育后代，生命力旺盛，也符合人们期盼多子的愿望，所以滇人的铜鼓上有蛙饰，兵器上有蛙纹、蟾蜍纹，在舞蹈时也模拟蛙的形状跳"蛙舞"。

在原始巫师的思维中，人用蹲踞的姿态模拟蛙、蟾蜍的造型，在巫术相似律的作用下，人就获得了蛙、蟾蜍等动物同样的属性。早在新石器时代的元江它克岩画中，就出现了蛙舞的图案。它克岩画中，有双手上举、双腿弯曲张开，形如青蛙的舞者，有的舞者头部还有明显的羽毛装饰。岩画中的蛙舞，在云南石林、广西左江都有出现，研究者多认为与祈雨、生殖崇拜有关。

滇青铜器中的蛙舞，主要见于青铜兵器的局部装饰中，尤其是铜戈的援末端上，比岩画中的蛙舞要抽象得多，带有一种固定的程式化风格。舞者多为正面裸体及侧面裸体状，头发上束呈圆锥状，双臂平举向上，小臂上举似投降状，手掌均向外平举，五指分开，双腿或屈膝开胯打开，或直立做分腿状，人物呈张口状，似乎在边歌边舞。人物多少不一，有二、三、五人的组合，在人数众多的五人蛙舞中，三人较为高大，而两人被缩小成仅及肩部的"小孩"。蛙舞图案中人物多做抽象的裸体，有的裸体上有文身图案，偶尔有穿衣服者。云南省博物馆收藏的一件"蛙舞巫师纹铜剑"比较有趣，该铜剑采集于昆明东郊，残缺较重，但剑刃部做舞蹈状的巫师形象很清晰。该巫师双眼圆睁，张嘴龇牙，头戴羽冠，手足上举做舞蹈状，身下有两条斜线，不知是否是代表尾巴

---

[①] 在古人的观念里，蛙与蟾蜍属于同一类动物。现代动物学中，这两类动物没有太严格的区别，蛙和蟾蜍都属于两栖类动物中的无尾目（Anura），统称为青蛙（包括蛙和蟾蜍）。

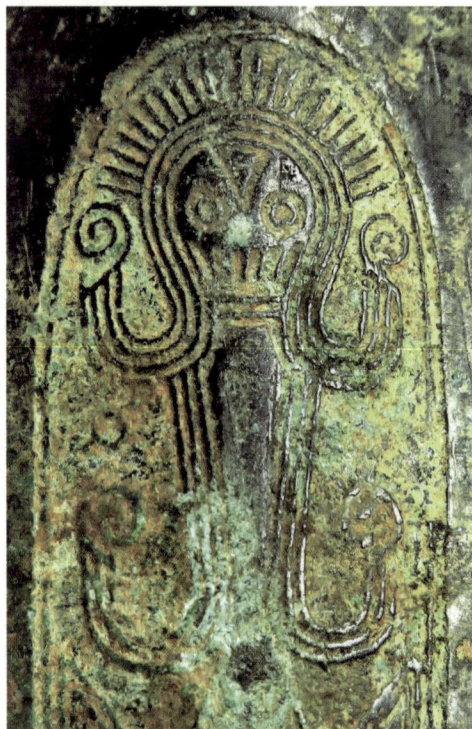

图 9-34：蛙舞巫师纹铜剑（局部）

之类（图 9-34）。巫师下方是组合如同麦穗状的雷纹。

裸体蛙舞并非无意识的行为，而是古代祈雨巫术中的一项重要举措——暴巫。暴巫、焚巫的祈雨方式在史籍中屡见不鲜，有时候暴巫的主角甚至是尊贵的一国之君。《后汉书·张衡列传》注引帝王纪曰："汤时大旱七年，殷史卜曰：'当以人祷。'汤曰：'必以人祷，吾请自当。'遂斋戒，翦发断爪，以己为牲，祷于桑林之社，果大雨。"蛙舞人群上方巨大的卷云纹也象征着这种舞蹈与祈雨的原始巫术行为有关（图 9-35）。

图 9-35：铜戈援上与卷云纹组合的蛙舞图案

## 三、战争类

### （一）干戚舞

《山海经·海外西经》记载："刑天与帝争神，帝断其首，葬之常羊之山，乃以乳为目，以脐为口，操干戚以舞。"这是有关"干戚舞"的较早记载。郭璞注："干，盾。戚，斧也。"戚即成组的斧钺。在古代，斧钺作为武器，代表统治者威严之权力，而干与之相对，是战争中不可或缺的防御性武器，也蕴含着护身符之类的神权庇佑的巫术思维。干戚舞即持盾牌、斧头而舞。干舞与戚舞常常是一起出现的，在古代都归属于武舞一类。《毛传》云："以干羽为万舞。"持干戚表示武力，持羽表示和平。

在滇青铜器上，有单独的舞干、舞戚、舞矛等，也有几种不同的组合[①]，都与兵器、战争有关，我们就在此一并介绍。

云南较早的盾牌舞，在沧源崖画中已有表现，如第六地点六区（上）图画中，就有人物手持盾牌、长矛舞蹈的场景，图画中没有战争场面，说明是战争之后庆祝胜利的舞蹈。

晋宁石寨山及江川李家山出土的铜鼓纹饰中，都出现了干戚舞的图案。晋宁石寨山第14号墓出土的一面铜鼓腰部纹饰中（M14：1），鼓腰部被几何纹饰带划分成六个图案，每个图案中有头插长长的羽翎，上半身赤裸，下穿前短后长的裙子的舞蹈人物一至二人不等。其中一幅就有羽冠舞人一手持盾，另一手持钺而舞；还有人持盾、持矛而舞。盾牌极大，几与人齐，盾牌上还有长长的羽翎装饰。江川李家山第24号墓出土的一面铜鼓（江李M24：36）腰部纹饰（图9-36）中，也有化妆羽人持干、持羽而舞的图案。[②]

广南铜鼓上有巫师持斧钺而翩然起舞的形象（图9-37）。

### （二）戈舞

戈舞的表现形式，以晋宁石寨山第13号墓出土的一件铜鼓鼓胸的纹饰为

---

① 中国古代铜鼓研究会编：《中国古代铜鼓》，北京：文物出版社，1988，第171页。

② 同上，第172页。

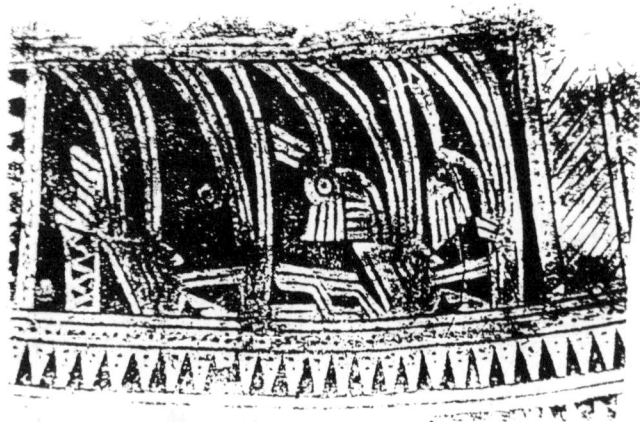

图9-36：李家山出土铜鼓上的持盾羽人

图9-37：广南鼓上持钺舞的羽人

典型。该铜鼓胸部的船纹原为铸造而成，但有所磨损，滇人工匠用线刻的方式进行了再创作。1959 年发表的报告中并没有提到这面铜鼓的纹饰，它之所以被发现，还要归功于李伟卿先生。李伟卿先生最早在云南省博物馆的库房里发现了这面残破的铜鼓有细致的刻纹，但纹饰因为锈蚀遮盖无法看清，他请同事用弱酸处理后，又手绘了细致的图画，今天我们所用线图，都辗转出自李伟卿先生之手。[①]

鼓胸纹饰中，一艘船上有三人，前面一人身披虎皮，双手持短戈，左膝着地做单腿跪立，回首向后望。后面一人右手持一短戈，身体佝偻，左手从虎皮、豹皮下穿出，反背在背上，似乎在做招手的动作。双足前后支开，膝盖弯曲，左足仅前脚掌着地，似正准备跃起。两人的肩背处均背着巨大的火炬状的假发饰品，同时回首向后望，仿佛正在与手持小锣敲击的第三人在相互应和着，整个画面充溢着舞蹈的动感，节奏十足（图 9-38）。巫师手持的这种直内、曲援、圭锋的短戈的完整器，我们在昆明官渡羊甫头墓葬遗址中发现过。它带有 60 厘米左右的漆木柲，通体绘制各种细致的几何花纹，髹朱、黑漆，华丽而美观，

图 9-38：铜鼓上披虎皮、持短戈的舞蹈

---

① 因为锈蚀严重且绘制时间紧张，李伟卿先生所绘仅仅是"速写"，很多细节并没有完全表现出来，但这不能掩盖李伟卿先生的首见之明。后来的研究者引用李伟卿先生绘制的图画时，或有修补增删，以致错讹之处不少。如有的图画中，身披豹皮的第二人，其右手持戈，但图片上却是左手，而他的左手放在背上，却被画成了短剑。现在看来哪个版本更准确，真是莫衷一是。期待有高手能重绘，给研究者提供真实、准确的图画。

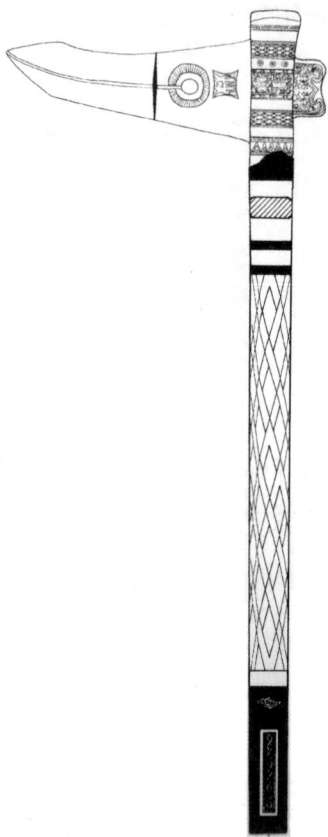

图 9-39：羊甫头出土的带漆木柲的铜戈

不是实用兵器，而是舞具、巫具或仪仗器（图 9-39）。

广南鼓鼓腰纹饰中也有持戈舞者。

（三）弓舞

在中国古代传说中，黄帝制作了弓矢，但山西朔县发现的最古老的石头箭镞早到了距今 28130±1330 年前，远远早于黄帝时代。弓箭的制造是原始技术显著进步的一个标志。美国民族学家摩尔根就把发明弓箭作为人类蒙昧时代后期的标志。他认为弓箭的普遍应用，对当时生产力的发展有着重大意义。恩格斯认为："弓箭对于蒙昧时代，正如铁剑对于野蛮时代和火器对于文明时代一样，乃是决定性的武器。"① 在近代火药武器诞生以前，弓箭在中国一直是决定性的武器。由于弓箭的巨大威力，它深受人们重视也就不足为奇，但制作一把合格的弓难度很大，因此更增添了它的神秘感。

滇人擅长使用长矛类刺杀武器，因此滇青铜器上持弓箭者不多。石寨山第 13 号墓出土的一面铜鼓（M13:3）的鼓腰纹饰中，有巫师持弓而舞的图像。该巫师头插羽毛、假发，身穿鳞甲，左手持弓背、右手持弓弭，做舞蹈状，身后还明显可见有一类似蛇形的"尾巴"（图 9-40）。与呈贡天子庙出土铜鼎上的巫师服饰基本一致，身份也相似。"蛇尾"指明了他的身份。在中国文化中，蛇是人、神沟通的信使，这也是巫师"降神"的最大作用。《史记·封禅书》

---

① ［德］恩格斯：《家庭、私有制和国家的起源》，中共中央马恩列斯著作编译局，北京：人民出版社，2003。

图 9-40：石寨山铜鼓上的
持弓舞巫师①

图 9-41："诅盟铜贮贝器"
器盖上肩扛弩机的男子

就记载："……其后十六年，秦文公东猎汧渭之
闲，卜居之而吉。文公梦黄蛇自天下属地，其
口止于鄜衍。文公问史敦，敦曰：'此上帝之征，
君其祠之。'于是作鄜畤，用三牲郊祭白帝焉。"

　　祥云大波那 2014 年第二次发掘时出土了一件
木弓，这是云南考古发现的青铜时代的唯一实物，
期待它的正式报告面世。

　　我们不仅在出土文物中发现了弩机，还在青
铜器上发现了滇人持弩、射弩的生动形象。晋宁
石寨山第 12 号墓出土的"诅盟铜贮贝器"器盖上，
有男子肩扛一弩机的形象（图 9-41）。同地第 6
号墓出土地点"叠鼓形战争场面铜贮贝器"器盖
上，也有滇人武士持弩机射击的形象。弩机比弓
箭更能及远，且易于瞄准，但制作工艺繁复，保
养困难，且射速慢，所以始终未能在古代战争中
大规模的使用。滇人的弩机属于外来的高等级武
器，江川李家山出土的一件铜弩机上有"河内工
官"的字样，表明它是从中原传来的。②

　　越南开化鼓鼓面纹饰中，有羽冠人物手持类
似弯刀的器物在跳舞，有研究者认为是"持弓舞"。
从发表的拓片上看，该器物弯曲度较小，有的仅

① 该图中巫师手持弓明显带有双曲弓的特征，这属于图片的错讹，双曲形的"复合反弯弓"在当时尚
　未出现，笔者曾仔细观察过原件，刻绘的是单体直拉弓。石寨山 1 号墓出土的"杀人祭祀贮贝器"
　器身刻纹上有一男子，手持也是单体直拉弓，参见本书第八章图 8-40。沧源崖画中第七地点四区
　（上）中的太阳中的人物及旁边羽冠人物手持者，也均为单体直拉弓。
② 关于目前出土及著录的带"河内工官"铭文的铜弩机，杨琮先生研究认为始造年代不会晚于汉武帝
　早期，很可能早到景帝之世。河内郡工官的设置也应在这个时间里。较晚的生产年代也不会晚于西
　汉末。参见其文《"河内工官"的设置及其弩机生产年代考》，载《文物》，1994（5），第 60-64 页。

仅略带弯曲感，形状更接近于弯刀，舞者均单手持之，而且从形状看该器物无弓弦，也无弓弭。因未见过实物，仅记于此。另据记载，越南的玉缕Ⅰ号鼓鼓面纹饰中，祭祀"台上站一位巫觋之人，手持弓形法器"[1]。石钟健先生所撰《凌纯声先生的铜鼓研究》一文中有越南黄下鼓的纹饰插图，其中巫师站立在高台上，张弓搭箭欲射的形象非常明确。[2]这应该是一种射日的弓箭舞蹈（或巫术），可与我国上古神话中的"后羿射日"联系起来看。

## 四、娱乐体育类

### （一）宴乐舞

古代国君飨宴臣属、宾客，奏乐为娱，所谓"飨食诸侯，序其乐事，令奏钟鼓"。宴乐可以使宗族兄弟感情融洽，结交四方宾客。《周礼·春官·大宗伯》对此有仔细的说明："以嘉礼亲万民，以饮食之礼亲宗族兄弟，以昏冠之礼亲成男女，以宾射之礼亲故旧朋友，以飨燕之礼亲四方之宾客，以脤膰之礼亲兄弟之国，以贺庆之礼亲异姓之国。"云南青铜器中的一些图像也向我们展示了滇人宴乐舞蹈的场面。

最著名的当然是晋宁石寨山第12号墓出土的铜鼓型贮贝器器盖（M12：205）上的宴乐舞蹈图。该器盖为圆形，纹饰分为两部分，内圈纹饰为奏乐、飨宴内容，有四男五女：中间两名男子坐在一面平置的铜鼓两旁，击鼓而歌，左边男子怀抱一类似小鼓或铜锣的乐器在击打，右边男子举手而歌；五名女子一人站在一个大型的铜釜边上，手持长柄勺从铜釜中舀出食物（可能是酒醪之类），旁边一女子坐着，手持有云纹装饰的高足带流大碗做承接状，持勺女子后还有三名女子也手持同样的大碗在等待。外圈纹饰为舞蹈内容，十五名女子围成一圈，边歌边舞，足下有一束腰敞口的高足杯，还有一类似向日葵的花朵。

---

① 李昆声、陈果：《中国云南与越南的青铜文明》，北京：社会科学文献出版社，2013，第505页。
② 石钟健：《凌纯声先生的铜鼓研究》，见中国铜鼓研究会编：《中国铜鼓研究会第二次学术讨论会论文集》，北京：文物出版社，1986，第289–298页。

战国时期，中原流行宴乐歌舞，还有射猎、采桑等，宴饮者（主人）一般居于图像中心的高榭上，旁有侍者、舞者、乐者、宾客，人物众多而场面宏大，呈现出当时贵族们比奢斗富、饮酒享乐的生活方式，反映了礼崩乐坏以后的宫苑生活，是社会大变革初期的一种社会风尚。石寨山出土的这件贮贝器器盖上并无主人的形象，反映的是为某种目的而进行的宴乐、舞蹈，贮贝器腰部图案为籍田，可与之联系起来看，它们表现的应与春耕、祈年等农业祀典有关。宴飨之乐，不仅是聚会饮酒，"飨"字也还有向鬼神敬献食物之意。宴乐舞不仅是一种娱己的舞蹈，也是娱神的行为。

　　另外一件晋宁石寨山出土的"鎏金八人乐舞铜扣饰"，扣饰内容也是滇人宴乐的一种表现。该扣饰1956年出土于晋宁石寨山第13号墓（M13：65），时代为西汉，现收藏于云南省博物馆。这件器物高9.5厘米，宽13厘米，长方形，表面鎏金，表现的是八位头戴冠冕的巫师坐在两层台上宴乐歌舞的情形。器物上层的四人头带冠冕，系长飘带，举手而舞，身侧均放置一长颈小酒壶。而下层的四人右起第一人双手相合做吹芦笙状，第二人怀抱一小鼓，做击鼓状，第三人双手捧一长颈瓶做饮酒状，第四人双手横持一长柄勺，其身侧又放置着一个大酒坛，正在酌酒给乐舞者。

　　云南省博物馆收藏的一件采集自晋宁石寨山的"五人奏乐铜扣饰"（图9-42）

图9-42：石寨山采集的"五人奏乐铜扣饰"

也展现了滇人宴乐舞蹈的场面，该扣饰高 4.5 厘米，宽 8.3 厘米，时代在西汉（前 206 年 ~8 年）。左一似为女子，身着对襟长衫，下穿短裙，双耳戴耳环。手中捧着一小碗。左二为一男子，着交领长衫，直垂至地。头梳发髻，耳戴环，正侧身用手敲击一面垫在平置铜鼓上的小铜鼓鼓面。左三似为一女子，装束与左一相同，手捧一长颈瓶。最右侧两人皆为男子，左四右手戴宽边手镯，手捧葫芦笙，凑至右一人物的口部。右一男子双手扶吹管，张口吹笙。这两人的动作滑稽，充满了自然幽默的生活韵味。最下方是一长蛇蜿蜒做底，将众多人物连接起来。左一、左三两人手持的小碗、长颈瓶，与"鎏金八人乐舞铜扣饰"中的酒具可以参看，应该是同一类器物。乐舞者边饮边唱，以乐相和。昆明官渡羊甫头墓地也出土过类似的铜扣饰。

（二）芦笙舞、盘舞

参见本章第三、四节内容。

（三）龙舟竞渡舞、磨秋舞

龙舟竞渡与磨秋更多的属于一种体育娱乐项目，因为它们动作规范整齐、节奏明快，也带有一些舞蹈的性质，所以略作介绍。

龙舟竞渡多见于铜鼓的鼓胸部位（图 9-43）。原始形态是描绘文身、饰翎或羽冠的半裸人物坐于船上做荡桨状，具有浓厚的生活气息。所乘之船颇似渔舟，

图 9-43：石寨山铜鼓残片上的龙舟竞渡纹

头尾高翘，上偶栖鸬鹚之属。但石寨山出土的一个残鼓的鼓胸上，留有明显的竞渡情节：狭长的轻舟上乘十五人，均着滇人服饰，髻插长翎，船首站一人执桨指挥，其余每两人并坐而划，所表现的内容与现代傣族龙舟竞渡极为相似。这可能是保存下来的时代最早的古代竞渡习俗的作品。时代稍晚的船纹，表现的情节多与祭祀有关。船头饰鹚首，船上有掌舵者，并有人物或击鼓，或引弓，或执斧及各种道具，船上还放置着用以飨祭的炊具和有关的旌幡、表柱等物。竞渡起源于南方江河纵横交错、湖泊星罗棋布之地，是原始时代滨水居民的体育活动之一。后期铜鼓上的船纹应属原始的竞渡习俗与稻作民族最重要的农业祀典相结合的产物，即所谓"龙舟鹚首悦河伯，浮吹枞鼓娱雷神"。

　　磨秋纹，仅见于江川李家山 M24：42a 铜鼓鼓腰（图 9-44）。图案中立一柱，其顶有轴，系以四绳，绳末有环，四人抱环纵跃为戏，磨秋下还缚有一牛。据《黔语》载："春日立木于野，曰鬼杆，男女旋跃而择偶。"情形与之相近。民族志材料表明，现代的彝族、哈尼族、拉祜族、普米族、傈僳族等少数民族均有在节日打秋千为戏的习俗。磨

图 9-44：铜鼓上的磨秋纹

秋下缚一牛，证明这是属于节祭赛神的活动。在祈年乐岁的节日，通过宗教的文娱活动为少男少女提供社交、择偶的时机、场所，这与中原祀高禖"令会男女"的习俗大同小异。

## 五、杂技

　　杂技就是指各种技艺，包括体能和技巧的表演。舞蹈是借助音乐或者道具通过身体的运动来表达内容，一些高难度的动作其实已经包含了杂技的元素。

前面提到的"鎏金二人盘舞铜扣饰"，舞者手掌反复而保持手中的盘子不坠落地上，这也可以算作一种带有杂技性的舞蹈。比青铜器纹饰图案中记录更早的杂技性舞蹈，我们可以在云南古代崖画中去寻找。

崖画中的杂技性舞蹈大概有以下几种：

1. 跳丸。

又称跳丸剑，"跳"为抛，跳丸剑即表演抛接丸剑等物之艺。张衡《西京赋》有"跳丸剑之挥霍"。沧源崖画第六地点六区有两人并肩站立，空中有一球状物抛飞，正是跳丸之戏（图9-45）。

图9-45：沧源崖画中的"跳丸"

红河州弥勒县金子洞坡崖画上，最左边两人也在跳丸。靠右一人手持一折叠状的叉棒，末梢承接一灯盏状的长柄托盘，空中有15个正抛掷着的圆圈，用长柄托盘将它抛给身侧的另一人；左侧之人一手平伸，另一只手持一三角状物品，正准备接对方抛掷过来的圆圈（或圆球）（图9-46）。

广南铜鼓鼓腰纹饰中，有两羽人站立，一人手持一篮，另一人空手，有人将空中一舞也视为跳丸之"丸"，实际上那是范铸法垫片形成的疤痕，不是纹饰内容。

2. 盘舞、环舞。

沧源崖画第三地点中，就有一人一手持盘，另一手上举做舞蹈状。这种盘呈斗笠形，与西汉时期晋宁石寨山出土的"鎏金二人盘舞铜扣饰"中人物手持之盘不同。

图9-46：金子洞坡崖画中的"跳丸"

红河州弥勒县金子洞坡中，有许多崖画

图9-47：金子洞坡崖画中的环舞

图9-48：沧源崖画中的叠罗汉、缘竿、舞流星

图案，其中崖画左边有杂技表演的内容，其中一人右手、左脚均套一圆环，弯腰做抛投状、旋转状。其右侧下方还有一人头部为一圆圈，中间一道直线，下肢作行走状，似乎用头在套环（图9-47）。金子洞坡崖画中有彝文两组，一组五个，意为"炎热的三月骑马到此"；另一组十二个，意义不清，或译为"天天舞"等内容。

3.叠罗汉、缘竿、舞流星。

沧源崖画第一地点五区，有叠罗汉、技巧、缘竿、舞流星等杂技表演同时汇聚一个画面中（图9-48）。左上两人为技巧表演，一人在下方，将另一人抛向空中；右上两人为叠罗汉，下方一人小心扶住上方人的双腿，上面的人双手展开以保持平衡。第四地点一区也有类似的叠罗汉人物。

中间四人一组，表现的是"缘竿"。缘竿亦称都卢、寻橦、顶竿、爬竿、戴竿。表演者额头顶竿，另一表演者缘竿而上，在上面表演各种动作。据说古代的都卢国人善于表演此类杂技，所以以其国名来命名。沧源崖画上，表演缘竿的四人，下方两人体型较大，穿戴羽毛，一人腰部还有武器。其中右边一人头顶一竿，竿头单足站立一人，体型较小，似乎是小孩子；左边一人肩上站立的小孩儿从其肩头跃起，向缘竿者伸手，似乎要做某种空中交接动作，绘画者巧妙地选取了最惊险的一幕，用画笔记录下了精彩的表演。

崖画最下方是双人舞流星，两人手持流星，动作协调一致。

4. 驯象。

沧源崖画第七地点三区左上方,有人群观看斗象的图画(图9-49)。崖画左方有八人,举手投足似乎在呐喊,下面有一条代表地面之曲线。右方有两动物,长鼻勾连,汪宁生先生认为是大象,这是

图9-49:沧源崖画中人群观看斗象

很准确的判断。汪宁生先生同时描述图画中左象身躯残缺大半,四肢不见,右象基本完整。笔者从摹本来看右象也并不完整,估计当时人绘制这幅斗象图时就没有绘制全部的大象躯干。因为我们注意到,左方观看斗象的八人是站在一个高坡上的,大象则是在坡下而斗,绘画者从侧后方的视角来表现人物观看斗象图,但由于缺乏透视的技巧,所以大象的躯干就被“坡”遮蔽了,而与大象同出坡下的一人,由于站在远方,因此就完整地表现了出来,他可能是斗象的驯象人。

这种站在高处观看斗兽表演的方法,不仅为了更广阔的视觉效果,还能够保证观众的安全。西汉时期在滇国的“长方形斗牛铜扣饰”中,滇人贵族也是从高处观看人牛搏斗的。

《后汉书》《后汉纪》和《东观汉记》等史书记载,东汉时期,永昌檄外有掸国,掸国国王雍由调曾于和帝永元九年(97年)、安帝永宁元年(120年)、顺帝永建六年(131年)三次遣使入贡,其中第二次带来了乐队、杂技、魔术等表演团队。《后汉书·南蛮西南夷列传》记载:“永宁元年,掸国王雍由调复遣使者诣阙朝贺,献乐及幻人,能变化吐火,自支解,易牛马头。又善跳丸,数乃至千;自言我海西人。海西即大秦也,掸国西南通大秦。明年元会,安帝作乐于庭,封雍由调为汉大都尉,赐印绶、金银、綵缯各有差也。”

掸国的地望,研究者争议颇多,有人认为是今缅甸境内与印度关系密切的

一个小国。①也有人认为是印度次大陆上天竺国中的一个国家②；掸人入贡、献乐是永昌郡通缅、印乃至与欧洲的文化交流结果。另一条从永昌经缅甸南部出海，通往欧洲的海上丝路也可能已经开通了。所以掸人的表演团队中有"海西人"，也就是罗马人存在也不足为奇。这些"外国人"表演的内容有"变化吐火，自支解，易牛马头。又善跳丸，数乃至千"，与我们常见的杂技有所不同，更偏重于幻术、魔术之类。

云南地处东亚大陆与中南半岛的接合部，是中国内地与东南亚地区、南亚次大陆之间最近交通线所必经之地。南亚、中亚、欧洲的文化风情乃至于表演艺术家辗转进入云南，在云南以及我国历史上都留下了精彩而有趣的一笔。古滇文化中很多高鼻深目、形容古怪的"外国人"，有的人很可能也是沿此道路辗转进入滇国的。

东汉以后，云南青铜时代结束，汉文化的普及使交通干线上的城市风俗已经与中原趋同，南中大姓所秉承的中原正朔，也反映在"梁堆"墓砖舞蹈纹饰（图9-50）中，其中人物服饰与中原无异，舞蹈动作也充满娱乐性质，是为了适应"百世遑耶"们的声色需求而作，与滇青铜文化中自由、欢快而充满原始质朴的舞蹈之美相比，已经面目全非了。

图9-50：东汉画像砖上的舞蹈纹

---

① 江应樑：《傣族史涉及东汉掸国的商榷》，载《云南社会科学》，1981（2），第52-56页。
② 张双志：《"掸国"地望新考》，载《云南民族大学学报》（哲学社会科学版），2003，20（5）。第54-56页。

# 参考文献

（汉）司马迁著撰：《史记》，北京：中华书局，1963。

（汉）班固撰：《汉书》，北京：中华书局，1962。

（宋）范晔撰：《后汉书》，北京：中华书局，1973。

（晋）常璩撰、刘琳校注：《华阳国志》校注，成都：巴蜀书社，1984。

云南省博物馆编：《云南晋宁石寨山古墓群发掘报告》，北京：文物出版社，1959。

《云南各族古代史略》编辑组：《云南各族古代史略》，昆明：云南人民出版社，1977。

《云南青铜器论丛》编辑组：《云南青铜器论丛》，北京：文物出版社，1981。

中国古代铜鼓研究会编：《中国古代铜鼓》，北京：文物出版社，1988。

云南省博物馆编：《云南省博物馆学术论文集》，昆明：云南人民出版社，1989。

张增祺：《中国西南民族考古》，昆明：云南人民出版社，1990。

孙机：《汉代物质文化资料图说》，北京：文物出版社，1990。

汪宁生：《云南考古》，昆明：云南人民出版社，1980。

云南省博物馆编：《云南青铜文化论集》，昆明：云南人民出版社，1991。

李伟卿：《云南民族美术史论丛》，昆明：云南人民出版社，1995。

张增祺：《滇国与滇文化》，昆明：云南美术出版社，1997。

童恩正：《南方文明》，重庆：重庆出版社，1998。

李伯谦：《中国青铜文化结构体系研究》，北京，科学出版社，1998。

李晓岑等：《中国铅同位素考古》，昆明：云南科技出版社，2000。

李伟卿：《铜鼓及其纹饰》，昆明：云南科技出版社，2000。

李昆声：《云南艺术史》，昆明：云南教育出版社，2001。

蒋志龙：《滇国探秘——石寨山文化的新发现》，昆明：云南教育出版社，2001。

干福熹：《中国古代玻璃技术的发展》，上海：上海科技出版社，2005。

四川省文物考古研究院等：《安宁河流域大石墓》，北京：文物出版社，2006。

田广金、郭素新编著：《鄂尔多斯式青铜器》，北京：文物出版社，1986。

许智范、肖明华:《南方文化与百越滇越文明》,南京:江苏教育出版社,2005。

谢崇安:《壮侗语族先民青铜文化艺术研究》,北京:民族出版社,2007。

贵州省文物考古研究所:《赫章可乐:二○○○年发掘报告》,北京:文物出版社,2008。

谢崇安:《滇桂地区与越南北部上古青铜文化及其族群研究》,北京:民族出版社,2010。

樊海涛:《滇青铜文化与艺术研究》,昆明:云南科技出版社,2012。

彭长林:《云贵高原的青铜时代》,南宁:广西科学技术出版社,2008。

李晓岑、韩汝玢:《古滇国金属技术研究》,北京:科学出版社,2011。

杨勇:《战国秦汉时期云贵高原考古学文化研究》,北京:科学出版社,2011。

周志清:《滇东黔西青铜时代的居民》,北京:科学出版社,2014。

张合荣:《夜郎文明的考古学观察:滇东黔西先秦至两汉时期遗存研究》,北京:科学出版社,2014。

凉山彝族自治州博物馆等:《一个考古学文化交汇区的发现——凉山考古四十年》,北京:科学出版社,2015。

云南省文物考古研究所:《石寨山文化考古发掘报告集》,北京:科学出版社,2016。


冯汉骥:《云南晋宁石寨山出土文物的族属问题试探》,《考古》,1961(9)。

李家瑞:《两汉时代云南的铁器》,《文物》,1962(3)。

李述方:《汉宋间的云南冶金业》,《学术研究》,1962(11)。

安志敏:《"干兰"式建筑的考古研究》,《考古学报》,1963(2)。

冯汉骥:《云南晋宁石寨山出土铜器研究——若干主要人物活动图像试释》,《考古》,1963(6)。

林声:《试释云南晋宁石寨山出土铜片上的图画文字》,《文物》,1964(5)。

童恩正:《略谈云南祥云大波那木椁铜棺墓的族属》,《考古》,1966(1)。

冯汉骥:《云南晋宁出土铜鼓研究》,《文物》,1974(1)。

作铭(夏鼐):《我国出土的蚀花的肉红石髓珠》,《考古》,1974(6)。

林声:《晋宁石寨山出土铜器图象所反映的西汉滇池地区的奴隶社会》,《文物》,1975(2)。

童恩正：《我国西南地区青铜剑的研究》，《考古学报》，1977（2）。

王大道：《云南滇池区域青铜时代的金属农业生产工具》，《考古》，1977（2）。

汪宁生：《试论中国古代铜鼓》，《考古学报》，1978（2）。

张增祺：《云南铜柄铁剑及其有关问题的初步探讨》，《考古》，1982（1）。

张增祺：《从出土文物看战国至西汉时期云南和中原地区的密切联系》，《文物》，1978（10）。

李伟卿：《中国南方铜鼓的分类和断代》，《考古》，1979（1）。

张永康：《略谈关于战国秦汉时期滇人是否用贝币的问题》，《云南文物》，1979（8）。

张增祺：《云南青铜时代的"动物纹"牌饰及北方草原文化遗物》，《考古》，1987（9）。

汪宁生：《晋宁石寨山青铜器图象所见古代民族考》，《考古学报》，1979（4）。

童恩正：《我国西南地区青铜戈的研究》，《考古学报》，1979（4）。

童恩正：《近年来中国西南民族地区战国秦汉时代的考古发现及其研究》，《考古学报》，1980（4）。

汪宁生：《试论石寨山文化》，《中国考古学会第一次年会论文集》，北京：文物出版社，1980。

王大道、朱宝田：《云南青铜时代纺织初探》，《中国考古学会第一次年会论文集》，北京：文物出版社，1980。

李昆声、高钟炎：《漫谈云南古代青铜动物造型艺术》，《美术丛刊》，1982（12）。

易学钟：《石寨山三件人物屋宇雕像考释》，《考古学报》，1991（1）。

# 后 记

古滇时期，大体相当于云南的青铜时代和早期铁器时代，始于公元前 12 世纪，止于公元 226 年的诸葛亮征南中时期，上接新石器时代，下连三国的爨文化时期，这是云南古代史上本土文化保存相对完整的一个时期。距今 3500 年前后，当时云南各地相继由新石器时代逐渐进入青铜时代；在古滇晚期，即公元前 109 年，汉武帝置益州郡之后，云南才逐渐融入中华文化的版图中来。云南的古代文化有自己的特色，也是中华古代文明不可或缺的部分。

复杂的地形、地貌和立体的气候，使云南成为我国文化多样性和多民族聚居的典型区域，多民族"小聚居、大杂居"的格局，早在古滇时期乃至更早的新石器时代就已经形成。

本书的绪论以及第一、二、三、七章由蒋志龙执笔，第四、五、六、八、九章由樊海涛执笔，历经数年完成。在写作过程中，主编范建华先生多次鼓励和催促，作者虽尽力而为，也难免有不足之处。恳请广大读者和专家指正！

云南省社科联的李春先生和广西师范大学出版社的编辑们，也为该书的编辑和出版付出了大量的心血。在此，向所有关心我们的朋友表示衷心的感谢！

# 编辑后记

  《云南文化史丛书》为中共云南省委宣传部的重点文化工程，由云南省社会科学界联合会组织国内相关领域著名学者撰写，自史前至于近现代，从各个历史阶段、不同层面构筑起较为完整和全面的云南文化史。《古滇文化史》为丛书之一种。

  由于史料的缺失，近现代对云南文化史的研究，多源于《史记》《汉书》《云南志》《蛮书》等史料记载，而对古滇文化的研究则多基于考古的发现，故对以下问题进行说明：

  一、不同时代的文献中，对同一事物的表述存在用字歧异的情况，如"椎结""魋结"，"筟""筰"等，本书对此做局部统一。

  二、书稿中涉及古今疆域领属与地名用字，如越南、缅甸、印度等，由于不同的地名在不同的历史时期、不同文献中即有不同的称呼，本书从历史文献出发，尊重历史叙述。

  三、古代文献中对云南地区少数民族偶有歧视性用字、记录与描述，本书原则上予以适当处理，但对在学术讨论辩明问题过程中确需保持文献原文者，酌予保留，批判对待。

广西师范大学出版社